消防案例法律研究丛书

消防民事争议案例研究

主　　编　鄂文东　杨春梅
副主编　文　俊　侯春源　张福德
编写人员　（以姓氏笔画为序）
丁　京　丁　明　于钦宝　于进江
王亚辉　王鸿江　王　娜　云继征
田宝新　冯　晨　刘　伟　孙予庆
毕　赢　吴文超　张传亮　张　鑫
张　新　冷　岩　李迎新　杜　海
杨俊涛　杨　蓓　周挽黎　郑爱国
赵　亮　赵　莹　高天阳　徐寒军
郭　伟　谢玉强

群　众　出　版　社
中国人民公安大学出版社
·北　京·

图书在版编目（CIP）数据

消防民事争议案例研究/鄂文东，杨春梅主编．—北京：群众出版社，2011．9
ISBN 978－7－5014－4760－2

Ⅰ．①消…　Ⅱ．①鄂…②杨…　Ⅲ．①消防—民事纠纷—案例—中国　Ⅳ．①D925．105

中国版本图书馆 CIP 数据核字（2011）第 192832 号

消防民事争议案例研究
鄂文东　杨春梅　主编

出版发行：群众出版社　中国人民公安大学出版社
地　　址：北京市西城区木樨地南里
邮政编码：100038
经　　销：新华书店
印　　刷：北京蓝空印刷厂

版　　次：2011 年 9 月第 1 版
印　　次：2012 年 4 月第 2 次
印　　张：17
开　　本：787 毫米×1092 毫米　1/16
字　　数：400 千字
印　　数：2001~3500 册

书　　号：ISBN 978－7－5014－4760－2
定　　价：40.00 元

网　　址：www.qzcbs.com
电子邮箱：qzcbs@sohu.com

营销中心电话：010－83903254
读者服务部电话（门市）：010－83903257
警官读者俱乐部电话（网购、邮购）：010－83903253
综合图书分社电话：010－83901670

《消防案例法律研究》（丛书）

《消防民事争议案例研究》

编审委员会

刘洪海　北京市亦庄经济技术开发区公安消防支队支队长

柳国忠　北京市海淀区公安消防支队支队长

么　达　天津市南开区公安消防支队支队长、高级工程师

田洪星　山东省滨州市公安消防支队支队长

李传军　黑龙江省伊春市公安消防支队支队长

安文强　北京市通州区公安消防支队政委

王立国　北京市大兴区公安消防支队支队长（退休）

何忠好　辽宁省大连市公安消防支队特勤大队大队长

组织策划　白玉生　鄂文东

序

《消防民事争议案例研究》是《消防案例法律研究丛书》的第二卷，是我国迄今为止第一部研究消防民事争议的力作，即将出版，令人欣喜。

消防是人类进步和社会发展过程中一个永恒的主题。现代消防工作是现代社会管理的重要组成部分，事关国家社会经济发展，事关广大人民群众千家万户的人身财产安全，涉及整个社会的和谐与稳定，责任重于泰山。俗话说，天地之间，莫贵于民。火灾中每死亡一个人，就会导致一个家庭的破碎，就要给许多亲属带来莫大的痛苦。因此，我们始终强调，消防工作必须坚持以人为本，要带着对人民群众的深厚感情执法、工作。这是落实科学发展观的具体体现，是坚持执法为民的本质要求，也是消防工作的根本出发点和落脚点。

随着社会主义市场经济体制的逐渐完善，社会主义民主法制建设的不断加强，法律以其公平、正义的形象在消防工作中扮演着越来越重要的角色，不仅仅是消防机构执法为民的依据，同时也是广大人民群众提高消防法律素养维护自身权益的有效手段。

长期以来，广大人民群众对消防工作不甚了解，对消防法律法规也知之不多，不知如何维护自身权益，也不能有效地配合消防工作者在各个环节的执法工作。法律是神圣的，但不是神秘的。这套贴近实际、贴近群众的《消防案例法律研究丛书》，就是将抽象、枯燥的消防法律法规转化成具体的、鲜活的消防实例，作者围绕实践中适用消防法律法规经常遇到的难点和热点问题，遴选出一批具有代表性的消防实例，从法理上进行系统的评析，内容全面系统、案例新颖实在、体例和谐统一、分析透彻简明，设身处地为人民群众提供消防法律对策，帮助人民群众理解掌握消防法律法规，正确应用消防法律法规。从而让法律走出神圣的殿堂，来到各机关、团体、企事业单位和广大人民群众中间，使其知消防、晓法律，认真做好本部门、本单位、本岗位和每个家庭的火灾预防工作，及时消除火灾隐患，维护全社会的消防安全，共同构建社会主义和谐社会。

消防案例是消防法研究的重要素材。理论来源于实践，消防法研究如果仅仅是从文本到文本，势必走入理论上的贫困。在我国消防实践中积累起来的大量案例为消防法研究提供了丰富的素材，只有植根于消防实践，消防法研究才能取得丰硕的、有生命力的成果。

本套丛书编写人员中有高等院校的学者，有国家司法机关的工作人员，有知名执业律师，还有公安消防机构的工作人员。他们或有扎实的法学理论功底，或有丰富的司法实践，或有多年的消防工作实践。这些年轻的同志关注消防涉法问题、研究各类消防涉法的难点疑点，对于促进消防法律法规的研究、提高消防执法司法的水平、推进消防执法规范化建设是大有裨益的。我们要以鼓励的目光关注他们的研究成果。

现在，《消防民事争议案例研究》继《消防刑事犯罪案例研究》（2010 年 7 月出版）之后即将付梓，《消防行政执法案例研究》也将于近年内面世。我深信，这套丛书必将成为广大社会单位、院校师生、人民群众和消防工作者的良师益友。

孙伦

2011 年 8 月

前　言

公共消防安全是构建社会主义和谐社会的重要保障。面对“十二五”时期经济社会发展和维护社会稳定的时代要求，消防工作任重道远。为了全面贯彻落实胡锦涛总书记提出的“忠诚可靠，服务人民，竭诚奉献”的指示精神，迎接党的“十八大”的召开，以科学的发展观来统领消防工作和消防队伍建设，切实履行执法为民的宗旨，加强执法规范化建设，配合公安部消防局消防宣传“五进”工作（进企业、进农村、进学校、进社区、进家庭）以及目前的“五大”工作（大排查、大整治、大宣传、大培训、大练兵），全面提高火灾防控能力和公共消防安全水平，全力维护重要战略机遇期的社会稳定，我们策划了《消防案例法律研究丛书》（共为三卷：《消防刑事犯罪案例研究》、《消防民事争议案例研究》和《消防行政执法案例研究》），并将分册逐步出版。

我国已出台了一系列消防方面的法律、部门规章和技术性规范，但分别从刑法、民法、行政法和消防法的视角来分册研究、阐述消防案例，本套丛书为国内首部力作。本套丛书精选了一批国内影响较大的典型的消防案例，并依据刑法、民法、行政法和消防法的基本原理对其进行深入细致的研究评析，力求在对案例进行理论阐述的同时，达到普及消防法律知识、提高公众消防法律意识的效果。具体而言，本套丛书有以下主要特点：

一、消防实践与法理并重

本套丛书不是法学理论集，也不是案例的简单汇编，而是理论研究分析与实例的完美结合。本套丛书所选案例是从大量的消防执法和司法实践中精心挑选出来的，而且案例与百姓生活密切相关，具有极强的操作性和实践性。这些案例或是反映了消防立法的最新动态，或是集中体现了消防当事人之间的权利义务。作者对案例涉及的法律问题，针对当事人各方的权责和争议，运用法学原理和法律规定，进行了全面系统而又深入浅出的研究阐述，从而使读者了解到我国消防法律法规、部门规章和技术性规范的最新发展动态。

二、消防工作环节与体例结合

根据火灾案件的预防、发生、发展和解决的过程，消防工作主要有五个环节，分别是防火、灭火救援、火灾案件的调查和侦查、消防争议的解决、火灾事故刑事责任的确定。本套丛书从宏观上分为三卷：《消防刑事犯罪案例研究》（已于2010年7月出版）、《消防民事争议案例研究》和《消防行政执法案例研究》，每卷都依据研究侧重点的不同而划分为若干章，每章都通过案例研究将法律知识和消防工作各个环节联系在一起，概要地介绍给读者。从微观方面看，每个案例都通过“案情”“案件争议或法律问题”“参考结论及法理分析”三大部分，进行全方位、多层次的详细分析和阐述。这种编纂体例最大程度地为读者学习和使用本书提供了方便，增强了本书的实用性和操作性。

三、消防专业与消防普及并存

在编写本套丛书过程中，作者始终坚持以马克思主义的法学理论为指导，以刑法学、民法学和行政法学的基本原理为依托，紧密结合消防执法、司法的实际，注重理论与实践的结合，注意突出内容的系统性、通俗性和实用性，力求正确阐述消防实践中所遇到的新情况和新问题。同时，本书所选案例生动具体，贴近人民群众生活，具有文笔生动、语言通畅的特点，尤其是大量的消防案例，均具有典型性和代表性。作为法律读物，该书的法理、评析具有较高的理论水准，概念表达准确，分析深入浅出。如此，读者可以在轻松的阅读过程中，不仅知道会发生什么事，发生这类事的法律后果，而且会知道遇到这类事该如何具体处理，从而提高消防法律意识，维护自己的合法权益。因此，本套丛书既可面向消防执法官兵和本专科院校消防专业学生，又可面向机关企事业单位和广大人民群众。

《消防民事争议案例研究》除具有本套丛书的上述特点外，还精选了大量的现实生活中的消防民事争议典型案例，运用民法学原理将各类消防民事争议案例进行具体的归类、区分，详细分析了每一个具体案例中消防民事争议的构成要件、抗辩事由和归责原则，阐明了各类消防民事争议中的民事法律关系，确定了各类消防民事争议中的民事法律关系的权利义务主体，最终以民事赔偿的方式实现对消防民事争议中受害人的救济，彻底解决了诸多消防民事争议，有助于社会的和谐稳定。

本书由中国消防协会孙伦会长亲任编委会主任，对全书的框架设计、提纲编写等工作给予了大力指点，并为本书邀请了多位国内知名的消防专家担任编审委员会委员，决策了本书的审稿和定稿。在这里，再一次向孙伦会长和各位消防专家表示衷心的感谢！

本书编写人员中有高等院校的学者：杨春梅、杨蓓、周挽黎、王鸿江、冷岩；有国家司法机关的工作人员：王亚辉、李迎新、徐寒军、丁明、赵莹；有知名执业律师：郭伟、谢玉强；还有公安消防机构的工作人员：鄂文东、文俊、候春源、张福德、云继征、冯晨、吴文超、杨俊涛、赵亮、张传亮、张鑫、张新、丁京、于钦宝、于进江、田宝新、刘伟、杜海、毕赢、王娜、孙予庆、郑爱国、高天阳等同志。

本书在编写过程中，借鉴了许多已有的研究成果，参考了有关专著、论文和相关书籍网络资料，在此一并表示感谢。同时本书的编写和出版还得到了群众出版社（中国人民公安大学出版社）、公安部消防局、中国消防协会、武警学院、北京市公安消防总队、上海市公安消防总队、黑龙江省公安消防总队、黑龙江省伊春市公安局、山东省公安消防总队、海南省公安消防总队、哈尔滨市公安消防支队、呼和浩特市公安消防支队、青岛市公安消防支队、齐齐哈尔市公安消防支队等有关单位和个人的大力支持，在此表示诚挚的谢意。

由于时间紧迫和编者水平有限，书中疏漏、不妥之处在所难免，敬请广大读者批评指正，以便再版时修正。

编　者

2011年8月

目录

第一章　消防侵权责任的一般性问题

案例一　卖消防通道，开发商是否侵权

——消防通道属于小区业主共有

[案情]

2007年7月，成都市某小区业主委员会将其所在小区开发商告上法庭。该业委会诉称：小区北区A座与B座之间本有一个消防通道，用于发生火灾时消防车辆驶进出小区。但是开发商为了谋利，擅自将此消防通道堵死，改成仓库，卖给了个人。这不仅严重侵犯了小区业主的合法权益，还带来了严重的安全隐患。因此，小区业主委员会要求开发商将消防通道恢复原状并对全体小区业主给予损害赔偿。

[案件争议或法律问题]

本案的关键点在于确定消防通道的权属。

[参考结论及法理分析]

根据建筑物区分所有权原理，建筑物区分所有权的客体分为专有部分和共有部分，建筑物区分所有权的共有部分不得作为单独所有权的客体，而应当归全体建筑物区分所有权人共有。《中华人民共和国物权法》第73条规定："建筑区划内的道路，属于业主共有，但属于城镇公共道路的除外。建筑区划内的绿地，属于业主共有，但属于城镇公共绿地或者明示属于个人的除外。建筑区划内的其他公共场所、公共设施和物业服务用房，属于业主共有。"消防通道是指发生火灾时，消防人员实施营救和被困人员疏散的通道，如楼梯口、过道，还有车辆驶入小区的通道等。因而，消防通道属于业主共有是不言而喻的。

本案中，成都市某小区北区A座与B座之间有一个消防通道，消防等车辆可以通过该通道驶入小区，这个通道不属于城镇公共道路，因而应当属于小区内道路，属于业主共有。开发商擅自将消防通道堵死改成仓库卖给了个人，属于侵犯全体业主所有权的侵权行为，应当停止侵害、赔偿损失。

另外，新修订的《中华人民共和国消防法》已于2009年5月1日施行。该法第5条规定："任何单位和个人都有维护消防安全、保护消防设施、预防火灾、报告火警的义务。任何单位和成年人都有参加有组织的灭火工作的义务。"第60条规定："单位违反本法规定，有下列行为之一的，责令改正，处五千元以上五万元以下罚款：（一）消防设施、器材或者消防安全标志的配置、设置不符合国家标准、行业标准，或者未保持完好有

效的；（二）损坏、挪用或者擅自拆除、停用消防设施、器材的；（三）占用、堵塞、封闭疏散通道、安全出口或者有其他妨碍安全疏散行为的；（四）埋压、圈占、遮挡消火栓或者占用防火间距的；（五）占用、堵塞、封闭消防车通道，妨碍消防车通行的；（六）人员密集场所在门窗上设置影响逃生和灭火救援的障碍物的；（七）对火灾隐患经公安机关消防机构通知后不及时采取措施消除的。”本案中，开发商的行为不仅侵犯了全体业主的权利，同时也违反了《消防法》的规定，应当依法被予以行政处罚。

案例二　放火自焚引起火灾致害是否承担侵权责任

——自伤致残致害他人仍应赔偿

[案情]

李某和妻子经营着一家店铺，家境富裕，妻子精明，家里的生意钱财都由妻子掌控，但由于李某染上吸毒的恶习，家境很快败落。2003 年 4 月，李某返家要钱，妻子不给，遂和妻子发生激烈争执，妻子领孩子回了娘家。李某情绪激动，加之毒瘾发作痛不欲生，遂产生轻生的念头。李某将自己反锁在自家屋内，点燃屋内物品，企图自焚而死。大火将李某家的房屋和隔壁张某的房屋全部烧毁。张某的侄子，一个 4 岁男孩杨某，被烧死在屋中，李某也被烧死在自家屋内。张某要求李某的近亲属承担房屋毁损侵权责任，同时，杨某的近亲属向李某的近亲属就杨某死亡要求损害赔偿。

[案件争议或法律问题]

1. 自杀行为是否构成侵权行为，是否需承担侵权责任。

2. 谁是赔偿义务人。

3. 受害人杨某的近亲属能否成为赔偿权利人。

[参考结论及法理分析]

一、李某自杀（自焚）行为应当认定为侵权行为

根据侵权行为的构成要件，李某的自杀行为应该属于侵权行为。理由如下：

1. 李某的自杀行为属于加害行为。加害行为是指行为人做出的致他人的民事权利受到损害的行为。任何一个民事损害事实都与特定的加害行为相联系，即民事损害事实都是由特定的加害行为造成的。没有加害行为，损害就无从发生。李某的自杀行为导致了张某的财产损害和杨某生命的消亡，严重侵害了他人的生命财产权利，属于加害行为。

2. 李某的自杀行为是一种违法行为。自然人享有生命权，法律禁止自杀。

3. 李某的自杀行为造成了损害事实的存在。李某自焚造成了张某的财产损失和杨某生命的消亡。

4. 李某的自杀行为与损害事实之间具有直接因果关系。因果关系，是指社会现象之间的一种客观联系，即一种现象在一定条件下必然引起另一种现象的发生，则该种现象为原因，后一种现象为结果，这两种现象之间的联系，就称因果关系。本案中，张某的财产损害和杨某的生命损害的都是李某的自焚行为所致，两者之间具有直接的引起和被引起的关系，因而具有直接的因果关系。

5. 李某的自焚行为在主观上有过错。过错，是行为人决定其行动的一种心理状态。行为人是否有过错，直接关系到对其行为性质的认定。过错包括故意和过失两种形式。行为人明知自己的行为会发生损害他人民事权利的结果，并且希望或放任该结果发生的，为故意。行为人应当预见自己的行为可能损害他人的民事权利但因为疏忽大意而没有预见，或者虽然已经预见但轻信能够避免，结果导致他人的民事权利受到损害的，为过失。衡量行为人是否有过失，应根据具体的时间、地点和条件等多种因素综合进行确定。李某实施的自焚行为是故意的，因而其主观上具有过错。

根据以上分析，李某的自杀行为完全符合侵权行为的构成要件，可以认定是侵权行为，应当承担侵权责任。

二、赔偿义务人

赔偿义务人是指因自己或者他人的侵权行为以及其他致害原因依法应当承担民事责任的自然人、法人或者其他组织。一般情况下，侵权行为的加害人就是赔偿义务人。本案中李某的自杀行为造成了他人人身和财产的损害，行为人应当对自己的行为承担侵权损害赔偿责任。虽然李某已经死亡，但该侵权责任系其生前所负责任，不能免除其赔偿责任，但赔偿亦应当局限在死者所留财产。根据《中华人民共和国继承法》的规定，继承遗产应当清偿被继承人依法应当缴纳的税款和债务，缴纳税款和清偿债务以其遗产实际价值为限。如果继承人放弃继承，则应当直接以被继承人的财产直接承担责任。对超出遗产范围的部分不得要求其近亲属承担。因而，本案李某的遗产继承人如果主张继承李某的财产，则其成为本案的赔偿义务人，但应以李某财产为限承担侵权损害赔偿责任。如果李某的继承人放弃继承权，则直接以李某的财产承担赔偿责任。李某的继承人作为本案的赔偿义务人以李某财产为限承担赔偿责任。如果李某没有遗产，则赔偿权利无法实现。

三、赔偿权利人

张某的房屋被烧毁，财产权利受到侵害。张某作为受害人，成为损害赔偿权利人。

杨某被烧死，无法作为受害人主张赔偿权利。但死者的近亲属可以作为赔偿权利人主张损害赔偿。按照我国《最高人民法院关于贯彻执行〈中华人民共和国民法通则〉若干问题的意见（试行）》的规定，近亲属的范围是配偶、父母、子女、兄弟姐妹、祖父母、外祖父母、孙子女、外孙子女。配偶、父母、子女是第一顺位，其他的是第二顺位，没有第一顺位的，第二顺位的近亲属才能请求。

案例三　民宅室内电线起火，责任由谁承担

——供电部门对供电设施运行维护管理的范围，按产权归属确定

[案情]

2002 年，王某与所在村的电工李某订立用电协议一份，双方对安全用电及电费缴纳问题作了约定。2003 年 5 月，王某的三间平房中的东首一间因屋顶电线打火引燃周围可燃物造成火灾。当地消防部门到现场认定事故原因是屋内电线打火引起，并核定了火灾损失共计 5000 元。王某将李某及供电公司诉至法院。

法院经审理认为，供电部门对供电设施运行维护管理的范围，按产权归属确定，公用低压线路供电的，以供电接户线用户端最后支持物为分界点。本案中王某屋内的电线系其

自己所购买，而屋内线路及用电设施的产权也系王某所有，不属供电部门法定维护管理范围。消防部门已认定事故系屋内电线打火引起，供电部门没有违反法定的义务，故不应承担责任。李某作为村电工，系供电公司的工作人员，如履行职务中有不当行为，责任也应由其工作单位承担，故李某也不应承担责任。

[案件争议或法律问题]

1. 本案属于一般侵权责任还是特殊侵权责任。

2. 供电部门对供电设施运行维护管理的范围，按产权归属确定。

[参考结论及法理分析]

一、案件性质

本案是一起因用电引起的侵权损害赔偿案件。那么本案是否属于《民法通则》规定的高度危险的作业范畴？要想弄清楚这个问题，首先需要弄清高度危险责任的含义和特征。

1. 高度危险作业的含义和认定条件

高度危险作业是指对周围环境具有较高危险性的活动。根据《民法通则》的规定，高度危险作业包括高空、高压、易燃、易爆、剧毒、放射性、高速运输工具等，这些作业都对周围环境有高度危险性。

高度危险作业的认定，必须具备以下三个条件：

（1）必须是对周围环境（这里的周围环境是指人们的财产或人身的安全状态）有危险的作业。

（2）必须是在活动过程中产生危险性的作业。当高度危险作业的客体在没有被投入营运活动时，只是作为一种静止的物体存在，一般不会对周围环境产生危险。即使造成损害，也不属于该种责任。

（3）必须是需要采取一定的安全方法，才能进行活动的作业。高度危险作业是在活动过程中产生高度危险性的，因此只有采取一定的安全方法进行活动，才能够控制活动中产生的危险，减少损害发生的概率。反之，若不采取一定的安全措施，就会大大地增加危险性。这也决定了法律对此类活动必须在程序上有着严格的规定，或对这类活动有特殊的要求，赋予特别的责任。

2. 高度危险作业赔偿的归责原则

侵权行为的归责原则有三种，即过错责任原则、无过错责任原则、公平责任原则。三者适用的领域分别是：过错责任原则适用于一般侵权行为，无过错责任原则适用于特殊侵权行为，公平责任原则适用于当事人均无过错但已经发生了损害后果的情形。

我国《民法通则》第106条第3款规定："没有过错，但法律规定应当承担民事责任的，应当承担民事责任。"该条确立了无过错责任原则，即在法律规定的情况下，不以过错的存在判断行为人应否承担民事责任的归责原则。无过错责任原则是指损害的发生既不是加害人的故意也不是受害人的故意和第三人的故意造成的，但法律规定由加害人承担民事责任的一种特殊归责原则；它是一种基于法定特殊侵权行为的归责原则，其目的在于保护受害人的合法权益，有效弥补受害人因特殊侵权行为所造成的损失。

无过错责任原则必须在法律规定的范围内适用，不能随意扩大或者缩小其适用范围。《民法通则》规定的典型的适用无过错责任的案件有：产品缺陷致人损害、高度危险作业致人损害、环境污染致人损害、饲养的动物致人损害等损害赔偿案件，以及人身损害赔偿解释规定的雇员工伤的雇主责任、雇员侵权的雇主责任。高度危险作业赔偿应当适用无过错责任原则。

3. 高度危险作业的免责事由

适用无过错责任原则的特殊侵权行为的免责条件由法律规定，但各特殊侵权行为的法定免责事由并不是完全相同的。

对于高度危险作业致人损害的，按照《民法通则》第123条的规定，只有一个免责条件，即损害结果是受害人的故意造成的。《最高人民法院关于审理触电人身损害赔偿案件若干问题的解释》第3条规定了四个因高压电造成他人人身损害电力设施产权人的免责条件：一是不可抗力；二是受害人以触电方式自杀、自伤；三是受害人盗窃电能，盗窃、破坏电力设施或者因其他犯罪行为而引起触电事故；四是受害人在电力设施保护区从事法律、行政法规所禁止的行为。此规定与《民法通则》的规定并不相悖。《农药管理条例》第45条规定："违反本条例规定，造成农药中毒、环境污染、药害等事故或者其他经济损失的，应当依法赔偿。"并未另行规定免责条件。其他如《城市燃气安全管理规定》《爆炸物品管理条例》《放射事故管理规定》《易燃易爆化学物品消防安全监督管理办法》《爆炸危险场所安全规定》《化学危险物品安全管理条例》等法规同样未另行规定免责条件。

二、供电设施赔偿责任划分

我国电力工业部《供电营业规则》第47条规定，供电设施的运行维护管理范围，按产权归属确定；责任分界点的确定，公用低压线路供电的，以供电接户线用户端最后支持物为分界点，支持物属供电企业。国家经济贸易委员会《农村低压电力技术规程》第9条规定，用户计量装置在室内时，从低压电力线路到用户室外第一支持物的一段线路为接户线。用户计量装置在室外时，从低压电力线路到用户室外计量装置的一段线路为接户线。这两条规定明确了供电企业与用户间的权责：一般来讲，接户线用户端最后支持物至室内的线路产权归用户，接户线用户端最后支持物至室外的线路产权归供电企业，而这些线路的运行、维护、管理则按产权归属确定，由拥有产权方负责。

本案中，由于是民用的低压电路引起的纠纷，并不属于《民法通则》规定的高度危险的作业范畴，因而属于一般侵权案件。一般侵权案件的规则原则适用过错原则。在适用过错原则时，如要确定供电公司是否应当承担责任，则应审查其行为是否有过错，即是否违反了法定义务。本案中，消防部门已认定了事故的原因是由屋内电线打火引起，而屋内电线的产权是归用户自己，依规定应由用户自己负责维护，不属于供电公司对供电设施运行、维护、管理的范围，供电公司并无法定义务负责用户室内电线的维护，"无义务则无责任"，因此对于用户室内电线打火引起的损失供电公司不必承担赔偿责任。

案例四　消防队员在实施消防救援的过程中造成第三人的财产损失，谁赔偿

——紧急避险造成的损害由受益人赔偿

[案情]

2003年1月6日凌晨，北京市某缝纫制品有限公司（以下简称“缝纫制品公司”）生产车间因电路短路而发生火灾，消防队接到报警后，赶到现场进行扑救，因救火车所带水量不够，即从就近的鱼塘中破冰取水，直至火被扑灭。不久之后，鱼塘中饲养的鲤鱼苗浮到水面上，全部死亡。

鱼塘的承包人田某在多次找消防部门及缝纫制品公司协调未果后，将缝纫制品公司诉至法院，要求其赔偿经济损失六万元。

缝纫制品公司辩称，鱼塘的水，公司并未取用；如果要追究责任，也应该追究消防队的责任，因为取水救火是消防队履行职责的附属行为，而且从鱼塘取水的直接原因是消防队携带水量不够，所以该公司的行为与鱼塘鲤鱼苗的死亡没有因果关系，不应该承担任何赔偿责任。

法院经审理认为，消防队采取紧急避险行为为缝纫制品公司救火，从田某鱼塘破冰取水，造成其鲤鱼苗死亡的结果，缝纫制品公司作为受益人应当承担赔偿责任。根据当地一般饲养条件下鲤鱼苗的产量及销售价格，一审法院判令缝纫制品公司赔偿田某经济损失4.5万元。宣判后，缝纫制品公司不服，上诉至北京市第二中级人民法院。二审法院经审理认为，缝纫制品公司作为紧急避险的受益人，理应积极配合，妥善解决。由于其消极处理，贻误并错过了对鲤鱼苗死亡原因进行鉴定的时间，故原审法院的判决并无不妥。据此，依法驳回其上诉，维持原判。

[案件争议或法律问题]

1. 消防队的行为是否属于紧急避险行为，是否存在行为过当。
2. 消防队的行为是否构成行政赔偿责任。
3. 本案中鱼塘承包人田某的损失该由谁来承担。

[参考结论及法理分析]

一、消防队的行为是否属于紧急避险行为，是否存在行为过当？

《侵权责任法》第31条规定：“因紧急避险造成损害的，由引起险情发生的人承担责任。如果危险是由自然原因引起的，紧急避险人不承担责任或者给予适当补偿。紧急避险采取措施不当或者超过必要的限度，造成不应有的损害的，紧急避险人应当承担适当的责任。”紧急避险，是指为了国家、公共利益、本人或者他人的人身、财产和其他权利免受正发生的危险，不得已而采取的损害另一较小合法权益的行为。紧急避险成立必须具备以下条件：

1. 起因条件。紧急避险的起因条件，是指必须有需要避免的危险存在。
2. 时间条件。紧急避险的时间条件，是指危险必须正在发生。
3. 对象条件。紧急避险的本质特征，就是为了保全一个较大的合法权益，而将其面

临的危险转嫁给另一个较小的合法权益。因此，紧急避险的对象，只能是第三者的合法权益，即通过损害无辜者的合法权益保全公共利益、本人或者他人的合法权益。

4. 主观条件。紧急避险的主观条件即行为人必须有正当的避险意图。

5. 限制条件。紧急避险只能是出于迫不得已。所谓迫不得已，是指当危害发生之时，除了损害第三者的合法权益之外，不可能用其他方法来保全另一合法权益。

6. 限度条件。紧急避险的限度条件，是指紧急避险不能超过必要限度造成不应有的损害。所谓必要限度，是指紧急避险行为所引起的损害必须小于所避免的损害。“必要损害”的认定，应掌握以下标准：

（1）一般情况下，人身权利大于财产权益。

（2）在人身权利中，生命是最高权利。

（3）在财产权益中，应与财产价值过去时相比较，从而确定财产权利的大小。

（4）当公共利益与个人利益不能两全时，应根据权益的性质及内容确定权利的大小，并非公共利益永远高于个人利益。

7. 特别例外限制。根据我国《刑法》第 21 条第 3 款的规定，紧急避险的特别例外限制，是指为了避免本人遭受危险的法律规定，不适用于职务上、业务上有特定责任的人。

本案中消防队的行为应当构成紧急避险。消防队从鱼塘取水的行为是在火灾正在发生且没有其他水源，如果不取水扑救就会导致火情加大的紧急情况下，迫不得已而实施的，而且以鱼塘取水可能导致鱼苗死亡的较小损害来避免大火加剧造成更大的人身财产损害的重大事故。因此，消防队的行为符合紧急避险的构成要件，属于紧急避险行为。而且，消防队为紧急避险而采取的措施并无不当，也未超过必要的限度。

二、消防部门是否应当承担行政赔偿责任

以上从民事角度进行了分析，消防队从鱼塘取水是为他人利益之紧急避险行为，那么从行政法的角度来看，消防队的行为是否是行政违法行为，是否应当承担行政赔偿责任呢？

行政赔偿是指国家行政机关和行政机关工作人员在行使行政职权时，违法侵犯公民、法人或其他组织的合法权益，造成损害的，国家负责向受害人赔偿的制度。行政赔偿由行政侵权主体、行政侵权行为、损害事实、行政侵权主体的行为与损害事实的因果关系四个部分组成。行政侵权主体是指行使职权过程中侵犯了公民、法人或其他组织的合法权益的行政机关及其工作人员；行政侵权行为是指行政机关违法行使职权，侵犯相对方的人身权或财产权的行为；损害事实是指行政主体行为给他人造成的伤害，包括人身损害和财产损害；因果关系是指侵害后果从实质上讲是由侵害行为造成的。消防队取水灭火的行为是其依法行使职权的行为，不具备违法性，因而从行政赔偿这一角度分析，也不符合行政赔偿的构成要件。

法院经审理认为，消防队紧急情况下从鱼塘取水的行为属于紧急避险行为，所以应由受益人——缝纫制品公司承担赔偿责任。法院的判决的正确的。

根据《民法通则》第 129 条和《侵权责任法》第 31 条的规定，因紧急避险造成损害的，由引起险情发生的人承担民事责任。如果危险是由自然原因引起的，紧急避险人不承担民事责任或者承担适当的民事责任。因紧急避险采取措施不当或者超过必要的限度，造成不应有的损害的，紧急避险人应当承担适当的民事责任。本案中，消防队在救火车水量不够，没有其他水源的紧急情况下，从旁边鱼塘取水，是为了将缝纫制品公司车间的大火扑灭、避免更大的损失。缝纫制品公司是受益人，也是险情引起人。而且，消防队为紧急避险而采取的措施并无不当，也未超过必要的限度。所以，根据《民法通则》的规定，应该由受益人缝纫制品公司赔偿鱼苗损失。

案例五　雷电击中配电箱起火烧店铺，谁赔偿

——不可抗力的认定及免责

[案情]

张某于2007年在某镇临街租赁了一间门市房经营日用百货。2008年6月1日深夜，雷电交加，张某经营的店铺内的配电箱被雷电击中起火。由于店内到处都是易燃物，火势很快蔓延开，殃及相邻的李某和王某的两间店铺。后经消防队员和邻居的奋力扑救，大火被扑灭。张某的店铺被全部烧毁，李某和王某的店铺也损失惨重。火灾过后，李某和王某认为起火点在张某经营的店铺内，给两人造成的损害应当由张某予以赔偿。张某则认为这是天灾，他本人也遭受了重大损失，因而拒绝赔偿。李某和王某两人遂将张某告上法庭。

[案件争议或法律问题]

1. 本案中雷击起火是否属于不可抗力。
2. 张某是否可以因不可抗力免责。

[参考结论及法理分析]

本案在处理过程中最关键的是不可抗力的认定。在实践中如何认定某一情况是否属于不可抗力，应从以下几个方面综合加以认定：

1. 不可预见性。法律要求构成不可抗力的事件必须是当事人无法知道事件要在何时何地发生，也不知道这个事件发生的情况，即无法预见事件是否发生及发生情况。在正常情况下，对于一般理性人来说，判断其能否预见到某一事件的发生有两个不同的标准：一个标准是客观标准，就是在某种具体情况下，一般理智正常的人能够预见到的，合同当事人就应预见到；如果对该种事件的预见需要有一定专门知识，那么只要具有这种专业知识的一般正常水平的人所能预见到的，则该合同的当事人就应该预见到。另一个标准是主观标准，就是在某种具体情况下，根据行为人的主观条件如年龄、智力发育状况、知识水平、教育和技术能力等来判断合同的当事人是否应该预见到。这两种标准，可以单独运用，但在多种情况下应结合使用。

2. 不可避免性。当事人对可能出现的意外情况尽管采取了及时合理的措施，但客观上并不能阻止这一意外情况的发生，这就是不可避免性。如果一个事件的发生完全可以通过当事人及时合理的作为而避免，则该事件就不能认为是不可抗力。

3. 不可克服性。不可克服性是指当事人对于意外发生的某一个事件所造成的损失不能克服。如果某一事件造成的后果可以通过当事人的努力而得到克服，那么这个事件就不是不可抗力事件。

4. 该事件必须是客观情况。即该事件的发生是外在于人的行为的客观情况。

构成不可抗力必须具备以上四个要件，否则不能援引不可抗力条款。

本案中，2008年6月1日深夜，被告张某店铺内的配电箱遭雷击起火，这显然是当事人无法预见的，当事人无法对雷电击中店铺采取预防性措施，即使当事人作出最大的努力仍然不能克服该事件造成的损害后果，无法阻止雷电的电击。并且，雷电是一种自然现象，不以人的意志为转移，是一种客观情况。所以，本案中的火灾是由雷电击中配电箱而引起的，满足不可抗力的四个构成要件，应当被认定为不可抗力。《侵权行为法》第29条规定："因不可抗力造成他人损害的，不承担责任。法律另有规定的，依照其规定。"《民法通则》第107条规定："因不可抗力不能履行合同或者造成他人损害的，不承担民事责任，法律另有规定的除外。"因此，张某对因不可抗力引发的火灾损害后果不承担赔偿责任。

案例六　蚊香被风吹倒引发火灾烧死一人，侵权人与出租人被判赔偿

——侵权损害赔偿请求权人的确定

［案情］

2009年5月26日，来某市打工的赵某在其租住处睡觉，夏天的出租屋蚊虫尤其多，赵某像往常一样点了蚊香入睡。然而没想到的是，一阵风将蚊香吹倒引燃了蚊帐。等到赵某醒来，其租住的房屋已变成了火海，赵某和几个同伴连忙从后门逃走了。而隔壁房间的王某却因后门锁住的原因没能逃生，活活被烧死在房间里。

某市公安消防支队火灾事故认定书认定，火灾原因为赵某在使用蚊香时不慎引燃周围可燃物。诉讼中，被告人赵某的家属自愿先行给付了赔偿款5万元。赵某因失火罪被法院判刑。而陆某作为房东，没有尽到安全保障义务，使用非阻燃材料加装房屋通道，出租房屋未经消防部门检查验收，没有依法办理租赁许可证，没有基本的消防设施，致使初期火势无法得到有效控制，在事故中存在重大过错。被害人家属王某的父母作为本案的原告，要求两被告承担连带赔偿责任。

陆某辩称，市公安消防支队火灾事故认定书已对该起事故的起火原因和灾害成因作出认定，其对被害人的死亡不存在过错，无须承担任何赔偿责任。

一审法院认为，赵某是直接侵权人，承担全部赔偿责任，共计63万余元，而陆某出租房屋，未能尽到安全保障义务，对损害后果有一定的过错，承担20%的补充赔偿责任，赔偿金额为12万余元。

［案件争议或法律问题］

侵权损害赔偿请求权人的确定。

［参考结论及法理分析］

一、被侵权人死亡，其近亲属有权请求损害赔偿

被侵权人仅仅受到伤害、残疾，或者被侵权人作为单位仍存在的情况下，请求权人原则上是被侵权人本人，对此，《侵权责任法》第3条明确规定，被侵权人有权请求侵权人承担侵权责任。但是，被侵权人（即受害人）死亡的，其权利能力消灭，法律主体资格不复存在，死者不可能以权利主体资格请求侵权人承担侵权责任。同样地，被侵权人为单位，其分立、合并的，被侵权人的法律主体资格也消失，也不可能以权利主体资格请求侵

权人承担侵权责任。因此，在这两种情况下，请求权人都只能是被侵权人以外的主体。

被侵权人死亡的，哪些主体可以请求侵权人承担侵权责任呢？《民法通则》对此并没有明确的规定。《国家赔偿法》规定，受害的公民死亡，其继承人和其他有扶养关系的亲属有权要求赔偿。受害的法人或者其他组织终止，承继其权利的法人或者其他组织有权要求赔偿。一些司法解释也作了规定，如《最高人民法院关于审理人身损害赔偿案件适用法律若干问题的解释》规定，赔偿权利人是指因侵权行为或者其他致害原因直接遭受人身损害的受害人、依法由受害人承担扶养义务的被扶养人以及死亡受害人的近亲属。《侵权责任法》第18条在总结我国立法经验和司法实践经验基础上，参考国外立法作出以下规定，被侵权人死亡的，其近亲属有权请求侵权人承担侵权责任。被侵权人为单位，该单位分立、合并的，承继权利的单位有权请求侵权人承担侵权责任。被侵权人死亡的，支付被侵权人医疗费、丧葬费等合理费用的人有权请求侵权人赔偿费用，但侵权人已支付该费用的除外。

关于近亲属的范围和请求权顺序问题，按照我国《民通意见》的规定，近亲属的范围是配偶、父母、子女、兄弟姐妹、祖父母、外祖父母、孙子女、外孙子女。《侵权责任法》和《人身损害赔偿解释》没有明确规定近亲属的顺位问题，但是，《精神损害赔偿解释》第7条对此有所规定，即配偶、父母、子女是第一顺位，其他的是第二顺位。因而，本书认为，从死亡赔偿金的角度来看，遵守《精神损害赔偿解释》的顺位比较合适，即配偶、父母、子女是第一顺位，没有第一顺位的，第二顺位的近亲属才能请求。而且，不能将死亡赔偿金作为受害人的遗产来看待，受害人的债权人无权要求从死亡赔偿金中请求。

二、被侵权人为单位，该单位分立、合并的，承继权利的单位有权请求侵权人承担侵权责任

分立是指原单位一分为二，合并是指两个单位合二为一。单位分立、合并的，都涉及分立、合并前的单位所享有的侵权请求权在分立、合并后由谁行使的问题。单位在分立、合并过程中一般都会通过合同对权利的承继者作出安排，没有作出安排的，则依据《合同法》《公司法》等相关法律规定决定谁有权承继这种权利。一旦确定了承继权利者，其就有权请求侵权人承担侵权责任。

三、被侵权人死亡，支付被侵权人医疗费、丧葬费等合理费用的人有权请求侵权人赔偿费用，但侵权人已支付该费用的除外

在司法实践中，支付被侵权人死亡前的医疗费等合理费用的，不一定是被侵权人本身，可能是其亲属、朋友或者其他人；对于丧葬费，由于受害人已经死亡，只能由其亲属、朋友或者其他人支付。若支付这些费用的是被侵权人的近亲属，这些近亲属当然可以依据相关规定请求侵权人赔偿这些费用，若支付这些费用的并非其近亲属，而是其朋友、其他人或者某一单位的，实际支付费用的主体也可以作为独立的请求权人请求侵权人赔偿这些费用，但若侵权人已将这些费用赔偿给被侵权人近亲属的，实际支付这些费用的主体就不能再向侵权人请求赔偿，而只能要求获得赔偿的近亲属返还这些费用。赋予实际支付医疗费、丧葬费等费用的主体独立请求权，有利于弘扬帮扶帮衬的社会美德，保护善良的社会风俗，也可以防止侵权人获得不当利益。

本案中，被害人王某在火灾事故中被烧死，侵权人应当承担赔偿责任。但是由于受害人已经死亡，损害赔偿的权利人该如何确定呢？根据《侵权责任法》第18条和《精神损害赔偿解释》第7条的规定，被害人的近亲属可以成为赔偿权利人。而配偶、父母、子女是第一顺位的近亲属，因而，本案中被害人王某的父母可以作为赔偿权利人要求侵权损害赔偿。

案例七　上海11·15静安区高层住宅火灾的死亡赔偿金
——死亡赔偿金的赔偿依据

[案情]

2010年11月15日14时，上海静安区余姚路胶州路728号一栋高层公寓起火。据附近居民介绍，公寓内住着不少退休教师，起火点位于10~12层之间，整栋楼都被大火包围着，大火已导致58人遇难，另有70余人正在接受治疗。事故原因已初步查明，是由于无证电焊工违章操作引起的，四名犯罪嫌疑人已经被公安机关依法刑事拘留，还因装修工程违法违规、层层多次分包；施工作业现场管理混乱，存在明显抢工行为；事故现场违规使用大量尼龙网、聚氨酯泡沫等易燃材料；有关部门安全监管不力等问题。

事故发生后，上海市政府组织人员进行了积极的善后工作，处理火灾中伤亡人员的人身和财产的赔偿问题。上海市静安区区长张仁良表示，胶州路728号事故每位遇难人员将获得约96万元赔偿和救助金，其中按《中华人民共和国侵权责任法》一次性死亡赔偿约65万元、政府综合帮扶和社会爱心捐助等31万元，非本市户籍遇难人员和本市户籍遇难人员按同样标准处理；城镇居民和农村居民按同等标准处理；年长和年幼的按同等标准处理；房屋将按照“市场价格、全额赔偿”的原则进行。

[案件争议或法律问题]

死亡赔偿金的赔偿依据。

[参考结论及法理分析]

一、死亡赔偿金

1. 死亡赔偿金概念

死亡赔偿金，是对死者近亲属预期财产权损失及被抚养人丧失被抚养权利的经济补偿。死亡赔偿金是对因被害人死亡所造成的死者可预期的生命年限即余命年岁内的收入损失所作出的赔偿，是对造成的财产损害所进行的赔偿。

在中国目前的法律体系下，对于死亡赔偿金的性质的分类，公认的说法是，死亡赔偿金是物质损失赔偿不是精神损失赔偿，同时死亡赔偿金不是死者的遗产，但可以比照遗产的分配原则进行分配。

2. 法律依据

现行法律中，规范指引死亡赔偿金的法律主要有《最高人民法院关于审理人身损害赔偿案件适用法律若干问题的解释》《最高人民法院关于审理触电人身损害赔偿案件若干问题的解释》《消费者权益保护法》《产品质量法》《道路交通事故处理办法》（现废止，被《道路交通安全法实施条例》所取代）。

3. 死亡赔偿金核算依据统一为《最高人民法院关于审理人身损害赔偿案件适用法律若干问题的解释》

目前的死亡赔偿金已经不用再对发生的原因进行区分和分类，都适用2004年5月1日施行的《最高人民法院关于审理人身损害赔偿案件适用法律若干问题的解释》（以下简称《解释》）进行指引，但以下几种情况需要特别说明：

（1）医疗事故造成死亡。根据《医疗事故处理条例》的规定，无“死亡赔偿金”，但在律师的具体操作上，利用法律理论及实务可以实现数额较高的赔偿。

（2）交通事故造成死亡。因《道路交通事故处理办法》废止，故统一适用《解释》的规定。

（3）触电死亡。根据新法优于旧法的原则，《最高人民法院关于审理触电人身损害赔偿案件若干问题的解释》失效，应适用《解释》的规定。

4. 人身损害致人死亡赔偿计算

根据《最高人民法院关于审理人身损害赔偿案件适用法律若干问题的解释》的规定，赔偿标准如下：

（1）死亡赔偿金

死亡赔偿金按照受诉法院所在地上一年度城镇居民人均可支配收入或者农村居民人均纯收入标准，按二十年计算。但六十周岁以上的，年龄每增加一岁减少一年；七十五周岁以上的，按五年计算。

赔偿权利人举证证明其住所地或者经常居住地城镇居民人均可支配收入或者农村居民人均纯收入高于受诉法院所在地标准的，残疾赔偿金或者死亡赔偿金可以按照其住所地或者经常居住地的相关标准计算。

根据《最高人民法院民一庭关于经常居住地在城镇的农村居民因交通事故伤亡如何计算赔偿费用的复函》的规定，如果死者的经常居住地和主要收入来源地均为城市，有关损害赔偿费用应当根据当地城镇居民的相关标准计算，这需要进行举证。因农村与城市的标准差距较大，此处的计算甚为关键。

（2）丧葬费

丧葬费按照受诉法院所在地上一年度职工月平均工资标准，以六个月总额计算。

（3）被扶养人生活费

被扶养人生活费按照受诉法院所在地上一年度城镇居民人均消费性支出和农村居民人均年生活消费支出标准计算。被扶养人为未成年人的，计算至十八周岁；被扶养人无劳动能力又无其他生活来源的，计算二十年。但六十周岁以上的，年龄每增加一岁减少一年；七十五周岁以上的，按五年计算。

被扶养人是指受害人依法应当承担扶养义务的未成年人或者丧失劳动能力又无其他生活来源的成年近亲属。被扶养人还有其他扶养人的，赔偿义务人只赔偿受害人依法应当负担的部分。被扶养人有数人的，年赔偿总额累计不超过上一年度城镇居民人均消费性支出额或者农村居民人均年生活消费支出额。

被扶养人的年龄，男性在十八周岁以上、六十周岁以下，女性在十八周岁以上、五十五周岁以下的，赔偿权利人应提供无劳动能力鉴定结论或县级以上人民医院出具的证明，同时应提供村民委员会或居民委员会证明其无其他生活来源的书面证明。

（4）精神抚慰金：法院根据当地的实际情况判定，一般在5万~10万元进行参考。

（5）医疗费、误工费、交通费、住宿费、伙食补助、营养费、护理费等其他合理的费用。

二、因同一侵权行为造成多人死亡的，可以以相同数额确定死亡赔偿金

我国《侵权责任法》第17条规定："因同一侵权行为造成多人死亡的，可以以相同数额确定死亡赔偿金。"长期以来，计算死亡赔偿金往往因为死者城乡身份、收入高低、地区差异和其他因素的不同而相差数倍，不时引发"同命不同价"的争论。《侵权责任法》此条规定在处理重大交通故事、矿山事故时可以不考虑个人差异，而采用"一揽子"赔偿方案，以同一数额确定死亡赔偿金。从"同命不同价"到"同命同价"，展现的则是权利的平等、生命的尊严。

本案中，依据长期以来上海市人民法院审判实践，精神赔偿数额一般不超过5万元。据此，按照一个未满60岁的上海市城镇居民因加害人侵权而死亡的，受害人的亲属可获得丧葬费21394.5元、死亡赔偿金576760元、精神赔偿费5万元，合计近65万元的赔偿。因而，本案中，对因该起火灾事故死亡的死难者的赔偿是合理合法的。

应当看到，依据最高人民法院的上述司法解释，受害者因身份、年龄的不同所应当获得的死亡赔偿金之数额也不相同。如果一个18岁的青年和一个81岁的老人分别由不同的加害人所实施的不同加害行为造成死亡的，纵然都是城镇居民，所计算得出的死亡赔偿金差异也极大。然而，11·15火灾事故则不然。本次火灾中丧生的人的损害为同一侵权行为所致，如果按照不同的身份、不同的年龄给出不同的赔偿，将会造成新的矛盾和不稳定因素，多年来处理矿难、空难、海难、火灾、车祸等多人罹难事故的经验告诉我们，采用就高不就低的"同命同价"赔偿方法比"同命不同价"的赔偿方法更能够让多数人接受。尽管生命无价，死亡赔偿金不是对生命的赔付而是弥补因自然人死亡而致家庭实际收入的减少，尽管民事赔偿以损失多少赔偿多少的同质救济为原则，但是实践表明，同一事件中采取不同标准的赔偿方案会引发新的冲突和社会问题，不利于突发事件的平稳解决。为此，根据我国《侵权责任法》第17条的规定，以相同数额确定死亡赔偿金，应当就高不就低，否则部分受害家庭将因赔偿不到位而在赔付中蒙受损害。故此，对11·15火灾罹难家属的赔偿数额是相同的，无论是城镇居民还是农村居民，无论是幼儿、青年还是老年，在赔偿额计算中执行的是一个标准，且该做法具有法律依据。

另外，对事故的每位遇难者，政府给付综合帮扶和社会爱心捐助等31万元，也体现了对受害人家属的帮助之情。

案例八　装修一把火烧到邻居家，一张照片引发精神损害赔偿案

——具有人格纪念价值的物品及弥足珍贵、无法再生的物品被毁损，可以要求精神损害赔偿

[案情]

2010年7月，张某与李某的装修公司达成协议，为自己房子进行装修。2010年8月10日，李某带了三四个工人便开始了装修。在装修过程中，因为操作不当，发生了火灾，火势很快蔓延到二楼的韩某家中，烧毁了韩某的不少财物。韩某说，这些还是小事，可是自己保存着的唯一的一张父母生前的照片却在这次火灾中被烧掉。韩某说，财物毁损点没

有关系，可是照片寄托了自己对父母的感情，没有了照片，自己心里真的很不好受。于是韩某找到张某，要求其赔偿自己精神抚慰金3000元。一听说一张照片要陪3000元，张某说什么也不答应了，说3000元钱自己能从大街上买多少张照片啊，再者说，这场火灾，压根儿跟自己没关系，自己也是受害者。侵害了别人利益的人竟然也成了受害者，韩某也有点想不通了，于是一怒之下一纸诉状将雇主张某和施工单位负责人李某告上法庭，要求其承担由火灾造成的照片毁损的精神损害抚慰金3000元。

一审法院对这起财产损害案件公开开庭进行了审理，法庭上原、被告就此事故责任问题及是否应当赔偿精神抚慰金展开了激烈的辩论。被告认为，首先，此次事故和自己无关，自己装修时就与装修公司达成了书面协议，况且出事后李某曾表示此次事故是因为自己的过错所致，所以此次事故不应由其承担赔偿责任。其次，韩某所要求的精神抚慰金也无法律依据，因为原告究竟有没有其所说的照片，且照片是否在此次事故中被毁损，被告不得而知。且原告也并无其他相关证据证明，故要求法院驳回原告的诉讼请求。原告认为，不管被告和所雇佣的工人之间达成了怎样的协议，对外均不能免除对自己的赔偿责任，因为原告并不知道也无法知道雇主和雇员之间责任是如何划分的。由于被告的监管不当，最终导致火灾的发生，原告的财物受到了损失，原告是基于有人格纪念价值的照片被毁，要求造成的精神抚慰金的赔偿，正是因为这种遗像的不可再生性，使得原告无法提供相关证据证明自己在火灾前的确拥有一幅父母的遗像照片，原告只能提供父母已故的证明。

法院审理后认为，原告向法院提交的其父母已故的证明，该证据不能证明其遗像被毁，且原告申报财产损失时也未申请该项财产，因为，其要求被告赔偿精神抚慰金的请求，证据不足，不予支持，最终法院判决，驳回了原告要求被告赔偿3000元精神抚慰金的诉讼请求，至此，一起由财物毁损引发的精神抚慰金案件终于尘埃落定。

[案件争议或法律问题]

韩某能否获得精神损害赔偿，照片是否能够属于精神损害赔偿的范围。

[参考结论及法理分析]

精神损害赔偿作为侵权法中的精神损害的救济方式，是保护人身权益的重要制度。从1986年《民法通则》第120条的规定，到2001年《最高人民法院关于确定民事侵权精神损害赔偿责任若干问题的解释》的出台，再到2009年《中华人民共和国侵权责任法》中精神损害赔偿的规定，这些规定都体现了精神损害赔偿立法的不断发展和完善的过程，这无疑加强了对受害人的保护。

一、精神损害赔偿的含义和构成要件

精神损害是指自然人因其人格权受到侵害而遭受的生理上、心理上的痛苦及其他不良情绪，即精神痛苦。精神损害赔偿是指民事主体因人身权益受到不法侵害而遭受严重精神损害时，被侵权人请求侵权人以财产赔偿等方式进行救济的民事法律制度。

《中华人民共和国侵权责任法》第22条规定："侵害他人人身权益，造成他人严重精神损害的，被侵权人可以请求精神损害赔偿。"根据该条规定，只有侵权责任才能够要求侵害人承担精神损害赔偿。因而，精神损害赔偿的构成要件应当满足侵权责任的构成要件，且具备以下几个方面的条件：

1. 须存在违法行为

违法行为，是自然人或者法人以及其他组织违反法律规定，从而给被侵权人以及社会造成损害的行为。引起损害发生的违法行为，即侵害他人人身权益。精神损害赔偿的实现就是赔偿义务的负担。要寻找赔偿义务的主体，就得寻找主体与损害联系的因素，行为是连接赔偿义务人与需要赔偿的损害之间的唯一合理的因素。现实生活中构成精神损害侵权，首先要有违法的损害行为。

2. 必须造成了损害后果

损害事实，也就是损害后果，即造成他人严重精神损害。精神损害的后果不是轻微的损害后果，而应当是严重的侵害后果。《最高人民法院关于确定民事侵权精神损害赔偿责任若干问题的解释》第 8 条第 2 款规定："因侵权致人精神损害，造成严重后果的，人民法院除判令侵权人承担停止侵害、恢复名誉、消除影响、赔礼道歉等民事责任外，可以根据受害人一方的请求判令其赔偿相应的精神损害抚慰金。"所谓严重后果，是指社会一般人在权利遭受侵害的情况下，都难以忍受和承受的精神痛苦和肉体痛苦。至于如何判断"严重"的情况，还有待于法院在司法实践中的认定。

3. 侵权行为和损害后果之间具有因果关系

因果关系是指违法行为作为原因，损害事实作为结果，在它们之间存在的前者引起后果、后者被前者所引起的客观联系。也就是说，违法的损害行为是损害结果的原因，损害是损害行为的结果。只有侵权人的损害行为与被侵权人的严重精神损害结果之间存在必然的因果关系，才能认定侵权人承担侵权责任。

《侵权责任法》中无明文规定精神损害赔偿是否要求侵权人有过错，根据司法解释和民法原理，本书认为，精神损害赔偿并不限于一般侵权行为，因而不应当要求侵权人主观上必须具有过错。

根据《最高人民法院关于确定民事侵权精神损害赔偿责任若干问题的解释》第 5 条的规定，已经明确地将法人的精神损害赔偿请求权排除在外。因而，只有自然人才可以要求精神损害赔偿。

二、精神损害赔偿的适用范围

根据现行法律及司法解释的相关规定，本书认为，精神损害赔偿的适用范围不宜扩大，其包括以下几个方面：

1. 自然人的人格权益，包括生命权、健康权、身体权、姓名权、肖像权、名誉权、荣誉权、隐私权、人格尊严权、人格自由权。

2. 自然人的身份权益，包括监护权、婚姻自主权等。《最高人民法院关于确定民事侵权精神损害赔偿责任若干问题的解释》第 2 条规定："非法使被监护人脱离监护，导致亲子关系或者近亲属间的亲属关系遭受严重损害，监护人向人民法院起诉请求赔偿精神损害的，人民法院应当依法予以受理。"

3. 死者的人格利益，包括姓名、肖像、名誉、荣誉、隐私、遗体和遗骨。《最高人民法院关于确定民事侵权精神损害赔偿责任若干问题的解释》第 3 条规定："自然人死亡后，其近亲属因下列侵权行为遭受精神痛苦，向人民法院起诉请求赔偿精神损害的，人民法院应当依法予以受理：以侮辱、诽谤、贬损、丑化或者违反社会公共利益、社会公德的其他方式，侵害死者姓名、肖像、名誉、荣誉；非法披露、利用死者隐私，或者以违反社会公共利益、社会公德的其他方式侵害死者隐私；非法利用、损害遗体、遗骨，或者以违反社会公共利益、社会公德的其他方式侵害遗体、遗骨。”

4. 具有人格象征意义的特定纪念物品。《最高人民法院关于确定民事侵权精神损害赔偿责任若干问题的解释》第4条规定：“具有人格象征意义的特定纪念物品，因侵权行为而永久性灭失或者毁损，物品所有人以侵权为由，向人民法院起诉请求赔偿精神损害的，人民法院应当依法予以受理。”

三、确定精神损害赔偿数额的因素

精神损害是一种无形损害，并具有个体差异性，决定了很难以单一标准直接确定精神损害赔偿的具体数额，为此，目前我国尚无法律规定统一适用确定精神损害赔偿数额的标准，精神损害赔偿金完全由法院、审判人员根据案情予以确定。实践当中大多按照《最高人民法院关于确定民事侵权精神损害赔偿责任若干问题的解释》的规定进行操作。

《最高人民法院关于确定民事侵权精神损害赔偿责任若干问题的解释》第10条规定了确定精神损害赔偿数额的因素，即（1）侵权人的过错程度，法律另有规定的除外；（2）侵害的手段、场合、行为方式等具体情节；（3）侵权行为所造成的后果；（4）侵权人的获利情况；（5）侵权人承担责任的经济能力；（6）受诉法院所在地平均生活水平。从以上因素，尤其是“侵权人承担责任的经济能力”因素看，如果受害人也要分担自己的精神损害赔偿责任，则该解释就不会规定“侵权人承担责任的经济能力”这一因素。

《最高人民法院关于确定民事侵权精神损害赔偿责任若干问题的解释》第11条规定：“受害人对损害事实和损害后果的发生有过错的，可以根据其过错程度减轻或者免除侵权人的精神损害赔偿责任。”

通常情况下，民事案件分为人身损害赔偿和财产损害赔偿，财产损害赔偿案件中一般不能要求精神抚慰金的赔偿，但如果涉及具有人格纪念价值的物品及弥足珍贵、无法再生的物品被毁损，可以要求精神损害赔偿。

本案中，原告韩某的父母生前的遗像具有人格纪念价值，这种遗像具有不可再生性，且这是原告父母留下的唯一的一张照片，原告基于该照片被毁要求精神抚慰金的赔偿，符合《最高人民法院关于确定民事侵权精神损害赔偿责任若干问题的解释》《侵权责任法》的规定，可以得到法院的支持。但是，由于原告只能向法院提交其父母已故的证明，该证据不能证明其遗像被毁，且原告申报财产损失时也未申请该项财产。因而，原告韩某的证据无法达到《民事诉讼法》上要求的高度盖然性的证明标准，所以判决驳回了原告的诉讼请求。

第二章　监护人责任

案例一　儿童玩火烧死人，家长因疏监管被判赔巨款

——被监护人致害时监护人的责任

[案情]

4 岁女童张某的父母来自重庆，在某市场卖菜为生。张某父母平时忙于卖菜，因而对年仅 4 岁的女儿也就没有怎么监管，任其在街上和其他小孩儿玩耍。2009 年 4 月 11 日中午，家住同一条街的 7 岁女孩黄某，看到 4 岁的张某和 9 岁的刘某在街上玩耍，遂将他们带回自己家中玩耍。年长的刘某、黄某将女童张某推上阁楼玩耍。在阁楼玩耍时，刘某看到屋内有打火机，就拿来点火烧糖纸，结果致使房屋发生火灾。火灾发生时，房屋内除了三个小孩并无其他人。火灾发生后，刘某、黄某下了阁楼离开火灾房间，张某由于年仅 4 岁，行动不方便，无法下阁楼，被困在着火房间内。待刘某告知其父母后，其父立即报警，民警赶到现场，发现着火房间内没有消防设施，无法救火，只有等待消防人员来救火救人。现场着火面积约 40 平方米，火灾造成黄某家及旁边四间房屋及屋内家具、电器、衣物等物品损毁。待消防人员赶到现场扑灭大火，女童张某已被当场烧死。

2009 年 6 月 8 日，某市公安消防局作出认定，火灾原因是玩火引燃可燃物所致，刘某对该起火灾事故应负直接责任。死亡女童的父母随后将刘某、黄某及两个孩子的父母告上法庭，要求刘某的父母和黄某的父母共同赔偿 20 万元。然而，两个孩子的家庭都不富裕，这样的赔偿金额对两个家庭来说，都是属于难以接受的巨额赔偿。

受理此案的一审法院认为，三个孩子的父母都没谨慎履行监护职责，对孩子疏于监管，都要对女童死亡承担一定责任。依照相关规定，法院判处刘某父母赔偿 93000 元给死者张某的父母，黄某的父母也要赔偿死者家庭 62000 元，合计 155000 元。

[案件争议或法律问题]

无民事行为能力人、限制民事行为能力人等作为被监护人，由于缺乏对自身行为的基本识别判断能力，不具备民事责任能力；其行为给他人造成损害的，由其监护人承担侵权责任。

[参考结论及法理分析]

由于本案是限制民事行为能力人实施的侵权民事纠纷。所以，对本案的分析，必须立足于其特殊主体来分析。同时，也必须考虑到侵权责任的几个构成要件。

一、侵权责任的构成要件

1. 本案存在侵权行为

行为人实施侵害他人合法权益的行为（加害行为），是行为人承担民事侵权责任的必备条件。

2. 本案存在损害事实

被侵权人（受害人）存在损害事实是民事侵权主体承担民事责任的前提和基础。在现实生活中，被侵权人受到的损害既包括人身损害，也包括受害人的物质损害、精神损害。当然，并不是所有的侵权案件中，侵权人都要承担精神损害赔偿。

3. 原告的受害结果和被告的侵权行为存在因果关系

行为人的侵权行为和受害人的损害后果之间存在因果关系是行为人承担民事侵权责任的构成要件。本案中，女童张某的死亡结果和被告黄某与被告刘某玩火引发火灾之间具有直接的、必然的因果关系。

4. 被告存在过错

在一般侵权责任构成中，无论主体的民事责任能力如何，存在过错是承担民事责任的前提之一。本案被告黄某和被告刘某玩火引发火灾存在过错。

二、无民事行为能力人和限制民事行为能力人侵权致害的责任承担

《侵权行为法》第32条第1款规定："无民事行为能力人、限制民事行为能力人造成他人损害的，由监护人承担侵权责任。监护人尽到监护责任的，可以减轻其侵权责任。"该条第2款规定："有财产的无民事行为能力人、限制民事行为能力人造成他人损害的，从本人财产中支付赔偿费用。不足部分，由监护人赔偿。"

可以从以下几方面理解以上规定：（1）对于无民事行为能力人和限制民事行为能力人致害，应当承担侵权责任。由于其没有民事责任能力，由其监护人代为承担。（2）监护人的责任是无过错责任，即使监护人尽到了监护责任的，亦应当承担侵权责任，但可以减轻其侵权责任。（3）无民事行为能力人和限制民事行为能力人致害，本人有财产的先从本人财产中支付。（4）如果本人财产不足以支付的，剩余部分由监护人承担。

本案中，两被告实施了侵权行为，玩火引发火灾，造成女童张某的死亡，酿成恶果，玩火行为和女童死亡之间具有直接因果关系，两被告玩火主观上具有过错。因而，两被告的行为符合侵权责任的构成要件，应当承担侵权损害赔偿责任。由于本案侵权主体特殊，是《民法通则》和《侵权行为法》所规定的特殊主体，属于无民事行为能力人。鉴于限制民事行为能力人没有独立承担民事责任的能力，根据《侵权行为法》第32条的规定，其监护人应当代理被告承担民事责任，即应当由被告的父母承担赔偿责任。本案中，两被告黄某和刘某的监护人任孩子在街上玩耍，对孩子疏于监管，没谨慎履行监护职责，且被告的监护人对于打火机这种对于小孩子来说很危险的危险品随意放置家中，疏忽大意。两被告的监护人没有尽到监护责任。监护人责任是无过错责任，即使监护人尽到了监护责任也应当承担侵权责任。本案两被告监护人应当承担民事侵权责任。

本案中，法院判决被告黄某的监护人和被告刘某的监护人分别承担损害赔偿责任。由于是被告刘某点的火，过错程度较大，因而承担的赔偿金额较高。

案例二　精神病人取火烧店铺被判赔偿

——本人有财产的无民事行为能力人或限制行为能力人致害由谁赔偿

[案情]

李某系间歇性精神病患者，已经从原单位病退，由其弟弟李某某作为监护人。某日，李某在某小卖店买东西时突然发病，将替父母看店的小男孩张某（12 岁）推出店门，将店内商品四处乱扔、踩踏，并从生火取暖的炉子取火点燃了小卖店，其大叫大吼，别人无法靠近。后被警方制服，大火也被扑灭。小卖店共损失 5000 余元。后店主张某某提起诉讼，人民法院判决李某的监护人李某某赔偿张某某的损失 5000 元，鉴于李某本人存款 3000 元，赔偿费用从李某的个人财产中支付 3000 元，其余 2000 元由李某某负担。

[案件争议或法律问题]

对于本人有财产的无民事行为能力人或限制行为能力人造成他人损害时，由谁赔偿的问题。

[参考结论及法理分析]

我国《民法通则》第 13 条第 2 款对精神病人的民事行为能力问题作出了规定，不能完全辨认自己行为的精神病人是限制民事行为能力人，可以进行与他的精神健康状况相适应的民事活动；其他民事活动由他的法定代理人代理，或者征得他的法定代理人的同意。

根据法律的规定，限制民事行为能力人包括：

1. 10 周岁以上 18 周岁以下的公民。16 周岁以上不满 18 周岁以自己的劳动收入为主要生活来源的公民除外。

2. 不能完全辨认自己行为的精神病人。在精神病人是否是限制民事行为能力人方面，需要相应的程序和条件来审查和认定。因为这涉及一个人的权利能力问题，所以必须经过严格的法律程序。我国法律规定了自然人民事行为能力的宣告的条件和程序。对自然人民事能力宣告须具备下列条件：一是须经利害关系人申请；二是被申请的当事人须为精神病人；三是须由人民法院经特别程序作出宣告。如果被宣告为无民事行为能力人或限制行为能力人后，经过治疗后病愈，恢复行为能力，但是未经过撤销宣告，则此时其所实施的行为属于效力待定行为。

《侵权责任法》第 32 条规定，无民事行为能力人、限制民事行为能力人造成他人损害的，由监护人承担侵权责任。监护人尽到监护责任的，可以减轻其侵权责任。有财产的无民事行为能力人、限制民事行为能力人造成他人损害的，从本人财产中支付赔偿费用。不足部分，由监护人赔偿。

本案中的李某为间歇性精神病患者，其在实施侵权行为时正处于发病状态，不具有民事行为能力，因此李某实施侵权行为应当由其监护人李某某承担侵权责任。但李某本人有个人存款，因此，有关赔偿费用首先从其个人财产中支付，不足的部分由其监护人李某某承担补充责任。

第三章　共同侵权

案例一　烟花引燃仓房，烧毁财物赔偿案

——共同侵权致害，各行为人承担连带责任

[案情]

被告李某在路边燃放烟花，被告梁某前来帮忙。因为没有引线，梁某将一个小烟花插进去，引火后，梁某站在一旁观看，李某手执烟花燃放，不想烟花借助风势飞向路边的一个稻草棚顶的仓房，引燃稻草酿成火灾。该仓房为原告张某所有，内装有大量粮食和农用物资，共计损失8000元。原告张某将李某和梁某告上法庭，要求其二人共同承担损害赔偿责任。

[案件争议或法律问题]

1．李某和梁某的行为是否构成共同侵权。

2．共同侵权的责任承担方式。

[参考结论及法理分析]

本案是一起典型的共同侵权行为案件。我国《侵权责任法》第8条对共同侵权行为作了规定：二人以上共同实施侵权行为，造成他人损害的，应当承担连带责任。该条规定首次明确了共同侵权的构成要件。

一、共同侵权行为的构成要件

1．侵权行为主体的复数性

侵权行为主体的复数性是指实施侵权行为一方为两个或两个以上的行为人。如果侵权行为主体仅为一人，则无论实施何种行为都不构成共同侵权行为。侵权行为主体既可以是公民，也可以是法人或非法人单位。

2．侵害对象及损害结果具有同一性

侵害对象的同一性是指共同侵权行为致损的对象可以是人身或者财产或财产性利益，但这些权利或利益必须属于同一民事主体；损害结果的同一性是指共同侵权行为所导致的损害结果是一个统一的不可分割的整体。

3．侵权行为人主观过错的共同性

侵权行为人之间在主观上具有共同过错，即在数个共同行为人之间须有共同致人损害的故意或者过失。基于此，而使数个行为人的行为联结为共同行为。共同侵权行为与共同

犯罪不同，不仅共同故意可以构成，而且共同过失也可以构成。主观过错的共同性是行为人是否应当承担共同侵权责任的关键性特征。

4. 共同侵权行为与损害结果之间具有因果关系

受害人的损失只有在由共同侵权行为人的行为造成时，共同侵权行为人才可能承担共同侵权责任。即共同侵权行为与损害结果之间必须存在因果关系。

5. 侵权责任的连带性

共同侵权行为人对受害人所应负的连带责任，是指受害人有权向共同侵权人中的任何一人或数人请求赔偿全部损失，而任何一个共同侵权人都有义务向受害人负全部的赔偿责任。共同侵权行为人基于共同的加害行为及结果，决定了主体责任的不可分割性，各侵权行为人都应对共同的损害结果承担全部赔偿责任。

二、共同侵权行为的责任承担方式

《侵权行为法》第8条规定，二人以上共同侵权致人损害的，应当承担连带责任。连带责任是一种加重的责任承担，即受害人有权向共同侵权人中的任何一人或者数人请求赔偿全部损失，而任何一个共同侵权人都有义务向受害人负全部的赔偿责任。共同侵权中的一人或数人已全部赔偿了受害人的损失的，则免除其他共同侵权人向受害人应负的赔偿责任。它具有如下特征：①连带责任是对受害人所应承担的整体责任；②受害人有权请求任何一个或数个共同侵权行为人负连带责任；③连带责任是法定责任，不因加害人内部的约定而改变其连带责任的性质；④各行为人依其主观过错程度和行为原因力的大小对内负按份之责。

本案中，被告李某和梁某是完全民事行为能力人，依一个有一般理性人的认定标准，其对于有风天气燃放烟火可能造成的损害应当可以预见，但是二人却因为故意或疏忽大意而没有预见，因而二人在主观上具有共同过错；李某和梁某实施侵权行为的主体是复数，二人行为相互配合共同完成了燃放烟花的行为；二人燃放烟火造成了张某的财产损害，损害具有同一性；二人的加害人行为和损害结果之间具有直接的因果关系。因此，被告李某和梁某的行为构成共同侵权行为。二人应当对张某的损失承担连带损害赔偿责任。张某可以选择李某、梁某个人分别承担赔偿责任，李某和梁某二人都有义务向受害人负全部的赔偿责任；或者选择李某和梁某共同承担赔偿责任。

案例二　李某教唆张某点草垛，火烧连营遭索赔

——教唆未成年人实施侵权行为责任的承担

[案情]

李某（23岁）系某村村民，整日游手好闲无所事事。一日，李某与邻居王某发生口角，就此怀恨在心。为泄私愤，李某拉拢教唆未成年人张某（10岁）去点王某家的柴火垛，许诺事成后给张某一台游戏机。不想，风势很大导致大火蔓延，把王某家的粮仓全部烧毁。后大火被扑灭。王某起诉张某及其监护人、李某，要求他们承担连带损害赔偿责任。张某的监护人辩称：张某是在李某教唆下放的火，且张某是未成年人，因而不应当承担侵权责任。李某辩称：火是张某放的，因而应当由张某承担责任。

[案件争议或法律问题]

教唆未成年人实施侵权行为责任的承担。

[参考结论及法理分析]

本案中涉及两个核心问题：一是李某教唆未成年人张某实施侵权行为，其是否应当和张某共同承担侵权损害赔偿责任；二是张某的监护人是否应当承担相应的赔偿责任。

《侵权责任法》第9条规定："教唆、帮助他人实施侵权行为的，应当与行为人承担连带责任。教唆、帮助无民事行为能力人、限制民事行为能力人实施侵权行为的，应当承担侵权责任；该无民事行为能力人、限制民事行为能力人的监护人未尽到监护责任的，应当承担相应的责任。"

一、教唆、帮助行为侵权责任的构成要件

所谓教唆行为，是指利用言语对他人进行开导、说服或通过刺激、引诱、怂恿等行为，最终促使被教唆人接受教唆人的意图，进行实施某种加害行为。对被教唆人而言，无教唆则无侵权意图，更无侵权行为，教唆行为对加害行为起决定性作用。所谓帮助行为，是指通过提供工作、指示目标或以言语激励等方式从物质上或精神上帮助他人实施加害行为。对于被帮助人而言，本来已有侵权意图，帮助行为仅对加害行为起促进作用。

1. 教唆行为的构成要件

(1) 教唆人实施了教唆行为，教唆行为只能以积极的作为方式构成，消极的不作为不能成立教唆行为；

(2) 被教唆人实施了侵权行为，且教唆行为与侵权行为的发生（而非损害结果）之间具有因果关系；

(3) 教唆人主观上具有唆使他人侵权的故意，既包括直接故意，也包括间接故意，即教唆人明知或应知自己的教唆行为会使被教唆人产生加害意图并实施加害行为而仍然进行教唆，且对加害行为的发生持希望或放任的态度。

2. 帮助行为的构成要件

(1) 帮助人实施了帮助行为，帮助行为通常是积极的行为，只有在不作为者具有作为义务时，其消极的不作为才有可能成为帮助行为；

(2) 被帮助人实施了侵权行为，且帮助行为与侵权行为造成的损害后果之间具有因果关系；

(3) 帮助行为均出于故意，加害人不知帮助人提供了帮助的，不妨碍帮助行为的成立。

二、教唆、帮助行为侵权责任的责任承担

1. 教唆、帮助完全民事行为能力人实施侵权行为的，教唆人、帮助人应与行为人承担连带责任。在内部责任分担上，应根据过错程度、行为的原因力以及经济状况等方面予以考量，一般认为，由于帮助人的过错程度低于加害人以及教唆人，故帮助人应承担较轻的责任。

2. 教唆、帮助无民事行为能力人、限制民事行为能力人实施侵权行为，实质是利用被教唆人、被帮助人的身体动作作为侵权工作，故应由教唆人、帮助人就加害行为负单独的侵权责任。被教唆人、被帮助人的监护人未尽到监护责任的，根据其过错程度承担相应的责任，该责任非连带责任，亦非补充责任，应属于按份责任。实践中，一般可先推定监护人已尽到监护责任，由教唆人、帮助人承担全部责任，在有证据证明监护人“未尽到监护责任”时，才可要求监护人承担一定的责任。此类案件中，监护人“未尽到监护责任”这一事实的举证责任主体应为受害人或教唆人、帮助人。

据此，教唆、帮助无民事行为能力人、限制民事行为能力人实施侵权行为的，原则上应当由教唆者、帮助者承担民事责任，负责对受害人的损失进行赔偿。如果受害人能够举证证明未成年人的父母对未成年人未尽到监护责任，则未成年人的父母也要承担与其过错相应的责任。这里的“相应的责任”属于按份责任而非连带责任，是根据监护人的过错程度而与教唆帮助者分担的责任。

本案中，李某是完全民事行为能力人，张某是无民事行为能力人，在李某的教唆下，张某实施了侵权行为，造成了对王某的损害，应当由李某单独承担侵权责任。张某的父母是张某的监护人，是否对张某未尽到管理、看护职责是张某父母承担责任的关键。如果受害人王某或者教唆人李某举证证明了张某父母未尽到监护责任，张某父母则应对王某的损害承担相应的民事责任，即应当根据李某和张某父母的过错程度分别确定各自的赔偿数额，此种民事责任是按份责任。

案例三 合伙开办的液化气站爆炸致害案

——合伙人致害的责任承担

[案情]

张某与李某合伙经营一家换气站，从清水河县环城液化气站购买液化气，在清水河县某村原陶瓷厂办公室销售。某日，冯某（男，26岁，农民）在张某和李某经营的换气站换气时，因张某违规用装满液化气的罐与冯某的空罐对接为冯某换气时发生爆炸，张某当场被炸死，冯某被爆炸后气体燃烧的火焰烧伤。事发当天，冯某被送往二五三医院住院治疗，共住院治疗31天出院。医院诊断为：面颈部、躯干及双上、下肢烧伤。2010年3月12日，经某市第一医院司法鉴定所鉴定，冯某目前左腕活动轻度受限，建议左前臂、腕部进行整形手术治疗。全身瘢痕面积达15%，评定为十级伤残。冯某花去医疗费26760.80元，购买医疗用品，支出鉴定费、交通费等2860余元。

冯某将张某的妻子和他的三个儿子及李某一同告上了清水河县人民法院，要求几名被告赔偿其医疗费、器具费等共计92057.49元，并保留对被告后续治疗费和整形手术费的诉讼请求。

[案件争议或法律问题]

合伙人致害的责任承担方式。

[参考结论及法理分析]

本案的关键问题有两个：一是判断合伙人执行合伙事务中致人损害行为的性质；二是张某死亡后的赔偿义务人的认定。

一、合伙人致害的特征

合伙人致人损害，是指合伙人在执行合伙事务过程中致人损害，全体合伙人共同承担连带责任。可分为以下两种情况：一是合伙人共同经营合伙事务致人损害。二是合伙人之一在执行合伙事务中致人损害。合伙致人损害具有共同侵权的特点：①合伙的侵权人为两人以上的，构成共同侵权无争议，合伙人之一在执行合伙事务中造成他人损害，也应按照全体合伙人致人损害认定，因为该侵权责任是由全体合伙人承担，符合共同侵权责任主体在两人以上的特点；②合伙人执行合伙事业的行为系全体合伙人的行为，体现了全体合伙人的共同意识和共同利益，行为人的过错，就应该推定为全体合伙人的过错，所以，它就符合了共同侵权行为人在主观上所具备的共同过错；③合伙致人损害具备共同侵权中共同侵权行为造成的损害是同一的、不可分割的；④行为与损害结果之间有因果关系的特点。

二、合伙人致害的责任承担

《民法通则》第34条第2款规定："合伙负责人和其他人员的经营活动，由全体合伙人承担民事责任。"合伙致人损害后，应由合伙人承担连带责任，合伙人的对内债务可依行为的主观过错程度，合伙人对债务承担约定的比例，盈亏分配比例，确定对内份额。当然，合伙人承担连带责任，应当首先从共同财产中支付，共同财产不能够支付的，由各合伙人对外承担连带责任。

连带责任是一项重要的责任承担方式。连带责任可能基于合同产生，也可能是因侵权行为导致。司法实践中，连带责任已成为侵权案件中侵权人承担责任的重要方式。连带责任的特征主要表现在：①连带责任对于侵权人而言是一种比较严重的责任方式。连带责任对外是一个整体的责任。连带责任中的每个人都需要对被侵权人承担全部责任。被请求承担全部责任的连带责任人，不得以自己的过错程度等为理由只承担自己的责任。②连带责任对于被侵权人保护得更为充分。连带责任给了被侵权人更多的选择权，被侵权人可以请求一个或者数个连带责任人承担全部或者部分的赔偿责任。③连带责任是法定责任，连带责任人不能约定改变责任的性质，对于内部责任份额的约定对外不发生效力。

同时，根据《最高人民法院关于审理人身损害赔偿案件适用法律若干问题的解释》中的规定，赔偿权利人起诉部分共同侵权人的，人民法院应当追加其他共同侵权人作为共同被告。赔偿权利人在诉讼中放弃对部分共同侵权人的诉讼请求的，其他共同侵权人对被放弃诉讼请求的被告应当承担的赔偿份额不承担连带责任。责任范围难以确定的，推定各共同侵权人承担同等责任。人民法院应当将放弃诉讼请求的法律后果告知赔偿权利人，并将放弃诉讼请求的情况在法律文书中叙明。对于连带侵权责任的责任份额的确定，可以根据行为人的过错程度和原因力的大小来确定。责任范围难以确定的，推定各共同侵权人承担同等责任。

三、赔偿义务人的认定

侵权人死亡，但仍然应当对自己生前的行为承担侵权损害赔偿责任。如果没有继承人继承，则直接以其财产来进行清偿；如果发生继承，根据《中华人民共和国继承法》的规定，继承遗产应当清偿被继承人依法应当缴纳的税款和债务，缴纳税款和清偿债务以其遗产实际价值为限。如果继承人放弃继承，则应当直接以被继承人的财产直接承担责任。对超出遗产范围的部分不得要求其近亲属承担。

本案中，被告张某和李某合伙经营的换气站致冯某人身损害的行为属于合伙人致害行为，应当认定为合伙人共同侵权行为，各合伙人之间应当承担连带责任。

对于冯某的损害赔偿，首先由李某和张某合伙经营的换气站现有财产来清偿，不够部分应当由李某和张某共同承担连带赔偿责任。由于张某是侵权行为的具体实施者，存在较大的过错，因此，张某承担责任的份额较大。但是，张某已经死亡，是否免除赔偿义务呢？张某生前行为造成了他人人身损害，行为人应当对自己的行为承担侵权损害赔偿责任。虽然张某已经死亡，但该侵权责任系其生前所负责任，不能免除赔偿责任，但赔偿亦应当局限在死者所留财产。根据《中华人民共和国继承法》的规定，继承遗产应当清偿被继承人依法应当缴纳的税款和债务，缴纳税款和清偿债务以其遗产实际价值为限。如果继承人放弃继承，则应当直接以被继承人的财产直接承担责任。对超出遗产范围的部分不得要求其近亲属承担。因而张某的继承人如果主张继承张某的财产，则其成为本案的赔偿义务人，但应以张某财产为限承担侵权损害赔偿责任；如果张某的继承人放弃继承权，则直接以张某的财产承担赔偿责任。

案例四 杨某诉三被告火灾赔偿案

——共同危险行为致害的，各行为人承担连带责任

[案情]

正月初八晚上，原告杨某家的柴垛被李某等燃放的鞭炮引燃起火，由于当时天气干燥、风势很大，大火很快蔓延至杨某家的仓房、粮仓和居住的房屋，后在邻居和消防队员的奋力扑救下火势才被控制住。但是杨某家的仓房、粮仓被全部烧毁，房屋也被烧毁大半。经查，三被告李某、孙某、王某均在当晚相近时间燃放了鞭炮。原告认为在没有证据证明三被告中谁是具体侵权人的情况下，三被告于大风天气，在草垛边上燃放鞭炮，忽视安全，共同实施危险行为，造成了原告财产损害，应该承担侵权损害赔偿责任。

[案件争议或法律问题]

1. 李某、孙某和王某三人是否构成共同危险行为。
2. 共同危险行为致害的，各行为人承担连带责任。

[参考结论及法理分析]

本案是比较典型的共同危险行为。法律焦点问题：一是本案侵权行为是否属于共同危险行为；二是共同危险行为人免责的举证责任；三是本案被告对原告的损害的侵权赔偿责任如何承担。要正确处理本案，关键是明确此种侵权的性质和构成要件。

一、共同危险行为的构成要件

共同危险行为，是指二人以上实施危及他人人身、财产安全的行为，仅其中一人或者数人的行为对他人造成损害，但不能确定具体侵权人。其构成要件如下：

1. 数人没有意思联络。数人相互之间并无共同的侵权意图，而是各自独立实施了危险行为，对于损害后果也没有共同的认识和意愿，区别于共同加害行为。

2. 共同实施危险行为。“危险行为”是指各行为人的行为均具有违法性，均具有致他人人身或财产损害的高度盖然性。“共同实施”，既非主观共同即共同的意思联络，亦非

共同认识，更非客观共同（即各行为人的行为并未相互结合造成同一损害），对其应作如下理解：a. 各行为人均有作为行为，该行为虽相互独立，但却并列发生，是一种行为并列的“共同”；b. 危险行为的性质或者种类相同；c. 相同性质或相同种类的危险行为在同一辐射范围内偶然并列发生，即数人实施的危险行为在时间和空间上存在联系。

3. 一人或数人的行为已造成损害结果。损害结果已客观发生，其与共同危险行为具有因果关系，且仅行为人中一部分人的行为造成损害后果，另一部分人虽然实施了危险行为，但客观上没有造成损害结果。

4. 加害人不明。共同危险行为人中一人或数人的行为已实际造成损害后果，但究竟是数人中谁的行为实际造成损害结果的，事实难以认定。

二、正确适用免责事由

对于共同危险行为的免责，举证责任分配原则为举证责任倒置，即共同危险行为人不仅要证明自己没有过错，其行为并不导致受害人损害的发生，还要证明真正加害人，则其可以不承担侵权赔偿责任，否则应由数个共同危险行为人共同承担连带赔偿责任。如果有证据证明真正加害人的就应认定为一般的侵权行为，不再是共同危险行为。适用举证责任倒置，能够减轻受害人举证的负担和困难，有利于受害人救济请求权的行使，能够更有效地制裁民事违法行为，实现法律的公平公正。本案中，三被告如果想免责，必须分别证明其行为与损害后果之间没有因果关系，且必须确定具体的加害人。

三、共同实施危险行为人的侵权责任的承担

我国《侵权行为法》第 10 条规定：“二人以上实施危及他人人身、财产安全的行为，其中一人或者数人的行为造成他人损害，能够确定具体侵权人的，由侵权人承担责任；不能确定具体侵权人的，行为人承担连带责任。”这是连带责任，不是按份责任，受害人有权请求部分或者全部连带责任人承担责任。如果本案中无法查明真正的侵权人，则应由全体行为人共同承担侵权损害赔偿的连带责任。由于共同危险行为的过错不仅体现在过错和损害后果上，还体现在共同危险行为本身。行为人在实施危险行为时已经把他人的财产和人身置于一种不合理的危险和不安全的状态中，增加了社会危害程度。因此，对公共危险行为人科以严格的举证责任、证明标准和责任承担方式是合理的，也是必要的。

本案中，各行为人是否构成共同侵权责任？笔者认为不构成共同侵权行为。因为共同侵权行为和共同危险行为是有区别的。第一，本案的三被告燃放鞭炮的行为具有危险性。第二，三被告在相近时间段燃放鞭炮，具有共同危险行为在时间和空间上的同一性。这就造成了认定具体加害人的难度，即原告损害的后果到底是一人还是数人的行为所致，以及到底是具体何人的行为造成的损害后果都是不确定的。各行为人的行为只是可能造成了损害后果，其行为和损害后果之间的因果关系是法律推定的，是替代因果关系。第三，本案没有证据证明是事先约定同时燃放鞭炮，他们之间不存在共同的意思联络，既不存在共谋加害原告的共同故意，也不存在对已经预见或应当预见的危害后果放任的主观心理态度。

本案中，数个被告在相近的时间段均实施了燃放鞭炮的行为。而燃放鞭炮的行为是一种危险行为，即这种行为可能对周围环境和他人人身、财产造成损害，这种可能性会因为行为人的主观故意或过失转化成现实性，本案的原告的财产损害事实就是由于被告等燃放鞭炮所致，但是该损害不是全体共同危险行为人所致，而是其中的一个或数个行为人的行为所致，只不过不能判明谁是真正的加害人。在这种情况下，根据法律规定，属于共同危险行为致人损害，行为人应当承担共同危险行为侵权的连带责任。

案例五 出租房屋着火，赔偿权责如何确认

——受害人免除部分共同侵权人的责任，其他侵权人对被免除的赔偿份额不承担连带责任

[案情]

原告李某经营家用电器，被告钟某经营家具，两人分别租用被告黄某所有的相邻两间仓库摆放家用电器和家具。某日，钟某的仓库内突然发生火灾，火势迅速蔓延，导致李某仓库内的家用电器和钟某仓库内的家具被烧毁。

经消防部门现场勘验，发现钟某仓库内闸刀位置带有明显电熔痕的铝线和由铜丝取代保险丝的闸刀，认定火灾起火部位是钟某所租用仓库的西北角，火灾原因是该场所电线短路造成。经评估，该起火灾造成原告经济损失达385607元人民币。为此，原告提起民事诉讼，要求两被告钟某、黄某连带赔偿损失。后在庭审过程中，原告李某放弃了对黄某的诉讼请求。

[案件争议或法律问题]

在共同侵权中，受害人免除部分共同侵权人的责任，其他侵权人对被免除的赔偿份额是否承担连带责任。

[参考结论及法理分析]

本案涉及的法律问题是，房东黄某和承租人钟某是否构成共同侵权；受害人放弃要求部分共同侵权人承担赔偿责任，产生何种法律效力。

一、无意思联络共同侵权的含义及构成

无意思联络的数人侵权，是指二人以上没有共同的意思联络，但其数个行为相互结合造成他人人身或财产损害，损害后果同一不可分的侵权行为，是多数人侵权（复数主体侵权）的一种类型。本条规定的情形，是无意思联络数人侵权中因果关系聚合的类型，又称为等价因果关系类型，其构成要件如下：

1. 数人无意思联络。主体具有复数性，且数人之间无共同故意或共同过失。

2. 分别实施侵权行为。每一行为人的行为都独立构成侵权行为，若系一般侵权行为，则各行为人均应具有故意、过失；若系特殊侵权行为，则各行为人均应具有加害行为且行为违法，主观上有无过错在所不问。

3. 损害后果具有同一性。损害后果同一且不可分。

4. 各个独立的行为均足以造成全部损害。每一独立侵权行为均具有造成全部损害后果的原因力，各原因力可以互相代替，但损害结果的同一性并不因此发生改变。此种因果关系，被称为等价因果关系或聚合因果关系，其形式上应当是各等价因果关系的聚合，而非各原因力的累积或叠加。

二、对共同侵权人提起损害赔偿之诉的性质

根据《中华人民共和国民事诉讼法》第53条的规定，当事人一方或者双方为二人以

上，其诉讼标的是共同的，或者诉讼标的是同一种类、人民法院认为可以合并审理并经当事人同意的，为共同诉讼。共同诉讼的一方当事人对诉讼标的有共同权利义务的，其中一人的诉讼行为经其他共同诉讼人承认，对其他共同诉讼人发生效力；对诉讼标的没有共同权利义务的，其中一人的诉讼行为对其他共同诉讼人不发生效力。对此类案件法院必须合并审理和判决。

必要的共同之诉的构成要件：

1. 当事人一方或双方为两人以上。这是共同诉讼的基本要求。

2. 诉讼标的具有同一性。是指共同诉讼人与对方当事人之间是同一个诉讼标的，在这个诉讼标的中他们共同享有权利，或者共同承担义务。例如，多人的侵权行为，对他人造成损害，受害人诉至法院，以所有侵权人为被告，要求他们共同承担赔偿责任。正因为必要共同诉讼中当事人的诉讼标的具有同一性，因此就要求共同诉讼人一同起诉或应诉。必要共同诉讼的目的在于防止矛盾判决。

3. 法院必须合并审理、合一判决。是指对于共同诉讼，法院必须适用同一诉讼程序进行审理，并对共同诉讼人的权利义务作出内容相同的裁判。这是由必要共同诉讼中诉讼标的同一性决定的。

据此，在共同侵权诉讼中，如果赔偿权利人仅起诉了部分共同被告参加诉讼，人民法院应当追加其他共同侵权人作为共同被告参加诉讼。至于追加的方式，既可以由法院依职权进行，也可以由法院根据当事人的申请进行。

本案中，加害人钟某和黄某构成了共同侵权，其侵权行为造成了受害人李某的损失，作为共同侵权人对造成的损失应当承担连带赔偿责任。

三、赔偿权利人在诉讼中放弃对部分共同侵权人的诉讼请求的效力

在因共同侵权致害产生的人身损害赔偿案件中，赔偿权利人作为权利主体，有权放弃自己的权利，既可以是全部，也可以是部分。这表现在诉讼程序中，就是赔偿权利人放弃对部分共同侵权人的诉讼请求。

关于受害人仅免除部分侵权人责任的效力问题，在民法理论界有两种学说：传统民法理论认为，受害人仅免除部分侵权人责任的，对全体被诉共同侵权人发生绝对效力，即“免除一部等于免除全部”；另一种为相对效力说，即受害人免除部分侵权人责任的，仅对被免除的部分侵权人发生免除的法律效力，对其他侵权人应当承担的责任部分不发生免除的效力。人身损害赔偿司法解释根据理论的最新发展和审判实践，对赔偿权利人在诉讼中放弃对部分共同侵权人的诉讼请求的效力，采纳相对效力的观点，以充分尊重赔偿权利人对自己权利的处分自由，同时平衡各赔偿义务人之间的利益。

在因共同侵权行为致害的人身损害赔偿案件中，法院对赔偿权利人在诉讼中放弃对部分共同侵权人的诉讼请求的问题，应当注意以下两个问题：

首先，必须确定全体共同侵权人之间所应负担的责任份额。共同侵权行为连带责任确定之后，应当在共同行为人内部确定各自的责任份额。确定共同加害人责任份额的基本要求，是各共同行为人主观过错程度和行为的原因力，将这两个因素综合判断，确定各共同加害人各自的份额。具体方法是：第一，确定整体责任是100%；第二，确定各行为人主观过错在整体过错中的百分比，按照故意重于重大过失、重大过失重于一般过失的标准，分别确定各行为人所占过错比例的百分比；第三，确定各行为人的行为对损害发生的原因力，亦用百分比表示，即全体行为人的行为总和为100%，分别确定各行为人的行为所占百分比；第四，某一行为人的过错百分比与行为原因力百分比相加除以2，即为该行为人的责任份额。责任范围难以确定的，如共同危险行为人的责任份额，推定各共同侵权人承担同等责任。这是因为，共同危险行为人在实施共同危险行为中，致人损害的概率相等、过失相当，各人以相等份额对损害结果负责，是比较公正合理的。

其次，赔偿权利人在诉讼中放弃对部分共同侵权人的诉讼请求的，其他共同侵权人对被放弃诉讼请求的被告应当承担的赔偿份额不承担连带责任。在确定各个共同侵权人的责任份额后，如果赔偿权利人放弃对部分共同侵权人的诉讼请求，这种放弃只对所指明放弃的部分共同侵权人发生效力，他们将不再承担赔偿责任，而其他共同侵权人的赔偿责任虽然在内部份额方面不受影响，但是在承担连带责任的份额上却受到影响，就是其他共同侵权人对被放弃诉讼请求的被告应当承担的赔偿份额不承担连带责任。例如，王某对赵某、张某、刘某享有共同侵权之债，三者在内部份额上分别为5000元、2000元与3000元，如果在王某起诉赵某、张某、刘某的诉讼中，王某放弃了对刘某的3000元诉讼请求，那么刘某无需承担责任，赵某与张某也将不再按1万元承担连带责任，而是按7000元承担连带责任。

四、法院在赔偿权利人对部分共同侵权人放弃诉讼请求案件中的阐明权

法官阐明权是一个与职权主义诉讼模式与生俱来的概念，在德国民事诉讼法和我国台湾地区“民事诉讼法”中都有规定。阐明权，是指在诉讼过程中，法官在当事人的主张、请求或陈述的意思不明确、不充分、不适当的情况下，依法对当事人进行询问、提醒、启发或要求当事人对上述事项作出解释和说明的权限。阐明可分为：积极的阐明、消极的阐明，前者包括除去不当的阐明、澄清不明了的阐明及诉讼资料补充的阐明；后者则系指诉讼资料提出之阐明。一般认为前者的情形，法院若未阐明则判决不合法，但后者则有争议。

阐明权具有以下法律特征：①行使阐明权的主体必须是法官，其他任何人对当事人的启发、提醒，均不能称为阐明权；②阐明权有一定的时空限制，即其只能在诉讼过程中行使，法官在诉讼前或诉讼后的启发、提醒，均不能称为阐明；③阐明权的行使受一定条件限制，只能在当事人的主张、请求或陈述的意思不明确、不充分、不适当的情况下才能行使，且这种不明确、不充分、不适当的主张、请求或陈述并非当事人的真实意思表示；④行使阐明权必须依法进行，不能背离法官的中立原则，且必须贯彻公开、透明、公平的原则，不能违背法官的职业道德。

本案中，承租人在租赁房屋时，应对租赁物妥善管理、使用，同时应尽善良注意义务，及时检修电路，以避免自己的财产和他人财产的损害。房屋使用人钟某用铜丝替换了保险丝，使保险丝无法起保护作用，以致漏电保护器不能发挥作用，这是导致电线短路引起火灾的主要原因，钟某应对原告的财产受损承担主要赔偿责任。房屋所有权人黄某在租赁房屋时，租赁物有瑕疵，存在消防隐患，是导致电线短路引起火灾的次要原因，应对原告财产受损承担次要赔偿责任。被告黄某与钟某并没有共同侵权的意思表示，属于无意思联络的共同侵权。根据二人的过错大小以及各自行为和损害后果的原因力比例大小，推定二人分别承担80%和20%的主次责任。

由于李某明确表示放弃要求共同侵权人黄某承担赔偿责任，因而对于黄某承担的赔偿份额，另一共同侵权人钟某无须承担连带赔偿责任，其仅需承担本人的赔偿份额。

本案中，当李某要求放弃对黄某的损害赔偿请求时，法院应当依法向李某进行阐明，李某在清楚该行为的法律后果后仍然坚持其放弃要求黄某承担责任的主张，系其在法律规定的范围内处分自己的民事权利和诉讼权利，应予以尊重。

第四章　雇主责任

案例一　施工中电箱爆炸，雇员被烧伤谁负责

——雇员在从事雇佣活动中遭受人身损害，雇主应当承担赔偿责任

［案情］

某个体包工头李某承包了一段道路的铺路工作，遂雇佣张某为其工作。一日，李某让张某去接电线（张某是非专业的电工）。在接电过程中突然电箱爆炸，张某的脸、腹部和双手被烧伤。脸和肚子是1度烧伤，手是2度烧伤，烧伤面积是14%，烧伤后就在县医院住了20多天，住院费等项共花费2.5万元，包工头李某仅支付了1.5万元就拒绝赔偿。张某无奈，将李某告上法庭。

［案件争议或法律问题］

1. 雇佣关系的认定。
2. 雇员在从事雇佣活动中遭受人身损害，雇主是否应当承担赔偿责任。

［参考结论及法理分析］

《最高人民法院关于审理人身损害赔偿案件适用法律若干问题的解释》第11条明确规定："雇员在从事雇佣活动中遭受人身损害的，雇主应当承担赔偿责任；雇佣关系以外的第三人造成雇员人身损害的，赔偿权利人可以请求第三人承担赔偿责任，也可以请求雇主承担赔偿责任。"2010年7月1日正式施行的《中华人民共和国侵权责任法》第35条规定："个人之间形成劳务关系，提供劳务一方因劳务造成他人损害的，由接受劳务一方承担侵权责任。提供劳务一方因劳务自己受到损害的，根据双方各自的过错承担相应的责任。"

一、关于雇佣法律关系的认定

雇佣关系存在与否，是雇主责任的基础。雇佣法律关系，是指受雇人利用雇用人提供的条件，在雇用人的指示、监督下，利用雇主提供的条件，以自身的技能为雇用人提供劳务，并由雇用人提供报酬的法律关系。在雇佣法律关系中，雇工的主要权利为报酬请求权，主要义务为服劳务的义务。雇主的主要权利为劳务供给请求权，主要义务为报酬支付义务和保护义务。

雇佣关系通常以雇佣合同来确定，但是有些当事人之间并不存在此合同，而存在事实上的雇佣关系。因此，判断是否存在雇佣关系不能只从形式要件上判断，主要应从实质要

件上来考察。首先，要看双方的权利义务是否是一方提供劳务，另一方支付报酬。其次，要看雇工是否受雇主控制、指挥、监督，即是否存在隶属关系。雇员受雇主控制、指挥、监督是雇佣关系存在的基础。在雇佣关系中，雇主是控制他人行为的人，而雇员仅是雇主雇用来完成某种工作的人。雇员在完成此种工作时听命于雇主，服从雇主的监督指导，雇主为雇员提供劳动条件。最后，雇员应为雇主所选任。雇员既可以是雇主自己亲自选任的，也可以是雇主授权选任的。

应当指出的是，独立的承包商（承揽人）与发包商之间不存在雇佣关系，定作人与委托人之间不存在雇佣关系，委托人与受委托人之间不存在雇佣关系。

二、雇工在雇佣工作中受到伤害，雇主承担赔偿责任的归责原则

对于雇员在从事雇佣活动过程中所受到的伤害，无论其与雇主构成的是劳动关系还是劳务关系，雇主均应承担责任，而且承担责任时并不以雇主是否存在过错为前提，实质上是一种无过错责任。

为什么法律会作这样的规定呢？主要是基于雇主与雇员之间的特定关系：

第一，雇主与雇员之间具有特定的人身关系。雇员在受雇期间的行为受雇主意志的支配与约束，在执行职务过程中按照雇主的意志实施行为，实际上等于雇主自己所实施的行为。

第二，雇主与雇员之间存在特定的利益关系。雇员在受雇期间所实施的行为直接为雇主创造经济利益以及其他物质利益，雇主接受了这种利益。

第三，雇主与雇员所致损害之间存在特定的因果关系。损害事实虽然并非雇主直接造成，但是雇主对人员安排、监督、管理等作为与不作为的行为，是损害事实得以发生的原因。

第四，适用无过错责任的归责原则是现代各国立法的通例。1884 年 7 月德国制定了《劳工伤害保险法》，该法首次推行了工业事故社会保险制度，使工业事故的无过失责任得以落实。美国各州在 1910 年以后相继颁布了劳工赔偿条例。这些条例通常都规定：不论雇用人或受雇人有无过失，雇用人对于所发生的伤害事件在雇用上应承担风险。以上的例子说明无过错责任已被广泛认同。

第五，采用无过错责任原则有利于保护雇员的利益。从雇主与雇员的经济地位来看，雇主明显优于雇员。雇员在执行受雇工作中遭受损害，在一般情况下，雇员很难证明雇主有过错，而且有时雇主确也无过错。这时，如果雇主不承担责任，则极不利于保护雇员的合法权益，不符合民法的公平原则。

当然，根据公平原则，《中华人民共和国侵权责任法》第 26 条、第 27 条亦作了平衡性的规定：被侵权人对损害的发生也有过错的，可以减轻侵权人的责任。损害是因受害人故意造成的，行为人不承担责任。

本案分析得出，雇佣关系是指双方当事人约定一方于一定期间，为他方提供劳务，他方给付报酬的法律关系。在雇佣关系中，雇主为雇员提供有安全保障的工作环境，是一种必须的义务，雇员在从事雇佣活动中遭受人身损害，雇主应当承担赔偿责任。本案中，张某在李某的工地上干活，李某给其报酬，双方的法律关系符合雇佣关系的特征，原告张某和被告李某之间构成雇佣法律关系。张某是在从事雇佣劳动中遭受了人身损害，因而雇主李某必须承担赔偿义务。

案例二　承包工程中，雇员被烧伤谁赔偿

——发包人对安全事故有明显过错的，与雇主承担连带责任

［案情］

原告张某诉称：2009 年 10 月，被告李某雇用原告张某等人给汇丰公司职工宿舍楼装修。2009 年 10 月 22 日晚上加班，张某在调配聚氨酯底层防水涂料时，调配过程中发生燃爆，引燃室内堆放着的防水（易燃）材料，造成火灾并产生有毒烟雾，张某被当场烧伤。原告张某于 2009 年 10 月 22 日至同年 12 月 17 日在中国人民解放军 152 医院住院 53 天。经法医鉴定，原告李某的伤残等级为 7 级。被告汇丰公司将装修职工宿舍楼工程发包给没有资质证书的被告李某，且存在监工不力的问题，亦无完善的安全防护措施，导致本次事故发生。故原告要求两被告连带赔偿医疗费 5880. 71 元，护理费 1292. 14 元，住院伙食补助费 530 元，营养费 530 元，误工费 10682. 74 元，交通费 270 元，赡养费 3058. 89 元，后续治疗费 6000 元，伤残赔偿金 17804. 56 元，鉴定费 700 元，精神损害抚慰金 20000 元，合计 66749. 04 元，诉讼费由两被告承担。

被告汇丰公司辩称，原告起诉汇丰公司主体不适格。其理由：一、原告的伤不是汇丰公司造成的，汇丰公司不存在过错。二、原告张某与被告李某是雇佣关系，根据相关法律规定，雇员在从事雇佣活动中遭受人身损害的雇主应承担赔偿责任。三、汇丰公司与李某之间是承揽关系，承揽人在完成工作过程中对第三人造成损害或者造成自身损害的，定作人不承担责任。故请求驳回原告对汇丰公司的诉讼请求。

一审法院依据《中华人民共和国民法通则》第 98 条、第 119 条、第 130 条，《中华人民共和国民事诉讼法》第 64 条、第 130 条、第 138 条，最高人民法院《关于审理人身损害赔偿案件适用法律若干问题的解释》有关规定，判决如下：

一、被告李某于判决书生效后十日内赔偿原告张某医疗费 5880. 71 元，护理费 1292. 14 元，住院伙食补助费 530 元，营养费 530 元，误工费 1854. 6 元，交通费 145. 5 元，赡养费 3058. 89 元，伤残赔偿金 17804. 56 元，鉴定费 700 元，精神损害抚慰金 15000 元，合计 46796. 4 元。

二、被告汇丰公司对上述款项承担连带赔偿责任。

三、驳回原告张某的其他诉讼请求。

［案件争议或法律问题］

1. 承包关系和加工承揽关系的区别，即被告李某与被告汇丰公司是承包关系还是加工承揽关系。

2. 雇员在从事雇佣活动中因安全生产事故遭受人身损害，发包人、分包人知道或者应该知道发包或分包业务的雇主没有相应资质或安全生产条件的，应该与雇主承担连带赔偿责任。

[参考结论及法理分析]

本案是一起比较典型的人身伤害赔偿案件，当事人人数虽然不多，但是存在多个法律关系，比较复杂，现就本案的焦点问题评析如下：

本案有三个焦点问题：①原告张某与被告李某是何种关系；②被告李某和被告汇丰公司是何种关系；③被告李某和被告汇丰公司应承担何种责任。

一、关于张某和李某的关系

雇佣关系是指双方当事人约定一方于一定期间，为他方提供劳务，他方给付报酬的法律关系。本案中，张某在李某的工地上干活，李某给其报酬，双方的法律关系符合雇佣关系的特征，且李某未向法院提供其与张某存在劳务承包关系的证据，因此双方应该认定为雇佣关系。

二、关于被告李某与被告汇丰公司的关系

汇丰公司辩称其与李某是承揽关系。根据《人身损害赔偿解释》的规定，在承包关系中，当雇员在从事雇佣活动中，因安全事故遭受损害，发包人知道分包业务的雇主没有资质或安全生产条件的，应该承担连带赔偿责任。根据相关法律规定，承揽人在完成工作过程中对第三人造成损害或者自身损害的，定作人不承担责任。所以，假如认定双方是承揽关系，被告汇丰公司不必承担法律责任。显然，在承揽与承包两种法律关系中，受害人的救济途径是不一样的。在承揽关系中受害人的权利不能得到完全保障。

1. 加工承揽的特征：

在承揽法律关系中，定作人的权利是提出加工、制作的具体要求，取得承揽人交付的符合其要求的工作成果；义务是提供加工、制作的原材料或者图纸等设计资料，对承揽事项予以必要的协助，对承揽人交付的复合要求的工作成果，给予相应报酬。承揽人的权利是要求定作人提供加工、制作的原材料或者图纸等设计资料，完成必要的协助事项，给予相应报酬；义务是严格按照定作人的要求、指示，完成并交付工作成果。定作人对承揽人有选任、要求、指示的权利，并应对此产生的后果承担相应责任，承揽人对定作人的要求、指示必须服从。因此，在承揽法律关系中，定作人对承揽人必然要予以一定的约束。

2. 加工承揽合同与承包合同的区别：

根据《合同法》的规定，承包合同和承揽合同是有明显区别的：承揽合同中是定作人提供材料，承揽人按照定作人的要求完成劳动成果，其必须受定作人的控制与约束；而承包合同中是发包人让与承包经营权利，不得干涉承包方的生产经营活动，承包方自主用工用料。因此，承包关系最本质的特征就是承包方支付承包费，发包方让予承包经营权利。

本案中，根据汇丰公司提供的证据材料，无法证实李某受其约束，因此不能认定汇丰公司和李某是承揽关系。汇丰公司向法庭提交了其与李某订立的协议，虽然协议未注明是承包还是承揽，但本案中，汇丰公司提供的与李某订立的协议中注明了李某承包此工程是“包工包料”，因此一审判决推定双方为承包合同关系是正确的。

三、关于被告汇丰公司和被告李某的责任承担问题

因为张某和李某是雇佣关系，张某是在从事雇佣活动中受伤的，因此，根据《人身损害赔偿解释》的规定，李某作为雇主，应该承担赔偿责任。同时，汇丰公司作为发包方，应当知道李某作为普通农民是没有施工资质的，但仍然与李某签订承包合同，根据

《人身损害赔偿解释》的规定，雇员在从事雇佣活动中因安全生产事故遭受人身损害，发包人、分包人知道或者应该知道发包或分包业务的雇主没有相应资质或安全生产条件的，应该与雇主承担连带赔偿责任。本案中，汇丰公司对其发包工程在建造过程中未采取任何安全防范措施，主观上也存在过错，应对张某的伤害承担赔偿责任。因此，对于原告张某伤害，应该由被告汇丰公司和被告李某承担连带赔偿责任。

案例三 护士工作期间失火酿成火灾烧死婴儿，谁来承担侵权赔偿责任

——用人单位工作人员在履行职务中致人损害，用人单位承担赔偿责任

[案情]

2008 年 6 月 10 日，一名叫张宁的男婴因早产，生命体征较弱被送进河北省某县妇幼保健院监护室的暖箱（塑料制品）中实行特别看护。当晚九点左右，医院突然停电，为了便于观察，当时值班护士就在暖箱的塑料边上黏上两根蜡烛。当晚十时，护士长李某接班后，见蜡烛快烧完了，就在原位置上又续上一根新蜡烛。第二天凌晨 3 点左右，李某在未告诉任何人的情况下，将婴儿一个人独自留下去卫生间，当她返回后，发现蜡烛已经引燃了暖箱，张宁因为窒息而死。张宁的父母将该保健院和李某告上法庭要求其承担侵权赔偿责任，支付死亡赔偿金和精神损害赔偿金共计 30 万元。

[案件争议或法律问题]

1. 李某的侵权行为的性质。
2. 李某的侵权行为应当由谁来承担。

[参考结论及法理分析]

本案是一起典型的用人单位工作人员职务侵权责任案件。分析此类案件要着重考虑此类侵权责任的构成要件。

一、用人单位侵权责任首先必须符合一般侵权行为的构成要件

①存在违法行为，即用人单位的工作人员执行职务的行为违反法律规定；②损害后果要件，即用人单位的工作人员的侵权行为在客观上引起了损害后果；③因果关系要件，即用人单位工作人员违法行为与受害人的损害后果之间必须有因果关系；④主观要件，即用人单位工作人员在实施侵权行为时主观上存在过错。

二、用人单位职务侵权行为替代责任，需要满足特殊的构成要件

《侵权责任法》第 34 条第 1 款规定：“用人单位的工作人员因执行工作任务造成他人损害的，由用人单位承担侵权责任。”用人单位工作人员承担侵权责任必须同时具备几个方面的构成要件：

1. 工作人员与用人单位存在法律上、事实上的劳动关系

这种劳动关系主要是一种劳动合同关系。劳动关系是指机关企事业单位、社会团体和个体经济组织等用人单位与劳动者个人之间，依法签订劳动合同，劳动者接受用人单位的管理，从事用人单位安排的工作，成为用人单位的成员，从用人单位领取报酬或受劳动保护所产生的法律关系。在现实生活中，用人单位没有和劳动者签订劳动合同的现象十分普

遍，但只要双方履行了上述权利义务，就形成了事实上的劳动关系。

2. 工作人员的行为是职务行为，而不是其个人行为

在司法实践中，要判断某一行为是否为执行职务行为应当从以下几个方面考量：

第一，职权标准，即行为人是否享有职权是判断行为性质的重要标准。工作人员是否享有单位的授权或者指示是判断职务行为的关键，这一标准主要是考虑行为人行为的具体内容和行为方式。具体来说就是，行为人的行为内容若是属于其职权范围，实施该行为的方式也属于单位的授权范围，那么该行为即属于职务行为。

第二，时空标准。这一标准要考虑是否发生在工作时间和工作场所内。工作人员的行为一般要在工作期间和工作场所内发生，才能被认定为职务行为。时空标准是相对的判断标准，需要与其他标准结合来判断。因为在工作时间和地点发生的损害，单位也有可能不承担责任；在工作地点和时间之外发生的侵权，单位仍可能承担责任。

第三，名义标准。名义标准是要看该行为的实施是否以“工作”或“职务”名义实施，遭受损害的第三人是否有理由相信工作人员的行为是职务行为。

第四，目的标准。目的标准是判断工作人员所实施行为的目的是否是为了单位的利益或者为了便于履行职务。也就是说，如果工作人员基于为单位牟利的意愿，行为客观上可以给单位带来确实的、实际的利益，而非行为人主观上认为的利益，并且所获利益大于付出成本，那么工作人员实施该行为造成损害的，单位要承担责任。

本案中，李某看护婴儿的行为属于职务行为。首先，护士李某的工作内容是按照护士职责做好护理工作，看护照顾重症监护婴儿的行为属于职权范围，符合卫生院授权的工作方式；其次，李某的工作时间应该是从到卫生院接班开始，工作地点是工作单位即卫生院，符合时空标准；再者，其看护病人的行为让卫生院获得实际的利益，也符合目的标准。据此，李某看护病儿的行为属于职务行为。同时，护士李某作于妇幼保健院的工作人员，与妇幼保健院之间属于劳动关系。因而，卫生院对李某在执行职务行为时对他人造成的侵害承担用人单位职务侵权行为替代责任。

案例四　换气站送货人员交通肇事，煤气罐爆炸起火伤人谁来担责

——职务行为的认定

[案情]

被告张某系被告某换气站新招用的工作人员，负责给周围客户上门换送煤气罐。某日，换气站接到李某要求换气的电话，遂安排张某开 A 车给李某送煤气罐一瓶，张某临行时接到自家邻居冯某的电话，称其家里中午要请客，没有煤气了，希望张某能帮忙尽快送煤气罐一瓶。张某觉得去冯某家也是顺路，省得再跑一趟，而且又是熟人，就决定一并送去。张某看到 B 车停在库房门外，而 A 车还要去车库提车，于是就擅自使用了 B 车。张某先将煤气罐送到李某家中，后开车去往冯某家。不想，在路上发生交通事故，张某开的 B 车和某公司的面包车发生碰撞，煤气罐飞出砸在路边停靠的一辆别克小轿车上，导致安全阀脱落爆炸起火，将该别克车点燃，后消防员赶到将火扑灭，消除了安全隐患。别克车被烧毁，估价损失 10 万元。道路交通事故责任认定书认定，张某对该起道路交通事故负全责。原告别克车车主赵某起诉被告换气站和被告张某，要求其共同赔偿车辆损失及

其他费用共计10.5万元。换气站老板辩称：张某没有按照换气站的指示工作，是其个人行为，不是职务行为，责任应当由其个人承担。

［案件争议或法律问题］

1. 对行为人张某的行为性质的认定，即其行为是属于个人行为还是职务行为。
2. 被告张某和被告某换气站是否需要承担侵权损害赔偿的连带责任。

［参考结论及法理分析］

争取处理本案的关键是正确理解职务行为及其认定标准。

一、认定职务行为的相关因素

根据《最高人民法院人身损害赔偿司法解释的理解与适用》的解释，所谓职务行为，一般是指与法人的工作人员职责范围密切相关的行为，凡是法律规范明确规定和法人的章程、条例中明确设定的应当由机关法人行使的职权以及为了实现法人的生产经营活动的目的和维护法人自身管理和社会活动需要而实施的行为，都属于职务行为。在司法实践中，要判断某一行为是否为执行职务行为应当从以下几个方面考量：

第一，职权标准，即行为人是否享有职权是判断行为性质的重要标准。职员是否享有单位的授权或者指示是判断职务行为的关键，这一标准主要是考虑行为人行为的具体内容和行为方式。具体来说就是，行为人的行为内容若是属于其职权范围，实施该行为的方式也属于雇主的授权范围，那么该行为即属于职务行为。

第二，时空标准。这一标准要考虑是否发生在工作时间和工作场所内。雇员的行为一般要在工作期间和工作场所内发生，才能被认定为职务行为。时空标准是相对的判断标准，需要与其他标准结合来判断。因为在工作时间和地点发生的损害，雇主也有可能不承担责任；在工作地点和时间之外发生的侵权，雇主仍可能承担责任。

第三，名义标准。名义标准是要看该行为的实施是否以“工作”或“职务”名义实施，遭受损害的第三人是否有理由相信工作人员的行为是职务行为。

第四，目的标准。目的标准是判断雇员所实施行为的目的是否是为了雇主的利益或者为了便于履行职务。也就是说，如果雇员基于为雇主牟利的意愿，行为客观上可以给雇主带来确实的、实际的利益，而非行为人主观上认为的利益，并且所获利益大于付出成本，那么雇员实施该行为造成损害的，雇主要承担责任。

二、用人单位职务侵权的责任承担问题

用人单位的工作人员在执行职务行为的过程中造成他人损害的，用人单位应当向被侵权人承担侵权责任，这种责任从性质上来看属于一种替代责任。工作人员无需承担侵权责任，即使其对侵权行为的发生存在过错。而用人单位对其工作人员的侵权行为承担替代责任适用的是无过错责任，即用人单位对其工作人员给他人造成的损害必须承担侵权责任，不管其自身对该工作人员的选任、管理和监督是否存在过错。因此，被侵权人只能向用人单位主张侵权责任，而不能向工作人员主张权利，不管工作人员是否存在过错。

本案中，换气站要求张某使用的是A车，而张某擅自使用了B车；换气站要求其去给李某换气，但张某还顺路给冯某去换气。很显然，张某没有严格按照换气站的指示从事工作，其行为超出了换气站的指示范围。尽管张某从事该行为不完全是根据换气站的指示去做的，但其主观上希望能够多承担工作，是为了换气站的利益行事，在客观上也是在给客户换气的路上发生的交通事故。因此，应该认定张某造成别克车损害的行为和执行职务具有内在的关系，该行为应当认定为职务行为，行为后果应当由作为用人单位的换气站承担。被告张某和被告换气站不是共同侵权行为，不需要承担连带赔偿责任。原告别克车主赵某只能对换气站提起诉讼，要求其承担损害赔偿责任。

案例五　工人电焊火花引燃集贸市场，商家索赔

——法人单位可否向引发火灾致害的工作人员行使追偿权

[案情]

原告某集贸市场二楼发生火灾，过火面积达200多平方米。给五家商户造成了极大的损失。后经消防部门进行事故鉴定，火灾是由于被告李某和张某在维修二楼屋顶时使用电焊，电焊火花引燃楼顶易燃物引发大火。经查，李某和张某系集贸市场的维修工。后五家商户对该集贸市场提起了集体诉讼，要求集贸市场承担损害赔偿责任，赔偿额共计60万元。法院最终判决由集贸市场向各商家赔偿损失共计56万元。原告集贸市场赔付完毕后起诉被告李某和张某，诉称：二被告的行为直接导致火灾的发生，且对火灾的发生具有过错，原告方已经代替二人进行了赔偿，现向被告李某和张某行使追偿权，要求二人对其过错行为造成的损害后果承担责任。

[案件争议或法律问题]

1. 原告代替被告承担侵权责任的性质。
2. 原告作为法人单位是否有权向直接侵权行为人行使追偿权。

[参考结论及法理分析]

本案的关键问题有两个：一是原告代替被告承担侵权责任的性质；二是原告作为法人单位是否有权向直接侵权行为人行使追偿权。

根据《侵权责任法》第34条的规定，用人单位的工作人员因执行工作任务造成他人损害的，由用人单位承担侵权责任。《人身损害赔偿解释》第8条规定，法人或者其他组织的法定代表人、负责人以及工作人员，在执行职务中致人损害的，依照《民法通则》第121条的规定，由该法人或者其他组织承担民事责任。上述人员实施与职务无关的行为致人损害的，应当由行为人承担赔偿责任。本案中，被告张某和李某是原告集贸市场的工作人员，其是在执行职务工作工程中引发火灾致害的行为，属于用人单位工作人员职务侵权行为，其行为产生的侵权损害赔偿责任应当由原告集贸市场承担。法院判决原告集贸市场赔偿商户损失的判决是正确的。

本案的另一个关键问题是：法人承担了工作人员职务侵权责任后是否有权向致害的工作人员行使追偿权？

《侵权行为法》第34条和《人身损害赔偿解释》第8条，都是关于用人单位职务侵权对外责任的规定，对于用人单位与工作人员内部之间的责任承担，法律还没有明确的规定。在司法实践中，关于工作人员对于侵权损害的发生存在过错用人单位可否进行追偿的

问题，一般是这样认为的：如果用人单位与其工作人员在劳动合同中对追偿权有明确约定的，而且该约定不违反法律、行政法规的强制性、禁止性的规定的，则用人单位可以向存在过错的工作人员追偿；如果用人单位与工作人员在劳动合同中对追偿权没有明确约定，且没有其他相应的法律规定的，用人单位不得向其工作人员追偿。本案中，要看原告集贸市场和被告张某和李某之间的劳动合同是否对追偿权有明确约定，如有约定且该约定不违法，按照约定处理；如果没有约定则不得向被告行使追偿权。

案例六　火车起火伤人是侵权责任还是违约责任

——违约责任和侵权责任的竞合

[案情]

一辆从四川某地开往广州的临时列车运行在湖北境内时，一节卧铺车厢突然起火，乘客被紧急疏散。据初步认定，事故中有一人死亡。当日凌晨1时许，该次列车运行至湖北襄樊至枝江区间时，突然紧急停车。已经入睡的乘客被列车员叫醒通知他们立即下车，因为前面一节卧铺车厢突然着火。有旅客称，其下车后看见2号卧铺车厢的火越烧越大，并伴有浓烟冒出。该车厢还不断有乘客提着行李涌到门口挨个挤出，大多数乘客放弃行李从窗口往外跳。闻讯赶来的列车员和乘警一边将起火的车厢与其他车厢分离一边用灭火筒救火。不久，当地铁路分局的救援车赶到，由于着火的2号车厢火势太大，救援车无法靠近。大约半小时后，该节车厢已烧得只剩下一个框架。1时40分，列车员通知乘客登上已重新编组的列车。凌晨2时许，火车继续南行，被甩下的车厢仍在燃烧，救援人员仍在救火。铁路分局负责人表示，经现场清理证实：一人被烧死。火灾调查认定：起火点在2号车厢一个暖气散热罩与墙板的缝隙中，估计可能是暖气过度加热引燃墙板所致。死者系张某，其家属已向铁路法院起诉。

[案件争议或法律问题]

违约责任和侵权责任的竞合。

[参考结论及法理分析]

这是一起典型的用人单位工作人员侵权违法行为。适用《侵权行为法》第34条的规定，即用人单位的工作人员因执行工作任务造成他人损害的，由用人单位承担侵权责任。同时适用《人身损害赔偿解释》第8条的规定，即法人或者其他组织的法定代表人、负责人以及工作人员，在执行职务中致人损害的，依照《民法通则》第121条的规定，由该法人或者其他组织承担民事责任。上述人员实施与职务无关的行为致人损害的，应当由行为人承担赔偿责任。依照以上规定完全可以确定铁路局的侵权责任，是确定无疑的。

本案中铁路局需要承担侵权损害赔偿责任是没有争议的。但是进行法律分析时，需要关注一个法律问题：违约责任与侵权责任的竞合。违约责任与侵权责任竞合是指行为人实施的某一行为，违反了合同规范和侵权规范，同时具备了违约责任的要件和侵权责任的要件，导致违约责任与侵权责任的同时产生的一种法律现象。我国现行法律对责任竞合作出了规定，《合同法》第122条规定："因当事人一方的违约行为，侵害对方人身、财产权益的，受损害方有权选择依照本法要求其承担违约责任或者依照其他法律要求其承担侵权责任。”合同法中正式确认责任竞合制度，主要确立了以下三项规则：

第一，确认了责任竞合的构成要件。就是说责任竞合是指“因当事人一方的违约行为，侵害对方人身、财产权益的”，换句话是说，必须是一种违约行为同时侵害了非违约方的人身权和其他财产权益的。

第二，允许受害人就违约责任和侵权责任中的一种作出选择。所谓“受害方有权选择依照本法要求其承担违约责任或者依照其他法律要求其承担侵权责任”是指在发生责任竞合以后，由受害人自己作出选择，而不是由司法审判人员为受害人选择某种责任方式。在通常情况下，受害人能够选择对其最为有利的责任方式，如果受害人选择不适当也应当由受害人自己负担不利的后果。允许受害人选择，正是私法自治和合同自由原则的体现。

第三，受害人只能在违约责任和侵权责任中选择一种责任提出请求，而不能同时基于两种责任提出请求。所谓“受害方有权依照本法要求其承担违约责任或者依照其他法律要求其承担侵权责任”实际上意味着受害人只能选择一种责任形式提出请求，法院也只能满足受害人一种请求，即受害人不能同时基于违约责任和侵权责任提出请求。

本案中，受害人与铁路部门之间既有客运合同关系，同时又形成侵权损害赔偿关系，使用哪一种法律关系更有利于保护受害人的合法权益呢？侵权行为和违约行为在举证责任、诉讼时效和管辖权等方面有很多差异。在司法实践中要注意以下几点：

第一，双方当事人之间存在着合同关系，由于一方的过错给另一方造成了财产损失，没有造成人身伤亡或者精神损失的，一般可按违约处理，而不按侵权处理。但是，如果由于当事人严重违反合同造成重大事故，给对方当事人或者他人造成重大人身或财产损失时，受害人提起损害赔偿之诉的，应依法予以保护。

第二，双方当事人存在着合同关系，但由于一方违反合同，给另一方的人身、财产造成损害，应按侵权处理不能按违约处理，因为违约责任不能对受害人所受到的人身伤亡及精神损害提供补偿。

第三，双方当事人没有合同关系，虽然不法行为没有给受害人造成人身伤亡和精神损害，但由于双方没有合同关系，故不能按违约处理，只能按侵权处理。

在旅客运输过程中，承运人不仅要按照合同的要求将乘客按时送到目的地，更重要的是，要保障乘客的安全，不仅要防止事故的发生，而且要防止第三人对乘客实施侵权行为。同时，也是最重要的就是要保证自己运送行为的安全性。本案中，铁路局没有做到这一点，列车车厢发生火灾，造成旅客的人身伤亡。对此，铁路局必须接受法律的制裁，对受害人给予充分的赔偿。

案例七　电焊工违规操作引发电管站大火致害案
——劳务派遣人员致害他人的责任承担

[案情]

近日，位于某镇的电管站发生火灾，火灾造成该电管站的部分机组严重损坏，上千户居民不能正常用电，事故未造成人员伤亡。事故是由于电管站隔壁丙商场进行外围装修，烧焊工人张某在进行电焊作业违规操作，产生的火花散落到堆放的床单和毛巾等易燃品上引发火灾。火灾发生时，由于浓烟滚滚，没办法及时扑灭，大火迅速蔓延，殃及隔墙电管站电房，引燃了电管站的电缆，造成低压输出线及配电柜短路爆炸，导致近千户居民及工厂不能正常用电。丙商场也在此次火灾亦遭受严重损失。经查，负责该商场装修的是甲装修公司，电焊工张某是乙劳动服务公司通过人才市场招用的，张某和乙劳动服务公司签订了为期三年的劳动合同，月薪2300元。因甲装修公司急需用人，乙劳动服务公司将张某派遣至甲装修公司，担任电焊工。张某没有电焊工资质，火灾后电管站所属电力公司和丙商场分别向当地法院提起诉讼，要求甲装修公司承担损害赔偿责任。

[案件争议或法律问题]

劳务派遣人员在劳务派遣期间致害他人的责任承担。

[参考结论及法理分析]

本案是一起在劳务派遣期间，工作人员造成他人损害的案件。

近些年随着我们经济和社会的发展，劳动力使用的形式越来越多样化，劳务派遣在我国得到迅速的发展。劳务派遣改变了员工为单位所有的单一模式，在一定程度上也有利于解决就业问题。但同时工作人员在派遣期间侵权致害的案件也发生频繁。对于这类案件，法院目前审理的依据是《侵权责任法》第34条第2款的规定，即劳务派遣期间被派遣的工作人员因执行工作任务造成他人损害的，由接受劳务派遣的用工单位承担侵权责任；劳务派遣单位有过错的，承担相应的补充责任。

劳务派遣是用人单位侵权责任的特殊形式。劳务派遣是指劳动派遣机构与员工签订劳务派遣合同后，将工作人员派遣到用工单位工作。其劳动过程由企业管理，其工资、福利、社会保险费等由企业提供给派遣机构，再由派遣机构支付给员工，并为员工办理社会保险登记和缴费等项事务的一种用工形式。劳务派遣的主要特点就是“用工”与“用人”发生了分离，即“有关系没劳动，有劳动没关系”的局面。劳动派遣机构不是职业介绍机构，是与劳动者签订劳动合同的一方当事人。派遣的员工到用工单位工作，但不与用工单位签订劳动合同，不产生劳动关系。

我国《劳动合同法》也对劳务派遣专门作出规定。根据该法的规定，劳务派遣单位，即用人单位，与被派遣的劳务者应当订立二年以上的劳动合同。劳务派遣单位与接受以劳务派遣形式用工的单位，即用工单位订立劳务派遣协议，对涉及劳务派遣的事项进行约定。用工单位的主要职责是：（1）执行国家劳动标准，提供相应的劳动条件和劳动保护；（2）告知被派遣劳动者的工作要求和劳务报酬；（3）对在岗被派遣劳动者进行工作岗位所必需的培训；（4）连续用工的，实行正常的工资调整机制。

对于劳务派遣期间工作人员致害的侵权责任应当注意以下几点：

第一，接受派遣的用工单位首先承担工作人员的侵权损害赔偿责任。劳务派遣中，劳务派遣单位虽然与被派遣的员工签订了劳动合同，由派遣单位向其支付工资并缴纳社会保险，但其不对被派遣员工进行使用和具体的管理。在劳务派遣期间，被派遣的工作人员是为接受用工单位工作，而且该派遣工作人员的工作实际上是受用工单位支配，同时由用工单位对被派遣的工作人员提供相应的劳动条件和劳动保护的。所以，被派遣的工作人员因工作造成他人损害的，应当由用工单位承担侵权损害赔偿责任。这种责任是无过错责任。但同时也需要满足几个条件：一是工作人员是在劳动派遣期间实施的侵权行为；二是劳动者是因为职务行为侵权，而不是个人行为；三是工作人员的侵权行为和损害后果之间存在因果关系。

第二，劳务派遣单位承担补充责任。劳务派遣单位在派遣工作人员方面存在过错，应当承担相应的责任，即劳务派遣单位承担补充责任的前提是存在过错。补充责任既包括程序意义上的补充，也包括实体意义上的补充。程序意义上的补充是指顺位的补充，即直接责任人承担的赔偿责任是第一顺序的责任，其目的是赋予补充责任人一种先诉抗辩权。实体意义上的补充是指补充责任的赔偿数额大小取决于直接责任人承担的数额的大小以及补充责任人的过错程度。若补充责任人的过错程度不足以涵盖受害人的全部损失，补充责任人仅在与自己过错相当的范围内承担责任，至于受害人能否获得全部赔偿与之无关。例如，某公司要求派来的员工有驾驶执照并有 3 年以上的驾龄，以担任公司的司机接送公司领导和重要客户，但劳务派遣单位派来的员工刚买了驾照，还处于实习期，结果该员工在工作时发生交通事故，造成人身财产的重大损害。那么，在这种情况下，虽然用工单位作为直接使用员工的单位，需要赔偿租户的损失，但是劳务派遣单位在选派员工方面有一定的过错，也应当承担相应的责任。但用工单位是第一顺序的赔偿责任人，劳务派遣单位是第二顺序的责任人，因而劳务派遣单位只在过错范围内承担补充责任。

第三，对于侵权责任的内部约定。以上规定并不排斥派遣单位和用工单位之间对责任承担作出不同的约定，只是这种约定是当事人之间的内部约定，也就是当事人之间分担责任的一种依据，不能对抗被侵权人。即发生此类情形时，用工单位须先对受害人进行赔偿，不得以此条对抗受害人。用工单位在承担责任后，或者派遣单位在承担补充责任之后，可以依双方约定向对方进行追偿。

本案中，张某与乙劳动服务公司签订了劳动合同，是乙劳动服务公司的员工，乙劳动服务公司将其派到甲装修公司后，形成劳务派遣关系。张某在执行职务时违规操作酿成火灾，是其在履行职务工作中发生的行为，属于职务行为。因此，造成的损失应该由接受派遣的用工单位，即甲装饰公司承担。乙服务公司派遣没有电焊资质的张某去装饰公司从事电焊工作，对张某侵权行为的发生也存在一定的过错，应该对损害承担补充责任。

第五章 工伤事故

案例一 煤矿大火职工遭毁容，如何赔偿

——工伤事故责任的性质

[案情]

张某是黑龙江省某煤矿工人，25 岁，在煤矿爆炸事故中被严重烧伤，面部毁容。张某获得工伤认定后，获得了工伤保险赔偿，予以治疗。出院后，张某认为自己这么年轻就毁容，日后的生活无法继续，因而将某煤矿告上法庭，要求给付后续整容的巨额费用和精神损害赔偿金。

[案件争议或法律问题]

1. 工伤事故的性质。

2. 工伤事故的赔偿范围。

[参考结论及法理分析]

本案的焦点是工伤事故责任的赔偿范围。为此，必须首先明确工伤事故的特征和工伤事故责任的性质。

一、工伤事故的法律特征

1. 工伤事故是发生在各类企业（用人单位）中的事故

工伤事故存在于各类企业（用人单位）之中。用人单位是指我国境内全民所有制企业和集体所有制企业单位、私营企业、三资企业，以及雇佣他人从事劳动的个体工商户或者合伙组织。换言之，只要雇用职工为自己提供劳务，与自己有劳动关系的企业或者个体工商户、个人合伙，都属于《工伤保险条例》中的“用人单位”，都应当按照本条例的规定，保障职工的权利，都是《工伤保险条例》所调整的范围。

不属于企业的那些国家机关、事业单位、社会团体究竟属不属于企业的范围？《工伤保险条例》第 62 条规定，“国家机关和依照或者参照国家公务员制度进行人事管理的事业单位、社会团体工作人员因工作遭受事故伤害或者患职业病的，由所在单位支付费用”，“其他事业单位、社会团体以及各类民办非企业单位的工伤保险等办法”，“参照本条例另行规定”。可见以上机关虽然不属于企业，但是应当按照相应规定享受工伤待遇。

2. 工伤事故是各类企业、个体工商户雇用的劳动者遭受人身伤亡的事故

工伤事故指的是职工即劳动者的人身伤亡事故，而不是财产遭受损害的事故。这里的

职工即劳动者，指的是各类企业和个体工商户以及合伙所雇佣的职工，包括工人和职员。

判断职工的标准，就是《工伤保险条例》第61条所规定的职工概念："是指与用人单位存在劳动关系（包括实施劳动关系）的各种用工形式、各种用工期限的劳动者。"确定一个人是不是职工，就是要确定用人单位与职工之间是不是存在劳动法律关系，即劳动合同关系。确立劳动合同关系，应当签订书面劳动合同，凡是有书面劳动合同的，应当认定其有劳动关系。如果没有书面劳动合同，但是在事实上构成了劳动合同关系的，也应当视为有劳动关系，是事实上的劳动关系，按照劳动关系同等对待。

3. 工伤事故是职工在执行工作职责中发生的事故

对于工伤认定主要考虑的因素，就是工作时间、工作场合和工作原因。因此，凡是职工在工作时间、工作场合因工作原因所遭受的人身损害，就是工伤事故。工伤事故还包括患职业病。无论是患何种职业病，均与工作有关，都是在工作时间、工作场合和因工作原因所造成的损害，因此都属于工伤事故的范围。

4. 工伤事故是在企业与受害职工之间产生权利义务关系的法律事实

一旦发生工伤事故，就在受害人与用人单位之间产生相应的法律上的后果，构成一种损害赔偿的权利义务关系，工伤职工或者工伤职工的亲属有要求赔偿损失的权利，企业有赔偿受害人及其亲属损失的义务。按照《工伤保险条例》的规定，用人单位向工伤保险经办机构交纳保险费，职工遭受工伤事故造成人身损害，由保险机构向工伤职工提供劳动保险待遇。这种工伤保险的权利义务关系，就是工伤事故发生后产生的基本的法律关系。其实是转嫁工伤风险，将用人单位的责任转嫁给工伤保险机构。

如果用人单位没有缴纳工伤保险基金，或者仅仅依据工伤保险待遇不能使受害职工得到全面救济，是不是还存在依据民法的基本规定，按照侵权行为法的规定提供救济？对此应当进行研究。笔者认为对此，应当有这种可能。本文对此将在后面予以讨论。

二、工伤事故责任的性质

1. 工伤事故责任为工伤保险关系还是侵权行为关系

按照《劳动法》的规定，工伤事故的性质是工伤保险，由《劳动法》和工伤保险法规调整。在《工伤保险条例》颁布实施之后，行政法规的这一观点更为明确。因而，工伤事故责任的性质为工伤保险关系。

根据民法实务的观点，工伤事故的性质应当是侵权行为，由《民法通则》关于侵权民事责任的法律规范调整。最高人民法院（88）民他字第1号《关于雇工合同应当严格执行劳动保护法规问题的批复》认为："张学珍、徐广秋身为雇主，对雇员理应依法给予劳动保护，但他们却在招工登记表中注明'工伤概不负责'。这是违反宪法和有关劳动保护法规的，也严重违反了社会主义公德，对这种行为应认定为无效。"这一批复性的司法解释并未确定这种行为的性质，但经最高人民法院批复并在《最高人民法院公报》上发表的这一案例，却是按照《民法通则》第106条第2款和第119条关于侵权责任的规定判决的，认定这种法律关系的性质为侵权，这是很清楚的。综上，工伤事故责任具有工伤保险性质和特殊侵权行为的双重性质。

2. 工伤职工可否获得工伤保险赔付后，再根据具体损害数额向雇主要求承担损害赔偿责任

根据《工伤保险条例》对于工伤保险的赔偿范围和标准的规定，工伤保险仅具有一

般补偿的功能，其很多时候无法填补受害人的实际损失。杨立新教授在分析工伤保险待遇不能替代侵权赔偿责任时认为，一是因为保险的数额是固定的，与造成的损害没有相对应的关系，未必能够填补工伤职工的实际损害；二是因为保险不能赔偿精神损害，这两点皆是我国工伤保险的软肋。显然仅仅依靠工伤保险的单一赔偿无法全面满足劳动者的合理诉求。

但是，在司法实践中，各地法院对于工伤保险赔偿请求权和人身损害赔偿请求权的处理不尽相同。对于非第三人致害的情形，劳动者只能申请工伤认定，获得工伤保险待遇。对于因第三人致害情形下的工伤，权利人从第三人处获得民事赔偿后，还可以根据《工伤保险条例》第37条的规定，向工伤保险机构申请工伤保险补偿。

本案中，张某的伤害系由企业造成，非第三人致害。根据工伤保险责任优先的原则，已获得了工伤认定和补偿。虽然，张某的容貌被毁，确实后续的整容需要费用，且精神损害确实存在，但根据工伤事故责任的性质和我国目前关于工伤保险的司法实践，即工伤保险的补偿性原则，张某只能按照工伤保险的赔付标准获得工伤保险赔付，即使无法填补其实际损失也只能如此，对于向被告主张的后续大额的整容费用和精神损害赔偿，张某无法获得法院的支持。

案例二　棉花厂火灾烧伤工人赔偿案

——工伤事故责任的构成要件

[案情]

2005年4月21日下午，某棉花厂发生特大火灾。李某在该厂五级籽棉垛作业。约3时40分换班休息时，李某到本厂直收站四级籽棉垛，见正在该垛作业的临时工孙某、陈某正在往上垛机上放棉花，便擅自扭动上垛机开关。陈某赶忙劝阻，李某不听，并三次扭动开关，使机器紧急倒顺运转引起开关打火，燃着了上垛机器下的落地棉，火势进而蔓延至籽棉垛和整个货场，导致特大火灾。李某、孙某和陈某都被不同程度烧伤，据查，李某是新招聘的工人，还在试用期内，孙某的劳动合同已经过期，还没有和工厂签订劳动合同，陈某是退休返聘的工人。三人均提出了工伤认定的申请。

[案件争议或法律问题]

1. 工伤事故的认定。
2. 试用期、返聘人员以及合同超期的人员的工伤认定问题。

[参考结论及法理分析]

本案属于典型的工伤事故责任中工伤认定的问题。劳动者因工伤事故致使生命权、健康权、身体权受到损害的，就可以通过工伤认定，从保险机构获得工伤保险。焦点问题有两个：一是工伤事故的认定；二是对于试用期、返聘人员以及合同超期人员的工伤认定问题。

确定工伤事故的损害赔偿责任适用无过错责任原则，是各国立法通例。在这种归责原则指导下，构成工伤事故损害赔偿责任必须具备以下要件：

第一，职工与企业或雇主之间必须存在劳动关系。在我国，集体企业、私营企业、合伙企业、三资企业以及私人雇工，凡使用劳动力，均须用人单位与劳动者订立劳动合同，使劳动者成为用人单位的职工。即使是国营企业，也都全面实行全员劳动合同制。因而，无论是职工与企业之间，还是职工与雇主之间，凡是用工，一律以劳动合同的形式固定其劳动法律关系。在用人单位和职工之间存在劳动合同，是构成工伤事故责任的必要要件。有劳动关系的劳动者，才有构成工伤事故的可能；没有劳动关系的劳动者，无论受何伤害，都不属工伤事故，不构成工伤事故的保险责任或者赔偿责任。建立劳动法律关系的形式，原则上应以书面形式为必要。即使企业与职工之间没有签订书面劳动合同而建立了实际的事实劳动关系，也应当确认这种劳动关系，使职工的权利受到保护。

第二，职工必须受有人身损害事实。工伤事故的损害事实，是职工人身遭受损害的客观事实，不包括财产损害和其他利益的损害。职工的身体权、健康权、生命权，都在劳动保险的范围之内，都是工伤事故侵害的客体。工伤事故的主要侵害对象，是职工的健康权和生命权。事故致职工伤害，致伤或者致残，侵害的是健康权；致死，则侵害的是生命权。在确定工伤事故责任的时候，应当进行工伤认定和劳动能力鉴定。工伤认定的意义在于确定是否构成工伤事故责任，而劳动能力鉴定则是为了确定工伤职工享受何种工伤待遇。因此，只要将职工的人身伤害认定为工伤，即具备工伤事故损害事实的要件。

第三，职工的损害必须是在其履行工作职责的过程中发生的。对于该构成要件，工伤事故责任与雇佣人监督、管理不善使受雇人在执行职务中致他人损害赔偿责任比较相似，但二者有两点区别：第一，职工是在履行工作职责中致自己伤亡，而非他人伤亡，这是区别这两种侵权损害赔偿法律关系的原则界限。第二，在执行职务的要求上，工伤事故的构成要求明显比雇用人对外赔偿责任的要求要低。雇用人对外的替代赔偿责任要求受雇人必须是在执行职务过程中因执行职务的行为致他人以损害，非因执行职务的行为致害他人，不构成此侵权责任；工伤事故也要求受雇职工的损害是在履行工作职责中发生，这也是执行职务，但并不要求必须是因其执行职务行为所致，也包括在执行职务过程中因其他原因所致，如机器故障、他人疏忽等。无论何种原因，只要职工在履行工作职责的范围内造成自身损伤，就构成本要件。

第四，该事故须是职工受到损害的原因。事故必须是造成职工人身损害的原因，这是构成工伤事故责任对因果关系要件的要求。事故是职工人身损伤的原因，一般应当要求其因果关系为必然因果关系，即劳动者的损害事实，必须是企业事故直接造成的，否则不构成工伤事故的损害赔偿责任。但是，在事故与损害之间具有相当因果关系的，应当认定为有因果关系。例如，事故致职工身体损伤，没有直接造成死亡的后果，但是职工受到伤害之后受到破伤风病毒感染，因而致死，事故与伤害之间具有直接因果关系，与死亡之间具有相当因果关系，因而应当认定事故与死亡之间具有法律上的因果关系，构成工伤事故责任。

具备上述四个要件，即构成工伤事故的人身损害赔偿责任。劳动者因工伤事故致使生命权、健康权、身体权受到损害的，就可以通过工伤保险机构获得工伤保险赔偿。

本案中三人能否认定为工伤，就必须符合工伤事故责任的构成要件，该三人都是在履行工作过程中受到的人身伤害，关键点就是，该三人是否和工厂建立了劳动关系。

1. 李某尚在试用期内

试用期间是否认定为已经和工厂发生劳动关系，即试用期工人是否为企业职工。这是李某被认定工伤的关键。依据《贯彻执行〈中华人民共和国劳动法〉若干问题的意见》第18条的规定，劳动者被用人单位录用后，双方可以在劳动合同中约定试用期，试用期应包括在劳动合同期限内。因而，劳动者虽然在试用期内，但是仍然和企业建立了劳动关系。因此，李某在因工作原因受到伤害明确的情况下，应认定为工伤。

2. 孙某的劳动期满了，尚没有签订劳动合同

虽然，孙某还未与工厂签订劳动合同，但是孙某已经在该厂工作多年，虽然合同期满没有续签，但是孙某仍然在工作岗位上履行工作职责，因而此时孙某和工厂之间建立了事实劳动关系，其因工作原因受到伤害明确的情况下，应认定为工伤。

3. 陈某是正式退休返聘的人员

对达到法定退休年龄的人员返聘能否认定为职工身份呢？

《劳动部关于实行劳动合同制度若干问题的通知》（1996年10月31日）规定，已享受养老保险待遇的离退休人员被再次聘用时，用人单位应与其签订书面协议，明确聘用期内的工作内容、报酬、医疗、劳保待遇等权利和义务。劳动部办公厅对《关于实行劳动合同制度若干问题的请示》的复函中也规定：关于离退休人员的再次聘用问题，各地应采取适当的调控措施，优先解决适龄劳动者的就业和再就业问题。对被再次聘用的已享受养老保险待遇的离退休人员，根据劳动部《关于实行劳动合同制度若干问题的通知》（劳部发〔1996〕354号）第13条的规定，其聘用协议可以明确工作内容、报酬、医疗、劳动保护待遇等权利义务。离退休人员与用人单位应当按照聘用协议的约定履行义务，聘用协议约定提前解除书面协议的，应当按照双方约定办理，未约定的，应当协商解决。离退休人员聘用协议的解除不能依据《劳动法》第28条执行。

根据上述规定，已享受养老保险待遇的离退休人员被再次聘用的，与用人单位不建立劳动关系，双方不订立劳动合同，而是订立聘用协议，双方关系为劳务合同关系。退休人员返聘后与用人单位形成劳务合同关系，而非劳动关系，据此，退休返聘人员发生事故伤害，不适用《工伤保险条例》。但这并不是说用人单位可以免除赔偿责任，用人单位与退休返聘人员仍存在雇佣关系，对于退休人员在履行职务过程中受到的伤害，用人单位应当根据《最高人民法院关于审理人身损害赔偿案件适用法律若干问题的解释》承担雇主赔偿责任。《最高人民法院关于审理人身损害赔偿案件适用法律若干问题的解释》第11条第1款规定："雇员在从事雇佣活动中遭受人身损害，雇主应当承担赔偿责任。雇佣关系以外的第三人造成雇员人身损害的，赔偿权利人可以请求第三人承担赔偿责任，也可以请求雇主承担赔偿责任。雇主承担赔偿责任后，可以向第三人追偿。"因此，本案中的陈某和工厂之间是一种劳务关系，不是劳动关系，不能被认定为工伤，但是其可以要求工厂承担雇主责任。

案例三　公司失火致四名员工死亡，经查因违规操作所致
——严重违反操作规程造成事故伤害是否可以认定为工伤

[案情]

河南某塑料厂在承包某公司原煤仓防磨衬板更换过程中，仓内4名工作人员负责固定，仓外4名工作人员负责下料及给料。仓内4人工作至距仓顶3米处时，严重违反操作规程，用电焊固定防磨衬板螺栓，不料火渣掉在搭建的竹架板上导致起火。火势迅速蔓延，仓内工作人员呼喊仓外工作人员救火，仓外工作人员提着灭火器救火时，发现火势很大，遂立即报火警。县公安消防人员赶到后，约一个小时扑灭了大火。经现场搜救，发现仓内4人已经死亡。死者家属要求塑料厂进行工伤认定，塑料厂认为该事故系死者4人违反操作规程所致，不属于工伤，单位不应承担任何责任，因而不予认定。

[案件争议或法律问题]

严重违反操作规程造成事故伤害是否可以认定为工伤。

[参考结论及法理分析]

本案是关于工伤认定的典型案例。案件焦点是，对于严重违反操作规程造成事故伤害是否可以认定为工伤。

一、《工伤保险条例》第14条规定：职工有下列情形之一的，应当认定为工伤

（一）在工作时间和工作场所内，因工作原因受到事故伤害的。依此条认定的前提条件“工作时间”和“工作场所”是两个必须同时具备的条件，同时还得是“因工作原因”而受到的负伤、致残或者死亡。事故伤害是指职工在劳动过程中发生的人身伤害、急性中毒事故等类似伤害。

（二）工作时间前后在工作场所内，从事与工作有关的预备性或者收尾性工作受到事故伤害的。“工作时间前后”是指非工作时间内，具体讲是开工前或收工后的一段时间，譬如上班时间为9点到12点然后又14点到18点结束一天的工作，但是职工提前在8点30分到岗或者下班后做完收尾工作时间到18点半等，均可以认定为“工作时间前后”，但是有一点则特别重要，其目的必须是从事预备性或收尾性工作，比如为启动机器做准备工作，或者关闭机器后收拾与工作有关的机器、工具等。

（三）在工作时间和工作场所内，因履行工作职责受到暴力等意外伤害的。“工作时间”和“工作场所”必须同时具备，并且必须是在履行本职工作，这里受到的伤害是“非工作原因”，是来自本单位或者外界的“暴力、意外等”所致。例如，有人在职工履行工作职责的时候蓄意对职工进行打击报复，对其人身进行直接攻击，致使职工负伤、致残或者死亡等。

（四）患职业病的。指企业、事业单位和个体经济组织的劳动者在职业活动中，因接触粉尘、放射性物质和其他有毒、有害物质等因素而引起的疾病。

（五）因工外出期间，由于工作原因受到伤害或者发生事故下落不明。“因工外出期间”含因工出差以及因工临时外出办理业务等，同时必须是在发生事故时正在履行工作

职责，即因工作原因外出，受到伤害或者发生事故时下落不明。

（六）在上下班途中，受到人身伤害事故的。“上下班途中”指从居住的住所到工作区域之间的必经路途，必要时间所发生的人身伤害事故。对于探亲访友时遇到的人身伤害事故，不能认定为工伤。受到机动车事故伤害的，还应该增加关于非法驾驶的问题，这种问题一般驾驶二轮摩托车居多，对于非法驾驶（无证驾驶的）的，不能认定为工伤。

（七）法律、行政法规规定应当认定为工伤的其他情形。这是一条法律上的兜底条款规定，由于工伤事故的复杂性和不确定性不仅需要专门的法律、行政法规的规范性强制性规定，也需其他法律法规作出相应调整，对于法律、行政法规规定为工伤的其他情形，也应当纳入本条例调整的工伤范畴中。

二、《工伤保险条例》第 15 条规定，职工有下列情形之一的，应当视同为工伤

（一）在工作时间和工作岗位，突发疾病死亡或者在 48 小时内经抢救无效死亡的。两个条件须同时具备：“工作时间”和“工作岗位”。“突发疾病死亡”是指：①职工突发与工作无关的及并导致死亡。如果是与工作有关的疾病而导致死亡，应当按照《工伤保险条例》第 14 条的规定认定工伤。②在工作岗位上突发与工作无关并没有导致立即死亡的疾病，但是在 48 小时内经抢救无效死亡的，视同为工伤。

（二）在抢险救灾等维护国家利益、公共利益活动中受到伤害的。

（三）职工原在军队服役，因战、因工致残，已取得伤残军人证，到用人单位后旧伤复发的。针对转业军人的保护，军人在战斗中或者在履行职责中负伤致残，依据《革命伤残军人评定伤残等级的条件》之规定，军人伤残对于经有关部门评残，取得伤残军人证的退伍军人，如果在用人单位旧病复发，视同为工伤。这主要考虑到革命军人为国家利益已经付出代价，为切实保障革命军人的利益而作出这样的规定。

三、《工伤保险条例》第 16 条规定：职工有下列情形之一的，不得认定为工伤或者视同工伤

（一）因犯罪或者违反治安管理伤亡的。

（二）醉酒导致伤亡的。

（三）自残或者自杀的。

另外，工伤赔偿的原则为无过错责任原则，即不论用人单位在主观上是否有过错，发生工伤时都应该承担相应的法律责任，不因员工违反操作规程而免除用人单位的工伤赔偿责任。

本案中，在仓内工作的 4 名死亡的工人，严重违反操作规程，本人存在一定的责任，但这 4 名职工的死亡，符合工伤认定的三个基本条件，即在工作时间、工作场所因为工作原因造成死亡。同时也满足工伤赔偿无过错原则的规定，即不论用人单位在主观上是否有过错，发生工伤时都应该承担相应的法律责任，不因员工违反操作规程而免除用人单位的工伤赔偿责任。因而，这 4 名工人的死亡应当被认定为工伤。

案例四　纵火后救火被烧伤是否能够认定工伤

——职工因犯罪被烧伤不能认定为工伤

[案情]

2009年10月，张某因肾病住进医院。医疗期满后，公司经研究决定，安排张某到公司值班室上班。2010年元旦，公司发生火灾，张某奋不顾身地去救火，最后将大火扑灭，张某的背部、手臂等部分有小面积烧伤，随后被送往医院治疗。为此，公司给张某报销了所有医疗费用，并按规定向当地劳动部门为张某申请工伤认定。事后不久，张某被公司同事张某某揭露，张某在元旦是自己放火然后救火，以骗取领导和同事的敬重。经公安机关经调查后证实：张某在值班室上班期间，觉得自己是个无用的人，单位其他员工都看不起他，所以心生一计，在2010年元旦晚上，先放火烧货物堆得少的2号仓库，然后用早已准备好的灭火器材去救火，自己假装有部分受伤，以得到单位的表彰。于是，单位向劳动部门撤回了工伤认定申请。问：单位这样处理是否正确?

[案件争议或法律问题]

职工因犯罪被烧伤不能认定为工伤。

[参考结论及法理分析]

根据我国《工伤保险条例》第16条的规定，职工因犯罪或者违反治安管理伤亡的，不应认定为工伤。张某的行为已经构成了刑法上的纵火罪，应当追究其刑事法律责任；在这种情况下，张某所受的伤不构成工伤，医疗费应由张某本人承担，其他从单位得到的经济补偿也要退回。单位撤回工伤认定申请是正确的做法。

本案中，张某最终不仅会受到刑事责任的追究，而且单位还可以追究张某的民事责任，对由于其纵火而造成的损失提出索赔。

案例五　换气工人被液化气烧伤，申请工伤遭拒绝

——违反《治安管理处罚条例》不能认定为工伤

[案情]

26岁的刘某在一家能源公司从事液化气的送气工作，2008年6月25日，刘某在该公司所属的一个门市部搬运液化气钢瓶过程中，由于违反液化石油气安全操作规程，液化石油气钢瓶泄露遇电火花从而燃烧引发火灾，刘某当即被烧伤，后经医院治疗并确诊，其面部、颈部、四肢烧伤面积达25%。

7月中旬，公安消防部门调查后作出行政处罚决定：刘某因违反液化石油气安全操作规程，导致发生火灾，造成直接损失3.2万元，负直接责任，并对刘某处以1000元罚款。

2009年3月7日，刘某向劳动和社会保障部门提出申请，称根据我国工伤事故实行无责任赔偿原则，自己系在“抢险救灾等维护国家利益、公共利益活动中受到伤害”，要求认定为工伤。4月20日，劳动部门作出认定：刘某在发生火灾时转移液化气钢瓶被烧

伤，应视同工伤。能源公司不服该认定，向政府申请复议，9 月底，政府作出行政复议决定书：撤销了劳动和社会保障局的工伤认定。

对此决定，刘某不服，向法院提起了诉讼。

法院审理认为，《中华人民共和国消防法》及《中华人民共和国治安管理处罚条例》均规定：过失引起火灾，尚未造成严重后果的，处以警告、罚款或十日以下拘留。刘某违章操作引发火灾，其行为已违反消防法律法规，属违反治安管理行为。再者，刘某为防止店内存放的装有液化气的钢瓶因受热发生爆炸造成有关人员、财产损失而自动进行转移不属于“抢险救灾等维护国家利益、公共利益活动中受到伤害”的范畴。据此，法院判决结果为：刘某的受伤不属工伤范围。

[案件争议或法律问题]

违反治安管理处罚不能认定为工伤。

[参考结论及法理分析]

本案涉及工伤的范围和工伤认定的原则问题。工伤是指企业职工在生产岗位上，从事与生产劳动有关，或由于劳动条件、作业环境所导致引起的人身伤害事故和职业病。

根据我国《工伤保险条例》第 16 条的规定，职工因犯罪或者违反治安管理伤亡的，不应认定为工伤。本案中刘某的行为之所以不能认定为工伤，就在于其行为违反了《中华人民共和国消防法》和《中华人民共和国治安管理处罚条例》的规定，因自己的重大过失引起火灾，造成 3.2 万元的直接损失。刘某的行为虽没有受到刑事追究，但违法性十分明显，按《工伤保险条例》“因犯罪或者违反治安管理伤亡的”“不得认定为工伤或者视同工伤”的规定，不属于工伤的范畴。刘某的行为由于违反治安管理，所以不能按照无责任赔偿原则享受工伤待遇。

案例六　火灾烧伤索赔直接起诉，法院不受理

——工伤事故权利人如何索赔

[案情]

王先生、吴先生、武女士在某市某实业公司开办的食府打工，该食府以杨先生的名义办理了个体工商户营业执照，后由赵先生承包经营。2009 年 4 月 27 日，食府发生火灾，工作中的王、吴、武三人被烧伤。随后，三人分别将实业公司、杨先生、赵先生起诉到一审法院，要求共同分别赔偿三人的医疗费、误工费、精神损失费等共计 45 万余元。

一审法院经审理认为，依法应当参加工伤保险统筹的用人单位的劳动者，因工伤事故遭受人身损害，劳动者或其近亲属向人民法院起诉请求用人单位承担事故赔偿责任的，人民法院应告知其按《工伤保险条例》的规定到劳动保障行政部门解决。现三人分别要求按照普通民事侵权案件直接起诉，程序不当，应予驳回。据此，一审法院裁定：驳回王先生、吴先生、武女士的起诉。裁定后，三人不服，上诉至市第二中级人民法院。

二中院受理后经审理认为，王先生、吴先生、武女士在食府工作中因该食府发生火灾受伤，属工伤事故。自 2004 年 1 月 1 日《工伤保险条例》颁行后，工伤赔偿问题即应适

用《工伤保险条例》的规定按照劳动争议案件处理，且依照《工伤保险条例》的精神，即使是无营业执照或未经依法登记备案的用人单位（含个体工商户）的职工受到事故伤害，也适用该条例给予一次性工伤赔偿；三人为食府的员工，系应当依法参加工伤保险统筹的用人单位的劳动者，其在工作期间受到事故伤害，应按照《工伤保险条例》的规定主张权利；三人上诉认为本案应适用雇员在从事雇用活动中遭受人身损害，雇主应当承担赔偿责任的规定，但现有事实和证据不能表明三人的上诉主张成立，故对其所提上诉请求不予支持。一审法院据查明的案件事实裁定驳回起诉并无不当，应予维持。结果，市二中院终审驳回了王先生、吴先生、武女士的起诉。

法官法规提示：

《工伤保险条例》第18条规定，提出工伤认定申请应当提交工伤认定申请表、与用人单位存在劳动关系（包括事实劳动关系）的证明材料、医疗诊断证明或者职业病论断证明书（或者职业病诊断鉴定书）等材料，劳动保障行政部门应当受理。

《工伤保险条例》第60条规定，用人单位依照本条例规定应当参加工伤保险而未参加的，由劳动保障行政部门责令改正；未参加工伤保险期间用人单位职工发生工伤的，由该用人单位按照本条例规定的工伤保险待遇项目和标准支付费用。

作出终审判决的某市第二中级人民法院法官特别提示，劳动者在工作中受到的人身伤害不同于一般的人身伤害，必须首先到劳动保障行政部门解决，直接向法院提起诉讼的因程序不当，法院将不予受理。

[案件争议或法律问题]

工伤事故权利人如何索赔。

[参考结论及法理分析]

为了切实保护劳动者的生存权、健康权，我国相继制定了有关工伤保障的法律、法规，进而建立起了一套完整的工伤保险法律制度，这对于受到工伤事故伤害的劳动者来说非常重要。但是如何把“纸上的权利变为现实的权利”是劳动者迫切需要解决的问题。

一、劳动者工作时，应与用人单位建立合法的劳动关系

从劳动者受到事故赔偿的角度来讲，只有劳动者与用人单位建立起合法的劳动关系，才能使伤者切实根据法律规定享受工伤保险待遇。《工伤保险条例》是工伤事故索赔的基本法律规范，而《工伤保险条例》的适用范围主要是针对各类企业、有雇工的个体工商户的职工。《工伤保险条例》在对工伤的认定情形作出规定时也是应用了“职工”的概念。根据法律规定，所称职工，是指与用人单位存在劳动关系（包括事实劳动关系）的各种用工形式、各种用工期限的劳动者。如此说来，要想得到法律的这种倾向性保护，即获得工伤保险赔偿，劳动者必须与用人单位建立合法的劳动关系。

但是，依照《工伤保险条例》的精神，即使非法用工单位（含个体工商户）的职工受到事故伤害，也适用该条例给予一次性工伤赔偿。

二、工伤认定是工伤保险赔偿的第一步

对于劳动者的工伤保险赔偿，《工伤保险条例》规定了一系列的程序，工伤认定是工伤保险赔偿的第一步，也是工伤保险赔偿必经之路。可以说，没有工伤认定，就没有赔偿。工伤认定是劳动行政部门根据申请对工伤性质予以确认的行政行为，即只有劳动行政部门才具有工伤性质的决定权，没有行政机关的工伤认定其他机关无权依工伤待遇予以处理。所以，劳动者在遭遇事故伤害后应当按照法律规定的程序进行索赔，任何违反程序的行为都会给自己的索赔带来障碍。

必须注意的是，工伤认定申请必须在法定期间内进行，超过认定期限将丧失依法予以认定的机会。所以，工伤事故发生后，劳动者应当按照法律规定的时限和程序及时要求索赔，特别要注意程序中的时限性规定。

三、劳动者在工伤索赔过程中遇到有争议事项时，应通过合法的途径予以解决

由于事物的复杂性和分析问题的思路不同，工伤事故赔偿过程中会产生一些争议。《劳动法》《工伤保险条例》以及相关程序法规定了相关争议的解决途径：

1. 对于行政机关的工伤认定结论不服的，用人单位、职工及近亲属可以依法进行行政复议，对于复议不服的还可以向人民法院提起行政诉讼。值得注意的是，这里的行政复议是前置程序，也就是说，不经过行政复议程序不得直接向法院提起诉讼。另外，如果劳动行政部门对于认定申请不予受理，权利人可以直接向法院提起行政诉讼，此时行政复议不是前置程序。

2. 对于鉴定机构的劳动能力鉴定结论不服的，应当向省级劳动能力鉴定委员会提出再次鉴定申请，省、自治区、直辖市劳动能力鉴定委员会作出的劳动能力鉴定结论为最终结论。这是由劳动能力鉴定的技术性较强所决定的，劳动能力鉴定委员会需建立医疗卫生专家库。列入专家库的医疗卫生专业技术人员应当具备法定条件，对于鉴定结论不服不属于法院的受案范围。

3. 工伤职工与用人单位就工伤待遇落实问题产生争议时，应作为劳动争议处理。根据《劳动法》的规定，劳动者与用人单位就工伤待遇产生争议的，其争议属于劳动争议范畴，应遵循先仲裁后诉讼的规则，也就是说，与用人单位就工伤待遇产生争议时，当事人一方可以直接向劳动仲裁委员会申请仲裁。这里的仲裁是劳动争议处理的必经程序，当事人不经仲裁程序不得直接向人民法院提起诉讼，否则人民法院将不予受理。

4. 工伤职工对经办机构核定的工伤保险待遇有异议时，必须先经行政复议后才能诉讼。社保机构核定工伤待遇是履行国家职权的行为，所以此时的争议性质是行政争议，根据法律规定，权利人必须首先依法进行行政复议，对于复议决定不服的才可以向人民法院提起行政诉讼。

四、工伤索赔过程中，劳动者应充分注意法律的时效性规定，避免因超过时效而丧失受法律保护的机会

1. 工伤认定中的时间限制

工伤认定申请法定期间依申请的主体不同而有所差异：用人单位申请工伤认定的时间为30日，工伤职工或者其家属以及工会组织申请工伤认定的时限为1年。其期限的起止时间为“自事故伤害发生之日或者被诊断、鉴定为职业病之日”。

2. 行政复议中的时间限制

根据《行政复议法》的规定，对于劳动行政机关的行政行为不服的，应当在60日内提出行政复议申请。时间的起算点为知道该具体行政行为之日。

3. 行政诉讼中的时间限制

不服行政复议而向人民法院提起诉讼的法定时限为15日。行政复议申请人不服复议决定的，可以在收到复议决定书之日起15日内向人民法院提起诉讼。复议机关逾期不作决定的，申请人可以在复议期满之日起15日内向人民法院提起诉讼，法律另有规定的除外。

4. 工伤事故赔偿中劳动争议处理的时限规定

对于工伤认定之后，与用人单位就工伤待遇问题而产生的争议而言，必须先进行仲裁，对于仲裁不服才可以提起民事诉讼，此时的仲裁和民事诉讼也是有时限的。

根据法律规定，当事人必须从劳动争议发生之日起60日内，向仲裁委员会申请仲裁，“劳动争议发生之日”指当事人知道或应当知道其权利被侵害之日。也就是说，当事人从知道或应当知道其权利被侵害之日起60日内，以书面形式向仲裁委员会申请仲裁。劳动争议当事人对仲裁裁决不服的，可以自收到仲裁裁决书之日起15日内向人民法院提起诉讼。

首先，应当认定三位原告与被告之间的法律关系是劳动关系还是雇佣关系。从二审的判决中得到结论，即三位原告与被告之间应当是劳动关系。那么三位原告因在工作中遭受损害的事故应当认定为工伤事故。按照《劳动法》的规定，工伤事故的赔偿责任的性质是工伤保险，由《劳动法》和工伤保险法规调整，目前适用《工伤保险条例》。《人身伤害损害赔偿司法解释》第12条第1款对此也作了规定，即“依法应当参加工伤保险统筹的用人单位的劳动者，因工伤事故遭受人身损害，劳动者或者其近亲属向人民法院起诉请求用人单位承担民事责任的，告知其按《工伤保险条例》的规定处理”。本案中，两审法院就是基于此驳回了三位原告的诉讼请求。

其次，根据工伤保险责任优先原则，本案原告应当先向劳动行政部门确认工伤，对工伤认定不服时，可以向上一级行政部门申请行政复议，对复议不服的可以提起行政诉讼。这里的行政复议是前置程序。

最后，如果三位原告被认定为工伤，但是就工伤待遇落实问题与用人单位产生争议时，属于劳动争议。可以直接向劳动仲裁委员会申请仲裁。这里的仲裁是劳动争议处理的必经程序，不经仲裁程序不得直接向人民法院提起诉讼，否则人民法院将不予受理。

案例七　农民工被烧死，依法维权终获赔偿

——非法用工维权程序的选择

[案情]

2010年1月6日，当家住定西市某区某乡某村村民姚甲得到某油厂的20多万元赔偿金时，想到自己替死去儿子艰难的维权之路终于结束，不由感慨万千，老泪纵横。

姚甲的儿子姚乙从2006年4月起，被当地某油厂老板朱某招用，在其开办的油厂打工，从事榨油工作。该油厂位于定西市某区某镇某村，没有经过土地、工商等行政管理部门的批准，未办理工商登记。

2009年6月1日，油厂因为违规指挥爆炸起火，姚乙被当场炸死，另两名工友被严重烧伤。事故发生后，当姚乙家属就死亡赔偿事宜同油厂老板朱某协商时，由于双方在雇

佣关系、非法用工等问题上产生重大分歧，经多次协商没有结果。于是，姚乙家人将油厂老板起诉至人民法院。

立案后，法院又两次试图调解解决案件，但双方还是没有达成协议。开庭审理中，油厂老板朱某认为，本案法律关系为劳务关系，应按雇员人身损害赔偿案由起诉，姚乙家人起诉的劳动争议案由不当，请求法院驳回起诉。

定西市某区人民法院经过审理后认为，朱某开办油厂时间较长，有固定的经营场地、生产设备及较为稳定的从业人员。但该油厂没有依法登记和领取营业执照，属非法经营单位。姚乙生前在朱某的油厂工作，他们之间已经形成非法用工关系。姚乙在从事工作时由于生产事故死亡，应依据《工伤保险条例》中的相关规定处理，朱某作为用工主体应当承担民事赔偿责任。最终，人民法院作出判决，由朱某向姚乙的家人赔偿20余万元。

[案件争议或法律问题]

非法用工维权手段和维权程序的选择。

[参考结论及法理分析]

本案中，受害人对于维权手段和维权程序的选择至关重要。

一、选择雇员人身损害赔偿程序还是工伤事故劳动争议程序

作为一起死亡赔偿案件，选择怎样的维权程序，对于受害者家属的利益至关重要。依雇员人身损害赔偿程序办理，是目前实务中最普遍、最顺畅的维权方式。对此，笔者认为，从我国法学理论和司法实践来看，劳动关系和劳务关系的最根本区别点在于两种关系的标的不同：劳动关系以劳动力为标的，而劳务（雇佣）关系以劳动成果为标的；前者体现劳动者和用人单位之间人和物的有机结合、创造社会财富的过程，后者注重交付劳动成果的结果。

二、非法用工纠纷维权要点

现实中用人单位非法用工的现象并不少见，而非法用工最大的隐患就是安全问题。一旦出了问题，对劳动者造成伤害，劳动者及其亲属十分关注赔偿问题。2004年1月1日起施行的《非法用工单位伤亡人员一次性赔偿办法》（以下简称《办法》）规定，非法用工造成伤亡应当一次性赔偿。那么，如何获得一次性赔偿呢？主要应注意以下几点：

1．确定是否为非法用工

非法用工若出现伤亡，就要依法确定用工性质。《办法》第2条规定："非法用工单位伤亡人员，是指在无营业执照或者未经依法登记、备案的单位以及被依法吊销营业执照或者撤销登记、备案的单位受到事故伤害或者患职业病的职工，或者用人单位使用童工造成的伤残、死亡童工。"也就是说没有营业执照不具备法律规定要件的单位用工都在非法用工的范围，同时还包括依法成立的单位使用童工也在此列。

2．非法用工主体的确定

我国《中华人民共和国民事诉讼法》第49条规定：公民、法人和其他组织可以作为民事诉讼的当事人。最高人民法院关于适用《中华人民共和国民事诉讼法》若干问题的意见（以下简称《意见》）第40条规定，《民事诉讼法》第49条规定的其他组织是指合法成立、有一定的组织机构和财产，但又不具备法人资格的组织，包括：依法登记领取营业执照的私营、联营、合伙、合作、独资企业及合伙组织；经民政部门核准登记领取社会团体登记证的社会团体；法人依法设立并领取营业执照的分支机构；经核准登记领取营业执照的乡镇、街道、村办企业。《意见》第41条规定：法人非依法设立的分支机构，或者虽依法设立，但没有领取营业执照的分支机构，以设立该分支机构的法人为当事人。《意见》第49条规定，法人或者其他组织应登记而未登记即以法人或者其他组织名义进行民事活动，或者他人冒用法人、其他组织名义进行民事活动，或者法人或其他组织依法终止后仍以其名义进行民事活动的，以直接责任人为当事人。

通过以上法条的分析得出，关于非法用工单位伤亡人员一次性赔偿的责任主体，不管非法用工单位是无营业执照或者未经依法登记、备案的单位，还是被依法吊销营业执照或者撤销登记、备案或者未能通过年检的单位，无论其名义上采取有限责任公司或者股份有限公司，还是私人企业或者合伙企业的形式，无论该非法用工单位的出资人是单位还是个人，都应当确立以出资人（主要出资人、主要经营者）为直接责任人的原则，在仲裁或诉讼中，直接将出资人列为赔偿义务当事人，并由其直接承担赔偿责任，但应当同时注明所使用的经营字号、商业品牌、对外使用的称号。

3. 把握赔偿费用范围

在非法用工中受伤致残或死亡，人们关心的就是能得到哪些赔偿。《非法用工单位伤亡人员一次性赔偿办法》第3条规定：“一次性赔偿包括受到事故伤害或患职业病的职工或童工在治疗期间的费用和一次性赔偿金……劳动能力鉴定费用由伤亡职工或者童工所在单位支付。”这一条很清楚地告诉人们，赔偿范围有三项，即治疗费、一次性赔偿金、劳动能力鉴定费。对于鉴定之前的费用，根据《非法用工单位伤亡人员一次性赔偿办法》第4条的规定，在劳动能力鉴定之前治疗期间的生活费、医疗费、护理费、住院期间的伙食补助费及所需的交通费等，按照《工伤保险条例》规定的标准和范围，也是全部由伤残职工或童工所在单位支付。

4. 合理计算赔偿数额

有了赔偿范围，一次性赔偿金应怎么计算？《非法用工单位伤亡人员一次性赔偿办法》第7条规定：“以单位所在地工伤保险统筹地区上年度职工年平均工资为赔偿基数。”这个基数到劳动保障部门就可以查到。有了赔偿的基数，具体的计算则根据第5条规定，也就是受伤致残的一次性赔偿金支付标准，按照伤残等级的不同，一级伤残至十级伤残分别按照赔偿基数的16倍至1倍支付。对于受到事故伤害或患职业病造成死亡的，《非法用工单位伤亡人员一次性赔偿办法》第6条规定：“按照赔偿基数的10倍支付一次性赔偿金。”

弄清获得赔偿途径：一些人在得不到赔偿的时候容易冲动而采取违法的手段以得到赔偿，这是不可取的。在索赔的过程中，一定要相信和依靠法律，因为有关法律和劳动法规规定了多种获得赔偿的途径，一般说来有四种：一是与用人单位协商。对于非法用工致残者，要按照《办法》第3条规定的“一次性赔偿数额应当在受到事故伤害或患职业病的职工或童工死亡或者经劳动能力鉴定后确定”有了劳动能力鉴定书，索赔就有了准确的依据。二是向劳动保障行政部门举报。如果与用人单位不能协商解决或用人单位拒不进行一次性赔偿，就要按照《非法用工单位伤亡人员一次性赔偿办法》第8条规定：“可以向劳动保障行政部门举报”。劳动保障行政部门“经查证属实的，劳动保障行政部门应责令该单位限期改正”。三是申请劳动争议仲裁。存在非法用工的用人单位本身法律意识较为淡薄，处于弱势的劳动者要想让用人单位主动一次性赔偿很难。因此，必要时按照《非法用工单位伤亡人员一次性赔偿办法》第9条“伤残职工或死亡职工的直系亲属、伤残童工或者死亡童工的直系亲属就赔偿数额与单位发生争议的，按照劳动争议处理的有关规定处理”，向劳动争议仲裁机构申请劳动争议仲裁。仲裁后不服，还有第四种途径，就是向法院提起诉讼。

本案就是一起典型的非法用工致害的案件。从本案事实来看，受害人向油厂提供的是劳动力，其价值体现为在油厂的支配下从事劳动的过程。因此，此种关系并非劳务关系，而是符合事实劳动关系的实体要件。受害人是在为油厂提供劳动力的过程中遭意外伤害死亡的，被告作为非法用工单位的负责人应承担赔偿责任。由于本案属非法用工引起的人员伤亡赔偿案件，应依劳动争议程序处理。被告朱某经营的油厂没有营业执照，未经依法登记、备案，雇用姚乙等人为其工作，已经构成了非法用工。在生产过程中发生生产事故，原告姚乙被炸死，烧伤2人，属于非法用工造成重大伤亡事故。根据《非法用工单位伤亡人员一次性赔偿办法》第6条规定：“按照赔偿基数的10倍支付一次性赔偿金。”

案例八 工伤死亡赔偿金的分配

——工伤死亡赔偿金不能按遗产分配

[案情]

2005年6月28日，刘军驾驶私家小汽车在上班途中与迎面开来的李某的大货车发生相撞，刘军驾驶的小汽车被撞翻起火，刘军当场被烧死。刘军的父母健在，二人都是70多岁，刘军的妻子没有工作，还有一个正在上小学的儿子。后经法院判决，李某对刘军的死亡共计赔偿12万元。后刘军所在的单位认定刘军系在上班途中遇交通事故身亡，应当认定为工伤，所以给予死亡补助金7.3万、丧葬费2000元，共计7.5万元。

刘军的父母、妻子和儿子就死亡赔偿金的赔偿产生纠纷，诉至法院。原告刘军父母诉称，刘军因交通事故于2005年6月28日死亡。共获得死亡赔偿金共计19.5万，请求按照继承法的规定平均分割。被告刘军的妻子和儿子辩称，刘军死亡后，被告安葬刘军，花去费用1.6万余元，应先扣除并将10万元留出孩子的生活费后才能分割。

[案件争议或法律问题]

死亡赔偿金和工伤死亡补助金，是相同性质的物质性赔偿，是对死者近亲属未来收入损失的赔偿，不属于死者遗产的范围。

[参考结论及法理分析]

本案的焦点问题是：工伤死亡赔偿金能否作为遗产分配。

根据我国《继承法》的规定，遗产是公民死亡时遗留的个人合法财产，包括：公民的收入；公民的房屋、储蓄和生活用品；公民的林木、牲畜和家禽；公民的文物、图书资料；法律允许公民所有的生产资料；公民的著作权、专利权中的财产权利；公民的其他合法财产。个人承包应得的个人收益，依照《继承法》规定继承。个人承包，依照法律允许由继承人继续承包的，按照承包合同办理。

在确定遗产的范围时，以下几个问题必须明确：

第一，要查明公民死亡后所遗留的财产，其取得方式是否合法。公民生前非法取得的财产不能作为遗产用于继承。

第二，要查明公民对其生前实际占有的财产，是否确实享有所有权，若是向他人租借的财产，则不能作为遗产用于继承。

第三，要严格区分公民个人的财产及与他人共有的财产，如属共有财产，则应先析产，后继承。

第四，某些被继承人不可转让的人身性权利，如受扶养赡养的权利，领取养老金、退休金、病残人员补助金等权利是不能被继承的。

第五，要明确公民死亡后所遗留的财产在其生前是否已发生了所有权的转移。另外，还要弄清抚恤金、生活补助费及保险金是否已明确了受益人，如已明确了受益人，则这些抚恤金、生活补助费及保险金等即属于该受益人所有，而不属于遗产的范围。

最高人民法院《关于审理人身损害赔偿案件适用法律若干问题的解释》仅对死亡赔偿金的赔偿年限、计算标准予以了明确，未明确赔偿权利人及分割原则，实践中，对死亡赔偿金应该如何分配呢?

死亡赔偿金和工伤死亡补助金，是相同性质的物质性赔偿，是对死者近亲属未来收入损失的赔偿，不属于死者遗产的范围。死者近亲属与死者生活紧密度、经济依赖度，决定着死者近亲属所受财产损害大小。就本案而言，原告刘军父母、被告刘军妻子和儿子均系死者刘军的近亲属，均有权取得因刘军死亡法律赋予他们的相应权利。但应考虑经济上的依赖关系，应差别对待。原告刘军之父主要由死者刘军赡养，被告刘军之妻、被告刘军之子，三人与死者刘军为同一家庭成员，与死者刘军生活上、经济上的联系更加紧密，对死者刘军依赖程度更大。由于刘军收入的绝大部分用于家庭生活，故刘军的死亡将给原告刘军之父、被告刘军之妻、被告刘军之子带来的物质损害更大。原告刘军之母虽系死者刘军的母亲，但并非系刘军共同居住的家庭成员，并由其子刘力赡养，故刘军死亡给原告刘军之母的生活、经济影响相对较小。原告刘军之父、被告刘军之妻、被告刘军之子，应予适当多分；原告刘军之母所受财产损害相对较小，应予适当少分。

被告刘军之妻主张，自己为安葬刘军，花去费用 1.6 万余元，应先扣除。法院应予以支持。

案例九　火灾烧伤，单位要求工伤医疗费包干

——工伤医疗费包干是否有效

[案情]

赵某 2009 年 1 月被某工程机械厂招为合同制工人，双方签订了两年的劳动合同，合同约定保障乙方（赵某）享受国家规定的保险福利待遇。但该工程机械厂并没有为赵某缴纳工伤保险费。2009 年 12 月 1 日，赵某在灌装液化气钢瓶时发生火灾被烧成重伤。在治疗期间，工程机械厂提出与赵某签订治疗费用包干的协议，协议约定机械厂一次性付给赵某治疗费 1.8 万元，赵某同意并在协议上签了字。后来，因治疗过程中皮肤感染，费用

加大，赵某出院时，住院治疗费达 2.8 万元，本人难以承担，要求机械厂予以报销。机械厂以事先与赵某达成协议为由推卸责任，不再报销治疗费用。赵某诉至法院，要求机械厂承担赔偿责任。

[案件争议或法律问题]

1. 用人单位与赵某之间签订的工伤医疗费包干协议是否有效。
2. 工伤赔偿的范围。

[参考结论及法理分析]

本案争议的焦点：一是用人单位与赵某之间签订的工伤医疗费包干协议是否有效；二是工伤赔偿的范围。

一、用人单位对工伤事故中的受害人人身损害赔偿责任的承担

《工伤保险条例》第 60 条规定："用人单位依照本条例规定应当参加工伤保险而未参加的，由劳动保障行政部门责令改正；未参加工伤保险期间用人单位职工发生工伤的，由该用人单位依照本条例规定的工伤保险待遇项目和标准支付费用。"

根据以上规定，发生工伤事故后，用人单位对人身损害赔偿责任的承担上应当区分为参加工伤保险统筹的与未参加工伤保险统筹的用人单位的损害赔偿责任。

1. 对于参加工伤保险统筹的用人单位的人身损害赔偿责任

因为工伤事故既有侵权行为的性质，又有劳动保险的性质，所以首先应当按照工伤保险责任纠纷处理。这是工伤保险优先原则。具体操作过程是，受害人应当申请工伤认定，由劳动行政部门确认为工伤，然后申请保险赔偿。由于工伤保险给付的性质是补偿性质，可能存在不能充分填补损害的可能。对于精神损害也是不予赔偿的。

2. 是对于未参加工伤保险统筹的人身损害赔偿

由于用人单位未参加工伤保险统筹，发生工伤事故后，受害人无法请求工伤保险给付。受害人享有人身损害赔偿请求权，用人单位须承担赔偿责任，按照国家规定工伤保险待遇的项目和标准向受害人支付相应的赔偿金。

二、工伤赔偿的范围及标准

1. 治疗工伤所需费用

治疗工伤所需费用符合工伤保险诊疗项目目录、工伤保险药品目录、工伤保险住院服务标准的，从工伤保险基金支付。工伤保险诊疗项目目录、工伤保险药品目录、工伤保险住院服务标准，由国务院劳动保障行政部门会同国务院卫生行政部门、药品监督管理部门等部门规定。（《工伤保险条例》第 29 条第 3 款）

2. 住院伙食补助费、交通费、食宿费用

职工住院治疗工伤的，由所在单位按照本单位因公出差伙食补助标准的 70% 发给住院伙食补助费；经医疗机构出具证明，报经办机构同意，工伤职工到统筹地区以外就医的，所需交通、食宿费用由所在单位按照本单位职工因公出差标准报销。（《工伤保险条例》第 29 条第 3 款）

3. 康复性治疗的费用

工伤职工到签订服务协议的医疗机构进行康复性治疗的费用，符合本条工伤保险诊疗

项目目录、工伤保险药品目录、工伤保险住院服务标准的，从工伤保险基金支付。（《工伤保险条例》第29条第6款）

4. 辅助器具费用

工伤职工因日常生活或者就业需要，经劳动能力鉴定委员会确认，可以安装假肢、矫形器、假眼、假牙和配置轮椅等辅助器具，所需费用按照国家规定的标准从工伤保险基金支付。（《工伤保险条例》第30条）

5. 停工留薪期内工资福利待遇

职工因工作遭受事故伤害或者患职业病需要暂停工作接受工伤医疗的，在停工留薪期内，原工资福利待遇不变，由所在单位按月支付。停工留薪期一般不超过12个月。伤情严重或者情况特殊，经设区的市级劳动能力鉴定委员会确认，可以适当延长，但延长不得超过12个月。工伤职工评定伤残等级后，停发原待遇，按照本章的有关规定享受伤残待遇。工伤职工在停工留薪期满后仍需治疗的，继续享受工伤医疗待遇。（《工伤保险条例》第31条第1款、第2款）

6. 停工留薪期间护理费

生活不能自理的工伤职工在停工留薪期需要护理的，由所在单位负责。（《工伤保险条例》第31条第3项）

7. 经劳动能力鉴定委员会确认需要生活护理的生活护理费

工伤职工已经评定伤残等级并经劳动能力鉴定委员会确认需要生活护理的，从工伤保险基金按月支付生活护理费。生活护理费按照生活完全不能自理、生活大部分不能自理或者生活部分不能自理三个不同等级支付，其标准分别为统筹地区上年度职工月平均工资的50%、40%或者30%。（《工伤保险条例》第31条第3项）

8. 一次性伤残补助金

从工伤保险基金按伤残等级支付一次性伤残补助金，标准为：一级伤残为24个月的本人工资，二级伤残为22个月的本人工资，三级伤残为20个月的本人工资，四级伤残为18个月的本人工资，五级伤残为16个月的本人工资，六级伤残为14个月的本人工资，七级伤残为12个月的本人工资，八级伤残为10个月的本人工资，九级伤残为8个月的本人工资，十级伤残为6个月的本人工资。（《工伤保险条例》第33条、第34条、第35条）

9. 伤残津贴

职工因工致残被鉴定为一级至四级伤残的，从工伤保险基金按月支付伤残津贴，标准为：一级伤残为本人工资的90%，二级伤残为本人工资的85%，三级伤残为本人工资的80%，四级伤残为本人工资的75%。伤残津贴实际金额低于当地最低工资标准的，由工伤保险基金补足差额。工伤职工达到退休年龄并办理退休手续后，停发伤残津贴，享受基本养老保险待遇。基本养老保险待遇低于伤残津贴的，由工伤保险基金补足差额。

职工因工致残被鉴定为一级至四级伤残的，由用人单位和职工个人以伤残津贴为基数，缴纳基本医疗保险费。

职工因工致残被鉴定为五级、六级伤残的，保留与用人单位的劳动关系，由用人单位安排适当工作。难以安排工作的，由用人单位按月发给伤残津贴，标准为：五级伤残为本人工资的79%，六级伤残为本人工资的60%，并由用人单位按照规定为其缴纳应缴纳的各项社会保险费。伤残津贴实际金额低于当地最低工资标准的，由用人单位补足差额。

10. 一次性工伤医疗补助金

职工因工致残被鉴定为五级、六级伤残的，经工伤职工本人提出，该职工可以与用人单位解除或者终止劳动关系，由用人单位支付一次性工伤医疗补助金。具体标准由省、自治区、直辖市人民政府规定。职工因工致残被鉴定为七级至十级伤残的，劳动合同期满终止，或者职工本人提出解除劳动合同的，由用人单位支付一次性工伤医疗补助金。具体标准由省、自治区、直辖市人民政府规定。(《工伤保险条例》第34条、第35条)

11. 职工因工死亡丧葬补助金

丧葬补助金为6个月的统筹地区上年度职工月平均工资。(《工伤保险条例》第37条第1项)

12. 因工死亡供养亲属抚恤金

供养亲属抚恤金按照职工本人工资的一定比例发给由因工死亡职工生前提供主要生活来源、无劳动能力的亲属。标准为：配偶每月40%，其他亲属每人每月30%，孤寡老人或者孤儿每人每月在上述标准的基础上增加10%。核定的各供养亲属的抚恤金之和不应高于因工死亡职工生前的工资。供养亲属的具体范围由国务院劳动保障行政部门规定。(《工伤保险条例》第37条第2项)

13. 因公死亡一次性工亡补助金标准

一次性工亡补助金标准为48个月至60个月的统筹地区上年度职工月平均工资。具体标准由统筹地区的人民政府根据当地经济、社会发展状况规定，报省、自治区、直辖市人民政府备案。(《工伤保险条例》第37条第3项)

本案中，机械厂与赵某签订的治疗费用包干协议是无效的。一是该协议与原劳动合同条款相抵触，原合同约定保障吴某享受国家规定的保险福利待遇，而协议条款却不按国家有关规定执行，约定费用一次性支付方式；二是违反国家法规规定，工伤职工治疗工伤医疗费全额报销，而协议中一次性支付1.7万元，显然不符合国家工伤保险法规有关规定，此协议不具有法律效力。即使双方签字同意，也不具有法律效力。

由于工程机械厂没有为赵某缴纳工伤保险费，因此赵某无法从工伤保险基金领取有关工伤医疗费用。赵某的损失应当由机械厂进行赔偿。该机械厂应认真履行与吴某签订的劳动合同并按照国家规定工伤保险待遇的项目和标准向受害人支付相应的赔偿金。

案例十　交通事故被烧死，家属双重索赔

——工伤待遇与交通事故能否双重赔偿

[案情]

杨某驾驶私家小轿车行驶在上班路上，被后面的一辆大货车撞飞，越过隔离带和对面行驶的一辆大货车迎面相撞，杨某的小轿车被撞变形并着火，杨某被烧死在驾驶座上。交警作出事故鉴定结论，由后面驾驶的大货车负全责。据查，杨某的单位已经为其投保了工伤保险。事发后，杨某的妻子刘某及孩子以道路交通事故人身损害赔偿为由起诉，获得赔偿。后刘某等依据《劳动法》的规定，请求杨某所在单位给予工伤保险赔偿，经过仲裁前置后，因刘某及其孩子一方不服，起诉到法院。

对刘某及其孩子是否存在既可向侵权的用人单位以外的第三人请求民事赔偿，又可向用人单位请求工伤保险赔偿的权利，存在两种完全对立的观点：

第一种意见认为，对工伤待遇赔偿与交通事故赔偿能否双重赔偿均没有立法依据。由交通事故引起的工伤，交通事故赔偿已给付了医疗费、丧葬费、护理费、残疾用具费、误工工资的，企业或者工伤保险经办机构不再支付相应待遇（交通事故赔偿的误工工资相当于工伤津贴）；已给付死亡补偿费或者残疾生活补助费的，工伤保险的一次性工伤补助金或者一次性伤残补偿金不再发给（但死亡补偿费或者残疾生活补助费低于工伤保险的一次性工亡补助金或者一次性伤残补偿金的，由企业或者工伤保险经办机构补足差额部分）。

第二种意见认为，杨某在下班的路途中被撞烧死，符合《工伤保险条例》第 14 条第 6 项“在上下班途中，受到机动车事故伤害”的规定，可以认定为工伤。因为我国现行法律并没有规定工伤与第三人侵权竞合时，当事人只能选择其中一种救济方式的规定。从现有条款看，相关司法解释在工伤保险赔偿和民事损害赔偿如何协调问题上，肯定了受害人对于侵权第三人有独立的赔偿请求权，同时并没有否定受害人获得工伤赔偿的权利，因此两者目前在法律上是并行不悖的。

[案件争议或法律问题]

因用人单位以外的第三人侵权造成劳动者人身损害的，赔偿权利人既可以请求第三人承担民事赔偿责任，又可向用人单位请求工伤保险赔偿的权利，即权利人可以主张双重赔偿。

[参考结论及法理分析]

这是典型的“工伤与人身损害竞合”的案例。由于受害者杨某是在上班的路上遭遇交通事故死亡，符合工伤法律关系，根据《工伤保险条例》第 14 条的规定，可以认定为工伤。但由于他是因交通事故而受的伤害，所以又符合人身损害法律关系。而这两个法律关系都是基于同一事实形成的，构成竞合。那么此种情形可否申请交通事故人身损害赔偿和工伤保险赔偿？即受害人可否获得工伤保险赔偿和交通事故赔偿的双份赔偿呢？

关于工伤与人身损害竞合的赔偿问题，目前有四种做法：①兼得原则（即双重赔偿）；②从重原则（即哪个赔的多依哪个）；③法定原则（法律明确规定适用哪一种法律关系）；④补充原则（以其中之一为基础，另一种作补充）。

我国对此未作明文规定。广东省采用双重赔偿原则，天津市采用单一赔偿（适用工伤）原则，而浙江规定补充原则。最高人民法院在关于杨某一案的公报中，确认了双重赔偿原则。但中国是成文法国家，不承认判例法的效力。因此，这个公报的法律效力也是有限的。但毕竟给各地法院提供了一个参考。现在越来越多的法院倾向于双重赔偿。

笔者支持第二种意见，支持双重赔偿，其理由是：

第一，第三人侵权造成他人身体伤害的应当承担赔偿责任，这是法律规定的侵害人的民事责任。侵害人与受害人之间由于侵权行为的发生而形成侵权民事法律关系，这一法律关系是独立于受害人单位而存在的，对于受害人是否起诉第三人侵权赔偿，是否能够胜诉，能否执行到位等诉讼因素都属于公民私权范畴，具有自主性、不确定性。侵害人并不能因受害人享受工伤待遇而免除侵权责任。

第二，工伤保险是由国家政府颁布法规，政府成立专门机构管理，强制用工单位向保险机构缴纳工伤保险费，建立工伤社会保险基金，担负支付工伤费用，分担企业工伤风险，保障工伤劳动者的生活而建立的。具有强制性、确定性，属于公权范畴。职工发生工伤后享有工伤待遇是法律赋予的权利，也是保险机构和用人单位法定的义务。我国《劳动法》和《工伤保险条例》中均专门对此作了明确的规定，抵消、减免工伤保险待遇的做法是没有法律依据的。另外，工伤职工与工伤保险经办机构之间的工伤保险并非商业保险，故用人单位也不得以侵权第三人赔偿了相关费用而拒绝支付相应的工伤保险待遇。二者不能混用，也不能相互替代。

第三，从性质上看，工伤保险属于社会保险统筹范畴，与民事侵权损害赔偿性质上存在根本的差别，是两个完全不同的法律关系，两者的请求权基础截然不同。因道路交通事故导致的人身损害赔偿的请求权基础是侵权行为的损害赔偿请求权，是指故意或过失的不法行为侵害他人权利，行为人应给予赔偿的民事法律关系，侵权损害赔偿的功能在于对受害者的补偿和对加害者的惩罚。请求权的基础是交通安全法规、《民法通则》、最高人民法院《关于审理人身损害赔偿案件适用法律若干问题的解释》及《侵权责任法》的相关规定，主张损害赔偿请求权；工伤保险赔偿请求权的基础是工伤保险待遇请求权。也就是说，是劳动者在因工伤残或患职业病伤害后获得救治和经济补偿，以及对因工死亡职工亲属进行抚恤而建立起来的一种社会保障关系。其显著的特点是事故后的社会保障性。因此，对这两种不同的请求权，不能参照适用《合同法》第122条关于违约责任和侵权责任竞合的规定。

第四，司法解释。根据《人身损害赔偿司法解释》第12条的规定，因用人单位以外的第三人侵权造成劳动者人身损害，赔偿权利人请求第三人承担民事赔偿责任的，人民法院应予支持。可见我国的司法解释是支持双重赔偿的。受害人遭受工伤，是由于第三人的侵权行为造成的，受害人在获得工伤保险赔付的同时并不能免除侵权的第三人的民事赔偿责任。这就说明，这种损害受害人可以请求双份赔偿，既可以请求工伤事故赔偿，也可以同时向第三人请求赔偿。

在本案中，杨某在上班途中遭遇车祸被烧死，根据《工伤保险条例》第14条的规定，可以认定为工伤；同时，杨某又是在交通事故中遇害，其与加害人之间成立一般损害赔偿关系。根据《人身损害赔偿司法解释》第12条的规定，因用人单位以外的第三人侵权造成劳动者人身损害，赔偿权利人请求第三人承担民事赔偿责任的，人民法院应予支持。因而，杨某的近亲属可以主张要求交通事故赔偿和工伤赔偿双重赔偿。

第六章　校园伤害

案例一　北京阳光乐园幼儿园大火导致一名女童火海丧生

——幼儿园未尽保护职责致学生死亡，承担赔偿责任

[案情]

2010年1月17日13时50分左右，在朝阳区东坝乡辛街，无照经营的阳光乐园幼儿园发生火灾，致使一名两岁女童被烧死。经查，2008年10月，王某在朝阳区东坝乡辛街无照经营阳光乐园幼儿园，由于该幼儿园未达到消防标准，有关部门多次要求该幼儿园进行整改，但王某未按要求进行整改。火灾事故发生原因为，该园员工李某将取暖用电暖器放置于床上后离开幼儿园去买菜，两名幼儿玩电暖器开关，把电暖器踹倒，引燃被褥。当时幼儿园共有九名三四岁的孩子逃生，而遇难的这名两岁女童失火时正在房中熟睡，被困丧生。遇难女童亲属告诉记者，事发幼儿园就是个小房子，设施简陋，里面的十几个幼儿都是外来打工人员子女，父母们为了平日能多出去挣钱，只得把孩子托管在这里。

公诉机关认为，园长王某违反消防管理法规，经消防监督机构通知采取改正措施而拒绝执行，造成一名儿童被烧死的严重后果，应当以消防责任事故罪追究刑责。员工李某安全意识淡薄，由于其疏忽大意造成一名儿童被烧死的严重后果，犯罪事实清楚，证据确凿充分，应当以过失致人死亡罪追究其刑事责任。受害女童的父母悲痛欲绝，向王某和李某提出了共计50多万元的民事赔偿。

[案件争议或法律问题]

教育机构对未成年学生承担责任的性质及归责原则。

[参考结论及法理分析]

这起火灾伤害案是一起典型的校园伤害赔偿案件。

校园伤害责任事故，是指中小学校在校的未成年学生以及幼儿园在读儿童在学校或者幼儿园就读期间，参加学校或者幼儿园组织的教育教学活动中，受到人身伤害或者死亡，以及对他人造成人身伤害或者死亡，学校应当承担相应民事责任的事故。校园伤害赔偿案件是近年来人民法院受理的各类侵权案件中一种常见、多发的案件类型。我国《民法通则》对教育机构的侵权责任没有规定，有关无民事行为能力人、限制民事行为能力人在教育机构学习生活期间受到人身损害时，教育机构承担侵权责任的问题，是在审判实务中发展起来的。《最高人民法院关于贯彻〈中华人民共和国民法通则〉若干问题的意见（试

行)》(简称《民通意见》)第160条规定：在幼儿园、学校生活学习的无民事行为能力的人或者在精神病院治疗的精神病人，受到伤害或者给他人造成损害，单位有过错的，可以责令这些单位适当给予赔偿。在《人身损害赔偿解释》第7条中规定：对未成年人依法负有教育、管理、保护义务的学校、幼儿园或者其他教育机构，未尽职责范围内的相关义务致使未成年人遭受人身损害，或者未成年人致他人人身损害的，应当承担与其过错相应的赔偿责任。第三人侵权致未成年人遭受人身损害的，应当承担赔偿责任。学校、幼儿园等教育机构有过错的，应当承担相应的补充赔偿责任。《侵权责任法》第38条规定：无民事行为能力人在幼儿园、学校或者其他教育机构学习、生活期间受到人身损害的，幼儿园、学校或者其他教育机构应当承担责任，但能够证明尽到教育、管理职责的，不承担责任。《侵权责任法》第39条规定：限制民事行为能力人在学校或者其他教育机构学习、生活期间受到人身损害，学校或者其他教育机构未尽到教育、管理职责的，应当承担责任。《侵权责任法》第40条规定：无民事行为能力人或者限制民事行为能力人在幼儿园、学校或者其他教育机构学习、生活期间，受到幼儿园、学校或者其他教育机构以外的人员人身损害的，由侵权人承担侵权责任；幼儿园、学校或者其他教育机构未尽到管理职责的，承担相应的补充责任。这些规定都延续了贯彻《民通意见》的基本思路，对相关问题进行了补充和细化，成为司法实践中校园伤害案件的主要法律依据。

对于未成年人在校学习期间受到伤害或者致害他人，学校等教育机构承担民事责任的性质以及适用的规则原则，是审理校园伤害赔偿案件必须明确的问题。

一、学校等教育机构对未成年学生承担民事责任的性质

学校等教育机构对未成年学生承担民事责任的性质，理论界和实务界长期以来一直存在争议。一种观点认为，学校等教育机构承担民事责任的性质应当属于监护责任。未成年人在校就读期间，监护人的监护责任已部分变更为学校行使，学校在此特定期间负有教育、管束、监督、保护未成年人的义务，监护人实际上已经暂时中止其主要监护行为，对未成年人的实际情况已经很难掌握和控制；2000年以前的民事审判实践中，大多数支持此种观点。另一种观点认为，教育机构所承担的责任在性质上是教育、管理、保护的职责。教育机构与未成年学生之间的关系在本质上是教育关系，而非基于民法和血缘关系形成的父母与子女之间的监护关系，学校的责任是对学生进行教育、管理和保护的责任。

依据我国现行法律关于监护职责和学校对未成年人保护职责的规定，二者是法律属性完全不同的两种民事责任，学校对未成年人的保护职责不是监护职责。

1. 学校不是法律规定的未成年人的监护人

监护制度起源于家庭的职能，监护关系是监护人与被监护人之间所形成的一种法律关系。监护人的范围是法定的，依照《民法通则》第16条的规定，未成年人的父母是未成年人的监护人。未成年人的父母已经死亡或者没有监护能力的，由下列人员中有监护能力的人担任监护人：(1)祖父母、外祖父母；(2)兄、姐；(3)关系密切的其他亲属、朋友愿意承担监护责任，经未成年人的父、母的所在单位或者未成年人住所地的居民委员会、村民委员会同意的。没有第1款、第2款规定的监护人的，由未成年人的父、母的所在单位或者未成年人住所地的居民委员会、村民委员会或者民政部门担任监护人。根据以上法律规定可知，《民法通则》中规定的监护人有法定监护人和指定监护人两种。学校既不是未成年人的法定监护人也不是指定监护人。

2. 学校与未成年人的监护人之间并未成立委托监护法律关系

一种观点即委托监护责任说认为，家长送子女入校读书，办理了入学手续，就与学校形成一种委托监护关系，学校应对在校园内学习、生活的未成年人承担监护责任。

现实生活中确实存在监护人因某种原因将监护职责委托给他人履行的情况。最高人民法院《关于贯彻执行〈中华人民共和国民法通则〉若干问题的意见（试行）》第22条规定："监护人可以将监护职责部分或者全部委托给他人。因被监护人的侵权行为需要承担民事责任的，应当由监护人承担；但另有约定的除外；被委托人确有过错的，负连带责任。"这条规定确认了委托监护关系的合法有效，同时也明确了被委托人对被监护人的侵权行为承担民事责任应有事先的约定。

应当强调指出的是，委托监护作为平等的民事主体之间的一种合同关系，应当是委托人和被委托人在平等、自愿、公平的原则上就委托事项双方意思表示一致所达成的协议，协议的内容应当是明确的和符合有关监护制度法律规定的，协议的形式应当是书面形式。学生的家长不能单方面地将送未成年人入学、办理入学手续说成是与学校确立了委托监护关系。如果要成立委托监护关系，学生的监护人必须与学校就监护权的委托转移签订正式的、书面的委托合同。

未成年人入校读书，与学校形成的是一种教育合同关系，学校应当履行的职责是全面贯彻国家教育方针，组织管理好教育活动，对未成年人进行德育、智育、体育、劳动教育以及社会生活指导，这些职责中虽然包含了对危害未成年人合法权益的行为充分预防，及时制止等的保护职责，但这种保护职责并不是依委托监护关系而产生的，而是由教育关系而产生的职责，二者不能混为一谈。

3. 学校对未成年人的保护责任不是由监护责任转移而产生的责任，是基于教育机构对学生负有"教育、管理、保护"职责

学校对未成年人的保护职责，是由《教育法》《未成年人保护法》等法律、法规规定的法定职责，其内容散见于有关法律、法规中，如《教育法》第44条规定：学校"应当完善体育、卫生、保健设施，保护学生的身心健康"；《教育法》第8条规定：教师应当"制止有害于学生的行为或者其他侵犯学生合法权益的行为，批评和抵制有害于学生健康成长的现象"；《未成年人保护法》第16条规定："学校不得使未成年人在危及人身安全、健康的校舍和其他教育设施中活动"等。两种法定职责履行职责的主体、履行职责的内容各不相同。而混淆学校对未成年人的保护职责和监护职责的性质，认为学校应对在校园内生活、学习的未成年人承担监护职责的种种观点是错误的，这些观点不适当地加重了学校的保护责任，淡化了监护人的责任，既不利于教育事业的发展，实际上也不利于加强对未成年人的保护。

教育部《学生伤害事故处理办法》第7条第2款、《最高人民法院关于审理人身损害赔偿案件适用法律若干问题的解释》第7条的规定，完全符合法律原则，对学校的职责性质作出了明确的界定，终结了多年来一直存在的学校对未成年人应不应该承担监护职责的争论，有利于维护未成年人的合法权益，维护教育事业的发展和司法公正。从新颁布的《侵权责任法》的规定来看，也采纳了这种观点，将教育机构的责任性质明确为"教育、管理"职责。

二、学校等教育机构侵权责任的归责原则

在我国，虽然保护学生的在校安全是学校的法定义务，但是由于学校主要承担教育职责，其承担学生伤害事故的法律责任是有条件的，在归责原则上没有公立学校和私立学校之分，统一适用过错责任原则，即只对特定时间和空间发生的，并且学校有过错的伤害事故承担责任。也就是说，学校承担法律责任必须是由于学校过错或者教职员工的职务行为有过错而导致学生伤害事故的发生。我国一些法律文件中在确定学校责任时都强调了过错责任原则。例如，《学生伤害事故处理办法》第2条规定："在学校实施的教育教学活动或者学校组织的校外活动中，以及在学校负有管理责任的校舍、场地、其他教育教学设施、生活设施内发生的，造成在校学生人身损害后果的事故的处理，适用本办法。"最高人民法院《关于贯彻执行〈中华人民共和国民法通则〉若干问题的意见（试行）》第160条规定："在幼儿园、学校生活、学习的无民事行为能力人或者在精神病院治疗的精神病人，受到伤害或者给他人造成损害，单位有过错的，可以责令这些单位适当给予赔偿。"最高人民法院《关于审理人身损害赔偿案件适用法律若干问题的解释》第7条规定："对未成年人依法负有教育、管理、保护义务的学校、幼儿园或者其他教育机构，未尽职责范围内的相关义务致使未成年人遭受人身损害，或者未成年人致他人人身损害的，应当承担与其过错相应的赔偿责任。第三人侵权致未成年人遭受人身损害的，应当承担赔偿责任。学校、幼儿园等教育机构有过错的，应当承担相应的补充赔偿责任。"这一条款为法院判决提供了更明确的法律依据。《学生伤害事故处理办法》第8条规定，学生伤害事故的责任应当根据相关当事人过错程度的比例及其与损害后果之间的因果关系承担相应的责任，并在第9条明确列举了学校应当承担法律责任的12种情形，第12条规定了学校履行职责、行为没有不当时不应承担责任的六种情形，成为了解决学校与未成年学生之间法律纠纷的重要法律依据。《侵权责任法》根据受害学生是无民事行为能力人或者是限制民事行为能力人进行了区分，《侵权责任法》第38条针对无民事行为能力人适用过错推定责任原则，《侵权责任法》第39条针对限制民事行为能力人适用过错责任原则。

在实践中，判定学校等教育机构是否承担责任应当有以下两个标准：一是学校是否负有过错，既包括故意也包括过失；二是学校是否负有管理责任。对这一点的理解应当从两个角度来看：首先，要看是否为学校负有管理责任的期间内发生的伤害事故，如是否在上课、课间以及学生上课前合理的到校时间与放学后合理的离校时间内发生；其次，学校的范围不应当仅仅局限于校园，如果学校组织春游等校外活动中发生伤害事故，也应当认定为学校伤害事故。

本案中，阳光乐园幼儿园的消防措施不合格，且幼儿园的老师将幼儿锁在房间里出去买菜，使幼儿处于无人看管的的状态，对于儿童没有尽到妥善看管义务，严重失职，主观上存在重大过失，致使发生大火烧死儿童，造成一名儿童被烧死的严重后果，阳光幼儿园的行为已经构成校园伤害事故，应当承担侵权损害赔偿责任。

案例二　学校组织春游酿火灾，死伤33人

——学生在学校组织的校外活动中受伤害，学校有过错的，应当承担赔偿责任

［案情］

2009年4月6日上午9时，某县第二职工小学组织该校四年级196名学生上山春游，由10名教师带队随同前往。10时30分许，学生们在一条山沟里点火野炊时，引发大火。在场的老师惊慌失措，由于疏导不力，致使学生无法跑离火灾现场，29人被大火烧死，4人被烧成重伤，在当地造成极坏影响。死伤的学生家属要求学校承担赔偿责任。

［案件争议或法律问题］

1．校园伤害事故的责任构成。

2．学生在学校组织的校外活动中受伤害，学校有过错的，应否承担赔偿责任。

［参考结论及法理分析］

本起学校火灾伤害事故具有典型性。对于发生在校园外，学校组织的集体活动中发生的事故伤害，学校是否需要承担赔偿责任呢？处理该类问题时，校园伤害事故的责任构成是我们必须明确的问题。

一、校园伤害事故人身损害赔偿责任的构成

校园伤害事故是指中小学校在校的未成年学生以及幼儿园在读儿童在学校或者幼儿园就读期间，参加学校或者幼儿园组织的教育教学活动中，受到人身伤害或者死亡，以及对他人造成人身伤害或者死亡，学校应当承担相应民事责任的事故。

构成校园伤害事故人身损害赔偿责任，应当具备以下要件：

1．必须是学生在校期间发生的人身伤害事故，或者学生在校期间致害他人造成人身伤害事故

这个要件应当具备以下要素：

（1）校园伤害事故人身损害赔偿责任的构成局限在未成年学生人身伤害事故

人身伤害事故，就是造成人身伤害或者死亡的事故，不包括财产损害事故。受到伤害的应当是未成年学生，或者是未成年学生致他人人身伤害。前者是指，未成年学生是受害主体，是受害人；后者是指，未成年学生是致害人，是实施行为致人损害的加害行为人。

（2）学生伤害事故应当发生在学生在校期间

这里的在校期间，应当作广义理解，即不是仅指形式意义上的在校期间，而是在学校对学生教育、管理和保护的期间。其基本含义，就是学生确实是在学校的管理之下，脱离学校的管理，学校不再对学生的伤害事故负责。例如，在学校组织的校外活动中，也是学校对学生的管理之中，并没有因为学生不在学校而丧失学校对学生的管理，对这种校外活动引发的学生伤害事故，是学校有过错的，应当承担民事责任。

（3）既包括学生受到的伤害事故，也包括学生在校期间给他人造成的人身伤害事故

这两方面的人身伤害事故，都是学生伤害事故，都是学生伤害事故的责任范围。人身

伤害事故的表现形式，是伤害和死亡。从《侵权责任法》的角度研究，这种损害事实还应当表现为财产的损失。例如，医疗费的支出、护理费的支出、丧葬费的支出等。在人身伤害事故的损失中，要不要包括精神损害的损失，对此观点不一。笔者认为，在人身伤害的损害中，精神损害是客观存在的，不是由人的主观意志决定的，不能凭着人的主观好恶而取舍。在立法和司法上，已经确立了对人身伤害的精神损害赔偿制度，没有理由认为在学生伤害事故的场合不适用精神损害赔偿。因此，对学生伤害事故中的精神损害，也要予以确定。《人身损害赔偿司法解释》第18条也对此予以明确规定："受害人或者死者近亲属遭受精神损害，赔偿权利人向人民法院请求赔偿精神损害抚慰金的，适用《最高人民法院关于确定民事侵权精神损害赔偿责任若干问题的解释》予以确定。精神损害抚慰金的请求权，不得让与或者继承。但赔偿义务人已经以书面方式承诺给予金钱赔偿，或者赔偿权利人已经向人民法院起诉的除外。"

2. 学校的教育、管理和保护行为违反《教育法》规定

学校在校园伤害事故中的行为，原则上是指在实施教育、管理和保护中，没有正确履行或者违背《教育法》关于学校履行的这种职责的行为。

在具体的行为方式上，有以下三种表现形式：

（1）学校疏于管理的行为

学校在教育和教学活动中，疏于管理义务，致使在这个过程中，造成学生遭受人身损害后果，以及学生伤害他人后果的发生。这种管理，是对学校活动的管理，不是指对学生的管理。这种行为是学校自己的行为，是自己的行为致人损害，因而属于普通的侵权行为，学校应当对自己的行为负责。

（2）学校疏于保护的行为

学校对在校学生负有保护的义务，尤其是对未成年的学生，负有对其安全的保护义务。学生在校接受教育，学校虽然承担的不是监护义务，但是仍然应当承担对学生安全的保护义务。负担这种义务，就应当善尽职守，不能因为自己的疏忽和懈怠而使学生受到人身伤害。学校疏于这种对学生安全的注意义务，致使学生受到人身伤害，学校的行为构成违法。例如，在学校遭遇的意外事故中，学校应当并且有条件救助学生却不救助，教师率先躲避灾害，造成学生人身伤害，学校疏于对学生的保护，对损害的发生应当承担适当的责任。

（3）学校疏于教育的行为

这种教育行为，是专指对学生的教育，而不是指广义上的教育活动。在对学生的教育中，没有尽到教育职责，使学生在教学活动中造成对他人的人身伤害，应当承担人身损害赔偿责任。

学校的上述行为，包括学校的行为，也包括负该种责任的教师的行为。学校的疏于职守行为，学校应当承担责任。学校的教师在教育和教学活动中，其行为疏于执行职务，其行为的后果属于职务行为，当其行为不当，违反法律规定的义务，造成学生伤害或者学生伤害他人，由学校承担替代责任。

在对学校行为违法性的判断上，应当是行为人的行为违反《教育法》和民法的规定。《教育法》规定的标准，是学校承担的教育、管理和保护义务。民法规定的标准，是对学生人身权利不得侵犯义务。违反这些法律规定，就构成学生伤害事故人身损害赔偿责任的

违法性要件。

3. 学校的违反《教育法》规定的教育、管理和保护行为与事故发生有因果关系

学校疏于教育、管理和保护义务的行为，须与学生伤害或者学生伤害他人的损害事实之间有客观的因果关系，即前者是原因，后者是结果。两者之间具有引起与被引起的因果关系。

在学生伤害事故人身损害赔偿责任中的因果关系上，在一般情况下，学校的行为与损害后果之间，只有一种因果联系，即学校的行为就是损害后果发生的原因，没有其他原因。这样的行为就是结果发生的唯一原因。具有这样的因果关系，学校就应当承担侵权责任。

在很多时候，学校的行为并不是损害结果发生的唯一原因，而是由于多个行为引起了损害结果的发生，而学校的行为仅仅是其中的原因之一。这时候，应当认真判断，研究学校的行为究竟是损害结果发生的原因还是条件。如果是原因，则与其他原因构成损害发生的共同原因，学校应当为自己的行为承担自己应当承担的那份责任，或者承担连带责任。如果仅仅是条件，并不是原因，则学校不承担责任。

4. 学校在实施教育、管理和保护行为时有疏于职责的过失

学校承担学生伤害事故的后果责任，还必须具有主观上的过失。只有学校在主观上具有过失，学校才对自己的行为承担赔偿责任；不具有主观上的过失，则不承担责任。

确定学校过失的标准，是学校的注意义务。学校的注意义务，应当是尽到善良管理人的注意义务。这是一种很高的注意义务，高于与处理自己事务为同一的注意和普通人的注意。学校作为一个谨慎的管理人，应对自己学生的安全和健康保持高度的注意，以防止发生损害事故。对这种注意义务的违反，就是过失。学校存在这种过失，就应当对造成的损害后果承担侵权责任。

二、学生在学校组织的校外活动中受到伤害，学校是否承担责任

学校的基本活动，就是教育和教学活动，学校对学生负有教育、管理和保护的义务。学生伤害事故发生的范围，应当限于学校、幼儿园的教育教学活动中。学校的职责范围，从时间来看，既包括上课时间、课间休息时间，也包括学校组织的校外活动时间；从区域来看，既包括校园区域内，也包括校外活动区域及往返途中。例如，学生在学校组织的校外活动受到伤害，此时学生的活动区域在校外，应认为是学校的教育职责的延伸，因而属于学生伤害事故的赔偿范围之内。

本案中，某县第二职工小学组织的学生春游活动，是该校组织的校外活动。活动中，发生火灾酿成了严重损害后果，火灾烧死 29 名学生，重伤 4 名学生，给学生的生命和健康带来了极大的损害；学校在春游中，疏于对学生的保护，酿成大火，并且疏导不利，产生严重后果，主观上存在重大过失；学校疏于保护的行为和损害后果之间存在因果关系，因而符合学生伤害事故的构成要件。虽然春游的地点在校外，不属于学校的活动区域，但是由于其是学校组织的，可以认为是学校教育职能的延伸，因而仍然应当认定为校园伤害事故。故某县第二职工小学应当对死伤学生承担损害赔偿责任。

案例三　在校大学生实习期被火烧伤，谁埋单

——学生伤害事故的人身损害赔偿不包括大学生

[案情]

2008年3月12日，某起重机厂与大连某职业技术学院签订《实习协议书》，安排包括小田在内的56名同学到某起重机厂实习。2008年3月20日，某起重机厂跟小田签订了《全国普通高等学校毕业生实习协议书》，安排小田到其下属企业工作，并约定每月给付生活费700元。2008年5月19日，小田在实习中被烧伤。事情发生后，某起重机厂立即把小田送到某医院进行治疗，并垫付了一万余元的医疗费。

事后，用人单位欲撇清责任：

小田受伤后，该起重机厂继续为他支付生活费，并签订了正式劳动合同。至于赔偿，该起重机厂认为，应该是学校和工厂之间的事，毕竟双方只有《实习协议》，明确约定实习中发生事故，小田的学校应当承担一定的责任。另外，该起重机厂还认为，“单位员工怕火烧毁机床，将火踢到大学生小田身上的行为，属于紧急避险，根据法律规定，实习单位不应当承担赔偿责任”。该起重机厂的负责人想逃避责任。

学校表示无责任：

小田经过一段时间的调养出院后，经大连医科大学附属第一医院法医司法鉴定所鉴定，右腿被烧伤，已经构成了九级伤残。伤势已定，可小田的赔偿问题还没有解决。小田的学校领导表示，大学生在实习期间受伤虽然是工伤，由于大学生不是劳动法规定的劳动者，无法办理工伤认定，学校也没有专门经费解决，还是要由实习单位承担为好。

2010年11月25日，法院作出一审判决，某起重机厂一次性赔偿小田伤残赔偿金、营养费、护理费等共计十万余元。某起重机厂接到一审判决后不服，上诉到大连市中级人民法院，上诉理由是：小田是快毕业的大学生，是到该厂实习的，故不属于雇佣关系，应当依照在校学生受到他人人身伤害来处理，实习单位只有在存在主观过错的情况下，才承担一定的赔偿责任。大连市中院经审理后认为，小田在实习期间接受某起重机厂的管理，从事有偿劳动，双方形成雇佣关系。同时，如果某起重机厂在小田实习期间经考查认为小田适合在其单位工作，就接受其为单位的正式员工。学校仅对学生的实际情况予以介绍、推荐等，对学生实习期间发生的工伤事件不承担过错责任。二审作出终审判决，驳回某起重机厂的起诉，维持一审法院的一审判决。

[案件争议或法律问题]

校园伤害事故的赔偿对象即学生范围的界定。

[参考结论及法理分析]

本案涉及了校园伤害事故的赔偿对象，即学生范围的界定问题。

一、学生伤害事故的人身损害赔偿中是否包括大学生

从教育部制定的《学生伤害事故处理办法》第2条的规定中可以看出，该办法所称的学生伤害事故是指：“在学校实施的教育教学活动或者学校组织的校外活动中，以及在

学校负有管理责任的校舍、场地、其他教育教学设施、生活设施内发生的，造成在校学生人身损害后果的事故。”其中，学生是学生伤害事故的受害主体，是应当受到救济的人。正确界定学生概念的范围，是界定学生伤害事故最重要的一环。在界定了学生的范围之后，就确定了学校的范围。

首先，学生就是在学校学习的在校生。学生伤害事故必须是在校生发生的人身伤害事故，非在校生发生的事故，不是这种事故。

其次，学生所在的学校，究竟是什么学校，意见较为分歧。有的认为应当是中小学校，有的认为应当包括幼儿园，有的认为还应当包括大学。值得注意的是，教育部颁布的《学生伤害事故处理办法》第37条规定：“本办法所称学校，是指国家或者社会力量举办的全日制的中小学（含特殊教育学校）、各类中等职业学校、高等学校。本办法所称学生是指在上述学校中全日制就读的受教育者。”由此可见，该办法认定的学校包括了高等院校，学生也应包括高等院校在校大学生。但是，法律确定学生伤害事故概念，其立意不在于保护一般的学生，而是着意保护在校学习的未成年人，以及被在校学习的未成年人侵害权利的其他人。所以，学生伤害事故中的学生，应当是指中小学和幼儿园在读的未成年学生和儿童。其中，中小学的未成年学生是学生伤害事故人身损害赔偿责任的主要保护对象；幼儿园的儿童虽然不是学生，但是由于其是未成年人，且在国家规定进行幼儿教育的幼儿园中就读，应当视为学校学生；中小学校中已成年的学生，不是学生伤害事故的主体，在学校受到伤害和侵害他人，应当依照一般侵权责任的法律规则处理。对于在校的大学生，其不是义务教育的对象，且都是成年人，没有加以特别保护的必要，不应包含在学生伤害事故范围之内。

二、实习大学生在用人单位受伤不能认定工伤

实习生与实习单位是否形成事实劳动关系？实习生在实习过程中受伤应该如何适用法律？在我国法律目前没有明确的规定，审判实践中又存在认识不统一的情况。笔者认为，依据《工伤保险条例》第29条“职工因工作遭受事故伤害或者患职业病进行治疗，享受工伤医疗待遇”的规定，只有属于工伤事故范围的职工，才能向用人单位提出工伤损害的赔偿请求。虽然学生在实习单位发生事故伤害形式上与职工发生伤害事故的工作性质相同，但是在实体上，在校学生与实习单位之间建立的不是劳动关系，其只是培训的另一种形式，是学习阶段的延续，单位代替学校暂时对学生进行管理。但是，实习大学生在实习期间确实为实习单位工作，产生的利益也由实习单位承受，实习单位也因该工作行为支付一定的报酬。因此，实习的大学生不具备工伤保险赔偿的主体资格，在实习过程中受伤不享受工伤保险待遇。但是，如果在实习期间发生伤害，可以比照《民法通则》《侵权行为法》的规定进行赔偿，请求实习单位承担雇主责任。

本案中，依照签订的《就业协议书》，大学生小田以实习身份在起重机厂实习，不具备工伤保险赔偿的主体资格，在实习过程中受伤不享受工伤保险待遇。但是，小田为实习单位起重机厂工作，可以认定实习单位跟小田形成了事实上的雇佣关系。小田在指定的工作地点从事雇用活动，受伤是起重机厂员工在工作中因点火而引起，也是为了公司的利益不受更大的损失才导致其受伤，公司作为雇主，应当承担雇主责任，对小田进行赔偿。而某职业技术学院仅仅负责学生的日常管理和教育，小田受伤地点在车间，且受到该单位的员工引燃的棉纱导致受伤，学校对小田的受伤事故的发生不存在过错，故学校不承担赔偿责任。

目前，有许多即将毕业的大学生同一些企业签订《就业实习协议》，他们到企业实习期间，因不属于劳动者，企业就无法为他们缴纳工伤保险，一旦在实习期间发生工伤事件，只能由实习单位买单，这无形中加大了实习单位的责任，对企业接受大学生实习产生了许多负面影响。因此，大学生毕业实习期间权益如何保障问题，企业安排大学生实习的积极性问题都是我们要面对的问题。为保护大学生实习期间的权益不受侵害，必须建立一种大学生实习保险，以解决目前的实际问题。

案例四　酒精灯爆炸烧伤小学生，学校拒绝赔偿

——无民事行为能力学生在校受到伤害，教育机构的过错推定责任

[案情]

某小学在上实验课时需要用到酒精灯，上课后同学们都来到实验室，老师指导同学练习使用酒精灯，告知大家先不要点灯，听老师先讲述使用方法和注意事项。坐在后排的小学生高辉用自带的打火机偷偷点燃了酒精灯，不小心碰翻了酒精灯，由于火焰温度高，火随着酒精的流动四处蔓延，高辉和旁边的课代表王猛赶紧灭火，王猛将教师后面的一盆水端来泼到火上，由于灭火不当，火花溅起将灭火的课代表王猛的红领巾点燃，将其烧伤。学校将王猛送进医院，经过医院治疗，共花费医疗费等共计 3.4 万元，出院后经鉴定机构鉴定为 10 级伤残。王猛将学校告上法庭，要求其承担损害赔偿责任，赔偿医药费 3.4 万，精神损失费 20 万。学校认为事故的发生是因为学生不听老师的指挥，私自携带打火机，擅自点火，其已经尽到了教育保护的职责，不应当承担损害赔偿责任。

[案件争议或法律问题]

1. 教育机构对于无民事行为能力人受到伤害的归责原则和举证责任。
2. 教育机构是否尽到了教育保护职责的判断。

[参考结论及法理分析]

本案的焦点问题是判断教育机构是否尽到了教育保护职责。关键点是举证责任的问题。因而本案适用的归责原则是我们必须首先明确的。

一、教育机构对于无民事行为能力人受到伤害的归责原则和举证责任

所谓侵权行为的归责原则，是指在行为人的行为致人损害时，根据何种标准和原则确定行为人的侵权责任。归责原则是侵权行为中一个非常重要的概念，是侵权责任法的核心，决定着侵权行为的分类、侵权行为的构成、举证责任的承担以及免责事由等重要内容，它既是认定侵权行为的构成和处理侵权纠纷的基本依据，也是指导侵权损害赔偿的准则。

《侵权责任法》颁布前法院对于校园伤害案件适用的归责原则是过错责任原则。所谓过错责任归责原则是指以当事人存在过错作为侵权行为必备要件的归责原则。这就是说一旦学生在学校出现伤害事故，如果要追究教育机构的责任，需要判断教育机构是否存在主观过错，以此作为教育机构是否承担责任的必要条件。受害人需要证明一般侵权责任成立

的四个构成要件：侵权行为的存在，损害后果的存在，侵权行为和损害后果之间存在因果关系，侵权行为人主观上存在过错。由于受害人要证明学校等教育机构在学生伤害事故中存有过错的难度较大，很多情况下，往往由于当事人无法证明教育机构存在过失而导致败诉。

2010 年 7 月 1 日施行的《侵权责任法》将无民事行为能力人受到伤害的教育机构的责任，归责原则由过错责任原则变化为过错推定原则。所谓过错推定责任是指根据法律规定推定行为人有过错，行为人不能证明自己没有过错的，就应当承担侵权责任。看似只有两个字的不同，却将为在学生伤害事故中的当事人各方，尤其是教育机构方的责任承担带来极为不利的影响。从法律专业的角度讲，变化主要体现在举证责任方面，即由一般举证原则"谁主张谁举证"转变为"举证责任倒置"。也就是说，只有教育机构证明其已经尽到教育、管理职责的，才能免除责任。而教育机构对于发生在自己监督管理范围内的学生伤害案件举证是十分困难的，很可能在适用中产生接近于无过错责任的后果。因此，举证责任的变化带来的后果将是巨大的，相同案件由于不同的举证责任会导致迥异的两个判决结果。

二、本案的关键点就是关于学校是否尽到教育、管理、保护的职责的举证和认定

由于受害人王猛 9 岁，是无民事行为能力人，其在学校期间受到的伤害应当适用《侵权责任法》第 38 条的规定，无民事行为能力人在幼儿园、学校或者其他教育机构学习、生活期间受到人身损害的，幼儿园、学校或者其他教育机构应当承担责任，但能够证明尽到教育、管理职责的，不承担责任。根据这一条的规定，适用"举证责任倒置原则"，即只有教育机构证明其已经尽到教育、管理职责的，才能免除责任。本案中，虽然由于学生不听老师的管理，私自点燃酒精灯，并碰翻导致火灾，但是学校仍然存在管理上的疏忽，因为小学生对科学充满着好奇，而孩子们的动手实践中也存在着许多潜在危险，尤其是在酒精灯使用方面存在较大危险，如熄灭不当会发生爆炸等，因而学校应当在实验教室内准备好灭火装备，如 2 ~4 个灭火器、一桶沙和一个小药箱等。但是该校却没有任何的灭火装备，因而存在管理和保护方面的疏漏和过失，因而应当对王猛的损害承担责任。

案例五　中学生违反校规引发火灾致害同学案

——限制民事行为能力学生在校受到伤害，教育机构的过错责任

[案情]

康某（14 岁）与庄某（14 岁）均系某中学初二班学生，而且是住在同一宿舍的上下铺。2009 年 4 月，睡在下铺的康某在晚间熄灯后，在床铺的蚊帐内点蜡烛看书，不慎点燃了其床上的蚊帐，火苗很快往上铺的庄某床上蔓延，把庄某的蚊帐等物烧着，庄某在熟睡中被火所困。约 15 分钟后，火被扑灭，但庄某已经被烧伤。当天被送往医院治疗，已构成重伤，在治疗期间学校先后垫付了 15 万元。同年 9 月，学校与庄某的父母签订了一份书面协议，同意庄某的医疗费由学校支付到 2010 年 8 月 31 日止，其余费用自筹。同时庄某的父亲收到了康某通过学校赔偿给庄某的 1 万元。由于资金紧张，庄某不得不回到家中治疗，经法医鉴定为一级伤残。庄某向法院提起诉讼，要求学校与康某除已支付的医药

费外，另赔偿医药费、营养费、误工费、精神损失费等共计 50 万元。而学校认为已有相关规定严令禁止点蜡烛看书，康某违反学校规定导致庄某被烧伤与学校无关；同时事发后学校立即将庄某送往医院抢救，还垫付了 15 万元医疗费，因此学校不存在任何过错，不应对庄某烧伤承担责任。而康某承认自己的过错，但认为学校作为监护单位应负主要责任；而庄某由于没有采取任何自救措施导致损失扩大，因此其本人也应承担部分责任。

争议的焦点：

本案争议的焦点是在学校宿舍点蜡烛致火灾致他人人身损害责任认定问题。对此存在两种不同的意见：

第一种意见认为，康某违反校规，点蜡烛看书引起火灾，造成庄某的伤害结果，对此康某应负主要的过错责任；同时火灾的发生与某中学平常疏于对学生安全用火意识、消防等知识的灌输有关，因此学校也应当承担一部分责任；两被告因共同过错造成他人损害，应承担连带责任。

第二种意见认为，康某违反校规，点蜡烛看书引起火灾，造成庄某的伤害结果，对此康某应负主要的过错责任，但是由于康某是未成年人，平时寄宿于学校，因而其监护人对其尽到了监护责任，可以减轻其责任。同时火灾的发生与某中学平常疏于对学生安全用火意识、消防等知识的灌输有关，因此学校应当承担主要责任。

第三种意见认为，康某违反学校作息制度和关于火灾防范的规定，引起火灾，造成庄某人身伤害，康某是直接的侵权行为人，因此应承担全部赔偿责任。而学校已尽了安全防护的有关义务，对庄某遭受的损失不存在任何过错，因此，无须承担赔偿责任。

[案件争议或法律问题]

限制民事行为能力人在学校或者其他教育机构学习、生活期间受到本校内其他限制民事行为能力人的伤害而遭受人身伤害时，学校或者其他教育机构应否承担责任。

[参考结论及法理分析]

笔者同意第二种意见。

本案的问题是：限制民事行为能力人在学校或者其他教育机构学习、生活期间受到本校内其他限制民事行为能力人的伤害而遭受人身伤害时，学校或者其他教育机构应否承担责任？对此，《侵权责任法》第 39 条作出了规定："限制民事行为能力人在学校或者其他教育机构学习、生活期间受到人身损害，学校或者其他教育机构未尽到教育、管理职责的，应当承担责任。"要正确处理本案必须对本法条进行解读。

1．教育机构责任的规则原则——过错责任原则

根据本条规定，限制民事行为能力人在学校或者其他教育机构学习、生活期间受到人身损害的，如果该限制民事行为能力人或者其监护人能够证明学校或者其他教育机构没有尽到教育、管理职责，对该限制民事行为能力人所发生的人身损害有过错，学校或者其他教育机构就要承担责任。这就明确规定了教育机构对限制民事行为能力人承担责任的归责原则是过错责任原则。

与第 38 条采用过错推定原则不同，对限制民事行为能力人的情况，本条采用了过错责任原则，主要是考虑：与无民事行为能力人相比，限制民事行为能力人的心智已渐趋成

熟，对事物已有一定的认知和判断能力，能够在一定程度上理解自己行为的后果，对一些容易遭受人身损害的行为也有了充分认识，应当在构建和谐的成长环境的同时，鼓励其广泛地参加各类学校活动和社会关系，以利于其更好、更有效地学习、成长。如果适用过错推定原则，科以学校较重的举证负担，为避免发生意外事故，有的学校会采取消极预防的手段，如减少学生体育活动、劳动实践，最终不利于学生的成长、成熟。同时，在判断学校尽到教育、管理职责时也可以通过采用客观化的判断标准，如学校的各种教学设施是否符合安全要求，对存在的各种不安全隐患是否及时排除、是否已采取必要的防范措施，学校是否制定了合理、明确的安全规章制度等来缓和举证责任，减轻被侵权人的举证负担，以利于对学生的救济。

2. 教育机构未尽管理保护职责是承担责任的前提

《教育法》《未成年人保护法》以及其他地方性法规和部门规章中，对于学校和其他教育机构的教育、管理职责已经作了广泛、具体的规定，只要能够证明学校或者其他教育机构违反了这些职责，使得限制民事行为能力人在学习、生活期间受到人身损害的，学校或者其他教育机构就要承担责任。教育部2002年颁发的《学生伤害事故处理办法》中就明确规定："因下列情形之一造成的学生伤害事故，学校应当依法承担相应的责任：（一）学校的校舍、场地、其他公共设施，以及学校提供给学生使用的学具、教育教学和生活设施、设备不符合国家规定的标准，或者有明显不安全因素的；（二）学校的安全保卫、消防、设施设备管理等安全管理制度有明显疏漏，或者管理混乱，存在重大安全隐患，而未及时采取措施的；（三）学校向学生提供的药品、食品、饮用水等不符合国家或者行业的有关标准、要求的；（四）学校组织学生参加教育教学活动或者校外活动，未对学生进行相应的安全教育，并未在可预见的范围内采取必要的安全措施的；（五）学校知道教师或者其他工作人员患有不适宜担任教育教学工作的疾病，但未采取必要措施的；（六）学校违反有关规定，组织或者安排未成年学生从事不宜未成年人参加的劳动、体育运动或者其他活动的；（七）学生有特异体质或者特定疾病，不宜参加某种教育教学活动，学校知道或者应当知道，但未予以必要的注意的；（八）学生在校期间突发疾病或者受到伤害，学校发现，但未根据实际情况及时采取相应措施，导致不良后果加重的；（九）学校教师或者其他工作人员体罚或者变相体罚学生，或者在履行职责过程中违反工作要求、操作规程、职业道德或者其他有关规定的；（十）学校教师或者其他工作人员在负有组织、管理未成年学生的职责期间，发现学生行为具有危险性，但未进行必要的管理、告诫或者制止的；（十一）对未成年学生擅自离校等与学生人身安全直接相关的信息，学校发现或者知道，但未及时告知未成年学生的监护人，导致未成年学生因脱离监护人的保护而发生伤害的；（十二）学校有未依法履行职责的其他情形的。"在司法实践中，只要有上述十二项情形之一，就基本可以认定学校没有尽到教育、管理职责，就要依法对限制民事行为能力人受到的人身损害承担责任。

根据《教育法》《未成年人保护法》和《侵权责任法》等法律法规的规定，学校或者其他教育机构对在校学习的限制民事行为能力人有教育、管理职责，但不负监护责任。本案中，火灾的发生与某中学平常疏于对学生安全用火意识、消防等知识的灌输有关，因此学校存在过错，根据《侵权责任法》第39条的规定，教育机构未尽到教育、管理职责，应当承担侵权责任。因而某中学应当承担主要责任。根据《侵权责任法》第32条的规定，康某的监护人应当对康某的行为承担责任，因侵权行为发生在学校，监护人尽到了监护责任，可以减轻其责任，但是不能免除。

案例六 学生离校后撞车葬身火海，谁负责赔偿

——第三人侵权致学生死亡，学校有过错的，承担补充赔偿责任

[案情]

张某系某中学高二学生，寄宿于被告某中学。2009 年 10 月 15 日下午，张某以看病为由向学校请假，获准后，张某于当日乘车前往老家。直至 10 月 21 日，某中学仍没有将张某离校的相关信息通知张某家长。2009 年 10 月 20 日，原告发现儿子张某未像往常一样回家后，于次日到某中学寻找，未果。某中学马上采取多种方式协助查找张某的下落。后经查，2009 年 10 月 19 日，张某乘坐的长途大巴遇交通事故起火，包括张某在内的 2 名乘客被烧死。张某父母以某中学未尽教育管理职责为由，起诉要求某中学承担丧葬费、被扶养人生活费、死亡赔偿金、精神抚慰金等。法院审理后认为，被告对学生的管理，采取走读和寄宿就读两种管理方式，对寄宿就读生，学校除了在校园对其履行安全教育、管理和保护的义务外，其离校后，为使其法定监护人能够确实履行监护职责，学校应该将其离校后与之人身安全直接相关的信息及时告知其法定监护人，本案的被告未能及时履行此义务，依法应对张某的死亡后果承担相应的 10% 的民事责任。

[案件争议或法律问题]

1. 第三人侵权致学生死亡，学校有过错的，承担补充责任。
2. 补充赔偿责任的性质。

[参考结论及法理分析]

本案中，教育机构承担责任的性质是必须明确的问题。

一、教育机构的补充责任的性质

我国《侵权责任法》第 40 条规定了教育机构的补充责任：“无民事行为能力人或者限制民事行为能力人在幼儿园、学校或者其他教育机构学习、生活期间，受到幼儿园、学校或者其他教育机构以外的人员人身损害的，由侵权人承担侵权责任；幼儿园、学校或者其他机构未尽到管理职责的，承担相应的补充责任。”

对于校园学生伤害事故，幼儿园、学校或者其他教育机构所承担的责任性质，有监护责任说、契约责任说、安全保障义务说等不同的观点。根据本书以上案例论述认为，幼儿园、学校或者其他教育机构所承担与学生之间是基于其与学生之间的法定的教育关系而产生的教育、管理和义务。正是基于这种法定的安全保障义务，幼儿园、学校或者其他教育机构在第三人侵权情形下对自身违反安全保障义务要承担补充责任。

1. 幼儿园、学校或者其他教育机构承担补充责任的前提是第三人不能承担赔偿责任或者仅仅承担了部分赔偿责任

在第三人造成学生人身伤害的情况下，依据自己责任的原则，由第三人对损害结果承担民事赔偿责任。在第三人有能力赔偿时，由他自己承担赔偿责任，则不存在补充赔偿的

问题。只有当实际侵权的第三人下落不明或者没有赔偿能力，或者仅能承担部分赔偿责任的情况下，幼儿园、学校或者其他教育机构才承担补充性赔偿责任。

2. 幼儿园、学校或者其他教育机构承担补充责任的法律依据是其存在过错，并且是一般过错

在第三人侵权的情况下，如果幼儿园、学校或者其他教育机构尽到了法定的教育、管理职责，即使第三人未能承担全部或者部分的赔偿责任，幼儿园、学校或者其他教育机构也不需要承担任何责任。幼儿园、学校或者其他教育机构之所以对第三人侵权行为承担补充责任，是由于其对于学生受到第三人的侵害存在教育、管理方面的失职。该过错是一般过错，不适用过错推定原则。也就是说，在第三人造成学生人身伤害的情况下，由受害学生一方证明幼儿园、学校或者其他教育机构存在过错。教育部《学生伤害事故处理办法》第9条对于学校、幼儿园等教育机构存在过错的情形进行了列举。

3. 幼儿园、学校或者其他教育机构承担赔偿的范围是补充性的

要求幼儿园、学校或者其他教育机构承担补充责任，是为了补充第三人赔偿不足的份额，其赔偿范围是补充性的。如果能够确定实施侵害的第三人，该第三人能够承担全额的赔偿责任，则由该第三人承担全部的赔偿责任，幼儿园、学校或者其他教育机构不需要承担责任。只有在第三人无法确定或者不能够全额赔偿的情况下，幼儿园、学校或者其他教育机构才承担其赔偿不足的部分。

二、对于《侵权责任法》第40条中“相应的补充责任”如何理解

对于《侵权责任法》第40条中“相应的补充责任”如何理解，《侵权责任法》对此并未作出明确规定。本文认为应当从以下几个角度理解“相应的补充责任”的含义：

1. 在第一责任人有能力承担的情况下，补充责任人不承担赔偿责任

所谓补充责任，即补充直接责任人所承担责任之不足。从责任承担的顺位上讲，直接责任人承担第一顺位的赔偿责任，补充责任人处于责任承担的第二顺位。当直接责任人有能力承担其自己责任时，补充责任人无须承担赔偿责任。只有当直接责任人无力承担的情况下，处于第二顺位的补充责任人方承担补充的赔偿责任。

2. 补充责任是全部补充还是部分补充的问题

补充责任人承担“相应的补充责任”，究竟是与其过错范围相应的部分补充还是直接责任人无力承担部分的全部补充，《侵权责任法》没有明确规定。这将是受害人利益和补充责任人利益平衡的另一博弈，需要结合当前的社会实际情况和司法现状作出综合的考量。

3. 补充责任人的责任承担是与其过错大小相适应还是与原因力大小相适应的问题

补充责任人承担补充责任的法律依据是其存在过错。在数人侵权行为中，过错的程度不同，承担的责任也不同。但直接责任人与补充责任人对于侵权结果所产生的作用显然更适合用原因力进行分析。如果法律将补充责任人承担的补充责任限定为部分补充，则其承担赔偿责任时是与其过错大小相适应还是与原因力大小相适应？本文认为，单纯地采用过错程度或者原因力理论都无法圆满地解决上述问题，而应将二者结合起来综合考虑。

4. “相应”是否考虑各方的经济状况问题

通常情况下，实施直接侵权行为的第三人作为一个自然人，其经济实力和赔偿能力弱于学校等教育机构。在制度设计层面，如果承担教育、管理职责的幼儿园、学校或者其他

教育机构仅在其过错范围内承担补充责任，则受害人之损害填补必将大打折扣；如果考虑受害人求偿权实现的最大化，以期实现社会稳定等目标，则需要将各方的经济状况作为一个考虑的因素，令经济实力较强的主体适当多承担一些责任。

本案的争议焦点有三个：第一，限制民事行为能力人在校学习期间，学校是否承担监护责任？法院认为，张某的监护人是其父母，某中学不承担监护职责。此项规定符合现行法关于监护性质的认定。第二，被告对死者张某是否尽到了管理、教育和保护的义务？学校等教育机构的义务标准主要根据法律、行政法规认定，同时参考相关的部门规章。教育部发布的《学生伤害事故处理办法》规定，对未成年学生擅自离校等与学生人身安全直接相关的信息，学校发现，但未及时告知未成年学生的监护人，导致未成年学生因脱离监护人的保护而发生伤害的，学校应当依法承担相应的责任。因此，本案中，张某虽然是请假离校，且其是在离校期间受第三人侵权致死，但是学校仍然负有将其离校的与之人身安全直接相关的信息及时告知其法定监护人的管理义务。由于本案被告过于自信、疏忽大意未及时履行上述义务，在管理上存在不足。因此应当承担与其过错相适应的责任。同时，还要考虑张某年近16周岁，具有相当的判断能力和自我保护能力，应当对其行为的危险性谨慎进行判断。因此，这也是判断学校等教育机构未尽管理义务程度大小的因素之一。第三，学校承担的是最终责任，根据本条规定，其无权向第三人追偿。

案例七　高二学生为报复泼同学汽油毁容案

——校园伤害案中，学校不承担责任的情形

[案情]

潘某和霍某系某中学高二年级同学，因琐事发生冲突。2009年6月18日下午放学回家后，潘某从家中摩托车内倒出了半瓶汽油，回学校后，向霍某身上泼去并点燃，虽然霍某及时避让，但仍被烧伤，造成七级伤残的严重后果。学校得知情况后立即将霍某送到最近的医院抢救，使霍某脱离了危险。事后霍某向法院提起刑事附带民事诉讼，将学校列为刑事附带民事诉讼的共同被告人，要求学校赔偿其医疗费、继续治疗费、精神损失费等计人民币50万元。法院最后判决学校不承担责任。

[案件争议或法律问题]

校园伤害案中，学校不承担责任的情形。

[参考结论及法理分析]

在一定条件下，即使造成了学生人身伤害事故，学校也不承担赔偿责任，这就是学校等教育机构责任的免除。

学校责任的免除事由有两个方面：一是意外事故，二是其他原因。

意外事故，是由于学校以及学生意志以外的，根据自身能力不可预见、不可避免和不可克服的情形，造成了学生的人身伤害后果学校不承担责任的事故。

2002年9月1日正式实施的《学生伤害事故处理办法》第12条规定：对学生的伤害学校不负责任的情形有以下几种。因下列情形之一造成的学生伤害事故，学校已履行了相

应职责，行为并无不当的，无法律责任：（一）地震、雷击、台风、洪水等不可抗力的自然因素造成的；（二）来自学校外部的突发性、偶发性侵害造成的；（三）学生有特异体质、特定疾病或者异常心理状态，学校不知道或者难于知道的；（四）学生自杀、自伤的；（五）在对抗性或者具有风险性的体育竞赛活动中发生意外伤害的；（六）其他意外因素造成的。

非学校责任的其他原因，是指在学校管理职责范围外所发生的学生人身伤害事故，学校不承担责任的情形。《学生伤害事故处理办法》第 13 条规定，下列情形下发生的造成学生人身损害后果的事故，学校行为并无不当的，不承担事故责任；事故责任应当按有关法律法规或者其他有关规定认定：（一）在学生自行上学、放学、返校、离校途中发生的；学校的管理范围是有限的，除非学校组织的教育教学活动延伸到校外，否则，发生的校外的伤害，学校一般不承担责任。上学、放学是指走读生，返校、离校是指住校生。（二）在学生自行外出或者擅自离校期间发生的；自行外出是指学生在学校没有对学生的在校时间提出要求，或者学校虽有要求但得到学校允许的情况下，自己主动到学校以外活动的情形。擅自离校则是学生违反学校的有关规定，在学校不允许、不知情的情况下，离开学校管理范围的情形。因此两种情形都是学生自主脱离了学校的管理范围，学校无法对其实施管理，因而学校亦免除其责任。当然，如果学校或老师发现学校擅自离校后不及时与家长联系，以致学生受到伤害，则学校要承担相应的责任。（三）在放学后、节假日或者假期等学校工作时间以外，学生自行滞留学校或者自行到校发生的；这种情况下，事故虽然发生在学校之内，但从时间上，却是在学校工作时间之外。此时，学校的教育教学活动已经结束，对学生管理和保护的职责也相应结束，因此，应当属于在学校管理职责的范围之外。但是，如果损害是因学校的设施存在不安全因素造成的，则学校亦难免其责。（四）其他在学校管理职责范围外发生的。《学生伤害事故处理办法》第 14 条规定了另外一种免责条款：因学校教师或者其他工作人员与其职务无关的个人行为，或者因学生、教师及其他个人故意实施的违法犯罪行为，造成学生人身损害的，由致害人依法承担相应的责任。

本案中，因为潘某采用泼汽油放火的手段进行报复，将霍某严重烧伤，造成七级伤残的后果。潘某的行为是其个人故意实施的违法犯罪行为，已经严重触犯《刑法》，应当被追究刑事责任。霍某受到潘某故意伤害，而学校根本无法预见潘某放学后泼汽油将霍某致伤事故的发生。另外霍某受伤后，学校立即施救，尽到了义务，避免了严重后果的发生。所以说在此事故中学校没有过错，不应当承担责任。而潘某已是高二年级学生，具有了一定的民事行为能力，应对其行为承担民事赔偿责任。因此，霍某的伤害应当由潘某承担损害赔偿责任，学校不承担责任。

第七章　安全保障义务

案例一　央视名主持坠落消防通道赔偿案

——经营者设备设施违反安全保障义务应负直接责任

[案情]

2002 年 8 月 1 日晚，中央电视台《夕阳红》栏目的女主持人沈旭华和朋友们相约在安贞桥旁边的浙江大厦张生记餐饮有限公司吃饭。沈旭华亲自订了位于二楼紧邻消防通道三四米的 12 号包间，当大家落座正要点菜之际，沈旭华的手机响起。由于包间内较嘈杂，她边接电话边走出包间，来到了包间斜对门三四米处的木制消防通道门旁。后沈旭华被人发现坠落楼下，经抢救无效身亡。经北京市公安局鉴定为高坠死亡。原告沈旭华家属起诉至北京市朝阳区人民法院，认为沈旭华坠楼身亡是由被告张生记餐饮有限公司和被告北京市京浙宾馆使用不合规范的工程且没有在危险地段设置警示标志而造成的。两者的违法行为严重损害了消费者的权益，主观上具有明显过错，因此负有不可推卸的责任。请求法院判令被告赔偿交通费、抚养费和精神损失费等 246 万元。一审法院经审理认为被告北京张生记餐饮有限公司作为餐饮行业的经营者应向消费者提供符合保障人身安全的服务，但存在过错未尽安全保障义务；被告北京市京浙宾馆的过错行为与沈旭华坠楼身亡事件存在因果关系。因此，北京张生记餐饮有限公司和北京市京浙宾馆对沈旭华坠楼身亡的损害后果应承担赔偿责任。一审法院依据《消费者权益保护法》《民法通则》作出判决，被告北京张生记餐饮有限公司、被告北京市京浙宾馆赔偿原告沈旭华家属法医鉴定费、丧葬费、交通费、民航机场管理建设费共计 68439 元，以及精神损害抚慰金 18 万元、赡养费 7.2 万元、抚育费 6.72 万元。驳回原告其他诉讼请求。

[案件争议或法律问题]

1. 经营者设备设施违反安全保障义务应负直接责任。
2. 安全保障责任的责任类型和责任形态。

[参考结论及法理分析]

此案是典型的经营者未尽安全保障义务的人身损害赔偿责任案件。

近年来，实际生活中出现了许多社会公众在经营场所、公共活动场所遭受损害的案件。对于这类案件，法院审理的主要依据是最高人民法院于 2003 年 12 月 26 日颁布的《关于审理人身损害赔偿案件适用法律若干问题的解释》第 6 条规定：“从事住宿、餐饮、娱乐等经营活动或者其他社会活动的自然人、法人、其他组织，未尽合理限度范围内的安全保障义务致使他人遭受人身损害，赔偿权利人请求其承担相应赔偿责任的，人民法院应予支持。因第三人侵权导致损害结果发生的，由实施侵权行为的第三人承担赔偿责任。安全保障义务人有过错的，应当在其能够防止或者制止损害的范围内承担相应的补充赔偿责任。安全保障义务人承担责任后，可以向第三人追偿。赔偿权利人起诉安全保障义务人的，应当将第三人作为共同被告，但第三人不能确定的除外。”《侵权责任法》在总结裁判实践经验基础上，设立第37条规定“安全保障义务”。《侵权责任法》第37条规定，宾馆、商场、银行、车站、娱乐场所等公共场所的管理人或者群众性活动的组织者，未尽到安全保障义务，造成他人损害的，应当承担侵权责任。要正确处理此类案件就需要厘清此类型责任事故的概念和构成。

一、安全保障义务特征

杨立新教授对安全保障义务的概念和特征作了如下界定：违反安全保障义务的侵权行为，是指依照法律规定或者约定对他人负有安全保障义务的人，违反该义务，因而直接或者间接地造成他人人身或者财产权益损害，应当承担损害赔偿责任的侵权行为。

这种侵权行为具有以下法律特征：

1. 行为人是对受保护人负有安全保障义务的人

违反安全保障义务侵权行为的行为主体，是经营活动和社会活动的所有人或者管理人，受保护人是进入到行为人经营活动或者社会活动的领域之中的人。由于受保护人的进入，保护义务人对受保护人产生安全保障义务。因此，负有安全保障义务的行为人，必须是对进入者也就是受保护人负有安全保障义务的经营者或者社会活动的组织者。

2. 行为人对于受安全保障义务保护的相对人违反安全保障义务

构成违反安全保障义务侵权行为，负有安全保障义务的人必须是“未尽合理限度范围内的安全保障义务”，因此，未尽合理限度范围内的安全保障义务，是构成这种侵权行为的要件之一。这就是说，不仅负有安全保障义务的人负有该义务，而且其必须对这种义务没有尽到，或者违反了这种安全保障义务。因此，违反安全保障义务的侵权行为是负有安全保障义务的人由于没有履行合理限度范围内的安全保障义务而实施的侵权行为。

3. 受安全保障义务人保护的相对人遭受了人身损害或财产损害

由于行为人的违反安全保障义务的侵权行为，造成了受害人的人身损害或者财产损害。这种损害事实主要是指人身损害的事实，但是也包括财产损害的事实，这是因为违反安全保障义务侵权行为主要保护的就是人身权利不受侵害。但是，如果违反安全保障义务侵权行为造成了受保护人的财产权利的损害，也应当构成违反安全保障义务侵权行为的损害赔偿责任，可以依据侵害财产权的赔偿方法进行赔偿。

4. 违反安全保障义务的行为人应当承担侵权损害赔偿责任

违反安全保障义务的侵权行为，是应当承担侵权损害赔偿责任的侵权行为。既然违反安全保障义务的侵权行为造成了受保护人的人身损害或者财产损害，那么，其救济手段就是损害赔偿的方法，违反安全保障义务的侵权行为人所承担的损害赔偿，就是侵权损害赔偿责任。

二、安全保障责任的类型和形态

杨立新教授将安全保障责任的责任类型和责任形态作了如下区分：

1. 违反安全保障责任的责任类型

(1) 设施设备违反安全保障义

经营场所或者社会活动场所设施设备必须符合国家的强制标准要求，没有国家的强制标准的，应当符合行业标准或者达到进行此等经营活动所需要达到的安全标准。具体的要求，首先，建筑物的安全标准应当符合《建筑法》和《建筑工程质量管理条例》等法律法规的质量要求，应当经过建筑行政管理部门验收合格，不得存在安全隐患。其次，消防方面的标准必须符合《消防法》《高层建筑消防管理规则》《营业性演出管理条例》等的规定，经营场所和活动场所必须配备必要的消防设备、报警设施、紧急疏散标志和疏散图等，并保证一直处于良好状态。再次，关于电梯的安全标准，要实行安全使用证制度、安全年检制度、日常维护保养制度，防止出现危险。最后是其他相关配套设施设备，必须经常地、勤勉地进行维护，使它们一直处于良好、安全的运行状态，符合安全标准。

经营者、社会活动组织者的设施设备违反安全保障义务，就是在提供服务的场所，在上述四个方面所设置的硬件没有达到保障安全的要求，存在缺陷或者瑕疵，造成了他人的损害。因此，经营者应当对受害人承担人身损害赔偿责任。例如，某商场在通道上安装的玻璃门未设置警示标志，一般人很难发现这是一扇门，顾客通过时撞在门上，造成伤害。对此，商场应当承担违反安全保障义务的人身损害赔偿责任。

(2) 服务管理违反安全保障义务

经营者或者社会活动组织者在服务管理方面的安全保障义务，主要包括以下三个方面：

第一，加强管理，提供安全的消费、活动环境。经营者和社会活动组织者在提供服务的时候，应当保障服务的内容和服务的过程是安全的，不能存在不安全的因素和危险，这些要求集中体现在经营活动和社会活动的组织、管理和服务上。例如，涉及消费者和活动参与者的人身安全和卫生安全的经营、活动中，应当保障人身安全和卫生，地面不得存在油渍和障碍，应当定期消毒，防止传染病的传播，等等。

第二，坚持服务标准，防止出现损害。在经营和活动中，应当按照确定的服务标准进行，不得违反服务标准。例如，饭店服务人员没有擦干净地板留有污渍，顾客踩在上面滑倒造成伤害，构成人身损害赔偿责任。对此，美国麦当劳热饮伤害案具有借鉴意义。美国新墨西哥州一家麦当劳餐厅，一位 79 岁的老太太买了一杯热咖啡，当打开杯盖饮用时，不慎将一些咖啡泼在了腿上，确诊为三度烫伤。据调查，咖啡的饮用标准温度应当是华氏 140 度左右，超过华氏 155 度就有烫伤的危险了。而当时麦当劳提供的咖啡温度在华氏 180 度至 190 度之间。在被麦当劳的热咖啡烫伤后，老太太将麦当劳告上法庭，称麦当劳没有提示热咖啡的温度，造成自己的伤害。法院认为，承担服务职责的大公司应当善待每一个顾客，不能因为自己的过失使顾客受到损害，因此判决麦当劳公司承担 270 万美元的惩罚性赔偿金。自此，麦当劳在公司的所有热饮杯上都加印了“小心烫口”的标志。

第三，必要的提示、说明、劝告、协助义务。在经营或者社会活动中，如果存在不安全因素，例如可能出现伤害或者意外情况，应当进行警示、说明。对于可能出现的危险应当对消费者或者参与者进行合理的说明，对于有违于安全的消费者或者参与者进行劝告，必要时还要通知公安部门进行必要的强制。对于已经发生或者正在发生的危险，经营者或者组织者应当进行积极的救助，以避免损失的发生和扩大，发生火灾，必须组织工作人员进行疏导和疏散，进行安全转移。同时，对于大型的、多人参加的活动，必须按照限定的数额售票，不得超员。

服务管理违反安全保障义务，就是经营者或者组织者的工作人员违反上述安全保障义务，存在瑕疵或者缺陷，因此造成他人损害，构成侵权责任。

（3）对儿童违反安全保障义务

儿童是祖国的未来，是民族的未来，因此法律对儿童予以特别的关照和保护。因此，对儿童的保护适用特别标准，经营者或者社会活动组织者必须竭力做到保护儿童的各项措施，以保障儿童不受场地内具有诱惑力危险的侵害。经营者或者社会活动组织者对儿童违反安全保障义务，造成儿童的损害，应当承担赔偿责任。

（4）防范制止侵权行为违反安全保障义务

对于他人负有安全保障义务的经营者或者社会活动组织者，在防范和制止他人侵害方面未尽义务，造成受保护人损害的，也构成违反安全保障义务的侵权责任，是一种特定的类型。前文所述的银河宾馆案，就是典型案例。

2. 违反安全保障义务侵权行为的责任形态

违反安全保障义务侵权行为的赔偿责任分为三种：直接责任、替代责任和补充责任。

（1）直接责任

直接责任，就是违法行为人对自己实施的行为所造成的他人人身损害和财产损害的后果由自己承担侵权责任的侵权责任形态。对经营者或者社会活动组织者的经营或者活动而言，违反安全保障义务造成受保护人的人身损害，自己承担责任，就是直接责任。在设施设备违反安全保障义务的侵权行为、服务管理违反安全保障义务和对儿童违反安全保障义务的侵权行为中，违反安全保障义务的行为人如果是单一的自然人主体，那么他就要承担直接责任。

直接责任的特点是：第一，是违法行为人自己实施的行为；第二，是违法行为人自己实施的行为造成的损害；第三，是自己对自己实施的行为所造成的损害，由自己承担责任。这三个特点，都突出了一个概念，就是“自己”，因此，直接责任就是“自己的责任”，是为自己的行为负责的侵权责任形态。在一般侵权行为中，行为人和责任人是同一人，行为人对自己实施的行为承担后果责任，即自己造成的损害自己赔偿，不能由没有实施违法行为的人承担赔偿责任。前述的三种侵权行为，都是经营者或者社会活动组织者自己实施的行为造成受保护人的人身损害，要自己承担责任，符合直接责任的特点。

（2）替代责任

但是，如果经营者或者社会活动组织者是法人或者雇主，违反安全保障义务的具体行为人是经营者或者社会活动组织者的工作人员或者雇员，而且符合法人侵权或者雇主责任的法律要求，那么，在设施设备违反安全保障义务的侵权行为、服务管理违反安全保障义务和对儿童违反安全保障义务的侵权行为中，这种侵权责任形态实际上是替代责任，而不是直接责任。对此，应当适用《关于审理人身损害赔偿案件适用法律若干问题的解释》第 8 条和第 9 条规定，确定侵权责任。

因此，无论是经营者或者社会活动组织者自己违反安全保障义务，还是其雇员或者工作人员违反安全保障义务，都是要由作为经营者或者社会活动组织者的法人、其他组织或者雇主承担责任的。不过，如果经营者或者社会活动组织者的雇员或者成员违反安全保障义务造成损害的，经营者或者社会活动组织者在承担了赔偿责任之后，可以向有过错的雇员或者成员求偿。

(3) 补充责任

《关于审理人身损害赔偿案件适用法律若干问题的解释》第 6 条第 2 款规定："因第三人侵权导致损害结果发生的，由实施侵权行为的第三人承担赔偿责任。安全保障义务人有过错的，应当在其能够防止或者制止损害的范围内承担相应的补充赔偿责任。安全保障义务人承担责任后，可以向第三人追偿。赔偿权利人起诉安全保障义务人的，应当将第三人作为共同被告，但第三人不能确定的除外。"从上述规定可以看出，在违反安全保障义务的侵权行为中，防范制止侵权行为违反安全保障义务的一方当事人承担的损害赔偿责任，就是补充责任。按照这一规定，防范制止侵权行为违反安全保障义务的侵权损害赔偿责任，是指第三人侵权导致受害人损害的，安全保障义务人对此有过错，在其能够防止或者制止损害的范围内所承担的相应的补充赔偿责任。

本案是一件典型的违反安全保障义务的侵权责任案件。本案中，被告经营者的经营设施违反安全保障义务，存在极大的安全隐患，被告对本应预见的安全隐患未采取措施，未尽到合理限度内的安全保障义务，致使沈旭华坠落死亡，存在明显过错。被告承担侵权责任的形态属于直接责任，即违法行为人是对自己实施的行为所造成的他人人身损害和财产损害的后果由自己承担侵权责任的责任形态。因此，法院判决被告经营者承担损害赔偿责任。

案例二 吉林辽源医院大火案

——住院患者受伤害，医院未尽安全保障义务应担责

[案情]

吉林省纪委监察厅、省安全生产监督管理局就辽源市"12·15"特别重大火灾事故发出通报，通报了这起特大火灾事故处理情况。

通报指出，2005 年 12 月 15 日，辽源市中心医院发生特大火灾事故，造成 37 人死亡、95 人受伤，直接经济损失 821.9 万元。经调查认定，辽源市"12·15"特别重大火灾事故是一起责任事故。导致事故发生的直接原因是：中心医院配电室电缆沟内发生电缆短路故障引燃可燃物。事故的间接原因是：中心医院配电室及部分电器设备改造工程中存在施工质量不合格问题，没有组织检测验收就直接投入使用，特别是购置、铺设了质量不合格的电缆，埋下了重大安全隐患。报警晚，延误了灭火时间。中心医院没有认真落实消防安全责任制和消防安全措施。龙山区公安消防科对中心医院消防安全监管不力。市卫生局对中心医院消防安全工作监督检查不到位。

事故调查期间，经国务院调查组同意，将涉嫌事业单位工作人员失职罪以及涉嫌重大责任事故罪、销售不符合安全标准产品罪、生产销售不符合安全标准产品罪的市卫生局副局长、党委委员兼中心医院院长王绍文，中心医院副院长李明明，中心医院总务科科长赵永刚等 14 人移交司法机关，追究刑事责任。

通报指出，根据监察部《关于吉林辽源"12·15"特别重大火灾事故有关责任人员处理意见的通知》，省纪委监察厅、省消防总队、辽源市纪委监察局对该起事故中负有主

要责任或重要领导责任的7名相关责任人员，按照干部人事管理权限，给予了党政纪处分。决定给予辽源市中心医院保卫科科长刘成玉撤销保卫科科长职务、党内严重警告处分；给予龙山区公安消防科防火监督员李成、殷晓春行政记过处分；给予龙山区公安消防科科长张新功行政记过处分；给予辽源市卫生局副局长、党委委员马兴涛行政降级、党内严重警告处分；给予辽源市卫生局局长、党委书记刘英阁行政记大过、党内严重警告处分；给予辽源市政府分管卫生工作的副市长行政记过处分。本案中有众多的死者和伤者，应当如何获得赔偿呢？

[案件争议或法律问题]

医院未尽安全保障义务，造成住院患者受伤害的，应承担安全保障责任。

[参考结论及法理分析]

辽源大火揭开医院安全防护的漏洞，虽然，辽源市已渐渐恢复往日的平静，除死者家属悲痛难挥之外，普通市民已经慢慢将大火案淡出自己的视线。但是，火灾留给我们的几个待解问题，仍值得所有人深深反思。本案中众多的死者和伤者应当获得赔偿，究竟由谁进行赔偿？赔偿责任的性质是什么？

一、违反安全保障义务的构成要件

1. 行为人实施了违反安全保障义务的行为

违反安全保障义务的行为，一般表现为消极行为，即不作为的行为方式。这就是应当履行作为的安全保障义务的人，由于未尽适当注意义务，应当作为而没有作为，没有尽到安全保障义务，因此而造成受保护人的权利损害。

2. 负有安全保障义务的相对人受到损害

这种损害事实，包括人身损害和财产损害。人身损害是受保护人的生命权、健康权、身体权受到损害的事实。因此，违反安全保障义务的人身损害赔偿责任所保护的是人的健康权和生命权。这种财产损害事实，一般是指财产的直接损失，即违反安全保障义务的行为所直接造成的财产损失，而不是债权等其他财产权中的期待利益的损失。侵害生命权、健康权的损害事实中，包括精神痛苦的损害事实，对此可以请求精神损害抚慰金赔偿。

3. 损害事实与违反安全保障义务行为之间具有因果关系

在违反安全保障义务侵权责任构成中，义务人的违反义务行为与受保护人的损害之间，应当具有引起与被引起的因果关系。

4. 违反安全保障义务行为的行为人具有过错

构成违反安全保障义务侵权责任，行为人应当具有过错。违反安全保障义务人的过错性质，是未尽注意义务的过失，不包括故意。具体说，违反安全保障义务的行为人有无过错的标准，是否达到了法律、法规、规章等所要求达到的注意义务，或者是否达到了同类经营者、社会活动组织者所应当达到的注意程度，或者是否达到了诚信、善良的经营者、社会活动组织者所应当达到的注意程度。未尽安全保障义务行为人未尽安全保障义务，应当具有过错。这种过错是未尽注意义务的过失。不过，未尽安全保障义务的人身损害赔偿责任适用过错推定原则，只要义务人未尽义务，造成损害，就从损害事实中推定义务人有过失。如果义务人认为自己没有过错，应当自己举证，证明自己没有过错。证明自己没有过错的，推翻过错推定，义务人不承担责任，反之，过错推定成立，构成侵权责任。

二、本案中，辽源医院大火致害责任事故应当认定为安全保障责任

本案中，辽源医院作为公共场所的医院，根据我国法律法规的规定，其建筑从设计到施工，包括改扩建及装修，事前应向消防部门申报，取得批准方可动工，事后通过消防部门验收合格，方可投入使用。该医院历年来围绕老楼进行的扩建，仅就着火前最后的一次装修来说，如果确实用了大量木制材料，那是违规的。这些钉在墙上的板子会加速火势的蔓延。而且，医院在日常工作中疏于履行消防安全职责，诸如通道被堵、过道里允许小商小贩摆摊设点、货箱占据半个通道等事情，这些已能够侧面说明其日常管理的疏漏。因而，医院对存在着安全隐患，主观上存在过错，公共场所的经营者违反了安全保障义务，因而应当承担安全保障责任的侵权责任。

三、对医院采取安全防范措施的建议

1. 涉及安全保障义务的后勤服务非常重要。几乎医院的每一寸空间，都是后勤服务的范围，后勤部门也是在直接或者间接为病人提供服务，越是与病人接触紧密的环节，发生纠纷的可能性越大。后勤服务中容易发生的纠纷有：护工护理不善导致病人病情变化或伤害，保洁时地面湿滑导致病人或院内行人摔倒；院内高大树木残枝折断伤人；修建过程中高空作业导致人身伤害；病人在诊疗过程中丢失财物等。这些都是一般的侵权纠纷，对于经营者、管理者有过错的举证责任由受害人一方承担。根据《医疗事故处理条例》规定，医疗机构和医务人员一样，也可以成为医疗事故的主体。例如，在诊疗护理过程中，因为后勤管理的原因医用气体供应不上，导致病人发生人身损害，也是医疗事故。医疗事故是一种特殊的侵权行为，适用过错推定。根据最高人民法院《关于民事诉讼证据的若干规定》，因医疗行为引起的侵权诉讼，由医疗机构就医疗行为与损害结果之间不存在因果关系及不存在医疗过错承担举证责任。这就是举证责任倒置的原则，它加重了医疗机构法律责任，因为如果医疗机构不能证明医疗行为与损害结果之间不存在因果关系及不存在医疗过错，就要承担败诉的后果。

2. 防范措施医院防范此类人身伤害事件的发生，是一个系统工程。应该从建筑设计开始就考虑如何减少使用中的人身伤害事件。但是在日常管理工作中，我们也要发挥主观能动性，采取各种措施减少伤害事件的发生。

(1) 建立健全各种管理制度建立健全各种管理制度，就使得各个岗位、各个人员的工作有了一个统一的执行规范和评定标准。现在比较流行的质量管理体系认证，无疑是一个很好的管理方法。建立一套较为完整的质量管理体系，明确各个岗位的职责、工作标准和质量目标，加强各个过程环节的质量控制，进一步规范后勤服务，有效提高服务质量。

(2) 规范作业程序，完善作业档案根据安全保障义务的要求，医院后勤安全保证义务主要体现在两方面，一是硬件设施方面和人员配备方面，二是软件方面，医院要尽经常、勤勉的注意义务。建筑物、配套服务措施、设备应当安全可靠，有国家强制标准的要符合其要求，没有国家强制标准的应当符合行业标准或者达到进行正常经营所需要达到的安全标准；配备必要的消防设备并保证它们一直处于良好的状态；对建筑物、设备设施进行经常的勤勉的日常维护，使它们处于良好的运行状态；对于可能出现的风险采取必要的安全防范措施，配备数量足够的合格的安保人员。比如说电梯要经过质量管理部门的强制检测；特殊操作岗位的人员要经培训后持证上岗；各种使用电器要经常巡视检查；消防器材要定期检查更换；有可能发生潜在危险时要事先告知；绿化人员对高大树木的枯枝要经常修剪，避免落下伤人等。即使一般的人身伤害案件，受害方承担证明对方有过错的举证责任，也不能认为医院就无须收集任何证据，医院同样要认真收集证据证明自己并无过错。这要求对于纠纷平时就要有防范意识，在作业的过程中做好防范工作，及时作好作业记录，以应付日后可能发生的纠纷。后勤服务的范围广，涉及安全保障义务的事务非常多，关键是后勤管理人员和工作人员要做个有心人，尽到“合理限度范围内的安全保障义务”，就可以防范许多潜在的风险。

案例三　烧香拜佛被炸伤，谁赔偿

——违反安全保障义务的认定

[案情]

2009 年 1 月 26 日（大年初一）上午，河南省某县某高中学生黄某在被告旅游景区的寺庙里烧香拜佛，被飞来的爆竹炸伤右眼。黄某随即被送往医院救治，经诊断为右眼爆炸伤，经司法鉴定，其右眼爆炸伤后致右眼盲目属八级伤残。事故发生后黄某曾向县旅游局借款 2 万元用于治疗，开庭前黄某与寺庙单独达成赔偿协议，该寺赔偿原告损失 3 万元。后黄某诉至法院要求县旅游局和该旅游公司赔偿其余下损失。另查明，当天该景区按往年惯例在春节期间免费对外开放。

法院经审理认为：事发当日该旅游公司虽未出售门票，但是免费对外开放属于回馈、吸引游客的一种经营活动，该旅游公司虽是对外免费开放景区，但不能免除被告旅游公司和寺庙在此期间对游客的安全保障义务。该旅游公司为保障游客安全虽制定有禁止在景区各景点燃放鞭炮的惯例措施，但在原告受伤时，旅游公司和寺庙均未管理到位。因为该县旅游局不是旅游经营单位，其行使旅游行政管理职能，依法不应承担民事责任。故结合本案实际情况酌定该旅游公司和寺庙各承担 50% 的民事赔偿责任。又因为开庭前原告与寺庙已经达成赔偿协议，故法院作出上述判决。

[案件争议或法律问题]

如何判断义务人是否履行了安全保障义务。

[参考结论及法理分析]

在实践中怎样判断义务人是否违反安全保障义务，需要有一个客观的标准。但是，客观现实的生活千差万别，无法找到一个统一的标准，应当具体问题具体分析。但是，客观上存在一些能够确定义务人是否尽到了安全保障义务的要素，如在确定防范、制止侵权行为违反安全保障义务的侵权行为中是不是尽到安全保障义务时，可以从安全保障义务的性质、侵权行为的性质和力度、安全保障义务人的保安能力以及发生侵权行为前后所采取的防范、制止侵权行为的措施等方面，综合判断，确定义务人是否已经尽到安全保障义务。

具体说来，如何判断义务人是否履行了安全保障义务，杨立新教授指出，可以从四个方面加以把握：

1. 法定标准。如果法律对于安全保障的内容和义务人安全保障义务必须履行的行为有直接规定时，就应当严格遵守法律、法规的明确规定判断。例如，公安部《高层建筑消防管理规则》规定："建筑物内的走道、楼梯、出口等部位，要经常保持畅通，严禁堆放物品。疏散标志和指示灯要完整好用。"这就是一种法定标准，用以衡量高层建筑所有者或管理者是否尽到对火灾的预防义务的一条法定判断标准。违反这个标准，造成了被保护人的人身损害或财产损害，就构成了违反安全保障义务。

2. 特别标准。对于未成年人的安全保障义务，应当采用特别标准。这样的标准是，如果在一个经营活动领域或者一个社会活动领域，存在对儿童具有诱惑力的危险时，经营者或者社会活动组织者必须履行最高的安全保障义务，应当采取的保障义务包括：其一，消除这个危险，使之不能发生；其二，使未成年人与该危险隔绝，使其无法接触这个危险；其三，采取其他措施，保障不能对儿童造成损害。没有实施这些保障措施，即为违反安全保障义务。

3. 善良管理人的标准。如果法律没有规定确定的标准，是否履行了安全保障义务的判断标准，要高于侵权行为法上的一般人的注意标准。在美国侵权行为法中，对于受邀请而进入土地利益范围的人，土地所有人或者占有人应当承担的安全保障义务是很高的，标准是要保证受邀请人的合理性安全。这种安全注意义务可以扩展到保护受邀请者免受第三者的刑事性攻击。在法国，最高法院在判例中认为，在欠缺法定的作为义务的情况下，行为人是否对他人负有积极作为的义务，应根据善良家父的判断标准加以确立。如果被告在一个善良家父会积极作为时却没有作为，即表明被告有过错，在符合其他责任构成的条件下即应承担过错侵权责任。善良家父、保障合理性安全的标准，就是善良管理人注意的标准。这种标准与罗马法上的"善良家父之注意"和德国法上的"交易上必要之注意"相当，都是要以交易上的一般观念，认为具有相当知识经验的人，对于一定事件的所用注意作为标准，客观地加以认定。行为人有无尽此注意的知识和经验，以及他向来对于事务所用的注意程度，均不过问，只有依其职业斟酌，所用的注意程度应比普通人的注意和处理自己事务为同一注意要求更高。这种注意的标准，是使用客观标准。

4. 一般标准。这种标准分为两方面。一方面，经营者或者社会活动组织者对于一般的被保护人，包括主动进入经营场所或者社会活动场所的人、非法进入者，所承担的义务就是对于隐蔽性危险负有告知义务，对这种告知义务没有履行，则构成违反安全保障义务。例如，对于进入商场不是意欲购买物品，只是要通过商场的过道的人，经营者只对隐蔽危险负有告知义务，并非承担善良管理人的注意义务。另一方面，经营者或者社会活动组织者对于受邀请者进入经营领域或者社会活动领域的一般保护事项。例如商场、列车、公共交通工具遭受窃贼侵害的危险，负有一般的告知义务和注意义务，并非遭受窃贼损害，都是义务人违反安全保障义务。

杨连富律师在《如何判断义务人是否履行安全保障义务》一文中指出，要注意区分安全保障义务人的身份：

1. 要区分经营者与非经营者

行为人的安全保障行为是否合理，行为人是否获益是一个判断标准。经营者应当承担比非经营者更多、更重的安全保障义务，这是一个层次。获益与承担的安全保障义务应当成正比，获益越高，行为人就越有能力采取相应的合理措施防范对他人的危险，因此承担的安全保障义务越高，这是第二个层次。例如，我们不能要求普通的旅馆对旅客承担与星级酒店相同的安全保障义务，显然普通旅馆的获益比星级酒店要小得多，要求普通旅馆也聘请保安人员维护治安显然是不适当的。又如，我们不能要求公益性机构承担与营利性机构一样的安全保障义务，如果要求公益性机构承担与营利性机构一样的安全保障义务，可能就会影响到公益事业的发展（当然，加强公益性机构的管理是必然的），公益性机构所承担的安全保障义务也应当与社会的经济发展水平相适应。

2. 专业机构与非专业机构

一般来说，专业机构应当承担比非专业机构更重的安全保障义务。因为我们一般是不能对专业机构的专业权威提出质疑的，而且，有的问题和细节只有专业人员才知道。如果专业人员没有尽其专业职责致他人损害的，应当承担侵权责任。例如，餐馆经营者应当了解膳食，有的食物是不能同时食用的，那么当顾客点用了不能同时食用的食物时，餐馆方就应当及时提示顾客，如果餐馆未尽提示义务致顾客受害的应当承担侵权责任。例如，在任英（化名）诉红颜公司案中，任英参加了红颜公司举办的瑜伽训练课程班。第一次参加瑜伽训练课时，在做站立冥想训练过程中，任英突然摔倒，经医院诊断为下颌骨多发性骨折，花费医药费近2万元，因而引发诉讼。二审法官认为，红颜公司作为瑜伽健身活动的经营者，提供了木制地板的场地，配备给每位学员训练垫，现场有专业的指导教练，显然在训练场所方面已尽相应保障义务。此外，训练场地贴有注意事项，证人出庭证明教练在教授过程中已告知学员训练注意要点，故可认定被告作为经营者已在合理范围内履行保障义务无缺失，不承担赔偿责任。

本案中，旅游公司作为公众参与的旅游景点，应当承担合理、谨慎的安全保障义务。按照通常理解，春节期间，游客密集，燃放爆竹容易造成游客伤亡并引发火灾是旅游公司和寺庙应当预见的。虽然该旅游公司为保障游客安全制定有禁止在景区各景点燃放鞭炮的惯例措施，但是其并没有采取积极有效的手段来确保游客的安全，因此主观上存在过错；事发当日该旅游公司虽未出售门票，但是免费对外开放属于回馈、吸引游客的一种经营活动，不能免除被告旅游公司和寺庙在此期间对游客的安全保障义务，因而构成安全保障责任，旅游公司和寺庙应当承担赔偿责任。因为该县旅游局不是旅游经营单位，其行使旅游行政管理职能，依法不应承担民事责任。由于游客本身也存在过错，根据过失相抵原则，可以减轻旅游公司和寺庙的责任。

案例四 吃饭被炸飞，饭店老板拒绝赔偿

——安全保障义务人尽到安全保障义务，不承担补充赔偿责任

[案情]

原告张某和原告李某在被告杨某经营的麻辣火锅店吃饭，二人坐在紧邻一号包房的客座上用餐时，被爆炸产生的冲击波炸飞十多米，二人头部、手臂和腿部受伤，共花去医疗费共计5600元。后查明，爆炸原因是由于一号包房内的林某正在和几个朋友庆祝生日，被告钟某为了报复林某为其送去了一个生日蛋糕，内装有火药，火药被引燃后发生爆炸，在场的数人都被炸伤。钟某已被公安机关拘留。日前，张某和李某要求饭店老板赔偿，老板认为是钟某的犯罪行为造成二人的损害，其不应当承担赔偿责任。张某和李某遂向法院起诉要求钟某和餐馆老板杨某承担连带赔偿责任。

[案件争议或法律问题]

对于第三人致害，餐馆老板作为安全保障义务人是否需要与致害第三人承担连带赔偿责任？如果其安全保障义务人尽到了安全保障义务，不需要承担补充赔偿责任。

[参考结论及法理分析]

本案的焦点问题是，对于第三人致害，餐馆老板作为安全保障义务人是否需要与致害第三人承担连带赔偿责任。要正确处理本案，必须首先明确对于第三人致害，安全保障责任义务人承担责任的性质，即安全保障义务人的补充赔偿责任。

《关于审理人身损害赔偿案件适用法律若干问题的解释》第6条第2款规定："因第三人侵权导致损害结果发生的，由实施侵权行为的第三人承担赔偿责任。安全保障义务人有过错的，应当在其能够防止或者制止损害的范围内承担相应的补充赔偿责任。安全保障义务人承担责任后，可以向第三人追偿。赔偿权利人起诉安全保障义务人的，应当将第三人作为共同被告，但第三人不能确定的除外。"《侵权责任法》第37条第2款规定："因第三人的行为造成他人损害的，由第三人承担侵权责任；管理人或者组织者未尽到安全保障义务的，承担相应的补充责任。"从上述规定可以看出，在违反安全保障义务的侵权行为中，防范制止侵权行为违反安全保障义务的一方当事人承担的损害赔偿责任，是补充责任。按照这些规定，安全保障义务人的补充赔偿责任，是指第三人侵权导致受害人损害的，安全保障义务人对此有过错，在其能够防止或者制止损害的范围内所承担的相应的补充赔偿责任。

杨立新教授认为：

1. 侵权补充责任的基本规则是

第一，在侵权补充责任形态中，即构成直接责任与补充责任的竞合时，受害人应当首先向直接责任人请求赔偿，直接责任人应当承担侵权责任。直接责任人承担了全部赔偿责任后，补充责任人的赔偿责任终局消灭，受害人不得向其请求赔偿，直接责任人也不得向其追偿。

第二，受害人在直接责任人不能赔偿、赔偿不足或者下落不明，无法行使第一顺序的

赔偿请求权时，可以向补充责任人请求赔偿。补充责任人应当满足受害人的请求。补充责任人的赔偿责任范围，就是直接责任人不能赔偿的部分，即直接责任人不能全部赔偿的，则承担全部赔偿责任；直接责任人赔偿不足的，只承担赔偿不足部分的赔偿责任。

第三，补充责任人在承担了补充的赔偿责任之后，产生对直接责任人的追偿权，有权向直接责任人请求承担其赔偿责任。直接责任人有义务赔偿补充责任人因承担补充责任而造成的全部损失。

2. 补充责任中"补充"的含义包括以下两个要点

第一，补充责任的顺序是第二位的。直接责任人承担的赔偿责任是第一顺序的责任，补充责任人承担的赔偿责任是第二顺序的责任。因此，补充责任是补充直接责任的侵权责任形态。

第二，补充责任的赔偿范围是补充性的。其赔偿范围的大小，取决于直接责任人承担的赔偿责任的大小。直接责任人赔偿不足，补充责任人承担的赔偿责任就是其不足部分；直接责任人不能赔偿，补充责任人承担的赔偿责任就是不能赔偿的全部责任。

本案中，原告张某和李某在餐馆用餐时所受伤害，是犯罪嫌疑人钟某所致，钟某采用秘密手段将黑炸药装入生日蛋糕中，送给受害人林某庆祝生日导致爆炸发生，具有隐蔽性、秘密性，这是经营者饭店无法预料和防范的，因而饭店对此没有过错，没有违反安全保障义务，因而不应当承担赔偿责任。张某和李某的损害应当由直接加害人钟某赔偿。

案例五　深圳"舞王大火案"，三香港死者家属获赔196万

——同命同价，内地、香港死难者赔偿标准相同

[案情]

2008年9月20日22时49分，位于广东省深圳市龙岗区龙岗街道龙东社区的舞王俱乐部发生火灾事故，事故造成44人死亡、43人受伤住院治疗。据初步勘查，起火建筑为一栋四层半综合楼，该楼房一层为旧货市场，二层为茶馆，三层为该俱乐部，四层及楼顶半层为办公室及员工宿舍。该俱乐部于2007年9月8日擅自开业，无营业执照，无文化经营许可证，未经公安消防部门验收。事发时在场人员约300余人。经公安消防部门勘查分析，事故的直接原因为该俱乐部演职人员使用自制礼花弹手枪发射礼花弹，引燃天花板的聚胺脂泡沫所致。

该案在深圳市龙岗区法院作出一审判决，主犯夫妻"舞王"股东王静、张伟因重大责任事故罪、非法经营罪数罪并罚判处有期徒刑15年6个月，同时没收个人财产合计700万元。其余15名被告，分别以重大责任事故罪，非法经营罪，隐匿、故意销毁会计凭证罪被判处1年7个月至5年不等的有期徒刑。

龙岗法院还对附带民事诉讼部分一并判决：判令6名犯有重大责任事故罪的被告，连带赔偿14名附带民事诉讼的原告共计约341万元。17名被告均当庭表示认罪，但表示是否上诉则需考虑。在本次法庭判决民事赔偿部分，事件中3名香港籍死者卢嘉亮、廖本源、梁振贤的家属，获法院支持判赔误工、丧葬、死亡赔偿等赔偿金共计196万元。其中，遇难的港人廖本源因父亲已超60岁，获额外补偿20年共计约39万元的抚养费。同时，龙岗法院对3名香港籍死者家属提出的精神损失补偿均不予支持。3名港籍死者家属

的80%赔偿金额，由“舞王”股东王静、张伟各平摊，剩余部分由节目表演者王帅文、监督安装消防设施的杨平、“舞王”节目总监申文斌以及违规消防施工的责任人员共同承担。

[案件争议或法律问题]

同命同价——因同一侵权行为造成多人死亡的，可以以相同数额确定死亡赔偿金。

[参考结论及法理分析]

深圳舞王俱乐部的一场大火致使44人死亡的悲剧，其地点就位于龙岗社区。这一场大火充分地暴露了深圳安全监管的不利，将深圳推向了高危地带的边缘。同时对该起火灾事故的伤者和死难者家属的赔偿问题也备显关注。本案的焦点问题集中在，对死难者家属的赔偿标准上。

一、深圳舞王俱乐部严重违反安全保障义务致害，应当承担直接损害赔偿责任

公安消防人员分析发现，以下诸多原因导致了“舞王”灾难事故发生：

一是违章经营。舞王俱乐部位于繁华路段，是当地最大的歌舞厅之一，其经营一年多一直无牌无证。

二是采用易燃材料装修。舞王俱乐部使用聚氨酯泡沫塑料装修，违反禁令燃放烟花引发火灾，产生大量有毒气体，人员中毒伤亡。

三是从业人员和消费人员逃生救灾知识缺乏。舞王俱乐部监控视频显示，许多消费者在发现舞台上方冒烟之后，仍在观望，从业人员没有人指挥观众立即撤离场所，也没有人采取用湿布捂住口鼻逃生等方法。

四是缺乏公共场所必须设置宽敞的安全疏散通道、安全出入口和完善的应急照明系统。

根据《侵权责任法》第37条的规定，宾馆、商场、银行、车站、娱乐场所等公共场所的管理人或者群众性活动的组织者，未尽到安全保障义务，造成他人损害的，应当承担侵权责任。深圳舞王俱乐部没有尽到安全保障义务，应当承担损害赔偿责任。

二、同命同价——死难者损害赔偿标准相同

《侵权责任法》第37条规定，因同一侵权行为造成多人死亡的，可以以相同数额确定死亡赔偿金。在许多情况下，根据死者年龄、收入状况等情形，确定的死亡赔偿数额有所不同，但在因同一事故造成多人死亡时，为便于解决纠纷，实践中，不少采用相同数额予以赔偿，这样的做法起到了良好的社会效果。侵权责任法吸收实践中的这些有益做法，设立本法，因同一侵权行为造成多人死亡的，可以以相同数额确定死亡赔偿金。

从国外经验以及我国实践情况看，在因同一侵权行为造成多人死亡的案件中，以相同数额确定死亡赔偿金主要有以下好处：一是在因同一侵权行为造成多人死亡引发的众多诉讼中，对众多的损害项目和考虑因素逐一举证比较烦琐，而且有时证明较为困难。以相同数额确定死亡赔偿金可以避免原告的举证困难，并防止因此而导致的诉讼迟延，让其可以及时有效地获得赔偿。二是考虑每个死者的具体情况分别计算死亡赔偿金，不但未必能计算到损害的全部内容，而且让法院面临较为沉重的负担，不利于节省司法资源。以相同数额确定死亡赔偿金不但可将受害人及其亲属受到的肉体、社会生活、精神生活等损害覆盖其中，有效避免挂一漏万，更好地保护受害人利益，还可以减轻法院负担。本起深圳舞王大火案，涉及人数众多、人员所属区域众多，尤其有香港籍、内地户籍之区分，因而赔偿标准倍受关注。一审法院依法作出内地、香港籍死难者赔偿标准相同的判决，值得赞同。

大火导致44人死亡、43人受伤，为什么只有以上受害者及其家属获赔？

对此，据被告人之一辩护律师称，这是因为以上受害者或其家属提起了民事诉讼，所以获得赔偿，没有提起民事诉讼的死者家属则没有得到这部分赔偿。对于赔偿数额，不管受害者是内地居民还是香港居民，赔偿标准都是一样的。

第八章 产品责任

案例一 冰箱起火引发火灾，获赔九万八

——产品缺陷致害，生产者承担赔偿责任

[案情]

2007年8月2日上午，某市消费者许先生的妻子买菜回家发现家中G牌冰箱着火，她赶紧引水扑灭明火，并向消防部门报告，消防部门闻讯赶到现场，发现许先生家的冰箱被放置在客厅与厨房之间，屋内已全被熏黑，除了冰箱，壁灯和房门也被烧坏，厨房橱柜及客厅餐桌都被烧成漆黑一片，许先生家的冰箱购买于2005年3月某市新世纪商城。火灾发生后商场和厂家也派人到现场勘察。因为搞不清起火的真实原因，事情暂时搁置，由于火灾现场需要保留，许先生一家一时陷入了“有家难归”的窘境，而厂商和经销商态度也一直不明朗，为此消费者一家情绪比较激动。后消协介入调解，厂家承诺肯定会按照消防部门的事故鉴定依法赔偿，8月20日，消防部门出具了事故鉴定报告，确认火灾确系冰箱故障引起，厂商到现场估算实际受损情况后，双方达成协议，由厂家赔付9.8万元。

[案件争议或法律问题]

产品缺陷致害，生产者承担赔偿责任。

[参考结论及法理分析]

本案是一起因冰箱起火致害的损害赔偿案件。属于比较典型的产品侵权责任案件。所谓产品责任，是指产品生产者、销售者因生产、销售缺陷产品致使他人遭受人身伤害、财产损失或有致使他人遭受人身、财产损害而应承担的赔偿损失、消除危险、停止侵害等责任的特殊侵权责任。

《中华人民共和国民法通则》第122条规定：“因产品质量不合格造成他人财产、人身损害的，产品制造者、销售者应当依法承担民事责任……”《中华人民共和国产品质量法》第41条规定：“因产品存在缺陷造成人身、缺陷产品以外的其他财产（以下简称他人财产）损害的，生产者应当承担赔偿责任……”《侵权行为法》第41条规定：“因产品存在缺陷造成他人损害的，生产者应当承担侵权责任。”产品责任属于特殊侵权责任，适用无过错责任的归责原则，即只要产品存在的缺陷与受害人遭受的损失之间存在法律上的因果关系，产品的生产者和销售者就应当承担损害赔偿的民事责任。

构成产品责任，须具备以下三个要件：

1．产品须存在缺陷

即产品存在危及人身、他人财产安全的不合理的危险，产品不符合保障人体健康和人身、财产安全的国家标准、行业标准。这里所说的产品是指经过加工、制作，用于销售的产品。建设工程、初级农产品等不包括在内。这里所说的产品缺陷包括设计缺陷、制造缺陷和警示说明缺陷和售后跟踪缺陷。

2．缺陷产品造成了他人财产、人身损害的事实

这里所指的他人财产，是指缺陷产品以外的财产。对于缺陷产品自身的损害，不属于产品责任赔偿的范围，购买者可以根据合同法的规定要求销售者承担违约责任。遭受人身损害的受害者，可以是购买者、消费者，也可以是购买者、消费者之外的第三人。

3．产品缺陷与受害人的损害事实之间存在因果关系

确认该种因果关系，一般应由受害人举证，受害人举证的事项为缺陷产品被使用或被消费并导致了损害的发生。

本案中，消防部门的事故认定书认定：确认火灾系冰箱故障引起。因而，G 牌冰箱在使用中存在缺陷，并因此引发火灾造成了受害人财产损失，符合产品责任的构成要件，因而构成产品侵权。对此，受害人和厂家都予以承认，由生产厂家对受害人进行了赔付，赔付金额双方协商达成协议共计 9.8 万元。

案例二　劣质烟花炸伤眼，谁赔偿

——产品缺陷致害，销售者的赔偿责任

[案情]

被告张某在本村经营了一家小卖店，经营日杂用品。临近春节，张某觉得烟花爆竹销路好、利润高，准备进一批货。正巧，一个贩子上门推销一批烟花爆竹，价格很低。于是，张某就进了一批货。春节期间，原告本村村民李某在张某的小卖店买了一些魔术弹。李某在点火时，魔术弹突然爆炸，把李某的眼睛炸伤，还燎着了他的眉毛和头发，幸好及时灭火烧伤较轻，李某为此住院共花去医药费等 2.76 万元。后经当地质量技术检测监督中心对涉案爆竹进行检测，认定涉案爆竹为不合格产品。经司法技术鉴定，李某的伤残已经构成六级伤残。

李某将张某告上法庭，要求其承担医药费和残废赔偿金等共计 9.67 万元。张某抗辩称：自己不是生产厂家，不能改变产品的性能，不应承担责任，应当由生产厂家承担责任。由于该批烟花爆竹是三无产品，张某无法指出生产厂家和向其推销产品的人。法院最终判决由张某赔偿李某医药费和残废赔偿金等共计 8.67 万元。

[案件争议或法律问题]

产品缺陷致害，销售者的赔偿责任。

[参考结论及法理分析]

本案是一起由烟花爆竹引发的产品侵权案件。本案的焦点问题是产品责任的承担主体问题。

产品责任的主体是产品的生产者或者销售者，产品的生产者不仅包括制造者，而且包括任何将自己的姓名、名称、商标或者可识别的其他标识体现在产品上，表示其为产品制造者的企业或者个人。对于产品责任的受害人而言，可以向产品的生产者要求赔偿，也可以向产品的销售者要求赔偿。产品的生产者或销售者在向受害人赔偿之后，可以向有责任的生产者或销售者追偿。但是，销售者不能指明缺陷产品的生产者也不能指明缺陷产品的供货者的，销售者应当承担赔偿责任。如果产品的运输者、仓储者对产品质量不合格负有责任的，产品生产者、销售者在向受害者赔偿后有权要求运输者、仓储者赔偿。

《侵权责任法》第41条第2款规定："销售者不能指明缺陷产品的生产者也不能指明缺陷产品的供货者的，销售者应当承担侵权责任。"本案中，由于魔术弹的质量不合格，存在缺陷造成他人人身损害，构成产品侵权责任，产品的生产者、销售者应当承担损害赔偿责任。由于张某销售的魔术弹质量不合格，造成对李某眼睛的损伤，且不能指明不合格爆竹的生产者和供货者，故应当对李某的损伤承担产品侵权责任。

案例三　干洗机起火，生产商和销售商齐遭索赔

——生产商和销售商可以成为共同被告

[案情]

被告某厂家生产的干洗机因加热油泄漏遇高温引起火灾，原告某酒店有限公司将生产商某生产企业和销售商北京市某大型商场告上法院，要求其共同承担产品侵权损害赔偿责任，索赔15.7万元。某酒店诉称，2009年4月4日11时22分，他们在正常使用过程中，干洗机起火。火灾发生后，经某市公安局消防局于2009年7月25日作出认定：火灾系干洗机加热油泄漏遇高温引起火灾。对认定结果生产企业和销售商都表示不服，申请重新认定。2009年10月8日，某市公安局作出最终决定，维持某市消防局作出的火灾原因认定。

在庭审时，销售商某大型商场辩称：该干洗机售前各项指标合格，现有证据不能说明火灾是干洗机质量引起，即使是质量引起的火灾，也应由干洗机的生产厂家承担，而且损失赔偿额缺乏证据。干洗机生产厂家辩称：该干洗机出厂时有合格证明，干洗机不存在质量问题。并提供了该批次干洗机出厂质量合格检验单。

法院审理认为：两被告对原告在干洗机使用过程中遭受的损失应当承担赔偿责任，判决：销售商某大型商场和生产厂家赔偿人民币14万元。一审宣判后，各方均未提出上诉。

[案件争议或法律问题]

产品责任的受害人对于赔偿主体的选择，法院应当予以支持。

[参考结论及法理分析]

该案的焦点问题是：产品责任的受害人对于赔偿主体的选择。

《产品质量法》第43条规定，因产品存在缺陷造成人身、他人财产损害的，受害人可以向产品的生产者要求赔偿，也可以向产品的销售者要求赔偿。属于产品的生产者的责任，产品的销售者赔偿的，产品的销售者有权向产品的生产者追偿。属于产品的销售者的责任，产品的生产者赔偿的，产品的生产者有权向产品的销售者追偿。《侵权责任法》第43条规定，因产品存在缺陷造成损害的，被侵权人可以向产品的生产者请求赔偿，也可以向产品的销售者请求赔偿。产品缺陷由生产者造成的，销售者赔偿后，有权向生产者追偿。因销售者的过错使产品存在缺陷的，生产者赔偿后，有权向销售者追偿。

以上两条对生产者和销售者之间的外部责任和内部责任作了明确的规定。在生产者和销售者之间，究竟应当由谁来承担责任？依照国际上通例，通常是由产品侵权责任的受害人来主张确定，受害人可以向生产者主张权利，也可以向销售者主张权利。无论销售者和生产者是不是产品缺陷的造成之人，只要产品使用人使用产品确实存在缺陷，即符合《侵权责任法》第41条所规定的构成要件时，那么被主张权利的生产者和销售者就应当承担相应的侵权民事责任。亦即产品责任的义务主体包括产品生产者和销售者，生产者和销售者对损害承担连带责任。而产品侵权赔偿责任的最终承担者，应当是产品缺陷的造成者，是谁造成的缺陷，就由谁承担最终责任。

对于产品责任中生产者的责任是一种严格责任即无过错责任。那么对于销售者应当承担什么责任呢？笔者认为，此时销售者承担的责任属于中间责任，应当和生产者一样都适用严格责任。虽然有时产品的缺陷不是销售者造成的，而且他们也不处于能够阻止缺陷发生的位置。但是，肯尼斯·S. 亚伯拉罕，阿尔伯特·C. 泰特在选编的《侵权行为法重述——纲要》中指出："在他们和缺陷产品的无辜者之间，产品的销售者作为商业机构比个人使用者和消费者更有能力制止此类损失追及产品派售链的源头——制造商。当参与侵权诉讼的制造商对于原告来说存在法律程序方面的诉讼困难时，本地零售商可以先将损害赔偿金支付给受害人，然后从制造商那里获得补偿。让零售商和批发商承担严格责任，能够激励他们仅和有商业声望的、财务状况良好的制造商和分销商打交道，从而有利于保护产品的使用者和消费者。"但是，对于销售者来说，其承担的最终责任为过错责任，即如果其对于缺陷的发生没有过错，其承担相应的赔偿责任后可以向生产者追偿，由生产者承担最终责任。

因此，只要是满足《侵权责任法》第41条所规定的构成要件，且产品在离开产品的整个生产销售链之时存在缺陷，受害人选择要求销售者承担责任，该销售者就要承担全部责任；如果受害人选择生产者承担责任时，生产者就要承担全部责任。如果选择生产者和销售者共同承担赔偿责任，那么法院应当尊重并支持受害人的选择。

本案中，受害人某酒店选择销售商和生产商来共同承担责任，那么就要尊重受害人的选择来确定本案中产品责任的责任人。因而法院判决由产品的生产商和销售者共同承担侵权损害赔偿责任。这种责任的性质是连带责任。对于本案的举证责任分配问题，作为一起特殊的法定侵权责任，原告某酒店对二被告是否有过错不承担举证责任，而是由被告对免责事由承担举证责任。免除条件主要有：损害是由于受害人的故意或重大过失造成；损害是由于消费者擅自改变产品性能、用途等造成等。本案中，原告已就干洗机在使用过程中发生起火而造成财产损害完成举证责任，被告提供的出厂质量合格检验单等仅证明该干洗机出厂或出售时的检验状况，并不能完成对免责事由的举证。

案例四 电暖气漏电，引发火灾赔偿案

——产品责任中生产者和销售者的连带责任

[案情]

2009 年 11 月 19 日，何某从 A 超市买回电暖气一台，由于电暖气漏电引发火灾，造成自家财产损失 2.3 万元。当地消防部门出具的火灾事故调查证明，该起火灾是由于电暖气漏电引发的。何某出具了从 A 超市购买电暖气的购物发票。何某的财产损害如何通过最适宜的方式得到及时有效的赔偿？

[案件争议或法律问题]

产品责任中，生产者和销售者对产品致害造成的损失承担连带责任。

[参考结论及法理分析]

本案属于典型的缺陷产品致害的产品侵权责任案件。产品缺陷是指产品在生产加工过程中固有的或潜在的对他人人身和财产造成损害的危险。缺陷产品没有任何安全保障，就好比一个炸弹，可能随时引爆致害。销售缺陷产品，构成合同违约责任和产品责任，产生责任竞合；生产缺陷产品，构成产品责任。何某要想选择最适宜的救济方式首先应当明确产品责任的性质。

一、产品责任是不真正连带责任

《侵权责任法》第 41 条至第 43 条规定的是生产者与销售者承担产品责任的基本责任形态。该法第 41 条规定，因产品存在缺陷造成他人损害的，生产者应当承担侵权责任。第 42 条规定，因销售者的过错使产品存在缺陷，造成他人损害的，销售者应当承担侵权费任。销售者不能指明缺陷产品的生产者也不能指明缺陷产品的供货者的，销售者应当承担侵权责任。第 43 条规定，因产品存在缺陷造成损害的，被侵权人可以向产品的生产者请求赔偿，也可以向产品的销售者请求赔偿。产品缺陷由生产者造成的，销售者赔偿后，有权向生产者追偿。因销售者的过错使产品存在缺陷的，生产者赔偿后，有权向销售者追偿。

这种责任形态，究竟是何种侵权责任形态，学说上并不相同。笔者认为，这种责任形态属于不真正连带责任。侵权法上的不真正连带责任，是指多数行为人对一个受害人实施加害行为，或者不同的行为人基于不同的行为致使受害人的权利受到损害，各个行为人对产生的同一内容的侵权责任，各负全部赔偿责任，并因行为人之一的履行而使全体责任人的责任归于消灭的侵权责任形态。在产品侵权责任中，生产者和销售者之间的责任就是不真正连带责任，不论受害人向法院起诉生产者还是起诉销售者，只要生产或者销售的产品有缺陷，造成了损害，就应当由被起诉的被告承担责任，如果起诉的是销售者，而产品缺陷又是生产者造成的，销售者在承担了侵权责任之后，可以向生产者追偿。

二、产品责任不真正连带责任的对外关系

产品责任不真正连带责任的对外关系，是《侵权责任法》第 43 条第 1 款规定的内容，即“因产品存在缺陷造成损害的，被侵权人可以向产品的生产者请求赔偿，也可以

向产品的销售者请求赔偿"。其要点如下：（1）被侵权人对于产品生产者或者销售者均享有损害赔偿请求权，可以从中选择一个，作为侵权责任人。对此，被侵权人享有选择权，法官应当完全尊重被侵权人的选择。在这种情况下责任人承担的责任，是中间责任，而不是最终责任。（2）不论是生产者还是销售者，承担中间责任，都适用无过错责任原则。这个归责原则，对于生产者没有意义，因为生产者无论承担中间责任还是最终责任，都适用无过错责任。而对于销售者则不同，承担最终责任为过错责任，承担中间责任为无过错责任。在被侵权人主张销售者承担中间责任的时候，销售者不得以自己对产品缺陷的产生无过错而进行抗辩。（3）在司法实践中，如果被侵权人同时起诉两个被告，具体做法有两种：一是判决直接确定负有最终责任的一方承担赔偿责任，直接确定最终责任；二是确定各个被告的总体责任，负有不真正连带责任，被侵权人可以主张任何一方承担中间责任。对此，均可采用。（4）不真正连带责任不分份额，在一般情况下，不能判决生产者与销售者承担不同的份额，既不能按份承担，也不能连带承担。除非产品缺陷的产生，是由生产者和销售者共同原因造成的，不过，如果是这样，则成立共同侵权责任，当然是连带责任。

三、产品责任不真正连带责任的对内关系

产品责任不真正连带责任的对内关系，就是承担中间责任的一方向应当承担最终责任的一方的追偿关系。这就是《侵权责任法》第43条第2款和第3款规定的内容，即"产品缺陷由生产者造成的，销售者赔偿后，有权向生产者追偿"；"因销售者的过错使产品存在缺陷的，生产者赔偿后，有权向销售者追偿"。（1）在第2款规定的情形中，"产品缺陷由生产者造成的，销售者赔偿后，有权向生产者追偿"，是销售者对产品缺陷的产生没有过错，而产品缺陷是由生产者造成的，在被侵权人向其主张损害赔偿请求权，销售者承担了中间责任之后，可以向生产者主张追偿。生产者应当承担最终责任，向销售者赔偿损失；（2）在第3款规定的情形中，即"因销售者的过错使产品存在缺陷的，生产者赔偿后，有权向销售者追偿"，是销售者对产品缺陷的产生有过错，即因销售者的过错造成产品缺陷，而被侵权人主张对产品缺陷产生没有过错的生产者承担中间责任，生产者承担了中间责任之后，对销售者享有承担最终责任的追偿权。请求销售者承担最终责任，赔偿生产者因此造成的损失。

本案中，正是基于以上法律分析和考虑，何某可以将G牌电暖气的生产者和终端销售者同时起诉作为共同被告，要求其承担产品侵权损害赔偿的连带责任，以追求利益的最大保障，实现立法对消费者弱势群体的最大保护。对何某而言，法律赋予其更充分的权利保障，即不问生产者和销售者作为消费法律关系一方共同被告之间的责任分担问题，只追求受害损失的最大清偿保障。二被告和中间销售商之间追责问题可以是本案的证据事实，但不可以列入本案审理的程序事实。生产者和经营者作为一方当事人内部相互之间的追偿程序，应当另案起诉处理，受害人没有义务延迟程序等待法院对经营者和生产者之间的义务作出实体判决。

案例五　喷雾杀虫剂爆炸着火的损害赔偿

——产品缺陷的范围和认定标准

[案情]

小张开了一家餐馆，由于夏天天气炎热，蚊虫猖獗。小张买了三瓶杀虫剂要求店员在下班前打扫卫生，关店的时候把杀虫剂喷一喷。两个店员在下班后就开始喷药，在大约200平米的店面内喷了两瓶半的杀虫剂。结果在他们离开熄灯时，一按动电灯开关就发生了爆炸事故，造成了一重伤一轻伤的惨剧，并且造成了饭店财产的重大损失。经现场勘验，空气爆炸是空气中的杀虫剂浓度过高所致。该杀虫气雾剂有产品质量检验合格证、检验报告、农药临时登记证、注册商标，产品包装上注明“可按照10平米房间内喷射20秒的剂量作空间喷射，喷后若关闭门窗效果更佳”。产品有易燃品标示，没有易爆品标示，没有不得接触电源等标示。

[案件争议或法律问题]

1. 产品缺陷的范围。

2. 产品缺陷的认定标准。

[参考结论及法理分析]

本案的焦点问题应当是产品缺陷的范围和认定标准的问题。

一、产品缺陷的范围

我国《产品质量法》没有明确规定产品缺陷的表现形式，但从其有关的法律条文和法律分析，我国学者认为其应当包括设计缺陷、制造缺陷、警示缺陷和跟踪观察缺陷三种类型。

1. 制造缺陷

产品制造缺陷是指产品在生产、制造过程中，因原材料、温度或者机器设备等原因所产生的不合理的危险。导致危险的原因多样，包括质量管理不善、技术水平差等。此种缺陷可发生于从原材料、零部件的选择到产品的制造、加工和装配工序等各个环节。判断是否属于制造缺陷，一个很重要的标准就是消费者对产品的预期。由于该缺陷是在制造过程中出现的，其造成的后果较设计缺陷为轻。

2. 设计缺陷

设计缺陷是指产品的设计，例如产品结构、配方、原材料比例、主要构成和使用模式等方面考虑不足致使成品存在不合理危险。设计缺陷是在产品产生之前就存在了。其出现的原因有很多种，可能是对产品性能的疏忽等，也可能是我国《产品质量法》第41条规定中提及的将产品投入流通时的科学技术水平尚不能发现缺陷的存在。设计缺陷一旦存在，将会涉及每个产品，造成的后果无论从规模还是影响来说都是巨大的。判断是否为设计缺陷，应当结合产品的用途，如果将产品用于所设计的用途以外的情形，即使存在不合理危险，也不能认为其存在设计缺陷。

3. 警示缺陷

警示缺陷是指产品存在合理危险而销售产品时缺少使用上或危险防止上的适当的、必要的警示与说明。警示包括警告和指示说明，警告是对产品所具有的危险性运用标志或文字所作的提示，指示说明则是对产品的主要性能、正确的使用方法以及错误使用可能招致的危险等所作的文字表述。产品的警示缺陷是指因产品提供者未对产品的危险性和正确使用作出必要的说明与警告所造成的不合理的危险。产品的合理危险是指产品虽然包含危险，但该危险只要依照合理的方法使用，危险就不会发生。凡是具有合理危险的产品，就必须进行充分的警示说明。

4. 跟踪观察缺陷

跟踪观察缺陷，是指生产者将新产品投放市场后，违反对新产品应当尽到的跟踪观察义务，致使该产品造成使用人的人身损害或者财产损害的不合理危险。《侵权责任法》第46条规定的“产品投入流通后发现存在缺陷的，生产者、销售者应当及时采取警示、召回等补救措施。未及时采取补救措施或者补救措施不力造成损害的”，就是指跟踪观察缺陷。法律明确确定了跟踪观察缺陷，能够发挥产品侵权责任保护消费者权益的作用和功能，在新产品投放市场以后，生产者必须跟踪观察，对于用户的反映和提出的问题必须付诸行动，要进行研究，并且提出改进的方法。如果存在损害的可能性的，必须召回；有的还要向用户进行可靠的使用说明。如果应当发现而没有发现新产品存在的缺陷，或者已经发现了缺陷而没有及时召回，致使新产品对消费者造成了损害，就应当承担跟踪观察缺陷的侵权责任。确立跟踪观察缺陷的意义在于，对一般的产品侵权责任免责事由即“将产品投放流通时的科学技术尚不能发现缺陷的存在的”的保护。

二、产品缺陷的认定标准

对于缺陷产品的界定，我国《产品质量法》第46条作出了规定：“本法所称的缺陷，是指产品存在危及人身、他人财产安全的不合理的危险；产品有保障人体健康和人身、财产安全的国家标准、行业标准的，是指不符合该标准。”从第46条的规定来看，我国法律在界定“产品缺陷”时，采用了双重标准。即一般标准和强制性标准。（1）产品存在不合理的危险是产品缺陷的一般标准。所谓“不合理的危险”是指对人体健康和人身、财产安全构成的威胁，其着眼点在于产品的安全性。它以普通消费者对产品的合理期望作为判断产品是否存在缺陷的标准。（2）强制性标准是指产品不符合国家和行业对某些产品制定的专门性标准。根据《中华人民共和国标准化法》第14条的规定，强制性标准，必须执行。不符合强制性标准的产品，禁止生产、销售和进口。从该规定可以看出，产品符合强制性标准是产品得以生产、销售和进口的前提条件，不符合强制性标准的产品根本没有市场准入资格。也就是说产品合格的最低标准就是符合国家标准或者行业标准，不符合该标准显然是存在缺陷的。因此，符合强制性标准并非一定没有危险存在。因此，笔者认为，该双重标准是同时适用的，并非仅满足一条即可。故即使产品符合国家、行业的相关标准，但若被证明存在危害他人人身、财产的不合理的危险，则仍应认定该产品存在缺陷，由产品责任人赔偿消费者所遭受的损失，只有这样，才能更好地体现民法的公平、正义原则。

本案中，产品杀虫气雾剂有产品质量检验合格证、检验报告、注册商标等，说明其符合《产品质量法》中要求的符合国家标准和行业标准的强制性标准。但是能否以此判断其就是合格产品呢？根据以上的分析得出，不能。该产品存在警示说明缺陷，即该生产厂家没有尽到产品警示说明义务。生产者仅对杀虫气雾剂的性能作了标示，没有易燃品及切勿接触电源、明火标示，对于喷洒过量，单位浓度过高会引发爆炸或人畜的中毒现象等危险没有禁止性和警示性的说明。综上所述，本案中的生产厂家没有尽到产品的警示说明义务，致其生产的杀虫气雾剂存在警示说明缺陷，生产者不能以自己的产品符合国家的和行业的标准为由要求免责。

案例六　降价处理的电视机引发火灾致害的责任性质

——产品缺陷与产品瑕疵的区别

[案情]

被告甲大型商场家电部进行大型的促销活动。其中有一批电视机因为显示屏有微小亮点，降价幅度很大。因为其并不影响正常使用，因而产品很快销售一空。在销售时，甲商场表明了产品存在的瑕疵，并注明了“处理商品不退不换”的字样。原告张某买了一台此款电视机。张某在使用该电视机一周后的一天，电视机突然自燃并引燃了电视机周围的易燃物造成张某的财产损失，共计 7500 元。张某找到甲商场要求赔偿。甲商场辩驳：该电视机属于降价处理产品，已经明确告知消费者电视机存有瑕疵，并已注明“处理商品不退不换”，这些张某在购买时都是知情并且认可的。因此，对于电视机造成的损失应当由张某自负其责。张某无奈将甲商场和电视机的生产厂家告上法庭。

[案件争议或法律问题]

产品瑕疵和产品缺陷的判定。

[参考结论及法理分析]

本案的焦点和难点问题是产品瑕疵和产品缺陷的判定。

一、产品瑕疵和产品缺陷的区别

生活中，正确区分产品瑕疵与产品缺陷对消费者、经营者都是至关重要的。产品瑕疵影响消费者正常使用商品，销售者承担修理、更换、退货或违约赔偿的责任。而产品缺陷造成的人身、财产的损害，销售者、生产者应承担全部赔偿责任。

所谓产品瑕疵是指销售者作为出卖人交付的产品未达到法定的质量标准以及约定的技术要求，未能出现买受人所期望的质量状况，从而使买受人不能按计划使用产品。在产品质量法中规定了三种情形：

1. 不具备产品应当具备的使用性能而事先未作说明。
2. 不符合在产品或其包装上注明采用的产品标准。
3. 不符合以产品说明、实物样品等方式表明的质量状况。

所谓产品缺陷是指商品存在危及人身健康、他人财产安全的不合理危险，或者不符合国家、行业对该产品保障人身健康、财产安全的标准而存在的不合理危险。包括设计缺陷、原材料缺陷、制造缺陷和指示缺陷。

1. 设计缺陷。设计缺陷是指由于不适当设计、产品分析、试验而形成的产品缺陷。

2．原材料缺陷。是指制造产品使用的原材料不符合卫生、安全等标准而造成的产品缺陷，这种商品缺陷产生的危害后果由生产者承担赔偿责任后，生产者与原材料供应者之间还能够以合同违约承担相应责任。

3．制造缺陷。是指由于产品装配不当或不符合标准造成的产品缺陷，使产品存在危及人身健康、财产安全的不合理危险。

4．警示缺陷。是指生产者或销售者，没有提供真实完整、符合要求的产品使用说明和警示说明。有些产品本身并没有缺陷，但如果使用不当也会有危险，因此生产者或销售者应当向消费者明确告诫，如没有明确说明，则存在指示缺陷，消费者一旦发生危险，销售者、生产者就应承担赔偿责任。

5．跟踪观察缺陷。跟踪观察缺陷，是指生产者将新产品投放市场后，违反对新产品应当尽到的跟踪观察义务，致使该产品造成使用人的人身损害或者财产损害的不合理危险。

发现产品瑕疵，销售者应当负责修理、更换、退货；给购买产品的用户、消费者造成损失的，销售者应当赔偿损失。如果存在缺陷的产品造成了他人人身、财产损害的，受害人可向生产者或销售者要求赔偿。在两种不同的情况下，消费者权益的保护，经营者承担的责任均是不同的。

二、有瑕疵的产品是否可以销售

产品瑕疵是非危险的毛病，而产品缺陷是指产品存在不合理的危险。那么，有瑕疵的产品是否可以销售呢?《产品质量法》第26条第2项规定，产品必须“具备产品应当具备的使用性能，但是，对产品存在使用性能的瑕疵作出说明的除外”。因此，存在瑕疵的产品是可以销售的，但是必须以“处理品”“次品”等形式注明，并告诉消费者哪方面有瑕疵。如果将有瑕疵的产品冒充合格产品销售，则属于欺骗消费者行为，要承担相应的法律责任。

消费者在购买降价商品时，应特别注意销售者是否注明产品因质量问题而降价。如若销售者未明示产品存在“瑕疵”，则应视为该产品没有质量问题，一旦发生质量纠纷，销售者有责任赔偿消费者的损失。但是，销售者在销售具有使用性能方面的瑕疵产品时，作到了事先声明，明示告知，消费者购买了此类产品后，就不能要求销售者对已明示的瑕疵部分承担“修理”“更换”“退货”责任。

本案中，甲商场处理销售的降价彩电，电视显示器存在微小亮点，这属于产品使用性能上的细小瑕疵，但未丧失原有的使用价值。该瑕疵不存在危及人身、财产安全的不合理的危险，应当属于产品瑕疵。但是，该电视机在使用过程中自燃起火，并且还造成了张某财产损失的后果，应当属于产品缺陷。因此，对于电视机自燃，应当认定其是产品缺陷造成的。

甲商场在销售降价电视机时，以明示的方式告知消费者，其销售的彩电在使用性能上存在瑕疵，符合《产品质量法》的相关规定，张某作为消费者不能对电视机显示器存在亮点这一明示的瑕疵部分，要求甲商场承担责任。但是本案中电视机自燃引发火灾，是由于电视机存在不合理的危险，应当认定为产品缺陷引发火灾，因而电视机自燃致害应当属于产品缺陷致害，产品的生产者和销售者应当承担产品责任。本案中，张某选择甲商场和生产商作为共同被告，要求其承担产品责任。因此，法院应当尊重受害人的选择，判定由生产商和销售商共同承担连带损害赔偿责任。

案例七　火灾原因不明，消费者索赔败诉
——产品质量缺陷引发火灾，原告的举证是否到位

[案情]

2009年6月，王某与房东及楼下住户联名向丹阳法院提起诉讼。诉状称，2009年3月28日凌晨，王某及哥哥在看电视期间，感觉到有异味并发现电视机冒烟，可以看到机内电源线根部有火苗，将电源线和有线电视的插头拔掉后火苗仍然存在。他们担心电视机会爆炸，便打110、119报警。不久后，电视机发生爆炸并燃起大火，随后赶来的消防官兵将火扑灭。此次火灾给王某造成了1.6万元的财物损失，给房东造成了3.6万元的损失，给楼下的住户造成了1.1万元的损失。由于该电视机是2008年11月14日从丹阳某商场购买的，三原告要求电视机生产厂家与商场共同赔偿由此造成的损失。

电视机厂家认为，王某应当提供被烧毁的电视机系本公司生产，火灾系由本公司的产品缺陷所造成的证据，王某没有能在举证期限内提交足以证明其主张的证据，法院应当驳回其诉讼请求。厂家为证明自己的主张，向法院提供了中国质量认证中心向被告颁发的中国国家强制性产品认证证书，证明其产品符合国家标准等证据。商场则认为自己不是案件的适格当事人。

法院在审理过程中，为进一步查明事实，要求丹阳市公安消防大队出具火灾原因认定书。丹阳市公安消防大队作出“该起火灾原因不明”的认定。法院认为，三原告要求二被告承担产品责任，应就其所受损害与使用缺陷产品之间的因果关系承担相应的举证责任。现因火灾原因不明，不能证明火灾系由电视机生产厂家的产品缺陷所造成，法院驳回了三原告的诉讼请求，三原告未提起上诉。

[案件争议或法律问题]

产品责任中的举证责任。

[参考结论及法理分析]

举证责任是当事人在诉讼中应当承担的提供证据，并加以证明案件事实的责任。这种责任是当事人的一种诉讼义务，如果当事人不能履行，即举证不能或证明不能，当事人将承担不利的后果。在产品责任诉讼中，因果关系作为待证的案件事实之一是需要证据证明的，如果不能证明因果关系，原告就不能获得赔偿。

一、举证责任的一般规定

举证责任是指当事人对自己提出的主张有收集或提供证据的义务，并有运用该证据证明主张的案件事实成立或有利于自己的主张的责任，否则将承担其主张不能成立的危险。具体包含两层基本含义：一是当事人对自己提出的主张有提供证据的责任，即行为意义上的举证责任；二是指当待证事实真伪不明时，由依法负有证明责任的人承担不利后果的责任，即结果意义上的举证责任。

举证责任制度最早产生于古罗马法时代。罗马法的举证规则在历经中世纪的寺院法的

演变之后，到了德国普通法时代确立了原告就其诉讼原因的事实为举证，被告就其抗辩的事实为举证的一般原则。且采取宣誓制度作为法官解决疑难案件的配套和补充制度。我国《民事诉讼法》第64条规定，当事人对自己提出的主张，有责任提供证据。当事人及其诉讼代理人因客观原因不能自行收集的证据，或者人民法院认为审理案件需要的证据，人民法院应当调查收集。人民法院应当按照法定程序，全面地、客观地审查核实证据。《最高人民法院关于民事诉讼证据的若干规定》第2条规定，当事人对自己提出的诉讼请求所依据的事实或者反驳对方诉讼请求所依据的事实有责任提供证据加以证明。没有证据或者证据不足以证明当事人的事实主张的，由负有举证责任的当事人承担不利后果。该条是在《民事诉讼法》第64条“谁主张，谁举证”的原则基础上，明确了举证责任分配的一般规则，即当事人有责任对自己提出诉讼请求所依据的事实或反驳对方诉讼请求所依据的事实加以证明。

二、产品侵权责任中原告承担的举证责任

从案例中，笔者发现原告败诉是因没有完成自己的举证责任，那么在产品责任赔偿纠纷中原告究竟要承担什么样的举证责任呢？我国现行法律对此又是怎样规定的？

1．在实体法上，我国法律对产品质量损害赔偿纠纷的举证责任的规定：《中华人民共和国民法通则》第122条规定：“因产品质量不合格造成他人财产、人身损害的，产品制造者、销售者应当依法承担民事责任……”《中华人民共和国产品质量法》第41条规定：“因产品存在缺陷造成人身、缺陷产品以外的其他财产（以下简称他人财产）损害的，生产者应当承担赔偿责任……”《民法通则》第122条和《产品质量法》第41条规定中都没有将生产者的过错作为承担责任的条件，但从《产品质量法》第41条可以看出原告起诉的前提是该产品必须存在缺陷，在此基础上实行无过错责任归责原则。结合我国侵权法相关原理，笔者认为，产品责任的构成要件为生产者承担缺陷产品的民事责任须具备一定的条件。这些条件为：

一是产品存在缺陷，即“产品存在危及人身、他人财产安全的不合理的危险”，产品不符合“保障人体健康，人身、财产安全的国家标准、行业标准”。

二是存在损害事实，即消费者人身或者他人人身、缺陷产品以外的财产已经存在损害。

三是消费者人身或者他人人身、财产存在损害是由于产品缺陷造成的，即二者有直接的因果关系。

三个条件须同时具备，生产者方承担产品责任。

2．在程序法中，我国法律对产品质量损害赔偿纠纷的举证责任的规定。《中华人民共和国民事诉讼法》第56条规定，当事人对自己提出的主张有责任提供证据。《最高人民法院关于民事诉讼证据的若干规定》第4条第6项规定：“因缺陷产品致人损害的侵权诉讼，由产品的生产者就法律规定的免责事由承担举证责任。”按此规定，生产者应当就自己提出的免责事由承担举证责任，这里的免责事由是指《产品质量法》第41条第2款规定的，生产者能够证明有下列情形之一的，不承担赔偿责任：（1）未将产品投入流通的；（2）产品投入流通时，引起损害的缺陷尚不存在的；（3）将产品投入流通时的科学技术水平尚不能发现缺陷的存在的。

根据以上法条规定，笔者认为在产品质量损害赔偿纠纷中原告要主张自己的赔偿权利存在，就应证明侵权责任三个方面构成要件，即：一是产品存在缺陷。即“产品存在危及人身、他人财产安全的不合理的危险”、产品不符合“保障人体健康，人身、财产安全的国家标准、行业标准”。二是存在损害事实，即消费者人身或者他人人身、缺陷产品以外的财产已经存在损害。三是消费者人身或者他人人身、财产存在的损害是由于产品缺陷造成的，即二者有直接的因果关系。三个条件须同时具备，生产者方承担产品责任。

但是在产品责任中，某些缺陷产品对人身损害通常具有长期性和复杂性等特点，受害人往往无法证明产品存在缺陷。比如某种情况下被告掌握着一些核心技术，原告无法通过一般的技术检测途径检测出产品的缺陷。如在汽车、电脑等产品生产中，其公司独有的一些技术秘密没有专门的检测机构能够进行这项检测。而产品又的确造成了损害。还有原告举证能力受到自身知识水平的限制，无法证明缺陷产品与损害之间的因果关系，而被告却拥有较多的信息优势。原告证明损害的存在是比较容易的，而对于产品存在缺陷和因果关系的举证比较困难。因而在司法实践中，受害人想要保护自己的合法权益不受侵害还是有很多障碍存在的。

本案中，三原告的举证不足。首先，三原告未能举证证明爆炸的电视机是被告生产厂家生产和被告商场销售。其次，由于消防部门出具的火灾原因证明中，明确了火灾原因不明，因而无法确认火灾是由于电视机缺陷造成的，即无法查明电视机和火灾事故之间存在因果关系。由于三原告未能完成产品责任中原告应当承担的举证责任，所以承担了败诉的结果。

案例八　电热毯自燃夺命谁负赔偿责任

——因果关系的证明

［案情］

2009年11月1日，原告张某的住宅突然发生火灾，张某之妻杨某在火灾中死亡。事故发生后，公安机关认定，火灾原因是杨某在床上使用电热毯取暖时，电热毯过热，引起电热毯织物起火。同时，市公安局法医对杨某的死因进行了检验鉴定，分析认为：杨某死于一氧化碳中毒。所幸电热毯并未完全烧毁，出厂时附着在电热毯上的铭牌仍在。电热毯铭牌上生产厂家为“某电子电器厂”，型号为“温差型阻燃电热毯”，生产许可证号和商标均清晰可见。经查，某电子电器厂已改名为某电子电器有限公司，原告张某与原告杨某之子张某某二人即要求某电子电器有限公司予以赔偿，但某电子电器有限公司却认为，该电热毯并非其生产。张某等二人遂于2010年2月诉至某市某区法院，要求被告赔偿丧葬费、死亡赔偿金和精神损害赔偿金等共计25万元。

某电子电器有限公司答辩认为：首先，死者使用的系假冒伪劣产品，被告的产品是严格按照国家标准生产的，从未发生质量问题。造成原告家火灾的电热毯是假冒伪劣产品，其产品标识形式上违反了《产品质量法》第28条的强制性规定，无警示标志或中文警示说明，内容上违反了《产品质量法》第27条和《江苏省惩治生产销售假冒伪劣商品行为条例》第6条的规定，虚假地标上“阻燃电热毯”标志。从死者电热毯的实际情况看，该电热毯没有阻燃功能。其次，死者使用的电热毯来历不明。原告亲属使用的电热毯上的许可证号为旧许可证号，事实上被告自2002年起即按照新的许可证生产电热毯。自2002

年下半年起，在市场上已经没有答辩人生产的旧许可证号的电热毯产品了。2004 年 10 月起，答辩人由“某电子电器厂”改制为“某电子电器有限公司”，同时产品标识上的厂名亦进行了变更。原告不能提供购货发票、质量保证书、合格证，则其应承担举证不能的法律后果。综上两点，答辩人认为，死者购买的电热毯不是被告的产品，原告应向销售商索赔。最后，死者的死亡与电热毯燃烧无关。杨某死亡原因是一氧化碳中毒，而电热毯的化纤织物燃烧只能产生二氧化碳。综上，请求驳回原告的诉讼请求。

张某等二原告认为，其亲属杨某使用的电热毯是两年前别人赠送的，因杨某已在火灾中死亡，故无法向法院提供购买发票、质量保证书等证据。根据燃烧后残留的电热毯上的铭牌，该铭牌上生产厂家为“某电子电器厂”，注册商标、许可证号均与被告曾生产的电热毯相同，足以证明失事电热毯即为被告的产品。

一审法院经审理认为，结合双方证据，可以认定被告曾经生产过许可证号、国家标准与失事的电热毯一致的产品。被告列举的证据尚不能达到证明失事电热毯非其产品之目的。虽然原告就电热毯来源仅举证了“铭牌”，但因死者杨某是电热毯的保管者和使用者，现杨某已不在人世，家中又曾发生火灾，在这种情况下，原告等就电热毯的来源举证本身就较难，再要求原告等出具购买发票、质量保证书等过于苛求。综上，法院认定失事电热毯应为被告的产品。

法医检验鉴定书分析认定杨某的死亡符合一氧化碳中毒。电热毯尚有残留，众所周知，织物不完全燃烧就会产生一氧化碳。被告辩称电热毯的化纤织物燃烧只能产生二氧化碳，无科学依据，不予采信。况且，本案并无证据显示杨某住处除织物燃烧之外尚有其他会产生一氧化碳的物品，故法院认定杨某的死亡与电热毯燃烧存在因果关系。审理中，被告未就电热毯的质量是否合格进行抗辩和举证，该电热毯是被告的产品，造成他人损害，被告应承担赔偿责任。遂判决被告某电子电器有限公司赔偿原告死亡赔偿金、精神损害抚慰金等损失 197000 元。宣判后，某电子电器有限公司不服，向某市中级人民法院提出上诉：涉案产品的标识标着“温差型阻燃电热毯”，这种标识只能发生在假冒伪劣产品上，而且在该标识上没有警示标志、中文警示说明或注意事项，不是其公司的产品。《产品质量法》第 45 条第 2 款规定，因产品存在缺陷造成损害要求赔偿的请求权，在造成损害的缺陷产品交付最初消费者满 10 年丧失；但是，尚未超过明示的安全使用期的除外。涉案电热毯的安全使用期是 5 年。而根据涉案电热毯的标识应该生产于 1995 年至 1999 年，该时间至案发已超过 10 年，也早已超过安全使用期。

张某等二人认为：从一个普通消费者的角度来辨别，我们完全有理由相信涉案电热毯是某电子电器有限公司生产的。当今，因产品质量而引发的产品责任侵权纠纷日益增多，纠纷发生后，不少厂商以侵权产品系假冒产品为由逃避责任。消费者与生产厂商对产品信息了解的不对称，必然导致在很多情况下其举证能力欠缺。原审判决正确，请求维持原判。

该市中院经审理认为，关于涉案电热毯是否是某电子电器有限公司的产品的问题，根据双方举证能力的大小、离证据的远近、举证条件的优劣，在张某等二人举出涉案电热毯标识上的生产厂家、商标、生产许可证号等表明系某电子电器有限公司的产品后，举证责任发生转移。某电子电器有限公司应对其所主张的涉案电热毯非其生产，是假冒伪劣产品负举证责任。从某电子电器有限公司所举证据来看，仍无法证明涉案电热毯非其生产，而系假冒伪劣产品。故对涉案电热毯系某电子电器有限公司的产品这一事实，法院予以确认。《中华人民共和国产品质量法》及《最高人民法院关于民事诉讼证据的若干规定》规定，受害方首先需举证证明其使用的涉案电热毯存在缺陷，使用该产品所导致人身伤害和该产品以外的其他财产损害的结果存在、该产品缺陷与受害人所受损害之间存在因果关系等，而产品的生产者主张免责，就应举证证明产品不存在缺陷或者即使产品有缺陷，其存在法律规定的免责事由。对此，原审已经进行了分析论证，认为涉案电热毯构成产品责任，并确定了责任范围及赔偿数额，某电子电器有限公司对此未提出上诉，故本院不予审查。遂判决驳回了某电子电器有限公司的上诉，维持原判。

[案件争议或法律问题]

产品责任中因果关系的证明。

[参考结论及法理分析]

本案的关键点在于举证责任的承担。

一、赔偿主体产品生产者的确定问题

根据法律规定：产品责任的义务主体包括产品制造者和销售者等，制造者和销售者之间承担连带责任。本案中，二原告选择电热毯的生产者作为赔偿主体诉讼，法院应予支持。但是，本案中，涉案电热毯是否是被告某电子电器有限公司的产品的问题，双方存在重大分歧。根据“谁主张，谁举证”的证据原则，原告方举出涉案电热毯的“铭牌”，即涉案电热毯标识上的生产厂家、商标、生产许可证号等表明系某电子电器有限公司的产品后，完成了自己的举证责任。被告辩称：该涉案产品系假冒伪劣产品，此时举证责任发生转移。被告要就其主张进行举证。由于被告某电子电器有限公司应对其所主张的涉案电热毯非其生产，是假冒伪劣产品负举证责任。从某电子电器有限公司所举证据来看，无法证明涉案电热毯非其生产，而系假冒伪劣产品。故对涉案电热毯系某电子电器有限公司的产品这一事实，应予以确认。

二、因果关系的证明问题

在产品诉讼中，产品缺陷与损害后果之间存在因果关系，是责任构成要件之一，是必须证明的案件事实。如果不能证明该损害后果是由产品缺陷造成的，赔偿问题就无从谈起。由谁来承担举证责任，以证实因果关系，要遵循法律的规定。产品根据“谁主张，谁举证”的一般原则，应当由原告承担举证责任，证实缺陷产品造成了他的损害。但是，笔者认为，对于产品责任这一特殊侵权责任，可以适用因果关系的推定，即在产品使用人证明其使用该产品致害的前提下，首先推定产品缺陷与损害后果之间具有因果关系，此时，根据双方举证能力的大小、离证据的远近、举证条件的优劣，举证责任发生转移，转由生产者和销售者举证证明该因果关系不成立。证明成立的，否定因果关系要件，否则他们就要承担相应的侵权责任。

本案中，二原告举证证明了死者是由于使用了涉案电热毯自燃而死亡，此时可以推定涉案电热毯与死者之间具有因果关系，转由被告举证证明因果关系不成立，但是被告举出涉案电热毯自燃不会产生一氧化碳的证据来否定因果关系，不足采信，因而未获得法院的支持。因此，法院根据举证责任分配原则等因素，所作出的判决结果是比较合理的。

案例九 汽车自燃案件是否应以产品侵权责任纠纷处理

——缺陷产品自损是否属于产品责任的赔偿范围

[案情]

2009年底，赵先生以149万元的价格买了一辆宝马轿车。2010年6月7日晚，赵先生结束应酬开车回家，途中感觉很累，就靠边停车休息，但汽车的空调一直开着。约一小时后，宝马车前端突然起火，赵先生奋力砸开车门玻璃爬出。三辆消防车及时赶到才将火完全扑灭。最终，宝马车车头完全被烧毁。当地消防大队作出了《火灾原因认定书》，认定该火灾是“由于该车处于停车运转状态过程中，车身前端靠前部位的可燃部件受热燃烧蔓延所致”。后当地某司法鉴定事务所鉴定认为：事故车发动机左侧气门室盖上的压力控制阀失效，是导致机油泄漏的质量缺陷。但宝马公司并不认可该鉴定结果，并认为该事故是因赵先生空踩油门等不当行为所致。在找宝马销售商和宝马公司索赔无果的情况下，赵先生向当地中级人民法院提起了对德国宝马公司的起诉，并索赔各种费用、损失共计180万元。

法院审理过程中，宝马公司出示证据证明赵先生当时“酒精超标”，同时宝马公司专家又鉴定出火灾是发动机高速运转导致过热自燃，进而推断出赵先生酒后有空踩油门的不当行为，并认为正是赵先生的不当行为才导致了事故的发生。一审法院采信了被告方宝马公司所提供的证据，也支持了他们的主张，判决原告赵先生败诉，赵先生不服该判决，向省高级人民法院上诉。

最终省高院认为：保证消费者人身安全是产品生产者应当承担的严格责任，价值高达149万元的高档轿车在静止状态下不能保证司乘人员人身、财产安全，只能说明车辆本身存在缺陷，最终判决德国宝马公司赔偿赵先生财产、人身损害赔款160多万元。

[案件争议或法律问题]

产品责任中因果关系的证明。

[参考结论及法理分析]

一、缺陷产品自损是否属于产品责任赔偿的范围

对于缺陷产品造成的产品本身的损害，是否属于产品责任赔偿范围，当事人是否可以选择产品侵权诉讼，实践中存在争议。当前大众关注的一个焦点就是汽车自燃案件。由于汽车的价值对于还不算富裕的中国人来说，应该算是比较贵重的财物，汽车自燃的赔偿问题对当事人的生活产生比较重大的影响。

对于汽车自燃案件，是应以产品侵权责任纠纷一并处理，还是以产品合同责任纠纷处理，理论上存在一定分歧。《中华人民共和国产品质量法》第41条规定：“因产品存在缺陷造成人身、缺陷产品以外的其他财产损害的，生产者应当承担赔偿责任。”实践中一类观点据此认为，产品责任系侵权责任，其规范目的在于保护受害人之健康与安全，而产品自身的损害赔偿与受害人之健康安全保障并无直接关系，因此，不属于侵权法的保护范围。产品本身的损害，依合同法上物的瑕疵担保责任或违约责任规定保护即可，没有必要纳入产品责任损害赔偿范围，以免导致民法体系之紊乱。就汽车自燃而言，因汽车即为受害人所主张的缺陷产品，不在产品责任赔偿范围之内，受害人仅应就销售者不履行或未适当履行产品质量义务，向产品的销售者而非生产者主张合同责任。

司法实践中还有一类观点认为（祁庆民与上海大众汽车有限公司产品责任纠纷案）："生产者对缺陷产品自身损害承担产品责任，应为法律规定当有之意。首先，民法理论中侵权行为所侵害的客体为人身权和财产权，是指权利本身。对单个民事主体而言，其所享有的人身权和财产权是完整而不可分割的，如果对财产权所指向的具体财产加以区分限制，规定侵权人仅对某一类或某部分财产承担侵权责任，无异于削弱了对受害人权利完整性的保护。其次，作为民事基本法律的《民法通则》并未对财产损害的范围作出限定。《民法通则》第122条规定：因产品质量不合格造成他人财产、人身损害的，产品制造者、销售者应当依法承担民事责任。这里所称的'他人'系指产品制造者、销售者以外的公民、法人或其他组织；'他人财产'系指所有因产品质量不合格而遭受损害的财产，也包括受损害的产品本身。对照《民法通则》第122条和《产品质量法》第41条的条文内容，《产品质量法》第41条中所称的'他人'系指产品生产者、销售者及产品所有人以外的其他民事主体，'他人财产'中不包括缺陷产品本身。对此，首先应明确产品质量法作为民事特别法和下位法，是依据民事基本法的原则制定的，不能与基本法的原则和规定相违背。《产品质量法》着重强调生产者对产品所有人以外的他人财产损害承担赔偿责任，乃是基于《民法通则》已有明确规定且效力更高，产品所有人对自身的财产损害可直接依据民法通则主张权利，而非是限制其对自身权利的保护。如果将产品质量法和民法通则完全割裂开来，我们还会得出产品销售者不承担产品侵权责任的错误结论，显然不符合立法者的立法本意。最后，在受害人因产品缺陷造成其所拥有的缺陷产品及缺陷产品以外的其他财产同时遭受损害时，如果规定受害人只能就缺陷产品以外的其他财产损害向生产者主张侵权责任，对于缺陷产品本身的财产损害，则应向销售者主张合同责任，既加重了当事人的诉讼成本，也给法院带来诉累，有违诉讼经济原则。就汽车自燃案件而言，汽车受损的价值往往远大于其他财产损失，应允许受害人根据自身的利益考虑，选择向生产者主张产品侵权责任，或是向销售者主张合同责任，法院不必加以干涉。"

2010年7月1日生效的《侵权责任法》从保护用户、消费者的角度出发，改变了《产品质量法》的主张，于第41条明确规定："因产品存在缺陷造成他人损害的，生产者应当承担赔偿责任"，删除了《产品质量法》第41条中"缺陷产品以外的其他财产"的限定。也就是说，《侵权责任法》第41条所称的"他人损害"中的财产损害，既包括缺陷产品以外的其他财产的损害，也包括缺陷产品本身的损害。《侵权责任法》自2010年7月1日生效时起，《产品质量法》第41条的规定即应失去效力。至此，困扰司法实践的产品自身损失的赔偿问题即可得以解决。

二、举证责任的分配

《最高人民法院关于民事诉讼证据的若干规定》第4条第6项规定："因缺陷产品致人损害的侵权诉讼，由产品的生产者就法律规定的免责事由承担举证责任。"一种观点认为，虽然因缺陷产品致人损害的侵权之诉属特殊侵权，由生产者承担无过错责任，但并不免除受害人的举证责任。受害人应首先对产品投入流通时即已存在缺陷、损害事实确实存在，以及产品缺陷与损害后果之间存在因果关系承担举证责任，再由生产者就法律规定的免责事由承担举证责任。另一种观点则认为，受害人因缺乏专业知识，对于汽车这种生产工艺复杂、技术含量很高的产品，几乎不可能举证证明产品存在设计缺陷、制造缺陷等固有缺陷，也很难证明产品缺陷与损害后果之间存在因果关系。而无论从财力、物力和对专业知识和信息的占有程度而言，生产者相对消费者具有更强的举证能力，故应就上述两项证明事项适用举证责任倒置原则，由生产者承担举证责任。

笔者比较赞同第二种意见：对原因不明的汽车自燃案件，应采用结果责任的举证责任，确定由汽车生产商或汽车销售商承担举证责任，证明汽车没有设计缺陷、没有制造缺陷，汽车自燃与汽车质量没有因果关系，如果汽车生产商或汽车销售商没有证据或证据不足，汽车生产商或汽车销售商承担不利的后果。如此分配举证责任，符合《最高人民法院关于民事诉讼证据的若干规定》第7条的规定，具体理由：①汽车的设计缺陷、制造缺陷以及这些缺陷与自燃存在因果关系，涉及技术、工艺等极为专业而又复杂的问题，普通消费者不可能完成此类举证，汽车生产商或汽车销售商与普通消费者比较，在完成此类举证方面处于优势地位，在利益关系上处于强势地位，由汽车生产商或汽车销售商承担结果责任的举证，符合公平原则和诚实信用原则。②针对证明汽车的设计缺陷、制造缺陷以及这些缺陷与自燃存在因果关系的证据，汽车购买人距离证据远、接近证据难，不具备证明“因果关系”的举证条件；而汽车生产商或汽车销售商距离证据近、接近证据易，具备证明“因果关系”的举证条件。③针对证明汽车的设计缺陷、制造缺陷以及这些缺陷与自燃存在因果关系的证据，无论在人力、物力、财力方面，还是从技术知识、检测手段方面，汽车购买人搜集证据的能力明显弱于汽车生产商或汽车销售商搜集证据的能力。

三、能否认定汽车自燃是由于产品缺陷所致

对于汽车自燃的原因，目前尚无统一而明确的科学定论。就近年来法院判决的案件来看，仅在个别案件中，消防部门能够认定起火系由设备故障引起，法院据此即可明确责任。但在多数情况下，消防部门的认定结论均为火灾原因不明，加之汽车损毁严重，不具备鉴定条件，从而无法最终确定导致汽车自燃的直接原因。据业内专家分析，导致汽车自燃的原因除设备故障外，还可能是由燃油泄漏、电气线路短路、机械摩擦起火等引起，同时也不排除使用维护不当、违章操作等人为方面的原因。

从充分保护消费者权益的角度出发，应考虑适用举证责任倒置。但在法律未对举证责任倒置作出明确规定的情况下，可以采用一些比较灵活的证明方法。当受害人证明到一定程度后，根据案件的具体情况，作出事实推定，再转由生产者证明受害人举证不成立，从而减轻受害人的举证负担。在无直接有效的证据证实汽车自燃原因的情况下，应结合举证责任分配原则及现有证据情况，借助逻辑推理和日常生活经验作出判断。（祁庆民与上海大众汽车有限公司产品责任纠纷案）

本案中被告方德国宝马公司主张：任何车辆都不是为了在停车状态下发动机较长时间高速运转设计的。因此他们认为，赵先生为使用空调，而使该车发动机在停车状态下较长时间高速运转，是一种不合理的使用，因此产生的火灾等危险不属于我国《产品质量法》第46条所规定的“不合理危险”。但事实上停车使用空调实为一种生活常态，车辆生产厂家完全可以通过技术手段（如发动机到达一定温度就关机断电、断油）来避免此类事故的发生。而且，厂家也没有对他们认为的“不合理使用”对车主进行明示说明。因而，这就是汽车本身存在的缺陷。造成赵先生的宝马车的毁损，应当予以赔偿。

案例十 电暖器漏电引发火灾
——诉讼时效的计算

[案情]

张某在2009年4月买了一台家用电暖器（商店未声明有质量问题），2010年11月，天冷拿出来使用。夜里因电暖器漏电引发一场小火灾，造成张某家经济损失四千余元。张某拿着发票去商店要求赔偿损失，他们不予认可。其理由有两条：一是已经过了一年的家电的保修期；二是《民法通则》规定：商品质量问题的诉讼时效是一年。张某购买电暖气超过一年了，已经过了一年的诉讼时效了，商店不予负责。请问他们的说法合理吗，张某可否得到损害赔偿？

[案件争议或法律问题]

产品责任中诉讼时效期间为二年，起算点应当是受害人知道或应当知道权利被侵害时起计算。

[参考结论及法理分析]

诉讼时效，是指权利人在法定期限内不行使请求权，即丧失依诉讼程序强制义务人履行义务的权利的法律制度。权利人能够依诉讼程序强制义务人履行义务的法定期间，是诉讼时效期间，过了诉讼时效期间，权利人丧失了强制力，即胜诉权。

根据我国《民法通则》第136条第2款之规定，出售质量不合格的商品未声明的，诉讼时效期间为一年。《产品质量法》第45条第1款规定："因产品存在缺陷造成损害要求赔偿的诉讼时效期间为二年，自当事人知道或者应当知道其权利受到损害时起计算。"《产品质量法》在立法时正是考虑到产品责任的特殊性，而将产品责任的诉讼时效由一年延长到二年。

诉讼时效起算时间为"自当事人知道或者应当知道权利被侵害时起计算"。但是，在此种情况下，对权利人的保护也不是无期限的。《产品质量法》第45条第2款规定："因产品缺陷造成损害要求赔偿的请求权，在造成损害的缺陷产品交付最初消费者满十年丧失；但是，尚未超过明示的安全使用期的除外。"

本案中，诉讼时效的起算点应当是受害人知道或应当知道权利被侵害时起计算，即电暖气漏电引发火灾时起算，并不是商家所说的买电器之日起算，且诉讼时效不受保修期的影响，因而本案中，张某遭受的产品侵权没有超过诉讼时效，张某可以依法向法院起诉要求赔偿主体承担产品责任。

本案存在着民事责任的竞合问题。民事责任分为侵权责任和违约责任两大类。当同一行为在同一当事人间，同时符合违约责任与侵权责任的构成要件，并发生了以同一给付内容为目的的请求权时，即发生本文所称的民事责任竞合。我国《民法通则》136条2项规定了违约责任请求权诉讼时效期间为一年，而《产品质量法》第45条规定了侵权责任请求权诉讼时效期间为两年。从本案实际情况看，如果火灾损失确实为电暖器质量问题引起的，既属于产品侵权责任的损害，也属于产品瑕疵的违约损害赔偿责任。当侵权之诉与违约之诉发生竞合时，受害人有权任选其一。因此，只要张某从权利受到侵犯时起未超过两年，都不影响其提起侵权之诉。对此，张某完全可以依上述法律与商店讲明道理，如果不成，可以依据《合同法》第122条规定："因当事人一方的违约行为，侵害对方人身、财产权益的，受损害方有权选择依照本法要求其承担违约责任或者依照其他法律要求其承担侵权责任"，及时向当地法院提起民事诉讼。

案例十一　空调电源线短路引火灾起纠纷，法院判决：责任不明，空调供应商免赔

——因果关系推定成立，产品责任成立

［案情］

因空调电源线短路引起火灾造成损失，服装店老板将空调生产商、销售服务商推上了被告席。近日，该案在清城区人民法院审结并生效。服装店老板要求两被告赔偿损失的诉讼请求，因证据不足，被判驳回全部诉讼请求。

被告杨某系广州市某区某电器商店业主，其经营的电器商店是被告某品牌空调公司选定的特约经销商、服务商。2008年7月9日，原告骆某向被告杨某购买了五台被告某品牌空调公司生产的三匹空调机，原告将其中一台空调机运送至清远，用于其经营的清远市某服装店，该台空调由被告杨某负责进行安装、调试，被告杨某派人到清远市清城某服装店按原告要求完成空调机的安装、调试后交付原告使用。2009年10月16日21时20分，原告经营的某服装店发生火灾，原告遂报警求助，清城区公安消防大队接报后迅速组织人员到现场将火扑灭。随后，原告向清远市清城区公证处申请对某服装店现场状况进行证据保全，清远市清城区公证处于2009年10月17日凌晨派员到某服装店现场，对服装店现场状况进行了录像，并根据现场录像制作了VCD光碟一张。根据录像记载的内容反映，火灾只发生在原告储存货物的夹层的一角，火灾烧毁了放置在空调机主机附近的部分货物，一层店面并没有被火燃烧的痕迹。

火被扑灭后，清远市公安消防大队对火灾现场进行了调查，并委托有关技术部门进行了技术鉴定。2009年10月24日，清远市清城区公安消防大队作出《火灾原因认定书》，认定某服装店发生火灾的原因是因空调电源线短路引燃旁边可燃物造成的。

原告在收到清远市公安消防大队作出的火灾原因认定后，认为被告产品质量存在瑕疵引发火灾，导致其财产遭受严重损失，遂与两被告协商赔偿问题，但三方未能就赔偿责任的承担问题达成协议。原告遂向法院起诉，请求判令被告某品牌空调公司赔偿其损失共计412301.06元，被告杨某对其损失承担连带赔偿责任。

清城区法院审理认为：清远市公安消防大队对本案火灾作出的《火灾原因认定书》认定，发生火灾的原因依据充分，分析准确，予以采信。但是，《认定书》只是认定了火灾发生的原因是空调电源线短路，并没有进一步分析认定是什么原因造成了空调电源线发生短路。本案三方当事人分别涉及空调的生产、安装、使用三个环节，三个环节中任何一个环节出现过错，都可导致空调电源线发生短路而引发火灾。由于《认定书》没有分析认定引起空调电源线发生短路的原因，无法确定空调电源线短路是因产品质量存在瑕疵，或是安装不当，还是使用不当而造成的，因此，《认定书》不能作为确定当事人承担责任

的依据。

根据《最高人民法院关于民事诉讼证据的若干规定》的第4条第6项的规定，因缺陷产品致人损害的侵权诉讼，由产品的生产者就法律规定的免责事由承担举证责任。按此规定，原告要求被告某品牌空调公司赔偿损失，并由被告某品牌空调公司承担举证责任，原告首先应当证明某品牌空调公司生产的空调产品存在缺陷，并由于该缺陷导致了损害结果的发生，即原告对被告某品牌空调公司的空调产品是否存在缺陷负有举证责任。但原告至今并没有充分证据证明被告某品牌空调公司生产的空调存在缺陷，反而被告某品牌空调公司提交了《产品质量免检证书》，证明了其公司生产的空调属于质量免检的合格产品。因此，原告要求被告某品牌空调公司承担赔偿责任的诉讼请求，证据不充分，不予支持。

被告杨某作为空调的销售者和安装者，负责对空调的安装、调试工作。被告杨某已按原告要求完成了空调的安装、调试工作，并已由原告使用了长达一年多的时间。原告要求被告杨某承担赔偿责任，原告应当举证证明其损害结果与被告杨某的不当的安装行为存在因果关系。但原告亦没有证据证明被告杨某的安装行为存在不当，并与电源线短路引发火灾存在因果关系。且原告也认可被告杨某是受被告某品牌空调公司的委托进行安装调试的，由此而产生的法律后果也应由委托人承担。因此，原告要求被告杨某承担赔偿责任的诉讼请求，证据不足，亦不予支持。

根据清远市公证处拍摄的录像反映，原告在空调电源线旁边堆放了服装、鞋帽等易燃物品，严重影响了电源线的通风散热，并容易引起火灾的发生。可见，原告在使用空调过程中存在着明显的过错，火灾的发生与原告的过错存在着法律上的因果关系。另外，原告请求赔偿商品损失等费用证据不足，清城区法院判决驳回原告骆某的全部诉讼请求。

[案件争议或法律问题]

1. 原告对于产品缺陷的证明限度。
2. 缺陷产品与损害发生之间因果关系的证明责任的划分。

[参考结论及法理分析]

笔者认为法院在审理本案时对于产品责任中举证责任的划分存在误解，因而影响了本案的正确裁判。

本案的焦点问题：一是原告对于产品缺陷的证明限度；二是缺陷产品与损害发生之间因果关系的证明责任的划分。

产品责任实行严格责任，即不论生产者、销售者是否有过错，只要符合产品责任的构成要件，其就应该向受害人承担侵权责任。而且在产品责任中，通常采取举证责任倒置的方法，由生产者、销售者承担更重的举证责任。

受害人的举证责任：

第一，须证明产品存在缺陷。一是要证明缺陷在产品销售当时即已存在。对此，受害人可以通过三种方式予以证明：使用直接证据，如残缺零件；使用间接证据，如专家证言；用排除法来排除其他原因。二是要证明缺陷产品曾经被使用或消费，通常为其本人使用，但也不限于此。

第二，关于因果关系的证明。可以适用因果关系的推定，即在产品使用人证明其使用该产品致害的前提下，首先推定产品缺陷与损害后果之间具有因果关系，此时，根据双方举证能力的大小、离证据的远近、举证条件的优劣，举证责任发生转移（举证责任倒置），转由生产者和销售者举证证明该因果关系不成立。证明成立的，否定因果关系要件，否则他们就要承担相应的侵权责任。

第三，要证明自己受到的损害。即受害人要对自己遭受的损失的具体范围，比如误工费、医疗费、财产损失、精神痛苦承担举证责任。

生产者、销售者的举证责任：

第一，被告应当对产品不存在缺陷承担举证责任，即其要证明产品没有缺陷，否则就要承担相应的责任。

第二，举证否定因果关系的存在，即在产品使用人遭受损害的前提下，推定产品缺陷与该损害具有因果关系，转由生产者、销售者举证证明因果关系不成立。否则他们就要承担相应的侵权责任。

本案中，原告完成了举证责任。由清远市公安消防大队作出的《火灾原因认定书》，认定某服装店发生火灾的原因是因空调电源线短路引燃旁边可燃物造成的。据此可以断定：受害人是在使用涉案空调产品的过程中，空调电源线短路引发火灾，即涉案产品正处于使用过程当中，并且是涉案产品引发的火灾致害。此时，原告完成了产品存在缺陷和缺陷产品和损害后果之间因果关系的举证责任，举证责任发生了转移，即由生产者、销售者来进行举证。本案的被告某品牌空调公司提交了《产品质量免检证书》，证明其公司生产的空调属于质量免检的合格产品，产品不存在缺陷。但此证据不足以认定涉案空调不存在缺陷。我国《产品质量法》第46条规定："本法所称的缺陷，是指产品存在危及人身、他人财产安全的不合理的危险；产品有保障人体健康和人身、财产安全的国家标准、行业标准的，是指不符合该标准。"从第46条的规定来看，我国法律在界定"产品缺陷"时，采用了双重标准。即一般标准和强制性标准。该双重标准是同时适用的，并非仅满足一条即可。故即使产品符合国家、行业的相关标准，但若被证明存在危害他人人身、财产的不合理的危险，则仍应认定该产品存在缺陷，由产品责任人赔偿消费者所遭受的损失。因而也可以说，产品缺陷的终极界定标准是存在不合理的危险。因而，被告方提供的证据无法证明其生产的空调不存在缺陷。至于因果关系的证明，由于受害人已经证明了是使用中的涉案空调引发的火灾，因而其完成了因果关系的证明，推定因果关系成立，此时，转由被告方举证证明因果关系不成立，但是被告方并没有举证否定因果关系。因而，受害人对自己提出的要求被告方承担产品责任的诉讼请求完成了举证责任，由此，被告应当承担产品侵权责任。至于原告方对于火灾的发生也有过失，可以根据过失相抵的原则，适当减轻被告的赔偿额度。

案例十二　缺陷产品存在火灾隐患的处理

——产品投入流通后发现存在缺陷的，生产者、销售者应当及时召回

[案情]

一起来看看近两年来曾经出过严重质量问题或产品召回的一系列冰箱的品牌或型号。

一、三星品牌冰箱全球召回，在华召回3.2万台冰箱

召回时间：2009年11月10日

受韩国三星品牌冰箱爆炸一事的影响，三星（中国）投资有限公司宣布，由于除霜系统存在缺陷，可能导致除霜系统内部短路，损坏冰箱，极端情况下可能引起事故，存在安全隐患，决定从11月10日起，对自2007年6月到2008年5月期间在韩国生产的RSH1STPE1、RSH1STSW1、RSH1VTPE1、RSH1VTSW1、RSH1ZLAW1和RSH1ZTPE1等6个型号的原装进口双开门电冰箱进行自愿召回。

据报道，这项自愿召回措施为期3个月，自2010年1月31日开始。召回产品涉及2005年3月到2006年6月份生产的产品，预计总量达到21万台。但香港中评社称，涉及事故的冰箱已在韩国售出21万台、出口欧盟40万台，共计售出61万台。

冰箱“爆炸”，用户门窗尽毁

韩联社报道，韩国京都畿道龙仁某公寓的一款2006年产的680升Jiperu品牌对开门冰箱10日发生冰箱门飞脱现象，导致用户家的门和窗户玻璃受损破碎。

而据台北华视新闻报道，事实上，从2010年5月开始，就不断有消费者反映，冰箱发生爆炸意外。有英国民众在使用冰箱时，冰箱门整个被炸烂，所幸没人受伤。

三星电子的调查结果显示，冰箱的冷媒管道积霜过多，导致电热器联结点漏电，从而使得冰箱内冷冻的真空罐装食品受热“爆炸”。

二、夏普召回“伤人隐患”冰箱

召回时间：2010年1月

据公开报道，2010年1月日本电器制造商夏普宣布，将召回涉及48个型号的97万台冰箱，原因是冰箱门可能掉落伤人。预计所需召回成本（包括更换零部件费用）为12亿日元（约合1300万美元）。

夏普此次召回的产品生产于1996年至2001年，均为左右双扇门式。据初步断定，事故引发的原因是放置于冰箱内的玻璃瓶等物体超出所定空间被夹住，若在这种情况下强行关闭，长久以后便导致零件的破损。

夏普发言人表示，夏普上述48种型号的电冰箱门存在安全隐患，即在使用过程中，这些冰箱门可能会自动掉落而伤人。

据统计，在2006年8月至2009年10月间，共发生了四起类似事故。除2009年6月发生的事故使一名女性脚部骨折外，其他事故引发的均为轻伤。

三、惠而浦疑存火灾隐患，召回冰箱

召回时间：2009年3月10日

因怀疑存在火灾隐患，惠而浦旗下品牌美泰克近日宣布，在美国主动召回160万台冰箱。

美泰克公司的召回说明中指出，开启冰箱压缩机的传导零件会出现电路故障，导致冰箱过热，容易引发火灾。公司目前已接到相关问题的报告41起，其中16起报告冰箱损毁。

四、LG电子在日本召回4.8万台问题冰箱

召回时间：2008年12月19日

北京时间2008年12月19日消息，据日本媒体报道，韩国LG电子日本法人宣布，该公司专为日本市场开发的两款冰箱产品机型存在冒烟、起火的安全隐患，因此根据日本相关产品安全法规予以无偿召回。

涉及被召回的两款产品为“LR－A17PS”和“LR－B17NW”机型，分别为2003年9月至2005年4月期间所生产销售，数量共计48537台。据称，2006年6月以后上述两款产品被报告共发生七起起火事故。

因此，相关专家认为此次召回事件对于LG电子日本市场将难免产生较为不利的影响，甚至不排除该公司或将效仿韩国三星电子于去年11月宣布逐步退出日本家电市场的可能。

五、通用电气宣布因火灾及电击风险召回18万台洗衣机

美国企业巨头通用电气公司与美国消费品安全委员会（Consumer Product Safety Commission，CPSC）达成协议，将召回约18.1万台存在安全隐患的洗衣机。通用电气表示，此次该公司宣布召回的滚筒式洗衣机，存在着火及电击风险。通用电气同时指出，截至目前，该公司已经接到了七起关于洗衣机着火并且造成小规模毁损的报告，但是尚未接到任何人员伤亡报告。据悉，这批产品的序列号以“WBVH5”开始，生产日期为2006年12月至2010年2月，并且于2010年5月之前被售出。

六、美商惠而浦公司宣布因为火灾隐患召回于2006年2月至2010年4月期间生产的170万台各种型号的洗碗机

2010年6月3日，美国一大型家电生产商惠而浦公司宣布因为火灾隐患召回于2006年2月至2010年4月期间生产的170万台各种型号的洗碗机。

[案件争议或法律问题]

产品召回制度，即产品的生产商、销售商或进口商在其生产、销售或进口的产品存在危及消费者人身、财产安全的缺陷时，应当依法将该产品从市场上收回，并免费对其进行修理或更换的制度。

[参考结论及法理分析]

缺陷产品召回制度是产品安全领域的一项重要制度。世界上许多国家已经建立了缺陷产品召回法律制度，而我国对产品召回制度的研究及规则制定还相当不完善。我国首次明确规定召回制度是2002年10月通过的《上海市消费者保护条例》。2004年10月正式实施的《缺陷汽车产品召回管理规定》标志着我国产品召回制度的建立。2007年12月10日《药品召回管理办法》开始实施，2009年2月28日公布的《食品安全法》对食品召回作出规定，召回制度在药品、食品安全领域得以确立。但从法律位阶看，特定行业产品召回制度只是一个部门规章，只适用于一定的行业，效力层次低且不具有普遍适用性。2009年12月26日公布的《侵权责任法》第46条对缺陷产品召回作出了一般性的规定，从而使缺陷产品召回在所有产品安全领域有了基本依据。

《侵权责任法》第46规定，产品投入流通后发现存在缺陷的，生产者、销售者应当及时采取警示、召回等补救措施。未及时采取补救措施或者补救措施不力造成损害的，应当承担侵权责任。本条是对产品投入流通后发现存在缺陷的，生产者、销售者应当采取警示、召回等补救措施及承担侵权责任的规定。

产品投入流通时，生产者、销售者可能因某种原因或者技术水平等未能发现产品有缺陷，在产品售出已经进入流通后才发现产品存在缺陷。在这种情形下，生产者、销售者应当及时以合理、有效的方式向使用人发出警示，或者采取召回缺陷产品等补救措施，以防止损害的发生或者进一步扩大。因而，产品投入流通后发现存在缺陷的，生产者、销售者应当及时采取警示、召回等补救措施。

1. 警示。是指对产品有关的危险或产品的正确使用给予说明、提醒，提请使用者在使用该产品时注意已经存在的危险或者潜在可能发生的危险，避免危险的发生，防止或者减少对使用者的损害。警示的作用有两个：一是告知使用者产品有危险，明示产品的缺陷；二是让使用者知道在使用该产品时如何避免危险的发生，以保证人身、财产的安全。

2. 召回。召回是指产品的生产商、销售商或进口商在其生产、销售或进口的产品存在危及消费者人身、财产安全的缺陷时，依法将该产品从市场上收回，并免费对其进行修理或更换的制度。缺陷产品召回的程序是由生产者或政府启动的，召回的方式可分为两种：一种是主动召回，一种是指令召回。在主动召回中，厂商需要承担的责任方式主要是主动对其制造的缺陷产品行免费修理、更换、收回等，当这些方式仍无法解决产品存在的缺陷时，厂商则可以采取退赔的方式来消除缺陷产品给公共安全带来的隐患。

缺陷产品召回法律制度的建立具有很重要的现实意义。首先，将促使企业不断改进产品质量，使产品的档次不断提高，从而降低造成消费者人身财产安全的危险性。其次，建立缺陷产品召回制度，有利于消费者权益维护的实现。"消费者有寻求安全的权利即保护消费者生命健康免受危险商品危害的权利。"第三，被侵权人完全可以根据此法条要求商家采取下架、召回等措施。同时，此类诉讼明显具有公益诉讼性质，这对于我国法治进程具有巨大推动作用。

案例十三 缺陷炉灶爆炸起火致害，受害人要求惩罚性赔偿

——惩罚性赔偿责任的理解和适用

[案情]

2009 年 9 月 15 日，原告张某在被告甲公司购置了一台多功能炉灶。2010 年 2 月 18 日，张某在自己经营的服装翻新店内使用该炉灶洗染服装时炉灶发生爆炸起火，将张某的眼睛炸伤，并烧毁店内物品。原告共花费治疗费 1.2 万元，经法医鉴定其伤残等级为七级，张某要求法院判定被告双倍赔偿。后查实，被告生产的多功能炉灶属小型锅炉，根据国家质量技术监督局制定的《小型和常压热水锅炉安全监察规定》生产小型锅炉的单位必须取得省级以上质量技术监督行政部门颁发的 F2 级以上（含 F2 级）《锅炉制造许可证》，且小型锅炉产品的设计文件应当经省级质量技术监督行政部门锅炉压力容器安全监察机构审查批准；还规定任何单位和个人不得安装、销售和使用未取得《锅炉制造许可证》的单位的小型锅炉。还查明，甲公司生产的此类型多功能炉灶，存在设计缺陷，但是甲公司对其售出的该批产品并未采取任何补救措施。

[案件争议或法律问题]

明知产品存在缺陷仍然生产、销售，造成他人死亡或者健康严重损害的，被侵权人有

权请求相应的惩罚性赔偿。

［参考结论及法理分析］

《侵权责任法》第47条明确规定：“明知产品存在缺陷仍然生产、销售，造成他人死亡或者健康严重损害的，被侵权人有权请求相应的惩罚性赔偿。”本条是在《消费者权益保护法》第49条的“双赔”条款和《食品安全法》第96条的“十赔”条款上，我国立法对惩罚性赔偿的又一肯定。

所谓惩罚性赔偿，一般是指侵权人的行为具有恶意、欺诈、鲁莽、轻率或者滥用权利等特性，并导致被侵权人受到损害时，法院因此判给被侵权人超过其所受实际损害之赔偿，目的在于惩罚侵权行为人，并阻遏侵权行为人及他人将来再从事类似之不法行为。惩罚性赔偿是加重赔偿的一种原则，目的是在针对被告过去故意的侵权行为造成的损失进行弥补之外，对被告进行处罚以防止将来重犯，同时也达到惩戒他人的目的。如果被告的侵权行为是基于收益大于赔偿的精心算计，也可以给予惩罚性赔偿，在这种情况下如果只同意给予补偿性赔偿，侵权人只是相当于事后通过赔偿补办手续，但没有任何风险。依据民法的一般原则，无论是侵权损害赔偿还是违约损害赔偿，其赔偿的范围都应当与受害人的损失相一致，以免造成受害人的不当得益，充分体现一般民事赔偿补偿性的基本功能。惩罚性赔偿是受害人获得超过实际损失的赔偿，它是由补偿性赔偿与惩罚性赔偿两部分组成的。补偿性赔偿部分实质上属于一般民事损害赔偿，以受害人实际损失为限，体现补偿性的基本功能；惩罚性赔偿部分是超过受害人实际损失的赔偿，体现惩罚与遏制不法行为的功能。该部分赔偿的数额，一般确定为补偿性赔偿部分的一定比例或倍数。

我国学者通常认为，惩罚性赔偿具有如下三个特点：

1. 目的及功能的多样性。惩罚性赔偿的主要目的不在于使受害人获得赔偿，而在于在保障受害人获得赔偿的同时，对恶意侵权行为进行惩罚，警示与告诫行为人，实现对恶意侵权行为的有效遏制，从而减少恶意侵权，兼有补偿、惩戒和预防等多项目的和功能。

2. 以行为人主观状态为考量指标。惩罚性赔偿的运用注重行为人的主观恶意。承认惩罚性赔偿的国家一般都规定，只在不法行为人有胁迫、欺诈等行为和具有恶意的情况下，才能适用惩罚性赔偿。

3. 适用条件的限定性。惩罚性赔偿通常只适用于一些特定的情况，主要是：（1）实际损害不能准确确定、补偿性赔偿难以补偿受害人损失；（2）加害人从不法行为中获得了极大的利益，在赔偿受害人损失后，加害人仍能获得不菲的利益。

在我国大陆的立法中，1993年制定的《消费者权益保护法》首次引入了惩罚性赔偿制度。该法第49条规定：“经营者提供商品或者服务有欺诈行为的，应当按照消费者的要求增加赔偿其受到的损失，增加赔偿的金额为消费者购买商品的价款或者接受服务费用的一倍。”《合同法》第113条第2款规定：“经营者对消费者提供商品或者服务有欺诈行为的，依照《中华人民共和国消费者权益保护法》的规定承担损害赔偿责任。”从而在合同法领域有限度地承认了惩罚性赔偿制度。为了保护弱势购房人，最高人民法院继而出台了《关于审理商品房买卖合同纠纷适用法律问题的解释》，在该解释的第8条、第9条对房地产买卖合同中的双倍赔偿作了明确的规定。2009年2月28日，《食品安全法》终获通过，其亮点之一就是将惩罚性赔偿制度引入食品安全领域，该法第96条第2款规定：

“生产不符合食品安全标准的食品或者销售明知是不符合食品安全标准的食品，消费者除要求赔偿损失外，还可以向生产者或者销售者要求支付价款十倍的赔偿金。”惩罚性赔偿制度在侵权法领域内不断增多，《侵权责任法》第47条规定更是标志性地以立法的形式在我国确定了惩罚性赔偿制度。

本案中，该多功能炉灶的生产厂家主观恶意很强，其明知道自己生产的产品可能造成严重的损害后果，但其为了追求经济利益仍然不采取措施，进行警示或召回，对恶劣的损害后果的发生主观上具有明显的过错，应当判决其支付巨额的惩罚性赔偿以安抚受害人，并且给生产者本身严重的警告和行政处罚以达到约束生产者的目的。

第九章　合同纠纷

案例一　火灾造成雇员人身伤害，雇佣合同中约定就工伤事故的损害赔偿问题约定免除雇主责任是否有效

——“工伤概不负责”是否免责

[案情]

张某系A公司的工作人员，从事值班、保安工作。2008年4月28日6时34分许，A公司发生燃气泄漏遇火源发生爆燃引起火灾，当日正是张某值班，张某被烧伤头部、颈部及双手，伤后被送往医院治疗，后经鉴定，张某之伤分别构成三个十级伤残。青岛市市南区公安消防大队（以下简称消防大队）认定火灾原因为：燃气泄漏遇火源发生爆燃引起火灾。张某要求A公司承担赔偿责任。但是，A公司出具张某与公司签订的劳动合同，该合同中约定，张某在A公司从事工作期间工伤损害，由张某个人承担，A公司概不负责。张某认为该协议是在迫不得已的情况之下签订的，应当认定无效。张某将A公司诉至法院要求赔偿医疗费、误工费、残疾赔偿金等费用。

[案件争议或法律问题]

雇佣双方就“工伤概不负责”免责条款的约定是否有效。

[参考结论及法理分析]

这则案例涉及劳动合同中工伤免责条款是否有效的问题。劳动者和雇主签订的劳动合同，在雇主的坚持下或雇主单方拟就的格式合同中，常就工伤事故的赔偿问题约定免除雇主责任的协议条款。比如，劳动合同中明确写有“被雇人员伤亡，厂方概不负责”，招工登记表上也注明“工伤概不负责”。这种在工伤中免除雇主责任的协议条款就是“工伤免责条款”。此种条款称为事先免责条款，按照这些条款的约定，在未来受害人受到工伤事故损害时，必须放弃要求雇主承担损害赔偿的权利。这样的约定是没有法律效力的。

根据我国现行法律，《合同法》第53条对事先免责条款的效力问题予以规定：“合同中的下列免责条款无效：（一）造成对方人身伤害的；（二）因故意或者重大过失造成对方财产损失的。”最高人民法院《关于雇工合同“工伤概不负责”是否有效的批复》规定，劳动合同中这类“生死条款”是违背宪法和法律规定的，而且这种规定也严重违反了社会公德，应当属于无效条款。而《劳动合同法》第26条也规定，下列劳动合同无效

或者部分无效：（一）以欺诈、胁迫的手段或者乘人之危，使对方在违背真实意思的情况下订立或者变更劳动合同的；（二）用人单位免除自己的法定责任、排除劳动者权利的；（三）违反法律、行政法规强制性规定的。对劳动合同的无效或者部分无效有争议的，由劳动争议仲裁机构或者人民法院确认。因此，依照该条款，凡是在雇佣合同中约定工伤事故免除雇主责任的，该条款都无效。

依法应当参加工伤保险统筹的用人单位的劳动者在执行劳动合同中，遭受工伤伤害，都有权要求按照《工伤保险条例》取得工伤保险待遇。无法享受工伤保险待遇的，可以直接向雇主要求承担损害赔偿责任。既可以向雇主直接要求，也可以向劳动管理部门申请处理，还可以直接向法院起诉。雇员在从事雇佣活动时，因安全事故受到损害，发包商或者分包商知道或者应当知道接受发包或者分包业务的雇主没有相应资质或者安全生产条件的，应当与雇主承担连带赔偿责任。

本案中，张某和A公司签订的劳动合同对“工伤概不负责”的约定无效，雇主责任不能免除。当劳动者张某发生工伤事故后，用人单位无权据此拒绝赔偿，劳动者有权享受应当享受的工伤待遇，有权向雇主要求承担损害赔偿责任。

案例二　出租房屋未经消防验收，租赁合同是否有效

——能否以租赁的房屋未经消防验收为由主张合同无效

[案情]

王某租赁了一幢三层的楼房经营宾馆、餐饮和休闲服务业，租赁期限为四年。合同签订后，王某就着手开始开业筹备工作，并向消防机构申报验收，但经检查王某所租房屋不符合消防要求。为此，王某以房屋未经消防验收、双方之间的租赁合同应当无效为由向房主提出解除租赁合同的要求，但房主坚决不同意，双方形成诉讼纠纷。

[案件争议或法律问题]

本案在审理过程中，共形成两种意见。一种意见认为，原、被告之间的房屋租赁合同因违反消防法消防安全的强制性规定，应属无效合同；另一种意见认为，根据当事人意思自治及保护交易安全原则，应认定本案合同为有效合同，如果消防设施存在问题，影响生产经营的，可以申请撤销双方所签订的合同，而不应作为认定合同无效情形。

[参考结论及法理分析]

在此，笔者同意第二种意见。

本案的争议焦点为本案双方争议房屋未经消防验收合格是否违反《消防法》的强制性规定。

我国《合同法》第52条规定，有下列情形之一的，合同无效。

（一）一方以欺诈、胁迫的手段订立合同，损害国家利益；

（二）恶意串通，损害国家、集体或者第三人利益；

（三）以合法形式掩盖非法目的；

（四）损害社会公共利益；

（五）违反法律、行政法规的强制性规定。

因而，如果出租未经消防验收的房屋违反法律强制性的规定，那么该租赁合同为无效合同。

我国《消防法》规定，按照国家工程建筑消防技术标准进行消防设计的建筑工程竣工时，必须经公安消防机构进行消防验收；未经验收或者经验收不合格的，不得投入使用。

笔者认为，消防法所规定的经消防验收合格后方才投入生产使用，是对房屋的使用用途作出的规定，这里的使用应指生产生活使用，而非指房屋出租行为。《消防法》将歌舞厅、影剧院、宾馆、饭店、商场、集贸市场等公众聚集的场所的消防安全赋予经营者承担也印证了这一说法，公安消防机构对公众聚集场所未经消防安全检查或者检查不合格，处罚的对象也是擅自使用或者开业、经营者而不是房屋出租人。

如果根据《消防法》的规定直接认定合同无效，就不存在房屋承租人的消防安全义务，从而使法律规定本身自相矛盾，故不应将出租房屋是否经消防安全作为房屋是否生效的要件。

最高人民法院在2004年3月4日对云南省法院关于未经消防验收合格而订立的房屋租赁合同如何认定其效力的复函，进一步说明了这个问题。租赁房屋用于开设经营宾馆、饭店、商场等公众聚集场所的，向当地公安消防机关申报消防安全检查的义务人为该企业的开办经营者，但租赁标的物经消防安全验收合格，不是认定房屋租赁合同效力的必要条件。

由此可以看出，我国法律并未将消防安全经验收合格作为合同生效的要件，根据无效合同的认定原则，即在法律强制性规定未作规定的前提下，应认定合同有效。

综上，笔者认为，在合同双方当事人对消防安全作为生效要件未作约定的情况下，不能以房屋未经消防验收合格为由主张合同无效。本案王某所租房屋是低层民用建筑，不属于必须要按国家工程建筑消防技术标准进行设计的对象，因此，房屋未经消防验收合格并不影响租赁合同的效力。

案例三　出租屋洗澡被炸飞，谁担责

——房屋出租人未尽法定义务，应担责

［案情］

被告康某系北京市某村一户房屋的所有权登记人，另一被告赵某系康某妻子。2009年1月，康某将房屋出租给张某和其弟弟。2009年3月，张某下了夜班回家后，准备洗澡睡觉。张某的弟弟说，他听到“砰”的一声巨响后，就听到哥哥说：“糟了，家里的厨房爆炸了！”张某的弟弟心急火燎地冲回房间，发现厨房已经面目全非。整个天花板几乎被炸垮，连厨房门都被推出了两三米远！张某说：“我当时正在打火，打了两三次都没有打燃，突然打燃就爆炸了！”张某被爆炸的气流推出了三米远，弹起来摔倒在地上。而瞬间燃烧的火球将他的头发、面部皮肤和上身皮肤烧伤多处，被送到医院接受治疗。“我们住了一个多月，因为这个热水器不是自动打火，每次都要自己手动打火。”张某的弟弟说，以前打火都要两三次才能顺利将热水器打燃。

事发后，该品牌热水器的维修人员和燃气公司工作人员也迅速赶到现场。通过检查，基本排除了热水器爆炸是事故的主要原因，通过几个部门的层层排查，最终认为是厨房连接燃气灶的皮管老化、两端存在泄漏是主要原因。康某在庭审中陈述：事发房屋厨房连接燃气灶的皮管，其安装后已使用六年多；一直未曾发现问题，因而一直未曾检查、更换。

[案件争议及法律问题]

出租人义务的界定，是判定房屋及其附属设施致人损害纠纷中，出租人是否承担民事责任的关键。我国现行法律法规就出租人的义务仅作了概括性的规定，司法审判实践中，还需结合出租人在房屋管理过程中是否存在过错，来判定出租人是否应承担民事赔偿责任。

[参考结论及法理分析]

本案是一起关于房屋出租人义务的典型案例，从而也引发了关于赔偿责任主体、归责原则、赔偿对象等法律问题的探讨，对于日益增多的租赁房屋侵权案件具有借鉴意义。

第一，出租人应承担的义务。承担责任的前提是负有义务，无义务则无责任。因此，对义务的界定是确定赔偿责任的重要基础。我国合同法概括性地规定了出租人就房屋出租所承担的义务，即除当事人另有约定之外，出租人主要承担两项义务：其一，提供符合约定要求的房屋及其附属设施。根据常理以及公序良俗原则，该房屋及其附属设施除符合约定的特殊要求外，至少应当不存在危及承租人、居住人或其他第三人人身、财产安全的隐患，即出租人就出租房屋及其附属设备承担瑕疵担保义务。若因租赁物之瑕疵，侵害承租人或第三人的生命健康及财产安全，出租人因违反法定瑕疵担保义务，应对承租人或第三人承担赔偿责任；其二，及时检查、维修房屋及其附属设施。在租赁期间，出租人应当经常进行检查维修，保持房屋及其附属设施的完好，不存在任何重大的安全隐患，以保障承租人或居住人的居住安全和正常使用。

第二，出租人赔偿责任的归责原则。我国现有的归责原则主要有无过错责任原则与过错责任原则。民事责任归责原则一般情况下应当为一般过错责任，只有法律明文规定时，才承担无过错责任和过错推定责任。我国对于出租人赔偿责任的归责原则未作特别规定，故应当为一般过错责任，出租人不承担证明其不具有过错的义务。

本案中，在张某受伤的原因确定后，康某、赵某是否承担赔偿责任的焦点问题在于，二被告作为房屋出租人对事故发生原因即连接燃气灶的皮管老化、两端存在泄漏，是否存在过错以及过错程度。按生活经验及常理，使用人在正常使用热水器的过程中，不顾自身生命健康明显地破坏燃气灶管道的可能性较低，而事故调查中也未发现外人侵入的情况，而且连接燃气灶的皮管出现老化是一个长期使用下出现的问题，因此基本可以排除破坏性行为或使用不当，而张某租住康某的房屋刚刚才一个月，因而可以断定造成事故发生原因即连接燃气灶的皮管老化、两端存在泄漏，是皮管质量问题或使用年限过长的缘故，是由于出租人康某未及时检查、维修房屋及其附属设施，未尽到出租人的义务造成的。

康某、赵某作为出租人，当然负有上述出租人应尽义务。首先，其提供的房屋厨房连接燃气灶的皮管老化、两端存在泄漏，存在一定的安全隐患，违反了瑕疵担保义务。其次，其对房屋之使用状况未作必要的管理，未及时检查发现连接燃气灶的皮管两端存在泄漏，可能存在的安全隐患，未采取措施消除危险，违反了及时检修义务。上述义务的违反与受害人张某烧伤的后果之间具有因果关系，康某、赵某对事故的发生存有重大过错，应当承担赔偿责任。

严格出租人的管理责任，已成为一种立法趋势。出租人管理责任的严格，旨在解决目前日益增多的因出租人未尽适当管理的职责致使房屋安全隐患侵害他人人身财产的事件，从源头上加强房屋安全管理。另一方面，要求出租人承担一定的管理责任，是以其收取租金为基础的，具有合理性。并且可以改变出租人交付房屋后，对房屋的被使用状况完全不予关心的现状，督促出租人积极履行义务，以加强房屋安全。

案例四　出租屋失火，掉落塑钢窗砸坏楼下私家车，该谁赔

——对火灾的发生负有责任的出租人或者承租人应当承担赔偿责任；灾后达成赔偿协议有效的，应履行

[案情]

某小区一出租屋失火，承租人在自己救火时，使阳台上的塑钢窗坠落，砸坏了停在楼下的一辆私家车。在小区物业办公室，承租人与车主几经协商，终于签订了一份《赔偿协议书》。协议约定：因为承租人赵某在救火时把杨某的汽车砸坏，赵某按照购车原价款给付车主杨某所有购车款项（以购车发票及税务单据为准），同时，杨某将被砸坏的汽车交给赵某，汽车归赵某所有。双方还商定，15 日内结清款项并解决车辆过户等问题，在结清前的时间内，杨某因汽车不能使用而产生的所有交通费用由赵某报销。

协议约定到期日后，杨某多次找到赵某要求履行协议、支付款项、办理车辆过户手续等。承租人赵某却单方面撕毁了协议，不履行赔偿义务。杨某将赵某及房屋产权人方某一并告上法庭，要求某区人民法院依法判令被告赵某履行赔偿协议，给付车款、税务及修车款等费用，总计 73188 元，被告方某承担连带责任。法院受理此案并组成合议庭，进行了公开审理。

庭审中，当事人各执己见，争论不休，其争论的焦点集中在两个方面：

其一，失火当晚，杨某与赵某签订的赔偿协议是否有效?

杨某认为，协议是在物业公司工作人员的见证下，经过双方协商，一致同意并签名的。协议是有效合同。既然有协议在先，赵某就应该履行协议，拒不履行协议是违法行为，已造成对其的利益伤害。

赵某则认为，从火灾发生到签订协议，仅仅相隔五小时，赵某当时被吓蒙了，不知道如何处理这样的事情，杨某非要让其跟他签协议，这是乘人之危。而且，赔偿协议不是赵某写的，其是在协议上签了字。但是，这个协议是不公平的，掉下的塑钢窗只砸坏了汽车的挡风玻璃和车框 A 柱，协议中写的却是让其赔偿一辆汽车，这太不合理了。对方是无礼要求，所以，这个协议是无效的。赵某主张，杨某应该先与保险公司协商赔偿，获得保险公司的赔偿之后，其可以根据情况给他适当的赔偿。但是，不能赔偿一辆汽车的钱，其也不要汽车。

杨某认为，其还没来得及买保险，找保险公司，保险公司也不会理赔。

其二，房屋产权人方某该不该承担连带赔偿责任?

杨某认为，方某将房屋出租给赵某，方某对出租房屋负有管理的义务，而方某失于管理，应承担连带责任。

赵某也认为，汽车是被方某家的塑钢窗砸坏的，其已付房租，方某家的东西砸坏汽车，方某当然应该赔偿。

方某认为，其与赵某是房屋租赁关系，租期是一年。其只收了一个季度的租金共计6000元，其余租金赵某没有给付。起火的原因是赵某在炖肉时睡着了。其在救火放烟时把窗户损坏，砸坏了汽车。失火原因与自己无关，砸坏汽车是赵某的行为。其没有管理的义务，也不同意承担连带赔偿责任。

法庭几经审理，查明了案情的来龙去脉。法庭认为：依法成立的合同，对当事人具有法律约束力。当事人应当按照约定履行自己的义务。赵某是实际侵权人，根据过错责任原则，应当承担赔偿责任。房屋产权人方某在本案中无过错，不应承担连带赔偿责任。

最后，法庭作出一审判决：自判决生效十日内，赵某赔偿原告杨某购车款、税务及修车款等费用，总计73188元人民币。赵某支付赔偿款之后，杨某将其原有汽车归赵某所有，因车辆过户所产生的费用由赵某承担。

[案件争议或法律问题]

本案争议的焦点是：因出租屋失火掉落窗户被砸坏的私家车，到底该由谁赔偿？出租屋的产权人，应该负有连带赔偿责任吗？双方当事人签订的赔偿协议是否有效？协议签订后，其中一方是否可以擅自变更或者解除合同？

[参考结论及法理分析]

一、出租屋失火掉落窗户被砸坏的私家车，到底该由谁赔偿，出租屋的产权人，是否该负有连带赔偿责任

本案中私家车被失火的出租屋掉下来的窗户砸坏，这是一个典型的侵权案件。应当找到真正的侵权人。在房屋租赁合同中，保障房屋安全是承租人和出租人双方共同承担的义务。根据本案的审理得知，出租屋的产权人方某对火灾的发生没有过错。承租人赵某事实上占有和支配该房屋，因其原因导致火灾造成钢窗坠落砸坏车辆，因而是本案的实际侵权人。依据《中华人民共和国民法通则》第106条第1款、第2款，第117条第2款的规定，公民、法人违反合同或者不履行其他义务的，应当承担民事责任。公民、法人由于过错侵害国家的、集体的财产，侵害他人财产、人身的，应当承担民事责任。侵占他人财产的，应当返还财产，不能返还财产的，应当折价赔偿。方某在本案中无过错，根据过错责任原则，方某不应承担连带赔偿责任。

二、双方当事人签订的赔偿协议有效，协议签订后，其中一方是否可以擅自变更或者解除合同

此协议是经过受害人杨某和侵权人赵某反复协商、共同认可的基础上签订的，而且双方都是具有完全行为能力的人，其协议内容是双方真实意思表示，根据《中华人民共和国合同法》第8条之规定，该合同为有效合同。依法成立的合同受法律保护，对任何一方当事人都具有法律约束力。当事人应当按照约定履行自己的义务，不得擅自变更或者解除合同。显然，赵某的辩解是缺乏法律依据的，其欲单方面变更协议内容的主张，当然不会得到法庭的支持。因此，赵某应当按照约定和法庭判决履行自己的义务。

案例五　租客拉灯线，引燃隔壁租户酿火灾，谁担责

——保障房屋安全是承租人或出租人的单方义务还是双方共同承担的义务

［案情］

2008 年 8 月，原告 A 公司为经营需要，向被告 B 公司租用了房屋，双方签订了一份房屋租赁合同，该合同第 4 条约定："房屋出租后，严格加强安全预防措施，特别要加强室内用电和冬季取暖火炉的管理，杜绝一切不安全事故的发生，如有不安全事故发生而造成盗窃、火灾等损失，由肇事者一方负经济和法律责任。"原告 A 公司租用房屋后，在作为库房用的房屋内安装了配电盘。

此后，被告 B 公司把与原告 A 公司承租的房屋相连的另一间房屋出租给第三人张某开餐馆使用。A 公司得知后，认为存在安全问题，极力反对，但被告公 B 司并不顾原告 A 公司的极力反对，仍把另一件房屋出租给第三人张某用于开餐馆使用，并从原告 A 公司所承租库房里的配电盘下接装一电表，供第三人张某用电使用。

2009 年 1 月 3 日上午 9 时许，原告 A 公司的库房起火。经消防部门勘查认定火灾的原因是："第三人张某在启动一盏 40 瓦的日光灯时，因气温低，启动时间长，致使该配电盘闸刀保险丝爆断，高温火花掉落在配电盘下堆放的纸箱上，引燃纸箱酿成火灾。"根据勘验的结果，消防部门对原告 A 公司、被告 B 公司作出了消防管理处罚裁决，认定："原告 A 公司违反消防安全管理规定，在配电盘下堆放货物无间距，造成火灾。""B 公司未经消防监督机关同意，违反电气安装规程，私自接用电线，造成火灾。"根据勘验核定的火灾经济损失结果，原告 A 公司被烧毁的商品价值 6.8 万元。

原告 A 公司起诉，要求被告 B 公司承担其所遭受的经济损失。第三人张某在用电时不注意安全，疏忽大意导致火灾发生，对造成的经济损失也应承担连带责任。

法院判决，原、被告双方在平等互利的基础上所签订的房屋租赁合同，是合法有效的合同。但被告违反合同约定，未经消防监督部门同意，违反电器安装规程，私自接用电线，结果造成火灾发生，理应承担赔偿责任。但原告未按消防管理的有关规定，在配电盘下堆放货物时没有留出一定的间距，对火灾的发生亦应负一定的责任。本案火灾是由于第三人张某开灯引起，但其开灯的行为并不违法，保险丝在特殊情况下爆断，正是保险丝的保险作用。因此，保险丝爆断属于合理现象。而发生火灾的地方，不在第三人张某的租赁范围内，其也就不负有对这部分房屋的保障安全的义务，故其不应承担责任。判决被告赔偿原告因火灾造成的直接经济损失 6.8 万元中的 70%，计 4.76 万元。

［案件争议或法律问题］

1. 保障房屋安全是承租人或出租人的单方义务还是双方共同承担的义务。
2. 第三人张某是否应当承担赔偿责任。

[参考结论及法理分析]

一、在房屋租赁合同中，保障房屋安全是承租人和出租人双方共同承担的义务

在本案中，无论是原告A公司与被告B公司之间，还是被告B公司与第三人张某之间的房屋租赁合同，都约定了“房屋出租后，严格加强安全预防措施，特别要加强室内用电和冬季取暖火炉的管理，杜绝一切不安全事故的发生，如有不安全事故发生而造成盗窃、火灾等损失，由肇事者一方负经济和法律责任”的内容。对此内容，我们可以把它叫做合同的保障房屋安全义务条款。但这种义务是属出租人或承租人的单方义务，还是属出租人和承租人相互之间都应承担的义务？在房屋租赁法律关系中，出租人负有对出租房屋进行维修和保证承租人居住安全和正常使用的义务，此种义务不仅对作为不动产的房屋建筑本身而言，还包括依有关法律规定依附于不动产并属房屋所有人（包括出租人）负管理职责的附属设备等，如房屋内的用电设施。因此，在本案中，从消防部门作出的消防管理处罚裁决中认定的结果来看，出租房屋内用电设施的安装及管理，显然属出租人A公司的责任范围。承租人对承租的房屋负有正当合理地使用及在租赁期间注意保护房屋安全的义务，这种义务决定承租人除以符合租赁合同约定的用途使用房屋外，还必须按有关管理法规谨慎、小心地从事有关活动，活动及其行为都要符合法律规定。从消防部门对承租人B公司所作出的消防管理处罚裁决来看，显然其存放物品的行为不符合消防管理的要求，是有碍其注意保护房屋安全义务的正确履行的。基于上述事实和特征，应当认为，此保障房屋安全义务条款不是对出租人或承租人单方而言的，而是同时对双方而言的，是双方都必须履行的义务。现双方实际上都发生了“违约”的问题，只不过是责任大小的不同罢了。法院判决认定原告A公司、被告B公司对火灾的发生都有责任，应按责任大小分担损失，是符合法律法规规定的。

另外，从消防管理法律关系来看，无论是出租人还是承租人，都负有防止火灾发生、维护公私财产及公民人身安全的义务，其中出租人是以业主的名义，承租人是以使用人的名义，都在一定范围内负有这种义务。因此，如果双方都有过错的话，依此关系即可确定双方对同一事件的混合过错，而不必再从双方的合同关系上去确定混合过错。

二、在本案中，第三人张某不应承担原告的经济损失赔偿责任

在本案中，第三人张某是否应当承担责任或部分责任？本案中，根据消防部门认定的火灾原因，是第三人张某启动日光灯时，由于气温低启动时间长，致使配电盘处闸刀“保险丝”爆断。可以说第三人张某启动日光灯的行为和保险丝爆断有因果关系，但其开灯的行为并不违法，保险丝在特殊情况下爆断，正是保险丝的保险作用。因此，应当认为保险丝爆断是合理现象。而发生火灾的地方，不在第三人张某的租赁范围内，其也就不负有对这部分房屋的保障安全的义务，不可能从此意义上产生其应承担的责任。在配电盘下接电表，即使是第三人张某所为，但是经出租人同意的，并且是出租人对“电气安装”负报批、安装和检查、管理责任，所表现的是应由出租人作为而出租人不作为的行为，应为出租人之过错。根据“行为人对其过错行为负责”的原则，第三人张某不应对出租人的过错行为负责。据此，在本案中，第三人张某不应承担对原告的损失赔偿责任。

案例六　私改出租房屋发生火灾，中介公司被判担责

——中介公司私改出租房屋，承担赔偿责任

[案情]

赵先生出租房屋被烧毁，故将承租人张女士、物业管理公司及房产经纪公司诉至法院。近日，人民法院判决被告张女士赔偿原告赵先生因火灾造成的各项损失共计 7 万余元；被告房产经纪有限公司就上述赔偿款对原告承担连带赔偿责任；被告物业公司赔偿原告因火灾造成的各项损失共计 7 万余元。

原告赵先生诉称两处房屋为原告所有并出租。2008 年 2 月 14 日早晨，因其中一套房屋内的承租人张女士使用电器不当引发火灾，再加上消防通道不畅，楼内消防栓无水，火灾蔓延导致原告两套房屋被严重烧毁。根据消防部门出具的《火灾事故责任书》认定，承租人张女士使用电器设备存在过失，对此次火灾负有间接责任；物业公司未能保障消防设施的正常有效使用以及院内消防车通道畅通，应负间接责任。

原告认为被告张女士、物业公司应当赔偿原告的财产损失。而被告房产经纪公司将原告拥有的房屋转租给被告张女士，没有尽到监督管理责任导致火灾，存在过错，应当与上述两被告承担连带赔偿责任。原告赵先生请求法院判令三被告共同赔偿房屋损失 29 万元，同时要求被告赔偿因房屋被烧毁无法出租的可得出租利益损失 7 万元。

被告张女士辩称，由于被告某房产经纪公司擅自使用不符合消防法规的材料擅自改造房屋，且原告未加阻止，使火势蔓延，所以只能承担轻微责任。

被告物业公司辩称，原告赵先生的房屋内部是火灾发生点，因此物业对火灾发生造成其房屋内部的损失没有赔偿义务。原告擅自将天井封堵、改造房屋，导致用电有危险性，且电源插座无电路保护措施，导致火灾发生，其应承担责任。

被告房产经纪公司辩称，原告与该公司为委托代理关系，委托该公司出租失火的两套房屋。2007 年 3 月 28 日，该公司与被告张女士的同学王女士签订租赁合同，将其中一套房屋的客厅部分出租给王女士。根据法律规定，被代理人对代理人的民事行为承担民事责任，故房屋失火的损失应由原告承担。另外，房产公司不存在转租行为，对于失火不存在过错，不应承担任何责任。发生火灾地点为客厅，该处隔断是原告自行安装的，被告房产公司所作的隔断在餐厅，安装隔断的材质为石膏板和木条，与合同中约定的一致，原告亦认可。涉案两处房屋在火灾前出租的情况现已无法提供，火灾最后的损失情况房产经纪公司并不清楚。因此不同意原告的诉讼请求。

法院经审理认为，根据已查明的事实，被告张女士作为出租房屋的使用人，在使用电器设备方面存在过失，引起火灾，应对因火灾造成原告的合理损失承担民事赔偿责任。被告物业公司作为物业管理单位，未能保障消防设施的正常有效使用以及院内消防车通道畅通，对火灾造成原告的合理损失亦应承担相应的民事责任。但因火灾系被告张女士的过失行为直接引起，其应承担主要的民事责任，被告物业公司应承担次要的民事责任。依据租房合同约定，房产经纪公司负有对房屋使用人进行监管的义务，在因他人过错导致房屋损坏时，有向委托方进行民事赔偿的责任。另外，该房产经纪公司使用非阻燃材料加装房屋隔断，增加了房屋的安全隐患，对火灾的发生及火灾损失的扩大有一定责任。由于被告某

房产经纪公司允许与其签订租赁合同的王女士另行安排他人共居，应当与引起火灾的被告张女士承担连带赔偿责任。

[案件争议或法律问题]

物业公司和中介公司各承担何种责任。

[参考结论及法理分析]

本案中，被告张女士作为房屋的实际使用人，有保障房屋安全的义务，但是其却由于疏忽导致在使用电器设备方面存在过失，引发火灾，主观上具有过错，根据过错责任原则，应当对因火灾造成的损失承担赔偿责任。由于火灾是张女士的过失行为直接引起，其应承担主要的民事赔偿责任。

《物业管理条例》第47条规定："物业管理企业应当协助做好物业管理区域内的安全防范工作。发生安全事故时，物业管理企业在采取应急措施的同时，应当及时向有关行政管理部门报告，协助做好救助工作。"这里的安全防范工作就是安全保障义务。具体来讲，包括以下几个方面：一是物业公司在设备设施方面的安全保障义务。物业公司需要安装必要的设施设备来保障业主和物业使用者的人身财产安全。二是物业公司在管理制度方面的安全保障义务。物业公司在管理制度方面的安全保障义务，就是要求物业管理公司自身建立起一套完善的管理制度，并按照这套制度来运作，保障其所辖区域处于安全状态。三是物业公司在防范制止违法行为方面的安全保障义务。本案中的被告物业公司作为物业管理单位，未能保障消防设施的正常有效使用以及院内消防车通道畅通，对火灾造成原告的合理损失亦应承担相应的民事责任。

中介公司与原告之间签订了租房合同。依约定，房产经纪公司负有对房屋使用人进行监管的义务，在因他人过错导致房屋损坏时，有向委托方进行民事赔偿的责任。另外，该房产经纪公司使用非阻燃材料加装房屋隔断，增加了房屋的安全隐患，对火灾的发生及火灾损失的扩大有一定责任。由于被告某房产经纪公司允许与其签订租赁合同的王女士另行安排他人共居，应当与引起火灾的被告张女士承担连带赔偿责任。

案例七　业主家中失火，状告物业

——根据《物业管理服务合同》，物业有没有救火义务

[案情]

一天凌晨，江女士房内突然起火，火势凶猛，物业公司人员马上报警。消防队员赶到后，扑灭了大火，所幸无人员伤亡，但江女士财产受损达2.7万元。江女士认为，物业公司在管理范围内发生火灾时，没有采取合理措施，导致其损失惨重，违反了《物业管理服务合同》，应该承担责任。但物业公司却表示："我们接到江女士呼救后，马上派人上楼核实，并立即报警。公司履行了自己的义务，并无过错，不应承担民事责任。"法院审理后判决，对江女士的诉讼请求不予支持。

[案件争议或法律问题]

物业公司是否违反《物业管理服务合同》约定是本案争议焦点。

[参考结论及法理分析]

物业和业主之间基于《物业管理服务合同》建立起服务合同关系。物业公司应当依照服务合同的规定履行义务。因而，物业公司是否违反《物业管理服务合同》约定是本案争议焦点。根据合同条款可以看出，物业管理公司是针对小区的公共区域、共用设施提供物业管理服务，服务范围不包括小区业主房屋内部。由此，在原告房屋内部火灾发生时，物业公司没有为其扑灭火灾的义务。而且，火灾的扑救是一项富有专业性、技术性的工作，物业公司仅仅是物业管理服务机构，而非消防机构，没有火灾扑救的法定义务。

案例八　他人燃放爆竹引燃小区车辆，谁赔偿

——物业公司承担违约责任，还是安全保障责任

[案情]

除夕之夜，一场突然的火灾发生在了张先生的车上。当时在一阵烟花爆竹过后，张先生的爱车车头部位突然发生了燃烧，幸亏物业巡逻人员发现及时参与救助，车仅被烧毁部分。最后通过调查分析，该车保险杠附近有明显的缝隙，而该缝隙就在燃烧的起火点旁。在仔细检查保险杠后发现在燃烧点附近有一些红色物件残骸，通过分析确定，这些红色物体残骸是爆竹的遗留物，为此认定，起火是由于爆竹所引发。鉴定结果出来后，车主就将矛头指向物业，车主认为物业并没有尽到保管车辆的义务，因此希望物业能够对损坏车辆进行赔偿。物业则认为，物业仅提供车辆的停放点，并不需要承担看管义务。同时，事件的发生并不是由于物业的疏忽而造成，物业在事故后立刻进行了救援将损失减小到最低，尽到了相应的管理义务，并不应该再承担其他的责任。虽然事件最后通过相关部门的协调，物业和车主共同承担损失，但是，物业对于自身承担责任并不认同，同时车主也觉得自己不应该承担责任。无奈之下，张先生将物业公司告上法庭。

据查，张先生与物业公司签订《物业服务合同》一份，主要载明，甲方：张先生；乙方：某物业有限公司；甲、乙双方就前期物业服务合同达成如下协议：乙方对房屋共用部位、共用设施设备、绿化、环境卫生、保安、交通等项目进行维修、修缮；乙方协助公安部门维护本物业区域内的治安和公共秩序（但不含人身、财产保管责任）；乙方仅对本物业内的车辆提供场地清洁服务和停放秩序维持服务等相关的物业服务，对车辆及车辆上的财产不承担保管义务，由甲方自行负责车辆及其内部财物的安全；机动车车位产权归业主所有，每个车位每月收取20元物业管理费和清洁费等。合同签订后已实际履行。

[案件争议或法律问题]

业主和物业使用人的车辆等财产在小区被损坏，如业主和物业使用人与物业公司之间建立了保管合同，物业公司应承担损害赔偿的保管违约责任；如业主和物业使用人与物业公司之间未建立保管合同，物业公司基于《物业管理条例》的规定，对业主和物业使用者的财产负有安全保障义务，物业公司未履行或未适当履行安全保障义务，未尽合理的注

意义务的，应依法承担相应的补充赔偿责任。对物业公司是否尽到安全保障义务的举证责任，应由物业公司承担。

[参考结论及法理分析]

本案是一起业主车辆在小区毁损，物业公司是否承担责任的典型案件。此类案件在现实生活中时有发生，物业公司该如何担责？我们认为应区分不同情况分清物业公司的法律责任。下面作一评析。

一、本案中业主不能向物业公司主张保管合同违约责任

保管合同是保管人保管寄存人交付保管物，并返还该物的合同。当业主与物业公司之间存在保管合同关系时，业主财产毁损灭失风险转移至物业公司，物业公司不承担下文所述的安全保障义务，而是承担保管义务。业主的财产遭受第三人侵害，保管人有赔偿义务，不得以第三人侵权为由抗辩。同时，业主作为所有权人与侵权人之间形成侵权法律关系，侵权人有义务赔偿业主财产损失。这种情况下，业主既可以以保管合同向物业公司主张违约责任，也可以向侵权人主张侵权责任，但二者只能选择其一。

保管合同以物品的保管为目的，须有保管物占有的转移，保管物交付保管人，保管合同才能成立。从本案看，一是双方在物业服务合同中明确约定，就原告车辆不建立保管合同关系；二是原告缺乏一个向被告物业公司交付车辆的具体占有转移行为。故原、被告双方尚未建立保管合同法律关系，业主不能以双方已建立保管合同关系，应承担不适当履行保管合同的违约责任主张权利。

二、物业公司应承担未尽安全保障义务的侵权责任

当第三人侵害业主财产权利，业主与物业公司之间不存在保管合同关系，是否物业公司就不承担法律责任？答案是否定的。物业公司应承担安全保障责任。

安全保障义务在国外立法例及判例均有规定和涉及，一般是指义务人有在合理限度范围内保护他人人身和财产安全的义务。安全保障义务的目的是为了保护他人的人身和财产安全，其主要内容是作为，即要求义务人必须采取一定的行为来维护他人的人身和财产免受侵害。这种义务的具体内容既可以基于法律的明确规定，也可以基于合同义务，还可以基于诚实信用原则而产生。

安全保障义务的概念在我国此前的法律中从未出现过，最高人民法院2003年颁布的《关于审理人身损害赔偿案件适用法律若干问题的解释》第6条首次规定了安全保障义务，对住宿、餐饮、娱乐等经营活动和其他社会活动的义务人的安全保障义务作了规定。《侵权责任法》第37条在总结司法实践经验的基础上，借鉴国外相关规定，对未尽到安全保障义务的侵权责任作了明确规定。

《物业管理条例》第47条规定："物业管理企业应当协助做好物业管理区域内的安全防范工作。发生安全事故时，物业管理企业在采取应急措施的同时，应当及时向有关行政管理部门报告，协助做好救助工作。"这里的安全防范工作就是安全保障义务。

具体来讲，物业管理公司对业主人身、财产安全保障义务包括以下几个方面：

一是物业公司在设备设施方面的安全保障义务。物业公司需要安装必要的设施设备来保障业主和物业使用者的人身财产安全。

二是物业公司在管理制度方面的安全保障义务。物业公司在管理制度方面的安全保障义务，就是要求物业管理公司自身建立起一套完善的管理制度，并按照这套制度来运作，保障其所辖区域处于安全状态。

三是物业公司在防范制止违法行为方面的安全保障义务。这项义务在物业公司对业主和物业使用者的安全保障义务中属于核心地位，主要分为两类：第一是物业公司在防范违法行为方面的安全保障义务，指物业公司在业主人身财产损害尚未发生前所应有的警觉和注意义务，主要包括：根据小区的特点，合理布岗，执行门卫管理制度，实施安保制度，对小区可疑人员进行询问，以确保业主的人身财产安全等。第二是物业公司在制止违法行为方面的安全保障义务，是指物业公司在业主遭受损害时和损害后的救助义务，物业公司在小区内发现犯罪嫌疑人及危险物品或发生治安、刑事案件或各类灾害事故时，要立即报告公安机关，并保护好案发事故现场。

三、物业公司未尽安全保障义务，应当承担相应的补充责任

1. 第三人的侵权责任和物业公司的补充责任是有先后顺序的

小区业主车辆毁损，是第三人侵权行为和物业公司未尽到安全保障义务两个因素结合在一起形成的，第三人侵权行为是造成损害的直接原因，应当首先由第三人承担责任，在无法找到第三人或第三人没有能力全部承担损害赔偿时，才由物业公司承担侵权责任。如果第三人已全部承担了侵权责任，则物业公司不再承担侵权责任。

2. 物业公司承担的补充责任是相应的补充责任

对第三人没有承担的侵权责任，物业公司不是全部承担下来，而是在其未尽到安全保障义务的范围内承担，即根据安全保障义务人物业公司未尽到的安全保障义务的程度来确定其应当承担的侵权责任份额。

本案中，如前所述，物业公司对原告的车辆虽无特定的保管义务，但对本小区的所有业主和物业使用者具有安全保障的法定义务。物业公司的门卫和保安保持应有的警觉和合理的注意义务，由于物业公司工作人员未尽谨慎的注意义务，就应承担相应民事责任。根据物业公司的过错，判决物业公司承担毁损车辆30%的份额比较适当。

生活在小区的业主，对其财产权利的保护是物业服务的重要内容，也是衡量物业管理服务质量的重要指标之一。但目前，总体上来讲，物业公司的物业服务质量较差，如设备设施不到位、管理制度缺失、安全防范缺位，人民法院通过安全保障义务法律制度判决未尽义务的物业公司承担相应责任，有助于促进物业公司增设硬件设施，加强制度建设，强化巡查、巡逻等保安义务，改进和提高服务水平。

案例九　车行仓库火灾，付款车辆被烧毁

——标的物毁灭的风险，交付之后由买受人承担

[案情]

原告李某因个人需要到被告甲车行购买小轿车。经过一番挑选和调试，李某决定购买车价为19.8万元的A牌小汽车。当时李某因所带银行卡中的一张出现问题，因而只支付了15万元价款，约定欠款4.8万元，在第二天提车时全部付清。由于该车型比较抢手，该车行只有这一辆样车，为防止挑选的车被别人买去，李某要求甲车行将该车从展厅移至库房存放，不料当日夜里车行库房发生火灾，包括李某买的A牌小汽车在内的5台存车

全部被大火烧毁。第二天，李某带钱来提车时，甲车行负责人说，在车行库房存放的汽车已经全部烧毁，不能提车，由于车已经卖给李某了，要求李某交清欠款4.8万元。李某与甲车行生争执。双方争执不下，李某诉至法院，要求甲车行返还其预付款15万元。甲车行辩称，A牌小汽车已经卖给李某，所有权已经转移，风险责任应由李某负担，但由于本案的实际情况比较特殊，不再要求李某给付欠款，但15万元预付货款不能返还，请求法院驳回李某的诉讼请求。

[案件争议或法律问题]

本案争议的焦点是：被告是否已将A牌小汽车交付原告，汽车意外灭失的风险由谁负担？

[参考结论及法理分析]

一、买卖合同风险发生的原因

1. 因不可抗力导致标的物的毁损灭失

不可抗力是指不能预见、不能避免与不能克服的客观情况，包括两大类：一类是由自然现象而引起的，如因地震导致房屋倒塌，因洪水导致建筑物或农作物的毁损灭失等；另一类是由社会现象而引起的，如战争、罢工、政府封锁或禁运等，导致标的物的毁损灭失的损失究竟由谁来承担却是违约责任制度所不能解决的，只能依靠风险承担制度在当事人之间进行合理的风险分配。根据《合同法》第149条："标的物毁损、灭失的风险由买受人承担的，不影响因出卖人履行债务不符合约定，买受人要求其承担违约责任的权利。"可以得知，标的物的风险承担与违约责任是两个独立的法律关系，不能混为一谈。

2. 因意外事故导致标的物的毁损灭失

意外事故的不可预见性是指特定的当事人主观上的不可预见，而事实上是可以预见的，意外事故虽然也具有不可预见性，但它常常是能够改变和克服的，例如，意外的大火导致建筑材料烧毁，因为冰雹导致农作物被毁坏等。由于我国《合同法》一般采取的是严格责任，除了不可抗力与免责条款外，不承认意外事故的免责，也就是说如果是因意外事故导致标的物的毁损灭失，当事人通常可以以违约为理由要求违约方承担损害赔偿责任，违约责任制度得以适用。然而《合同法》在分则当中又规定了某些过错责任，例如《合同法》第265条规定："承揽人应当妥善保管定作人提供的材料以及完成的工作成果，因保管不善造成毁损、灭失的，应当承担损害赔偿责任。"假如定作人提供的材料因意外事故（如大火）而损毁，但又无法证明承揽人的故意或过失，那么承揽人就不应该承担损害赔偿责任，即违约责任制度在此无法适用，已发生的损失只能由风险负担制度来补充，因此，在某些以过错责任为原则的情况下，因意外事故导致标的物的毁损灭失也可以成为风险负担的事由。

3. 当事人不能预见的第三人的过错

在适用严格责任的情况下，第三人实施某种行为造成标的物毁损灭失，根据合同对等原则，债务人应向债权人承担违约责任，但在某些过错责任的情况下，债务人可能对损害的发生没有过错，即其尽到了最大的努力和注意，仍不能避免损害的发生，例如火车越轨事故、武装抢劫导致标的物损毁灭失，这种情况虽然是因为第三人引起的，也应属于风险。

二、买卖标的物毁损灭失的风险一般由谁承担

标的物风险是指买卖合同订立后债权债务清结之前标的物因不可归责于双方任何一方的事由而发生毁损、灭失的事由。在这种情况下，由于任何一方都不对风险的发生负责，于是就发生应由何方负担损失的问题。如果风险由出卖人负担，出卖人则丧失向买受人追索标的物价款的权利；价款若已付，出卖人应承担返还价款给买受人支付价款的义务。如果风险由买受人承担，买受人仍负有向出卖人支付价款的义务。这里所说的风险，是指标的物的灭失、损毁，必须是由于当事人以外的原因造成的，如果是由于当事人故意或过失造成的，则由有过错的一方承担损失。

标的物风险承担是指买卖的标的物在合同生效后因不可归责于当事人双方的事由，如地震、火灾、飓风等致使发生毁损、灭失时，该损失由哪方当事人承担。风险承担的关键是风险转移的问题，也就是说如何确定风险转移的时间。转移的时间确定了，风险由谁来承担也就清楚了。由于它涉及买卖双方当事人最根本的利益，所以从来都是买卖合同法中要解决的一个最重要的问题。

我国《合同法》第 142 条规定："标的物毁损，灭失的风险，在标的物交付之前由出卖人承担，交付之后由买受人承担，但法律另有规定或当事人另有约定的除外。"根据这一规定，标的物所有权的转移有以下三种情况：其一，标的物风险责任自交付时起转移，这是标的物风险转移的一般情况；其二，法律另有规定的，从法律规定；其三，合同另有约定的，从合同约定。对于第二种情况，如《合同法》第 143 条规定的买受人迟延收受标的物的情况；对第三种情况，如《合同法》第 144 条规定的当事人约定的情况。

综上可见，我国合同法是以交付作为判断风险转移的一般标准的。交付前由出卖人承担，交付后由买受人承担。

三、本案中涉案车辆的交付及毁灭的责任承担问题

1. 关于涉案车辆是否交付的问题。这是处理本案的核心问题。甲车行与李某约定次日取货，这表明次日才是实际交付标的物的时间，当日汽车并没有交付，仍在甲车行的占有、管控之下。依据上述规定和我国《民法通则》第 72 条第 2 款的规定："按照合同或者其他合法方式取得财产的，财产所有权从财产交付时起转移，法律另有规定或当事人另有约定的除外。"本案中李某所购车辆所有权的转移须依该规定来认定。由于双方当事人并未约定李某所购车辆自协议时起转移，也未约定所有权转移的其他方式、时间，法律上也未另作规定，因此李某所购车辆的所有权只能从交付时起转移。

2. 本案标的物毁损灭失责任应如何分担的问题。既然车辆所有权转移的时间以交付时为界，那么在未交付之前，财产处于甲车行的控制、管理之下，并不处在李某的控制之下，其被大火烧毁时所有权仍归甲车行所有，甲车行应对车辆大火烧毁承担风险责任。因此，本案中李某所购小汽车尚未交付，其被烧毁的风险责任应由出卖人甲车行承担，出卖人不仅丧失了向买受人李某追索价款的权利，还应承担向其返还已交付的价款的义务。

案例十　出卖的电视机被烧毁，损失谁承担

——以占有改定方式交付的，标的物风险从协议生效时转移

[案情]

甲乙二人于2007年11月19日签订了一份买卖一台电视机的协议，约定2007年11月22日由甲将电视机交付给乙。签约当时，乙就将购买电视的钱款交与甲。2007年11月22日一早，乙就到甲家里来取电视机，甲就和乙商量，说今晚家中来个客人，先借用一晚，第二天早上让乙再来取，并说为此给乙20元钱。乙同意了。结果在当天晚上，甲家邻居遭遇雷电击中配电箱引发火灾，殃及甲家，将电视烧毁，导致甲无法交付电视。乙要求甲交付电视机并承担赔偿责任，甲认为，电视已经卖给了乙，乙应当承担电视被烧毁的后果。

[案件争议或法律问题]

电视是否已经交付，谁应当承担电视灭失的后果。

[参考结论及法理分析]

我们首先应当对交付的含义和种类进行了解，同时《合同法》第142条对买卖合同的风险负担作出了规定，应解析其内涵。

一、交付的方式

风险转移采交付主义的理论基础是：风险控制的有效激励制度，货物在谁手中，谁就较容易保护货物，而谁就应承担货物风险。

所谓交付，指的是标的物的移转占有，在承认物权行为的国家，交付一般包含了所有权转移的意思，但按照我们国家的通说，所有权转移的意思已经包含在债权合同里，交付只是一个履行债务的事实行为。

所有权的转移与风险的转移具有可分性，在一般情况下，交付是财产所有权转移的生效要件，但在很多情况下，所有权的转移时间与风险转移时间是不一致的。如所有权保留买卖、不动产买卖，交付都不是所有权转移的生效要件。

交付包括现实的交付和观念的交付（简易交付、指示交付、占有改定），风险的转移不限于现实交付的情况。下面分别阐述：

1. 现实交付，简单的说就是将标的物直接转移对方控制、支配。不过其支配是否转移，通常依交易观念确定。例如自行车买卖，交付钥匙且该车已置于债权人可以领取的地点，就可以视为交付，这时风险发生转移。

不过随着现代社会的发展，现实的交付还可以表现各种特殊的形态，例如当事人往往假借他人之手实行现实交付。根据相关理论以及《合同法》第141条、第144条、第145条的规定，总结如下：

一是通过占有辅助人而交付，如债务人通过其雇员交付货物；

二为通过占有媒介而为交付，最典型就是通过第三人的运输（送交之债）履行，出卖人与承运人签定运输合同，买受人（收货人）依据运输合同的指定，取得标的物的占

有返还请求权，标的物即移转于买受人间接占有，因此，货交第一承运人后，交付完成，风险也随之转移；

三是隔地交付的问题，即当事人虽约定采用第三人运输的方式交付货物，但当事人明确约定了交付地点的，则应遵循其意思，须在约定的地点交付后，风险才发生转移；

四是送货上门（赴偿之债）时，需在买受人的住所或指定的地点完成交付，风险才转移，因此时承运人是出卖人本人或其占有辅助人；

五是买受人自提（往取之债）货物时，出卖人的住所或由其指定的地点为交付地，于交付地交付完成后，风险转移；

六是路货买卖（标的物在运输途中）的场合，除当事人另有约定的以外，毁损、灭失的风险自合同成立时起由买受人承担。

2. 简易交付，是指货物买卖合同订立之前，买受人已直接占有货物，合同生效时便产生交付的效果，无须现实交付，称为无形的交付。《合同法》第140条承认了简易交付，因此，简易交付也可产生风险转移的效果。

3. 指示交付，是指货物已经在第三人占有的情况下，出卖人将其对占有人的返还请求权转移给买受人，由买受人向第三人行使，以代替现实的交付。值得注意的是，晚近以来，由于财产的证券化，产生了交付表彰该财产权利的证券来代替财产交付本身的现象，如仓单、提单的交付，就视为货物的交付，理论上称之为拟制交付，通常是指示交付的一种特殊情况。《合同法》第135条承认了拟制交付，虽然没有将范围扩大到一般的指示交付，但由于此时标的物已经处于买受人的控制之下，风险可发生转移。但是，当标的物已经实际交付时，其权利凭证及其他标的物单证、材料即使没有交付，也不影响风险的转移。（《合同法》第147条）

4. 占有改定，是指当事人约定在转移标的物的所有权后，出卖人仍然继续占有标的物，通过约定使买受人取得标的物的间接占有（返还请求权），以代替标的物的交付。我国《合同法》中尚未规定这种交付方式。

二、买卖合同的风险负担——《合同法》第142条之解析

《合同法》第142条规定："标的物毁损、灭失的风险，在标的物交付之前由出卖人承担，交付之后由买受人承担，但法律另有规定或者当事人另有约定的除外。"对这条规定具体分解如下：

1. 该规定与世界立法潮流相符，是关于标的物毁损、灭失的风险负担，由于标的物的毁损和灭失直接影响价金给付债务人是否应继续给付，因此这实际上是对买卖合同价金风险的分配。

2. 标的物毁损、灭失的风险转移以交付为准，在交付前由出卖人承担，其后果是：标的物因不可归责的事由损毁或灭失，出卖人（价金债权人）丧失对买受人（价金给付债务人）的价金请求权。这相当于价金风险负担的债权人主义效果。

3. 标的物在交付后风险由买受人承担，其后果是：标的物因不可归责的事由损毁或灭失，出卖人（价金债权人）仍得向买受人（价金给付债务人）请求支付价金。这相当于价金风险负担的债务人主义效果。

4. 标的物部分灭失时，其因风险负担之价金按比例减少，但残留的部分标的物对买受人无益的，风险负担之价金仍按全额计算。

5. 法律另有规定或当事人另有约定的，从之。

《合同法》第142条规定："标的物毁损、灭失的风险，在标的物交付之前由出卖人承担，交付之后由买受人承担，但法律另有规定或者当事人另有约定的除外。"本案中，甲、乙双方并未对合同标的物毁损、灭失的风险作出约定，因而应当依照《合同法》第142条的规定进行处理。本案的一个焦点问题就是，出卖人甲是否将电视机交付给了买受人乙。甲、乙约定的交付日期是2007年11月22日，当天乙来取电视机时，甲、乙二人对电视机的交付达成了一个协议，就是由甲借用乙的电视机一晚，甲为此支付费用20元。这个协议就是占有改定，即甲将电视机的所有权转移给乙，但是由甲再继续占有（借用）一晚。据此可知，甲以占有改定的交付方式已经将电视机交付给了乙。虽然，我国《合同法》对此没有规定，但是，我国《物权法》第27条规定："动产物权转让时，双方又约定由出让人继续占有该动产的，物权自该约定生效时发生效力"，承认了占有改定下，所有权从约定生效时所有权发生转移。因此，本案中，甲、乙于2007年11月22日达成的电视机的借用协议，是对之前签订的买卖合同的补充，在该补充协议达成时，甲就以占有改定的方式将电视机交付给了乙，电视机的所有权就由出卖人甲转移至买受人乙，风险也随之转移，由出卖人甲转由买受人乙承担。

案例十一　雷电引发火灾烧毁商品房赔偿案

——商品房竣工并交付使用但未办理过户阶段，毁损灭失风险责任的承担

[案情]

王女士与甲开发商签订了一份商品房购销协议，王女士一次性付清了50万元房款。2009年5月，开发商向王女士交房，双方办理了相关手续，开发商向王女士交付了所购房屋的钥匙，约定房产证在三个月之内办理下来。2002年7月，该栋楼房因雷电交加引发火灾，后被消防队员扑灭。因王女士所购住房在顶楼，在大火中遭到毁损。王女士向开发商主张：由于该房屋刚买，还没有过户，所有权仍归开发商所有，由于雷电导致引发火灾属于不可抗力，因而房屋毁损灭失的风险应由开发商承担。因而要求开发商赔偿损失或者退房退款。开发商不同意，遂被王女士起诉至法院。

[案件争议或法律问题]

商品房竣工并交付使用但未办理过户阶段，毁损灭失风险责任的承担。

[参考结论及法理分析]

现实生活中，许多已经预售商品房出现损毁、灭失的情况。这些已经预售商品房是指已经签订《商品房买卖合同》，但未办理过户登记的商品房。从时间上又分为二个阶段：商品房仍然在建阶段，商品房竣工并交付使用但未办理过户阶段。对于商品房仍然在建阶段没有交付使用商品房的损毁、灭失风险法律规定得非常明确，由在建商品房工程的建设方自行承担风险，与购房人无关。对于商品房竣工并交付使用但未办理过户阶段毁损灭失风险的责任承担问题，现实生活中争议较多，主要涉及房屋的交付使用、风险转移及买受人受领迟延问题，成为目前房地产市场中的热点问题。

一、对于竣工并交付使用但未办理过户的商品房灭失风险承担的两种不同观点及分析

1. 两种观点

目前，一种主流观点认为：风险以“交付”为标准进行划分。我国《合同法》第142条规定：“标的物毁损、灭失的风险，在标的物交付之前由出卖人承担，交付之后由买受人承担，但法律另有规定或者当事人另有约定的除外。”2003年6月1日施行的最高人民法院《关于审理商品房买卖合同纠纷案件适用法律若干问题的解释》第11条规定：“对房屋的转移占有，视为房屋的交付使用，但当事人另有约定的除外。房屋毁损、灭失的风险，在交付使用前由出卖人承担，交付使用后由买受人承担；买受人接到出卖人的书面交房通知，无正当理由拒绝接收的，房屋毁损、灭失的风险自书面交房通知确定的交付使用之日起由买受人承担，但法律另有规定或者当事人另有约定的除外。”根据以上规定，如果开发商尚未将房屋交付购房人使用的，房屋受损或者灭失，由开发商承担后果，开发商应当将购房人支付的购房款或者定金等退还给购房人。如果开发商已经将房屋交付给购房人使用的，则应当由购房人自己承担后果，即尚未付清的房款，购房人仍有责任支付给开发商。

另一种观点认为：风险以“登记”为标志进行划分。2007年10月1日起施行的《物权法》第9条规定：“不动产物权的设立、变更、转让和消灭，经依法登记，发生效力；未经登记，不发生效力，但法律另有规定的除外。”第17条规定：“不动产权属证书是权利人享有该不动产物权的证明。”说明我国对房屋所有权转移是以登记作为标志进行区分的。在物权标的物意外灭失风险责任负担问题上，主要规则是，意外灭失标的物的所有权在谁手里，谁就应当承担风险责任。中国人民大学杨立新教授在《地震引发的民事法律后果分析》一文中认为：“在地震中灭失的房屋，买卖的房屋已经交付，所有权已经过户或者没有过户的，究竟应当由谁承担风险责任呢？按照上述规则，如果房屋已经交付，但业主并没有取得所有权，即没有进行过户登记取得房产所有权证书，其房屋的所有权尚在开发商手中的，应当由开发商承担物权标的物意外灭失风险责任。如果房屋的所有权已经办理了过户登记，业主取得了房屋所有权和土地使用权，则意外灭失风险责任应当由业主负担，承受物权标的物意外灭失风险责任。如果房地产的权属证书已经取得，即房屋所有权和土地使用权均已过户登记，但所有权和使用权在贷款银行手中抵押的，则所有权仍然在房屋所有权人即业主手中，抵押的房屋所有权客体意外灭失，应当由业主负担意外灭失的风险责任。”

2. 对两种不同观点的分析

两种不同观点的争议焦点其实是对于买卖合同中“交付”一词的不同理解，也是关于风险转移“所有权主义”与“交付主义”之争。笔者认为《物权法》虽然以“登记”作为不动产所有权转移的标志，但并没有规定以所有权转移作为风险承担的区分标志。根据目前《合同法》第142条、最高人民法院《关于审理商品房买卖合同纠纷案件适用法律若干问题的解释》第11条的规定，表明了我国买卖合同采取的是交付主义。它有两层含义：（1）法律和合同可直接对风险转移作出规定或约定，并且有优先适用的效力。（2）在上述情况之外，以“交付”作为临界点来划分风险，而不是以所有权转移为标准来划分。即有可能标的物已交付，风险已转移，但所有权尚未转移，如房屋买卖合同中，房屋已交付用户使用，但尚未办理过户手续。此时风险已经转移，而所有权并未转移。因

此“交付转移风险”与“物主承担风险”是不一致的。正如风险与所有权在买卖合同中是分离的一样，所有权与交付同样是分离的，而风险与交付则是无法分离的。唯有如此，我们才能理解房屋买卖不过户，合同成立并有效，而所有权并未发生转移的有关司法解释的规定。在只交付房屋而原房主拖延、拒不办理过户手续的情况下，他承担的仅是违约责任。在买卖合同中决定风险转移的是交付，而不是所有权的归属决定风险的转移。因此，杨立新教授的观点只具有法学理论上的研究价值，不具有实践的法律效力。

二、对《商品房买卖司法解释》第 11 条的解读

《商品房买卖司法解释》第 11 条规定：对房屋的转移占有，视为房屋的交付使用，但当事人另有约定的除外。

房屋毁损、灭失的风险，在交付使用前由出卖人承担，交付使用后由买受人承担；买受人接到出卖人的书面交房通知，无正当理由拒绝接收的，房屋毁损、灭失的风险自书面交房通知确定的交付使用之日起由买受人承担，但法律另有规定或者当事人另有约定的除外。现实生活中涉及房屋的交付使用、风险转移及买受人受领迟延问题。要想正确处理商品房买卖中风险承担的问题，首先需要对该解释第 11 条进行解读：

1. 关于对房屋的转移占有视为交付使用问题

“占有”的概念起源于罗马法，在随后的法律发展中，大陆法系国家均将“占有”设立为物权法上的制度。但由于各国对“占有”本质理解的不同，对“占有”概念含义的确定也不同。在我国，存在着事实说与权利说两种观点。事实说认为“占有”是一种事实，由于社会赋予实际占有以法律的规定，实际占有才具有合法占有的性质，即私有财产的性质。它作为一种事实的状态存在着，对物行使一种事实上的管领力。法律对物的事实管领力的保护，不问其是否具有法律上的正当权利。这主要是对非所有权人行使占有而言的，在占有人取得所有权后，这种事实的状态可能会变成一种占有的权能。权利说认为，“占有”作为所有权的一项权能存在，同使用、处分、收益共同构成所用权的四项权能，是民事权利之一。但是“占有”作为一项权能存在必须存在一个所有权，在所有权人处占有是一项最基本的权能。然而，“占有”作为一种权能所有权是可以通过民事法律行为让别人行使的。占有本质事实说是我国法学理论界的通说。按照这种通说，“占有”具有如下特征：（1）占有以物为客体。这里的物指的是有体物，包括动产和不动产，也包括无形物，如电力、煤气等无形物。但是作品等无体物虽然是著作权的客体，却不是这里指称的物，同样对于不因物的占有即可成立的财产权，如地役权等也不能成立占有。（2）占有是对物有事实的管领力。所谓有事实的管领力，是指对物有实际上的管理力，是人对物有确定、现实的支配状态，并排除他人的干涉。（3）占有是一种为法律保护的事实。占有的本质虽然是事实而不是一种权利，但这种事实如同权利一样得到法律的保护。通过上面的介绍，不论占有本质权利说还是事实说，都认为占有在法律上应受到的保护是相同的。通过对占有本质的分析，我们得出占有的概念为占有是人对物的一种控制与支配状态。它可因享有所有权、他物权、债权或者其他权利而发生，也可因某种缺乏权利依据的行为以及单纯的自然事实而发生。控制是指物处于占有人的管理或影响之下。支配是指占有人能够对物加以一定的利用。我国《物权法》第 245 条对占有进行了规定，占有的不动产或者动产被侵占的，占有人有权请求返还原物；对妨害占有的行为，占有人有权请求排除妨害或者消除危险；因侵占或者妨害造成损害的，占有人有权请求损害赔偿。占有人返还原物的请求权，自侵占发生之日起一年内未行使的，该请求权消灭。

“占有”因其状态的不同而有不同的分类，而不同种类的占有产生的法律效果也不同。“占有”主要有如下的种类：有权占有和无权占有、直接占有和间接占有。（1）以是否有法律原因为标准将占有分为有权占有和无权占有。具有法律上的原因的占有视为有权占有，该法律上的原因或者根据在学说上称为权源（或本权）。例如，地上权人、承租人、借用人占有标的物乃是基于相应的权利而产生，故称为有权占有。相反，没有法律上的原因行使占有便为无权占有。例如，强盗对赃物的占有就是一种无权占有。区分两者的目的在于两者受法律保护的程度不同，在有权占有，只要占有的权源继续存在，占有人就可以拒绝他人要求交出占有物；在无权占有的情况下，占有人有交出占有物的义务。（2）以占有人是否直接占有标的物为标准可分为直接占有和间接占有。凡是直接对于物有事实上的管领力者，称为直接占有；自己不直接占有某物，而对于直接占有物的人，基于一定的法律关系有请求返还权，因而对其物有间接管领力之占有，称之为间接占有。对于间接占有需要说明几点：①必须对他人所谓的占有享有的返还请求权是基于一定的法律关系，如果缺乏相应的法律关系即使是有返还请求权也不能谓之间接占有。例如，对于被盗的物，所有权人有返还请求权，但缺乏相应的法律关系，不能谓该所有人享有一项间接占有。②间接占有是基于直接占有而产生，间接占有不能独立存在。③这里所指的法律关系是从外观判断的，也就是说，已经成立的法律关系因故终止和无效是不能影响间接占有的存在的。④直接占有人的占有一般是自间接占有人处取得，但并不以此为限。例如占有改变的情形，直接占有人就不是从间接占有人处取得。⑤间接占有不以一层为限，而可以存在多层的情形。

转移占有是指占有人以法律行为将其占有物交付与他人，受让人因此而取得占有。占有人转移占有，自受让人取得事实上物的管领力时完成。占有转移具有下列特征：（1）有转让的意思表示。占有的转移必须有让与占有的意思表示，必须依法律行为进行。（2）交付标的物。占有以对物的事实上的管领力为成立要件，所以，占有的转移，除当事人的意思表示外，还必须将占有物交给受让人才发生效力。如前所述，因为占有仅仅是一种事实的状态，而非一种权利，故在占有转移的情形中，并不一定要使用物权行为理论，这样，无论是动产还是不动产，只要将占有的标的物交付使用即可，而在交付使用标的物时刻起视为占有的转移。由此，即使是在不动产方面也不需要进行登记，但是也应注意到因为没有进行登记所以相应的权利人并未有取得该物的所有权。如是，本条的占有系称一种事实状态的占有。本条司法解释规定了一种有权占有的情形，也就是说规定没有登记的情形。在现实生活中，当事人之间虽然订有买卖合同，但没有登记，标的物的所有权当然没有移转，但是买受人通常已经占有了该标的物。对于这种状态正如前面所认为的那样，是买受人基于一定的权源而享有的有权占有，而这个权源是基于当事人之间债的关系来实现的，表现为当事人之间订立的相应的买卖合同。而这种有权占有，买受人可以随时要求出卖人到相应的房屋管理部门进行登记。在实践中房屋的转移占有有出卖人向买受人交付房屋钥匙，出卖人向买受人发出书面交房通知，买受人在交房通知上签字等几种形式。我们在掌握房屋占有转移时，一般上应将买受人在交房通知上签字及出卖人交付房屋钥匙为转移房屋占有的必要条件。但是由于我国房地产交易市场各种制度不是很规范及完善，所以，我们在处理这一问题时，还要看案件的实际情况及当地房地产交易市场的经营惯例。

在本条中，“交付使用”的概念不同于“交付”的概念，交付是物权的理论上物权变动的概念。在理论上物权不同于债权，是一种绝对权，物权的所有权人可以对抗所有权权利人以外的第三人，所以在物权的转让上除当事人之间具有物权合意外还要求权利人必须进行公示，是为物权的公示原则，而公示在这里就表现为交付。物权合意同交付相结合成为物权行为，是为转移所有权的工具。但是，交付之于动产、不动产的表现方式则并不相同。在动产交付表现为一种现实的给予，一般也称为交付，但这时的交付是在生活的层面使用，不是指物权理论上的交付，其体现为上文所说的现实的给予。在不动产方面，交付仅仅体现为登记，登记是不动产转让时物权行为中交付的唯一表现形式，有鉴于此，也有的学者直接将交付使用登记代替，但在理论上没有影响。如果，作为转让所有权的物权行为体现为“物权合意＋交付”，交付在动产上体现为现实的给予，不动产上为登记。进而，在不动产的所有权的转移方面，如果没有进行登记，那么物权行为就没有成立，所有权因此也就没有被有效地移转，但此时买受人已经对出卖人的房屋为占有，则只能视为一种事实的占有状态。在法律规定方面，《城市私有房屋管理条例》第6条规定，房屋所有权转移或房屋现状变更时，当事人须到房屋所在地的房管机关办理所有权移转或房屋现状变更登记手续。《城市房地产管理法》第35条规定，房地产转让、抵押，当事人应当依照《城市房地产管理法》第五章的规定办理权属登记。是为房产转移公示登记原则的体现。

2. 关于可归责问题

《商品房买卖司法解释》第11条第2款规定了房屋毁损、灭失风险的分担问题。理解这一规定，需要我们了解有关风险与不可归责原因的理论。

所谓风险就是指在将来能够使标的物产生不完满状态的一种可能性。这种可能性既可以是一种行为也可以是一种事件，前者例如火山爆发、地震、海啸等；后者例如第三人的纵火、故意的侵权等。在买卖合同中，风险的含义是特定的，它是指标的物的意外损失，即本条所称的毁损、灭失。此外风险一般是对将来的预期，即这种风险的发生还没有开始，否则就不能称之为风险，而且风险的发生造成的结果是不确定的。

风险转移的约定是买卖合同中一个很重要的条款，通过风险承担的条款的约定，在不可归责于当事人之间的原因而造成的货物的毁损，货物的灭失则由承担风险的一方来承担。按照我国《合同法》的规定，我国对标的物的风险转移系采用交付主义，即无论买卖合同的标的物所有权是否转移，只要标的物已经交付，即由标的物的占有人承担风险责任。这一规定的出发点是，标的物交付后，买受人对标的物可行使直接占有、管理乃至使用的权利，收益权占有人维护标的物最为方便，并能有效防范风险的发生。相对而言，标的物的所有人没有管理、支配该标的物，难以有效地维护标的物，防范风险的发生。另一方面，交付主义将标的物的风险分配给标的物的占有人，也有利于促使占有人尽自己的最大努力来维护标的物，减少标的物的风险。本条司法解释承继的是《合同法》关于风险转移的规定，将实际的交付使用作为风险转移承担的划分依据，而并非以物权法上以交付作为风险转移的划分依据。也就是说，以动产交付的方式作为风险承担的标准，这是源于我国目前的情况作出的选择。现实的情况是，很多买受人同出卖人虽然订立相应的买卖合同，但是没有到相应的房产部门进行所有权的移转登记，而且，这种未登记的状况通常会维持许多年，如果房产没有发生意外的风险、损失。买受人同出卖人之间可以相安无事，但是一旦出现了房屋灭失的情况，不利于安定的局面。通过本条司法解释的规定，也保护了一部分出卖人的利益，保证现实交易的安定性。这一规定的背景是这并不妨碍当事人之间的契约自由，当事人之间的约定可以将风险的一般惯例排除，而约定成为符合当事人之间的意思约定。在此情况下，只要符合真正的意思表示，风险由出卖人承担，交付之后由买受人承担，但是法律另有约定和当事人另有约定的除外。

理解这一规定，还应了解关于“可归责”概念的使用的问题。“可归责”的概念在不同的国家，内涵不甚一致。本条司法解释使用的“可归责”究竟在什么范围内使用，笔者认为是在与“过失”同意义的情况下使用。我国的侵权行为法理论实际上奉行的是四要件说，即损害事实、因果关系、过错、违法。在上面的论述中我们对法国和德国的侵权行为理论作了说明和比较，可以得知违法要件是德国法特有的构成要件之一（继受德国法的国家基本如此），并且因此使“过失”的理论内涵同法国的“过失”理论内涵有很大不同。纵观我国的侵权行为理论，则“可归责”的使用是同德国法的理论保持一致的。另外需要说明的是，在侵权行为法理论中我国使用的是“过错”而非“过失”，其意义的外延有所不同，“过错”包括故意和过失；“过失”则不包括故意。但这并不说明，在国外故意的行为就不承担责任或直接依刑法来处罚。这些国家的理论认为，既然过失要承担侵权行为法上的责任，何况故意？而我国的理论和规定则规定了明确的标准，同我国的法制观念是相关的。但是这两者虽然表述不同，但所要达到的效果却异曲同工。如是，本条司法解释中的“可归责”就同我国《侵权行为法》中的“过错”作同一意义理解。“不可归责”也就是，非由于双方当事人之间的过失或故意而造成的毁损、灭失的情况。

本条解释对不可归责于双方当事人原因造成的毁损、灭失的风险明确规定由占有人承担，根据相反的推论，如果其中一方当事人过错造成相应的风险，应由有过错方承担风险，也就是说如果出卖人过错造成房屋毁损、灭失，在没有登记的情况下承担的是一种损失由其自负的责任，承担的不是一种侵权责任，买受人这时实际上是有了选择权，可以要求出卖人恢复标的物的原状，也可以就此解除与出卖人之间的关于标的物的买卖合同。但是，如果已经进行了登记，所有权已经移转，原出卖人的行为对房屋造成了毁损、灭失。那么对于原出卖人而言只是作为侵权人存在，买受人只得对侵权人提出侵权之诉，这样对于买受人而言，上一种情况对其保护比较周全。

当然，上述所有的情况都是在当事人之间没有约定或者约定不明确的情况下所作的分析和讨论。但是当事人之间可以对风险问题作出于各自利益和角度的说明和约定，这样本条的规定就会被排除在外。

3. 关于因买受人原因致出卖人交付房屋不能的风险负担问题

《商品房买卖司法解释》第 11 条第 2 款规定实际上是对出卖人和买受人各自应承担的风险所作的规定。在买受人方面，所谓的“无正当理由”是同正当理由相对应的。一般情况下有两种情况，买受人可以拒绝接受出卖人的交付使用。分别为不完全给付和迟延给付，下面分别予以说明。

不完全给付是指履行在时间上正确，给付也存在可能，但是债权人（这里是买受人）所收到的并不是依债的关系的内容而确定的，该给付对于债权人而言，价值减损和没有价值。简单地说，就是没有根据双方约定的内容来履行，分为瑕疵给付、加害给付两种情况。在不完全给付的要件上主要有以下几点：（1）是对债法上给付义务和附随义务的违反。（2）这种违反的情况不能因为给付不能或是给付迟延而引起，如果是因为这两项的原因引起，则诉诸这两项中的具体制度。（3）有相应的损害发生，这里的损害既包括履行利益的损害，也包括超出履行利益的损害。（4）须可归责于债务人（这里就是出卖人），关于可归责的具体含义、理由详见上面的理由。（5）这里损害的发生同债务人的给付行为是有关联的，就是履行利益的减损是由于债务人的给付行为造成的。（6）主张不完全给付，债权人本身得遵守合同。瑕疵给付是指，债权人所接受的给付存在不圆满的状态，例如房屋漏雨等情况。加害给付是指债务人交付的标的物给债权人的人身或财产造成了损害，如房屋所用的涂料含有放射性的成分从而给债权人及其家庭成员造成人身的伤害，或者房屋漏水给债权人的高档家具造成损害等。但是，在这里需要注意的是，这里的不完全给付在已经登记转移所有权的时候，对于出卖人来说实际上负担的是一种瑕疵的担保责任，在此种情况下，如果是对合同主义务的违反，买受人可以解除合同，但对于附随义务或是从合同义务的违反，一般是要求出卖人对出卖的标的物进行修正，给买受人造成损失的还要承担相应的赔偿责任。在买受人仅仅占有没有进行所有权转移登记的情形，买受人可以拒绝接受，但要及时地对出卖人提出疑义，而且此时买受人要本着诚实信用的原则对标的物为一定的管理，但此时房屋的损毁、灭失的风险由出卖人承担，而如果这期间因为房屋的瑕疵给买受人的人身、财产造成损害的，出卖人承担相应的侵权责任。同样，如果出卖人仅仅是合同的附随义务或从合同义务没有履行，买受人并应为拒绝接受，可以要求出卖人补足即可，这是出卖人要承担因此而需要额外支出的费用，当然，当事人之间可以对此作不同的约定，法律、法规禁止的除外。

给付迟延。给付迟延又称债务人迟延，指尚为可能之给付，因为可归责于债务人的原因不能给付，债务人迟延是时间上的不完全的给付。它的构成要件是：（1）要有有效的或法定的债务关系存在。（2）给付已经届至履行期。在当事人之间确定了履行期限的，债务人自期限届满时起，负迟延责任，这时，债务期限届至时，不待债权人的通知、催告就地履行债务。在未定期限的情况下，债务人得催告债务人履行债务，债务人在合理的期限内没有履行债务的视为迟延。（3）给付可能、届至，但未被履行。（4）迟延履行须可归责于债务人的原因。也就是一般情况下，债务人因为故意或过失怠于履行债务，但是系不可归责于债务人的不可抗力除外，不过当事人之间可以约定不可抗力也是给付迟延的原因。（5）债务人对此迟延未履行的状况没有抗辩权，如果债务人对债权人的请求有抗辩权则债权人的债权可能在一定的期限内或者根本不可能实现，这样对于债务而言就不存在迟延不迟延的状况。（6）须迟延的状况处于仍然存在的状况。（7）债权人必须遵守契约。在债务人迟延履行的情况中，债务人取得了一个选择权，即是如果处于迟延状态的债务履行之后对买受人已经没有意义的话，债权人可以解除合同而要求债务人赔偿相应的损失，如果债权人认可继续履行的话，迟延造成的损失债务人也要承担。而且处于迟延状态的情况下，不可抗力的风险由债务人承当。如是，出卖人在迟延履行（迟延交房）的时候，买受人可以提出疑义，从而决定是接受出卖人的履行还是同出卖人结束合同，这个通知要在合理的期间内告知出卖人，这时房屋毁损、灭失的风险由出卖人承担。

《商品房买卖司法解释》第 11 条第 2 款规定的实际是买受人受领迟延的情形。所谓的受领迟延就是债务人有给付能力，亦愿意给付，却因为债权人的原因不能为给付，以至于给付的效果无法及时发生，或是债权人不为其提供协助，致债务人无从给付。其构成要件：（1）须债务人有给付的义务。（2）须债务人已经合法给付，这种合法给付的形式可以用现实的形式提出，也可以用言词、书面的形式提出。（3）债权人未接受给付，债权人是否过失在所不问，也就是说即使债权人没有过失同样可以构成受领迟延。受领迟延，债务人受到的损失可以要求债权人承担，而且，债务人对债权人无正当理由不受领的可以提存或者抛弃占有，相应的风险由债权人承担。这也是本条解释种规定风险由买受人承担的理论依据。类似的规定在其他法律也有体现。例如《合同法》第143条规定，由于买受人的原因致使标的物不能按照约定的期限交付的，买受人应当自违反约定之日起承担标的物毁损、灭失的风险。本解释中规定了因买方原因致使交付不能，风险由买方承担，主要是针对一部分买方人无正当理由拒绝接受房屋的实际交付问题。这在我国没有颁布物权法的情况下，对维护房屋买卖交易的安全将起到很大的作用。[①]

三、对于房屋建筑质量不符合国家规定、买卖合同无效的情况

《最高人民法院关于审理商品房买卖合同纠纷案件适用法律若干问题的解释》第12条规定："因房屋主体结构质量不合格不能交付使用，或者房屋交付使用后，房屋主体结构质量经检验确属不合格，买受人请求解除合同和赔偿损失的，应予支持。"若经检验确系因房屋的主体质量不合格，或未达到规定的抗震级别而被地震毁坏的，即使是房屋已经交付，购房者也完全有权请求解除合同并要求赔偿损失。虽然由于是不可抗力，一般予以免责，但是在不可抗力与房屋质量原因相结合下产生房屋毁坏的情况下，由于房屋质量不合格也是造成房屋毁坏的原因之一，开发商存在过错，因此不能以不可抗力作为免责理由。

对于未办理商品房预售许可证情况下签订的《商品房买卖合同》，根据《最高人民法院关于审理商品房买卖合同纠纷案件适用法律若干问题的解释》第2条："出卖人未取得商品房预售许可证明，与买受人订立的商品房预售合同，应当认定无效，但是在起诉前取得商品房预售许可证明的，可以认定有效"，一般按合同无效处理。

本案中，王女士与开发商之间的购房协议合法有效，开发商已经将房屋钥匙交给王女士，王女士实际占有了该房屋，即完成了转移占有，也就是说开发商已经将该房屋实际交付给了王女士。但是由于房屋产权证书还没有办理下来，没有完成房屋登记手续，因而，王女士还没有获得该房屋的房屋所有权。根据《最高人民法院关于审理商品房买卖合同纠纷案件适用法律若干问题的解释》第11条之规定："对房屋的转移占有，视为房屋的交付使用。但当事人另有约定的除外。房屋毁损、灭失的风险，在交付使用前由出卖人承担，交付使用后由买受人承担；买受人接到出卖人的书面交房通知，无正当理由拒绝接收的，房屋毁损、灭失的风险自书面交房通知确定的交付使用之日起由买受人承担，但法律另有规定或者当事人另有约定的除外。"此时，开发商已经完成了房屋的转移占有，因而房屋毁损灭失的风险由买受人王女士承担。

① 《商品房买卖司法解释第十一条解读》，引自法律快车，时间：2011/02/28。

案例十二　运输途中大米被烧，谁担责

——种类物未特定，不视为已交付

［案情］

甲、乙都是食品加工厂，其分别向丙粮油公司订购了500斤大米，并约定先付款后提货。之后，根据合同的约定，甲、乙分别支付了大米款。甲、乙因自己的原因无法自提货物，于是委托丙帮忙找运输公司代运。由于甲和乙的交货时间差不多，丙就将甲、乙需要的1000斤大米和自己的900斤大米一起交给运输公司代运。告知运输公司在运到甲、乙处时，从中分别称出500斤即可。丙在发出货物后告知了甲、乙大米运到的大概时间，但是未告知是哪辆车。在运输途中，装有大米的汽车遇事故起火，车上大米被尽数烧毁，得知此事后，甲、乙都要求丙重新分别给付500斤大米，但是，丙认为自己将大米交给运输公司时就已经履行了交付义务，甲、乙应向运输公司索赔，自己没有再交付一次货物的义务了。

［案件争议或法律问题］

丙是否有重新向甲、乙交货的义务。

［参考结论及法理分析］

要正确处理本案的关键问题是正确区分特定之债和种类之债的属性和区别。

一、特定之债

特定之债是指以特定给付为标的（特定物或特定劳务）的债。如某一名演员登场表演为给付标的特定的债。

特定之债发生在以交付财物为给付形态的债权债务关系中，特定之债有以下几个特点：

1. 在特定之债，标的物被商定或指定后，债权人或债务人原则上不得变更；债权人有请求债务人交付特定物的权利，债务人也负有交付此特定物的义务。

2. 在特定之债，当标的物灭失时，发生履行不能。如因不可抗力而灭失，则债务人的给付义务消灭；如因可归责于债务人的原因灭失，则债务人交付特定物的义务转化为损害赔偿义务。

3. 移转标的物所有权的特定之债，当事人双方可以约定自债的关系成立时起所有权即移转于债权人，这时标的物意外毁损灭失的风险负担也自债成立时起转移于债权人。

二、种类之债

种类之债是指以不特定的物为标的的债。现实生活中，买卖、消费借贷等合同大多以不特定物为标的物，如合同中约定由债务人向债权人交付某品牌、规格的自行车若干，某品种的大米若干斤等，均为种类之债。种类之债是中国民法的重要研究对象。

种类之债具有以下特点：

1. 种类之债以种类物为给付标的物。种类，是以物的共同属性，抽象地概括某一类事物的全体的名称。因而种类之债的标的物，通常为可代替物。

2. 种类之债只有在标的物特定之后才能履行。标的物的特定化，导致种类之债的性质变更为特定之债。特定化前的债与特定化后的债仍保持同一性，债的内容并不发生变化。

3. 种类之债的标的物为某一种类物中的一部分，在交付前不能将其与其他部分分开，因而标的物的所有权自交付时转移于债权人，而不能于债的关系成立时即移转于债权人，法律另有规定或当事人特别约定者除外。

4. 种类之债通常不发生全部不能。由于种类之债的标的物具有可替代性，因而在传统民法理论上，种类之债不发生全部不能，当种类物的一部分灭失时，债务人仍有履行债务的能力，至少债务人可以以自己的财力换取相当的种类物以履行给付义务，只有当该种类物在社会上已不存在或为法律禁止时才发生履行不能，否则债务人仍应依约交付种类物。

种类之债的特定方法有以下两种：

1. 依债务人的行为特定

债务人交付物的行为完成时，种类之债的标的物即为特定物。由于债务人交付物的地点有所不同，因而种类物的特定也有不同。

1）在债权人的住所地交付标的物时，债务人须将种类物中的特定部分运至债权人住所并提出交付，标的物即为特定。在此之前，标的物尚未特定，因而标的物意外灭失的风险责任，即使发生在运送过程中，也应由债务人负担。在债务人交付而债权人明示拒绝受领或者债务人的履行须债权人协助的情形，债务人将交付的意思通知债权人时，种类之债的标的物即为特定。

2）在债务人的住所地交付标的物时，债务人将标的物从种类物中分离出来并通知债权人时，标的物即为特定。标的物的分离时间与债务人通知债权人的时间不必一致，但债务人通知债权人时标的物必须已经分离。当债权人下落不明债务人无法通知时，债务人将标的物分离并置于可识别的状态，亦为特定。

3）债的履行地为第三地时，如果依约定应由债务人将标的物运至第三地的，则在第三地债务人向债权人提出交付时，标的物即为特定；如果依约定债务人并无将标的物运至第三地的义务，而是基于债权人的请求将标的物交给第三人由第三人承运的，则当债务人将物交至承运方时，标的物即为特定。

2. 依当事人的合意特定

种类之债标的物的特定，依当事人的合意特定的有以下情形：

1）在债权发生后，当事人又以契约的方式直接指定给付的标的物。但对于给付物的特定，仅有单纯的合意是不够的，还须将标的物事实上与种类物的其他部分相区分才能特定。

2）依当事人的约定，将指定权授与当事人一方或第三人时，经指定权人的指定，标的物即为特定。

三、特定之债和种类之债的区别

1. 特定之债具有不可替代性

特定之债的标的是特定物，在债成立时就须业已存在，具有不可代替性，而种类之债只需在种类物中确定一定量即可。种类之债一经特定即变为特定之债。

2. 特定之债履行不能时可以免责

特定之债之标的物因不可归责于债务人的原因毁损而履行不能时，债务人免于给付义务。

如果系由可归责于债务人的事由所引起的，债务人应承担损害赔偿责任。而在双务契约中，作为标的物的特定物如因不可归责于双方当事人的事由，致使一方不能给付时，他方免于对待给付。

3. 特定之债所有权及风险的转移具有约定性

在转移所有权时，特定之债的当事人可以约定标的物的所有权的转移时间，从而约定风险的负担；而种类之债的所有权，只能自交付之时转移。就是说，种类之债的标的物意外灭失的风险，在标的物特定前，只能由债务人负担；而特定之债的标的物的所有权，则可以通过约定或者依法律规定，自成立之日起转移，且标的物意外灭失的风险，亦随之转移。

4. 种类之债一经特定后即变为特定之债

种类之债的特定方法主要是债务人的交付行为，当然也可以通过其他行为，亦可通过当事人的合意。一旦特定，债权人只能请求其特定的标的物。

债的这种分类的法律意义在于：其一，特定物之债的履行，除非债务履行前标的物已灭失，债务人不得以其他标的代为履行，种类物之债不存在这个问题。其二，在法律规定或当事人约定的情况下，特定物之债的标的物所有权可自债成立之时发生转移，标的物意外风险亦随之转移；种类物之债的标的物所有权只能自交付之时起转移，其意外风险也将自交付之日起转移。

本案中，甲、乙与丙签订的是大米的买卖合同，由于大米是种类物，因此需要将种类物特定化才能履行交付义务。在种类之债的标的物特定化后，债权人享有请求债务人给付特定的标的物的权利，债务人也负有给付此特定标的物的义务，债务人原则上不得变更此标的物。当标的物因不可归责于债务人的原因毁损灭失时，债务人可以免除给付义务，但在标的物特定之前毁损灭失的，通常不能免除给付义务。

本案中，甲、乙与丙都分别约定由甲、乙自提货物，所以，合同履行地应在丙的所在地。但是后来双方约定由丙代办运输，所以，丙将大米交付给承运人时就算交付了。但是，本案中，丙在将大米交付给承运人时未从1900斤大米中分离出属于甲的500斤和属于乙的500斤，也未告知甲、乙哪些大米是甲的，哪些是乙的，故丙交给运输公司的大米仍是种类物，并没有特定化。种类之债未经特定化是不能交付的，所以，丙虽然将大米交给运输公司，却不能认为已履行交付义务。所以，被毁的大米仍归丙所有，也就需要承担大米毁损灭失的风险，因而丙需要重新向甲、乙履行义务。

案例十三　推倒自家三间房避火灾，被要求承担违约责任

——紧急避险可否成为违约的抗辩理由

［案情］

张某的加工厂资金紧张，陷入困境。为筹措资金，张某和李某签订了一份房屋买卖协议，约定张某将自家的三间房子卖给李某，约定于合同签订后一周内，双方交钱、过户。

但是，在合同签订后的第三天，张某家的仓房不慎遭受火灾，当时正刮着强劲的北风，将着火物刮向张某欲卖给李某的三间平房。距这排房子有十米之距的，是张某自己的价值百万元的粮食加工厂和他人住宅。在众人用水扑救无效的情况下，张某为保全加工厂和他人的住宅，遂从附近建筑工地开来一辆他人的工程车，张某开车接连推倒自己的三间房屋，才阻止火势，保住了自己加工厂和他人住宅，但将该工程车毁坏，损失20余万元。事后，由于合同标的物三间房屋灭失，张某无法交付，李某要求张某承担违约责任。

[争议的焦点或者法律问题]

本案的争议焦点是：紧急避险可否成为违约行为的抗辩理由。

[参考结论及法理分析]

对于本案的处理，具有两种完全不同的观点：

第一种观点，张某的行为成立紧急避险，虽然张某违约，但是其紧急避险的行为可以成为抗辩其违约行为的理由，所以张某不承担责任。

第二种观点，虽然张某的行为成立紧急避险，但是不能成为抗辩其违约行为的理由，张某应承担不能履行合同的违约责任。

对此，我们必须明确合同违约和免责的相关内容。

一、合同法上违约责任的归责原则

违约责任，又称为违反合同的民事责任，是指合同当事人不履行合同义务或者履行合同义务不符合约定所应承担的采取补救措施、赔偿损失、支付违约金等民事责任。违约责任制度在《合同法》中居于十分重要的地位。合同当事人的意志之所以能够产生法律拘束力是以违约责任制度的存在为前提的。

违约责任中的归责原则，是指合同当事人因不履行或不适当履行合同债务的行为发生以后，应依何种根据使其承担责任。我国《合同法》于1999年正式颁布，《合同法》第107条规定："当事人一方不履行合同义务或者履行合同义务不符合约定的，应当承担继续履行，采取补救措施或者赔偿损失等违约责任。"该规定即是关于合同责任归责原则的规定。从这一规定可以看出，我国《合同法》在违约责任归责原则上采取了严格责任原则，清晰地表明了归责原则的法定性本质。

《合同法》中的严格责任原则，是指违约发生后，确定违约当事人的责任，不考虑当事人有无过错，即不考虑当事人主观上有无过错或过失，而是只考虑违约后果是否因当事人的行为造成的一种归责原则，其特点在于不考虑违约当事人的主观状态，只要当事人的违约行为与违约后果之间存在因果关系，违约责任即告成立。

二、合同违约的免责事由

所谓免责事由，是指免除违反合同的债务人承担违约责任的原则和理由。免责事由总是与一定的归责原则和责任构成要件联系在一起，它实际上是对归责事由和责任构成要件适用的否定。因此，对免责事由的限定是违约责任归责过程中一个主要的问题。

一般来说，免责事由可分为法定的免责事由和约定的免责事由。法定的免责事由是由法律直接规定，不需要当事人约定即可援用的免责情形，包括一般的法定免责事由和特别的法定免责事由。前者是指具有普遍适用性的不可抗力，即不能预见、不能避免并且不能克服的客观情况；后者是指法律特别规定的其他免责事由。关于特别的法定免责事由，我国《合同法》的主要规定有：第 311 条规定，“承运人对运输过程中货物有毁损、灭失承担损害赔偿责任，但承运人证明货物的毁损、灭失是因不可抗力、货物本身的自然性质或者合理损耗以及托运人、收货人的过错造成的，不承担损害赔偿责任”；第 394 条第 2 款规定，“因仓储物的性质，包装不符合约定或者超过有效储存期造成仓储物变质、损坏的，保管人不承担损害赔偿责任”；第 119 条规定，“当事人一方违约后，对方应当采取适当措施防止损失的扩大；没有采取适当措施致使损失扩大的，不得就扩大的损失要求赔偿”。约定的免责事由是指当事人在合同中约定的免除责任的情形，这种约定称为免责条款。原则上说，双方当事人的约定不存在无效事由时，应承认其效力。但是，免责条款不得违反法律的强制性规定和社会公共利益，否则无效。我国《合同法》第 53 条规定，合同中造成对方人身伤害和因故意或者重大过失造成对方财产损失的免责条款无效。第 40 条规定，提供格式条款一方免除其责任、加重对方责任、排除对方权利的免责条款无效。因而，我国《合同法》关于免责事由的规定不包括紧急避险。

对于本案的处理，笔者同意第二种观点，张某的行为虽然成立紧急避险，但是，他与李某之间已经形成了合同关系，出卖人张某有按照合同的约定，将房屋交付给买受人李某的义务，虽然，张某将合同标的物房屋推倒是紧急避险，但是，由于我国《合同法》规定，合同违约责任的归责原则是严格责任原则，而紧急避险又不属于法定免责事由，因而张某的行为不能阻却其违约行为的违法性，所以李某可以向张某主张违约责任。

但事件中张某确实存在紧急避险的行为，其承担违约责任后，根据《侵权责任法》第 31 条的规定，因紧急避险造成损害的，由引起险情发生的人承担责任。如果危险是由自然原因引起的，紧急避险人不承担责任或者给予适当补偿。紧急避险采取措施不当或者超过必要的限度，造成不应有的损害的，紧急避险人应当承担适当的责任。张某可以向引起险情的人进行追偿。

案例十四 货车高速路遭雷击起火，烧毁承运货物谁担责

——不可抗力是否可以成为违约的抗辩理由

[案情]

原告甲与被告乙签订了一份运输合同，双方约定：乙将甲生产的 5 万件单价 100 元的女士时装大衣运至 A 地；乙将甲的货物装运在大型货车上，通过公路运输。该货车行驶在某高速路段时，天气突然变阴，并且雷电交加，大货车突遭雷击起火。消防队员接警后迅速赶到现场时，该货车已在猛烈燃烧，浓烟弥漫。消防官兵在确定货车司机安然脱困后，迅速出水对事故车辆的着火部位进行扑救。经过消防官兵 15 分钟奋力扑救，终于将大火彻底扑灭。但是原告甲的 5 万件时装被烧毁大半，其余的也在救火中被水浇湿、浸泡。被告乙通知原告甲，要求原告甲来人处理，原告来人了解情况后，要求被告赔偿损失，被告以不可抗力为由拒绝赔偿，双方发生纠纷。于是，原告甲向法院起诉，请求法院依法处理。

[案件争议或法律问题]

对于本案的处理，有两种不同观点。

1. 本案适用不可抗力，被告可免责。

2. 本案不适用不可抗力，被告不能免责。

[参考结论及法理分析]

不可抗力是民法领域中的一个免责条款，对于减轻履约方的责任、鼓励交易、维护交易秩序具有重要作用。

一、不可抗力的构成要件

不可抗力，又称人力不可抗拒。《民法通则》第153条规定，不可抗力是指不能预见、不能避免并且不能克服的客观情况。所谓不可抗力，是指在合同签订以后，发生了不能归责于订约的任何一方当事人，且当事人既不能预见，也无法事先采取预防措施加以避免的意外事故。因不可抗力致使不能履行或不能如期履行合同，该当事人据此免除其履行合同的责任或允许其延期履行合同。

不可抗力的构成要件包括：

1. 不可预见。不可抗力所指的事件必须是当事人在订立合同时不可预见的事件，它在合同订立后的发生纯属偶然。当然，当事人在订立合同时也可能预见，但是这种预料之外的偶然事件发生率极其微小（如火灾）而被当事人忽略不计，把它排除在正常情况之外，但如果这种偶然事件如果真的发生了，这类事件则属于不可预见的事件。在正常情况下，判断其能否预见到某一事件的发生有两个不同的标准：一是客观标准，即在某种具体情况下，一般社会正常理智的人能够预见到的，该合同当事人就应当预见到。如果对该类事件的预见需要一定的专业知识，则具备该专业知识的人如果成为合同一方的当事人也应当预见到。二是主观标准，就是在某种具体情况下，根据行为人的主观条件，如当事人的年龄、智力、知识水平、职业状况、受教育程度以及综合能力等因素来判断合同当事人是否应该预见到。

2. 不能避免。不可抗力事件的发生必须是合同一方债务人不可控制的客观原因所导致的，或者一方债务人在订立合同时可能预见，但是客观上不能避免，不能控制（如地震），债务人对该事件的发生也不存在主观上的故意和过失且不能避免其发生。当然，债务人对于非因为可归责于自己的原因而产生的事件，如果能够通过主观努力克服它，就必须去克服，否则不能免除其债务责任。

3. 不能克服。当事人对该事件的后果无法克服，无法阻止该类事件造成的后果。

二、不可抗力的主要情形

不可抗力的外延非常广泛，目前还没有哪一个国家的法律中明确规定了不可抗力的范围，但均允许双方当事人在合同自行约定免责条款。司法实践中，根据合同法惯例，不可抗力一般包括以下三个方面的情形。

1. 自然灾害，如火灾、地震、旱灾、大雪、山崩、台风、洪水、冰雹等；

2. 社会异常事件，如战争、动乱、罢工、禁运、市场行情等；

3. 政府行为，如政府干预、政府禁令、政府禁运等。

三、不可抗力的法定性及当事人的义务

因不可抗力不能履行合同的，可根据不可抗力的影响，部分或全部免除一方当事人的责任。但金钱债务的迟延履行责任不得因不可抗力免除，当事人于迟延履行期间发生的不可抗力也不具有免责效力。

1. 不可抗力的适用具有法定性

（1）合同中是否约定不可抗力条款，不影响直接援用法律规定。

（2）不可抗力条款是法定免责条款，约定不可抗力条款如小于法定范围，当事人仍可援用法律规定主张免责；如大于法定范围，超出部分应视为另外成立了免责条款。

（3）不可抗力作为免责条款具有强制性，当事人不得约定将不可抗力排除在免责事由之外。

2. 当事人在不可抗力发生后的义务

根据《合同法》的规定，在不可抗力发生以后，当事人一方因不可抗力的原因而不能履行合同，应当履行以下义务：

（1）及时通知的义务。当事人一方因不可抗力不能履行合同的，应当及时通知对方，以减轻可能给对方造成的损失。通知目的主要在于让对方及时知道，以减轻可能给对方造成的损失。如果不及时通知对方，给对方造成扩大损失的，不能履行的一方要负责任。

（2）提供不可抗力证明的义务。当事人一方因不可抗力不能履行合同的，应当在合理期限内提供证明。这种证明，应当由国家规定的有关主管部门提供，而不是任意提供的。一方当事人在不可抗力事件发生后，应当及时向有关主管部门申请，取得该部门出具的证明，并在合理的期间内或者在合同约定的时间将有关资料和该证明及时提供给对方，以证明不可抗力事件发生及影响当事人履行合同的具体情况。当事人一方将书面证明送交对方后，方可获得延期履行、部分履行或者全部不履行，并根据情况予以免责的权利。

（3）减轻损失的义务。在不可抗力发生以后，一方当事人应当采取适当措施，尽量减少因不可抗力引起的损失。即使当事人的努力是艰难的或无利益的，当事人也应努力克服不可抗力的障碍。这主要是因为不可抗力事故的发生，在具体的特定的环境中对合同的履行所产生的影响是完全不同的，消除事故的可能性在不同情况下也是不同的。但根据《合同法》原理的诚实信用原则，各方当事人都应负有义务努力消除事故的影响，最大限度地减少因不可抗力所造成的损失。

四、不可抗力与意外事件

所谓意外事件（accident），是指非因当事人的故意或过失而偶然发生的事故。意外事件也影响着合同是否能全部发行、部分履行或迟延履行的行为。但在合同责任中，意外事件一般不能成为一方当事人的免责事由。根据合同法上债务人应当为第三人的行为向债权人负违约责任的合同相对性原理，尽管此时债务人并无故意或过失但仍然不能免除其咎。另外，合同责任主要以损害赔偿和支付违约金为主要形式，在因意外事件造成一方当事人不能如期履行合同并给债权人造成损害的情况下，债务人仍应依法向债权人承担损害赔偿和支付违约金。

意外事件作为免责事由的适用范围虽受到严格限制，但并不意味着意外事件绝对不能作为免责事由。由于合同责任仍然以过错责任为其重要归责原则，同时又以过错作为其责任构成要件，而意外事件在某些情况下表明合同当事人没有过错，所以根据过错原则，在

特殊情况下，意外事件可以作为一方当事人的免责事由。如债务人因意外事件不能按照约定履行合同，或者履行合同将使其支付极为不合理的费用，在此情况下，应允许债务人被免除实际履行合同的责任，而只承担损害赔偿和违约金责任。

意外事件也具有不可预见性，在社会实践中，它常常与不可抗力相混淆。对于意外事件与不可抗力，应从主客观两个方面来区分。首先，从主观上看，意外事件的不可预见性是指特定的当事人尽到合理的注意而不可预见；而不可抗力则具有更强的难以预见性，是一般人都不能预见的。其次，从客观上看，意外事件虽然具有不可预见性，但它常常是能够改变和克服的；而对于不可抗力来说，即使预见到也是不能避免和克服的，例如地震，有时人们也可以预见到，但在现有的科学技术条件下仍无法克服和避免。

实际上，《民法通则》和《合同法》均未将意外事件作为免责条件。按照目前通说，意外事件，当事人承担过错责任，责任人应当因为自己的过失承担赔偿责任；没有过失的，可以免责。对于不可抗力，当事人法定免责。

五、不可抗力与情势变更

所谓情势变更原则，是指合同有效成立以后，因当事人不可预见的事情发生，导致合同的基础动摇或丧失，若继续维持合同原有效力有悖于诚实信用原则（显失公平）时，应允许变更合同内容或者解除合同。

情势变更原则的适用条件，可归结为：第一，客观上须有情势变更的事实。情势须在有效的合同成立之后、合同履行完毕前，且不为当事人预见并不能由当事人避免。该“情势”足以导致合同的基础异常变动或者丧失。是指合同生效时作为该合同赖以成立的环境或基础的一切客观情况。第二，主观上，须是当事人没有主观过错。如果当事人在签订合同时或者履行合同义务中，由于故意或过失行为导致引发情势变更的事件发生，则要承担相应的法律责任。第三，偶然性与不可预见性。情势变更的偶然性与不可预见性，致使当事人不可克服维系合同履行的基础发生动摇或丧失。如果当事人在签订合同时能够预料到导致情势变更的事件会发生或被克服，则不能适用情势变更原则，由此类事件引发的履行风险，由当事人承担相应的法律责任。第四，程序上的法定性，协商程序是适用情势变更原则的必须程序，即情势发生变更，一方当事人首先应与对方就合同的内容重新进行协商，只有协商不成时，才能通过法定程序向法院或仲裁机构提出适用这一原则的请求。第五，诚实信用原则的违背。导致发生情势变更的事件须以违背诚实信用原则为前提，情势变更事件发生后，若双方当事人仍然履行合同，显失公平。不能导致显失公平的事件不适用该原则。

对于本案中的运输合同纠纷，应当适用不可抗力原则。不可抗力是合同法定的免责事由，被告因为不可抗力而违约，对火灾造成的损失不承担赔偿责任。因为货车行驶在高速公路上遭受雷击是既不可预见也不可避免的，车辆遭雷击后着火烧掉的货物是不可抗力因素所致，对于不可抗力造成的损失，被告不应承担法律责任。

案例十五 工厂火灾造成损失，保险公司无合同仍要赔偿

——违反缔约过失责任须赔偿

[案情]

2005 年 1 月 15 日，甲厂的工作人员王先生，代表甲厂到保险公司的营业部填写了一份“财产一切险”的投保申请书，保险公司工作人员告知会尽快答复是否承保。其间甲厂多次电告、传真联络保险公司，始终没有得到保险公司的答复。没想到 2 月 5 日晚，厂里的仓库失火，造成直接经济损失 23 万元。事后，甲厂认为保险公司没有在合理时间内告知其不予承保决定，错过了其向其他保险公司投保的时机，违反了缔约过程中的诚实信用原则，应承担缔约过失责任。保险公司辩称，保险公司工作人员经实地勘察，认为该厂不符合承保要求，但由于临近年关，保险公司忙于其他事情而未将结果及时告知王先生。保险公司则坚称保险合同尚未成立，故不用承担任何保险责任。甲厂遂将保险公司告上法庭，要求其承担赔偿责任。

[案件争议或法律问题]

保险公司迟延答复的行为是否违反了先契约义务，是否需要承担缔约过失责任。

[参考结论及法理分析]

正确处理该案需要先明确缔约过失责任的含义及构成要件。

一、缔约过失责任

缔约过失责任，是指在合同缔结过程中，当事人一方或双方因自己的过失而致合同不成立、无效或被撤销，应对信赖其合同为有效成立的相对人赔偿基于此项信赖而发生的损害。缔约过失责任既不同于违约责任，也有别于侵权责任，是一种独立的责任。

由于缔约过失责任采取的是过错责任原则，所以其构成要件应当包括客观要件和主观要件这两个方面。具体来说，缔约过失责任的构成要件有以下四个：

1. 缔约一方当事人有违反法定附随义务或先合同义务的行为。在缔约阶段，当事人为缔结契约而接触协商之际，已由原来的普通关系进入到一种特殊的关系（即信赖关系），双方均应依诚实信用原则互负一定的义务，一般称之为附随义务，即互相协助、互相照顾、互相告知、互相诚实等义务。若当事人违背了其所负有的附随义务，并破坏了缔约关系，就构成了缔约过失，才有可能承担责任。

2. 该违反法定附随义务或先合同义务的行为给对方造成了信赖利益的损失。如果没有损失，就不会存在赔偿问题，而所谓信赖利益损失，指相对人因信赖合同会有效成立却由于合同最终不成立或无效而受到的利益损失，这种信赖利益必须是基于合理的信赖而产生的利益，即在缔约阶段因为一方的行为已使另一方足以相信合同能成立或生效。若从客观的事实中不能对合同的成立或生效产生信赖，尽管已经支付了大量费用。这是因为缔约人自身判断失误造成的，不能视为信赖利益的损失。

3. 违反法定附随义务或先合同义务一方缔约人在主观上必须存在过错。这里的过错既包括故意也包括过失。无论是故意还是过失，只要在缔约阶段违反了附随义务，并对合

同最终不能成立或被确认无效或被撤销负有过错，就应当承担缔约过失责任。并且，责任的大小与过错的形式没有任何关系，这是因为缔约过失责任以造成他人信赖利益损失为承担责任的条件，其落脚点在于行为的最终结果，而非行为的本身。

4. 缔约人一方当事人违反法定附随义务或先合同义务的行为与对方所受到的损失之间必须存在因果关系。即相对方的信赖利益损失是由行为人的缔约过失行为造成的，而不是其他行为造成的。如果这二者之间不存在因果关系，则不能让其承担缔约过失责任，这是该责任制度的内在要求。

以上四个要件缺一不可，否则就不能产生缔约过失责任。同时四个要件间又是彼此联系的有机整体，缔约过失责任的认定必须严格按照这四个构成要件来进行。

二、缔约过失责任与违约责任的区别

1. 成立的前提不同。缔约过失责任产生的宗旨是为了解决在没有合同关系的情况下因一方的过失造成另一方信赖利益的损失，它的成立不以已经存在的合同为前提和认定标准；违约责任是违反有效成立的合同产生的责任。如果存在合同关系考虑适用违约责任，不存在合同关系则考虑适用缔约过失责任。

2. 责任方式不同。缔约过失责任只是赔偿责任，而无其他责任方式。而合同责任的方式，既有赔偿责任，也有违约金责任、继续履行责任、违约定金责任、价格制裁等方式。这种责任方式导致缔约过失责任不具有约定性，但是在违约责任场合当事人既可以在法定范围内约定违约金和具体数额，也可以约定赔偿损失的计算方法。

3. 赔偿范围不同。缔约过失责任仅赔偿信赖利益的损失，对信赖利益的保护，旨在使非违约方因信赖合同的履行而支付的各种费用得以返还或赔偿，从而使当事人处于合同未订立之前的良好状态。当事人在合同缔结前的状态和现有状态之间的差距，应是信赖利益损失的赔偿范围。违约责任通常要求赔偿期待利益的损失。赔偿期待利益以后，受害人就达到了合同如期履行一样的状态，因此期待利益可以用实际履行的替代方法来使用。笔者在后文将对本问题予以详细阐述。

4. 是否存在责任限制不同。对违约责任的损害赔偿，法律通常作出了一定的限制。《合同法》第113条规定，当事人一方违反合同的赔偿责任，应当相当于另一方因此遭受的损失，但是不得超过违反合同一方订立合同时遇见到的或者应当预见到的因违反合同造成的损失。作出此种限制的主要目的是为了减轻交易风险，鼓励交易，同时也可以避免各种不必要的纠纷。但是在缔约过失责任中，则不存在与违约责任相同的责任限制的规定。

5. 是否可以免责不同。我国法律没有对缔约过失责任规定免责事由，法律关于不可抗力的免责事由仅适用于违约责任。此外，免责条款也仅仅适用于违约责任。

6. 归责原则不同。缔约过失责任采用过错责任的归责原则，而违约责任采用严格责任的归责原则。

本案中，甲厂工作人员王先生在投保时，保险公司明确告知将尽快予以答复是否承保，甲厂基于信赖而愿意等待这个答复，保险公司的答复就是先契约义务。保险公司的“不承保决定”本来完全能够及时地通知到甲厂，但由于其工作人员的疏忽过失而没有把真实情况告知甲厂，由此可认定保险公司存在过错。甲厂在没有得到保险公司答复的情况下完全可以另寻其他保险公司投保，但他并没有这么做，反而催促、等待保险公司的答复，其间不幸发生火灾，这种结果看似是由厂方办事不灵活所造成的，但实际上是保险公司滥用了甲厂在缔约过程中对其的依赖所造成的，尽管保险合同并未成立，但保险公司既不准备与甲厂签订合同，又没有尽快答复，使得甲厂耽误了向其他保险公司投保的时机，而正是在此期间，甲厂里发生火灾，造成了直接经济损失。因此，保险公司负有缔约过失责任。根据《合同法》第 42 条之规定，保险公司应该赔偿甲厂在火灾中所受的损失 23 万元。

案例十六　招待所大火致害，街道办替火灾责任人埋单后索赔

——无因管理人受有损失，受益人应当支付必要费用

[案情]

2005 年 9 月 26 日清晨，地处长沙火车站附近的晓园大楼突发大火。晓园大楼建筑面积达 3 万余平方米，大楼内分布着 12 家单位，10 余个招待所。由于地处火车站附近，不少南来北往的旅客都会选择到晓园大楼内的招待所投宿。此时，绝大部分旅客都还在大楼内的招待所里休息。大火和浓烟很快将人们从睡梦中惊醒。消防队员经过近 7 个小时的奋力扑救，将大火彻底扑灭，共疏散群众 400 多人，抢救被困人员 56 人，保护建筑面积 2400 余平方米，保护财产价值上亿元。但是，该起火灾仍然造成经济损失达 930 余万元。晓园大楼所在的五里牌街道进行善后处理，为此支付的费用就达 588 万余元之巨。而火灾中的某些责任人，却一直没有履行相关义务。长沙市芙蓉区检察院在了解案情后，毅然办理了这起带有公益诉讼性质的支持起诉案件。该案件于 2007 年作出一审判决，五里牌街道在事隔两年后，获得 176 万余元赔偿。

火灾发生后，五里牌街道在芙蓉区政府的支持与配合下，投入了巨大的人力、财力对火灾事故进行善后处理，对受伤人员进行救助、安置，受害人得到了相应的补偿，确保了社会稳定，为此支付了 588 万余元的费用。

发生火灾的晓园大楼国药招待所，经营者是陈谷良，他以其子陈尚坤的名义，与产权单位湖南九芝堂股份有限公司（以下简称九芝堂）签订房屋买卖合同后，在未报经有关部门批准的情况下，擅自对晓园大楼国药招待所进行改造、装修。由于疏于安全管理，致使外来人员资学义擅自进入招待所一层仓库，遗留火种，未及时发现，引发火灾，造成巨大的生命财产损失。事后，公安消防部门已作出责任认定，陈谷良的不当装修是导致小火酿成大灾的重要原因。根据侵权责任的归责，陈谷良、陈尚坤、资学义及九芝堂均系该责任事故的侵权主体之一，应承担损害赔偿责任。

事发后，陈谷良畏罪自杀身亡，九芝堂也已作出相应的赔偿，但陈谷良、陈尚坤一直没有履行赔偿责任。鉴于五里牌街道不便以受害人的名义提起侵权之诉，但符合无因管理的特征，遂以无因管理为案由，请求法院判决陈谷良、陈尚坤父子偿付相关费用。

此案是长沙检察机关首次办理带有公益诉讼性质的支持起诉案件。芙蓉区检察院受理支持起诉申请后，即着手进行调查。他们认为，该案是带有公益性质的支持起诉案件，陈谷良、陈尚坤拒不承担相应责任的行为，损害了国家利益、社会公共利益。原告以诉讼的方式予以追偿，符合法律规定。

经过认真调查取证之后，此案诉至法院。2006 年 3 月 8 日，芙蓉区人民法院开庭审理了这起由芙蓉区五里牌街道办事处诉被告陈谷良、陈尚坤父子的火灾事故无因管理一

案，芙蓉区人民检察院指派检察员出庭支持原告起诉，并在法庭上发表支持起诉意见，阐述支持起诉理由。2006 年 7 月 20 日，法院一审判决原告胜诉。陈谷良、陈尚坤对五里牌街道基于无因管理支出的必要费用承担 30% 的偿付责任，偿付原告 176 万余元。

[案件争议或法律问题]

五里牌街道办事处的行为是否属于无因管理行为，可否获得赔付。

[参考结论及法理分析]

要想正确处理本案，必须首先明确五里牌街道办事处行为的性质，由此我们须弄清无因管理行为的含义和构成要件。

一、无因管理的构成要件

无因管理是指没有法定的或者约定的义务，为避免他人利益受损失而进行的管理或者服务的事实行为，该事实行为所产生的债务称之为无因管理之债。

1. 主观要件

无因管理的构成在主观上须管理人有为他人管理的意思。管理人为他人管理事务的意思即管理意思，是指以其管理行为所生的事实上的利益，归属于他人的意思。我国《民法通则》第 93 条有“为避免他人利益遭受损失而进行管理或服务”一语，其中的“为”字即说明管理人之管理事务，在意思上是为他人，而不是为自己。这种管理意思，就是在管理人主观上，使管理或者服务行为所产生的利益，归属于本人。区别于代理行为，代理行为的法律行为效果，直接作用于本人。即使管理人以自己的名义而与第三人订立合同，如果所产生的事实上的利益，归属于本人，也成立无因管理。如果管理人没有为他人管理的意思，管理人的管理行为则构成侵权行为。“为他人”的判断标准，是依社会通常客观标准，就是以本人事实上受益为准。同时，为他人管理的意思与为自己管理的意思可以并存。例如修理邻居快要倒塌的房屋，既为邻居，也可以使自己免除危险，还可成立无因管理。管理人对于本人是谁，没有认识的必要，即使对于本人认识错误，对于真实的本人依然成立无因管理。

2. 客观要件

(1) 管理他人事务管理行为的范围。有的学者认为，所谓管理，就是处理事务的行为。这种行为因为是为本人谋取利益，因此管理行为不仅包括保存、利用、改良等处分行为，而且包括为本人新取得权利或负担义务的行为（如我国台湾学者郑玉波：《民法债编总论》第二版第 75 页）。笔者认为，无因管理的管理行为仅限于保存、利用、改良等处分行为，而不应包括为本人新取得权利的管理行为。我国《民法通则》第 93 条规定的“为避免他人的利益遭受损失而进行管理或服务”一语，概定了管理行为的范围。管理行为仅仅是为避免他人的利益遭受损失，而不包括为本人新取得权利或负担义务。将管理行为范围扩大到为本人取得新权利，无限扩大了管理人的行为范围，干涉了本人的私人事务。管理人进行管理的事务须为他人满足生活需要的事项。事务应为积极的事务，单纯的不作为，则不能成为无因管理的事项。管理的事务，可以是经济的事务，也可以是非经济的事务，如我国台湾地区“民法”第 175 条规定“管理人为免除本人之生命、身体或财产上之急迫危险而为事务管理者”一语，即可明了。可以是法律行为，也可以是事实行为；可以是继续的行为，也可以是一时的行为。但宗教、道德或习俗的事项，如有的为病人祈祷、为朋友介绍恋人；违法行为，如为盗窃分子保存赃物；违背社会公序良俗的行为；须经本人授权方可实施的行为，不能作为无因管理的事项。

无因管理的事务必须是他人的事务，而非管理人的事务。他人的事务依据事务的性质，有的学者将它分为三种：客观的他人事务、纯粹的自己事务和中性的事务，如我国台湾地区学者郑玉波。有的学者将它分为两种：客观的他人事务和主观的他人事务，如我国台湾地区学者王泽鉴、我国大陆学者洪学军。二者的区别在于，前者更加细化，将他人的纯粹的自己的事务也纳入其中进行分析研究。中性的他人事务与主观的他人事务在概念上是一致的。

客观的他人事务，是指依事务的性质，当然属于他人的事务，如对他人所有的房屋予以修缮；对落水的人进行救助；对失火的房屋的抢救等。管理客观的他人事务足以成立无因管理。

主观的他人事务，是指事务在性质上与特定人并无当然的结合关系，须依管理人的意思以决定是否属于他人事务。如何判断为他人事务，我国台湾地区学者王泽鉴认为，对于中性事务，是否属于“他人”事务，客观上无从判断，应依管理人的主观意思定之，因管理人有为他人管理的意思，而成为他人事务（王泽鉴《着债法原理》第一册，中国政法大学出版社，第 337 页）。但管理人的主观意思是内在的，对于本人来说无从判断，在诉讼实践上无法操作。大陆学者洪学军认为，如何判定是否属于主观的他人事务，不能仅依管理人的主观意思，而须依其行为事实上或法律上的结果之归属，客观地加以决定。例如购买物品系为他人利益之意思而为，则为他人事务，如为自己利益之意思而为，则为自己事务（西南政法大学，洪学军，2004 年 10 月 16 日发表的《无因管理制度研究》）。后者的观点，是务实的，便于实际操作。纯粹的自己事务，是指事务在性质上与他人没有任何关系的事务。如自己修理自己的房屋，清偿自己的债务。管理人在管理中管理自己的事务当然不能成立无因管理。管理人主观上认为管理人所做出的管理行为是为他人的管理，为误信管理，因实际上最终利益的归属属于管理人自己，管理人与本人主体的合一，也就没有了他人之存在。

（2）无法律上的义务

我国《民法通则》第 93 条规定的“没有法定或约定的义务”一语，明确了构成无因管理的一个重要客观要件，就是管理人无法律上的义务。法律上的义务包括法定的义务和约定的义务。管理人依约对于本人负有义务时，不能成立无因管理。如管理人与他人签有代理、雇佣、承揽合同时，管理人与他人之间的法律关系，应依合同关系确定，管理人与他人不能构成无因管理关系。管理人对于本人依法负有义务时也不能成立无因管理。如父母对于未成年子女，监护人对于被监护人，虽然对其财产和人身进行了管理义务，还有消防队员的救火行为，但这些义务是法定的义务，他们之间的法律关系不能成立无因管理。但是管理人虽负有法律上的义务，如超过其义务范围而处理事务时，就其超过部分，仍属于无义务，可构成无因管理。管理人是否有法律上的义务，应依客观判定。

二、无因管理之债的内容

无因管理成立后，在管理人和本人之间产生的债权债务关系就是无因管理之债。无因管理是无因管理之债的发生根据，无因管理之债是无因管理的法律后果。笔者从管理人和本人两个角度说明无因管理的效力。

1. 管理人的义务

管理人的义务是指管理人着手管理事务后依法承担的义务。无因管理的管理人原本无管理的义务，但是因无因管理的成立，管理人也就承担了一定的义务。管理人的义务也就是本人的权利。它包括以下义务：

（1）适当管理的义务

不违反本人的意思，以有利于本人的方法为适当管理是管理人的基本义务。所谓不违反本人的意思是指管理人的管理与本人的意思或者本人的真实利益不相悖。本人的意思包括明示的或可推知的意思。本人的意思与其根本利益不一致的，管理人应该依照其根本利益而管理。所谓有利于本人的方法是指管理人对事务管理的方法、手段、管理的结果有利于本人，而不损害本人的利益。管理方法是否有利于本人，应该以管理人管理事务当时的具体情况确定，而不能以管理人的主观意识为标准。为了鼓励无因管理行为，对管理人的注意义务不能要求过高，应当要求管理人对所管理事务给予如同管理自己事务一样的注意。笔者认为对于合理管理的确定应该在管理方法上有利于本人的意愿和利益，在当时情形下是较为可行有效为标准。

（2）通知义务

管理人在开始管理后，应将开始管理的事实通知本人，但管理人的此项义务以能够通知和有必要通知为限。如果管理人无法通知，则不负通知义务；本人已经知道管理事实的，管理人则没有必要通知。管理人在开始管理的事实通知本人后，只要停止管理会使本人不利而继续管理又可以避免本人利益受损失，就应当继续管理；否则应当听候本人的处理。管理人未履行通知义务的，对因其不通知所造成的损失应负赔偿责任。

（3）报告与结算义务

管理人于开始管理后应及时将管理的有关情况报告给本人，尤其是管理过程中发生的财务支出情况，应列明清单，并应本人的要求予以说明。管理人的报告义务也应该以管理人能够报告为限。管理关系终止时，管理人应向本人报告事务管理的始末，并将管理事务所取得的各种利益如取得的权利、物品、金钱等转移于本人。

2. 本人的义务

本人应当承担的义务也就是管理人的权利。本人的义务主要是偿还管理人支出的费用，所以管理人的权利主要是请求本人偿付与管理事务所支出的必要费用。它包括以下义务：

（1）偿还必要费用

我国《中华人民共和国民法通则》第93条对无因管理作出了明确的规定："没有法定的或者约定的义务，为避免他人利益受损失进行管理或者服务的，有权要求受益人偿付由此而支付的必要费用。"《最高人民法院关于贯彻执行〈中华人民共和国民法通则〉若干问题的意见（试行）》第132条规定："民法通则第九十三条规定的管理人或者服务人可以要求受益人偿付的必要费用，包括在管理或者服务活动中直接支出的费用，以及在该活动中受到的实际损失。"因此，管理人有权请求本人偿还必要的费用包括两部分：一是管理人在管理事务中直接支出的费用；一是管理人在事务管理中受到的实际损失。管理人在管理中直接支出的费用只有为管理所必要的，管理人才有权要求偿还。管理人所支出的费用是否为必要应以管理活动当时的客观情况而定。如果当初该项费用的支出是必要的，即使其后看来是不必要的也应为必要费用；如果当时的该项费用的支出是不必要的，即使其后为必要的，一般也不应视为必要的费用。

（2）补偿损失

管理人为管理事务而受到损害时，本人应当给予补偿。此项损害的发生应当与管理事务的行为有因果关系，并且应当以实际损失为限。管理人在管理中受到的实际损失并不是应该由本人全部偿付。除了管理人处于急迫危险状态以外，管理人对该项损失的造成有过错时，应当适当减轻本人的责任，如果管理人对损失的发生没有过错，而该损害又大于本人因管理所受的利益，则应遵从公平原则出发，由双方分担责任。

（3）清偿必要债务

管理人除了享有必要费用偿还请求权外，还享有负债清偿请求权。即管理人在事务管理中以自己的名义为管理事务负担债务时，有权要求本人直接向债权人清偿。本人应当负责清偿的债务也仅以事务管理所必要者为限。对于管理人所设立的不必要的债务，本人不应当承担，而应该由管理人自己负责清偿。

三、赔偿责任

在本人义务中列出了本人的义务，即本人的赔偿责任。若管理人未履行或者不适当履行其义务，对本人造成损害的，应向本人承担债务不履行的责任。该责任的承担以管理人的主观上的过错（故意或过失）为要件，但是为免除本人生命、身体或者财产上的急迫危险时，对本人造成的伤害，管理人除非具有恶意或者重大过失时，才承担赔偿责任。

管理人在管理过程中因故意或者过失侵害本人其他合法权益的，应对本人负担损害赔偿责任，这种损害赔偿责任在性质上是侵权责任。管理人的侵权行为发生在管理行为过程中，与管理行为相关联，其侵害的对象是无因管理利益以外的本人的其他合法权益。管理人的管理承担不利于本人、违反本人明示或可推知的意思，通常也构成侵权行为。本人可以选择对管理人依据无因管理主张管理利益返还，也可以对管理人主张侵权损害赔偿责任。如果本人选择对管理人主张侵权损害赔偿责任时，管理人应负损害赔偿责任。

本案中，从政府职责和社会道义来说，五里牌街道是在承担社会责任、在做好事，但在法律上，五里牌街道的行为已经构成了无因管理。第一，原告五里牌街道实施了管理他人事务的行为。管理事务包含的范围是很广泛的，包括处理、管理、保存、改良及提供各种服务和帮助，也包括处分行为。本案中，五里牌街道在受害人遭受火灾事故伤害而得不到责任人的赔偿、进而会受到更大伤痛的情况下，主动代替火灾责任人进行先行赔付，显然是一种为被告管理、承担责任的行为。第二，原告具有为他人利益进行管理的意思。为他人谋利的意思，是构成无因管理的主观要件。本案中，原告五里牌街道代替事故责任人先行赔偿的行为，是为被告履行赔偿责任、社会责任的行为，符合本人的利益和意思。第三，原告没有法定或约定的义务而为被告从事管理活动。

对无因管理之债，《民法通则》第 93 条明确规定，管理人有权要求受益人偿还由此而支出的必要的费用。本案中，五里牌街道要求被告方偿还其无因管理的相关费用，应当获得支持。根据侵权责任的归责，陈谷良、陈尚坤、资学义及九芝堂均系该责任事故的侵权主体之一，都应当承担损害赔偿责任。因而，法院判令陈谷良、陈尚坤对五里牌街道基于无因管理支出的必要费用承担 30% 的偿付责任，偿付原告 176 万余元。这个判决是正确的。

案例十七　小砖窑起火，合伙人的赔偿责任
——约定参与分成，合伙关系成立

[案情]

田某和魏某是同村村民，2007年3月，两人共同出资办了一个砖瓦厂。邻村李某家有一个破砖窑，田某和魏某欲租用，但是李某开价太高，两人无力承受，于是和李某达成协议，使用李某的砖窑，按照利润的1/5分成给李某，李某不参加经营。方某系烧砖工，田某和魏某欲以每月800元的工资雇用他，但方某提出每月1200元。最后，田某和魏某提出让方某做股东，占股份的1/5。

第一批砖烧完后，获利1万元，李某和方某各分得2000元，田某和魏某各分得3000元。但是，第二批砖全部报废，亏损6000元。第三批砖在烧制过程中，因管理不善，发生火灾，砖窑和所有设备都尽数烧毁。为此欠债1万元，田某和魏某逃往外地躲债。债权人找到李某和方某要求还债，李某说自己只是将砖窑租给田某和魏某，并不参与经营，且自己也是受害者，拒绝清偿；方某称自己是田某和魏某雇的技术工人，也拒绝赔偿。债权人于是向法院起诉。

[案件争议或法律问题]

李某和方某是否是合伙人，是否应当承担清偿责任。

[参考结论及法理分析]

弄清合伙的含义和相关特征是正确处理本案的前提和基础。

一、个人合伙的特征

个人合伙是指两个以上公民按照协议，各自提供资金、实物、技术等，合伙经营、共同劳动。在法律上，个人合伙有两种含义，一是作为，即合伙合同；二是作为经营实体，即作为合伙合同的法律效果之一，合伙人所组成的人与财产相结合的实体。《民法通则》显然是在第二种意义上使用个人合伙的概念。因此，个人合伙可定义为两个以上自然人互相出资、经营共同事业的经营体。如果个人合伙的经营体是企业，则同时适用合伙企业法的规定。

个人合伙的特征：

1. 个人合伙是两个以上的自然人基于出资而形成的经营体

合伙具有团体性，而区别于单一自然人；合伙以互为出资、共同经营为目的，也有别于家庭，后者以夫妻和亲属关系为纽带，而且也不以经营为目的；合伙不具备法人资格，从而又有别于法人。合伙虽然有成员、有组织，在这一点上类似社团法人，但是它仅仅是“准团体”，其组织程度相当低，尚不足以在成员之外或者之上，升华出独立的法律人格。因而个人合伙在性质上仍然属于自然人范畴。这一特点又规定了合伙财产只能由合伙人共同作其所有人。

2. 个人合伙依合伙合同形成

个人合伙基于合伙人的意思表示产生，这与户不同，承包经营户往往由父母子女组

成，他们的共同经营是由亲属关系形成的。

3．共同劳动、共同经营

《民法通则》第30条规定合伙人须共同劳动、共同经营，但最高人民法院《民通意见》第46条已作扩大解释，出资不劳动、不经营者，也可作为合伙人。

4．合伙人对于合伙债务负无限和连带责任

这里的合伙债务，指合伙资产所不足清偿的债务。对于该债务，合伙人须负个人责任，亦即不以出资为限的责任，故称无限责任。对于全体合伙人，又须共同地连带负责，故称连带责任。但各合伙人之间，仍按份额或者平等地分配该责任。

5．合伙可以起字号

在民事活动中，可以以商号名义出现。而在民事诉讼中，商号也有当事人地位，以负责人作为代表人。

二、个人合伙的民事责任

个人合伙的民事责任指个人合伙违反民事义务或侵犯他人民事权利所应承担的法律后果。它分为两部分：一是对内民事责任，一是对外民事责任。

1．个人合伙的对内民事责任

个人合伙的对内民事责任即由合伙事务而产生的各合伙人之间、合伙人与合伙企业之间及合伙企业聘用的经营管理人员或职工与合伙企业之间的民事责任。

（1）出资违约责任。《合伙企业法》第12条规定："合伙人应当按照合伙协议约定的出资方式、数额和缴付出资的期限，履行出资义务。"如果合伙人没有如期如数按约定的出资方式缴付自己的出资，即违反出资协议，就应当依法向其他履行出资义务的合伙人承担出资违约责任。若给其造成损失还应依法承担赔偿责任。

（2）擅自将自己在合伙企业中的财产份额出质的赔偿责任。《合伙企业法》第4条规定："合伙人以其在合伙企业中的财产份额出质的，须经其他合伙人一致同意。未经其他合伙人一致同意，合伙人以其在合伙企业中的财产份额出质的，其行为无效，或者作为退伙处理；由此给其他合伙人造成损失的，依法承担赔偿责任。"

（3）不具有事务执行权的合伙人擅自执行合伙企业事务的赔偿责任。按《合伙企业法》第26条的规定："委托一名或数名合伙人执行合伙企业事务，其他合伙人不再执行合伙企业事务"。如果不具有事务执行权的合伙人，擅自执行合伙企业的事务，给合伙企业或其他合伙人造成损失的，依法承担赔偿责任。

（4）违反竞业禁止义务及不得与本合伙企业进行交易义务的赔偿责任。《合伙企业法》第30条规定："合伙人不得自营或者同他人合作经营与本合伙企业相竞争的业务。"除合伙协议另有约定或者经全体合伙人同意外，合伙人不得同本合伙企业进行交易，给合伙企业或者其他合伙人造成损失的，依法承担赔偿责任。

（5）执行合伙事务中损害合伙企业利益的赔偿责任。《合伙企业法》第19条规定："合伙企业存续期间，合伙人的出资和所有以合伙企业的名义取得的收益均为合伙企业的财产。合伙企业的财产由全体合伙人依照本法共同管理和使用。"该法第30条规定："合伙人不得从事损害本合伙企业利益的活动。"如果合伙人执行合伙企业事务中，将应当归合伙企业的利益据为己有，或者采取其他手段侵占合伙企业财产的，应将该利益或财产退还合伙企业；若给合伙企业或者其他合伙人造成损失的，应依法承担赔偿责任。

（6）擅自处理必须全体合伙人同意才能执行的合伙事务的赔偿责任。《合伙企业法》第32条规定："合伙企业的下列事务必须经全体合伙人同意：（一）处分合伙企业的不动产；（二）改变合伙企业的名称；（三）转让或处分合伙企业的知识产权或其他财产权；（四）向企业登记机关申请办理变更登记手续；（五）以合伙企业名义为他人提供担保；（六）聘任合伙人以外的人担任合伙企业的经营管理人员；（七）依照合伙协议约定的有关事项。"如果合伙人违反该条的规定，擅自处理合伙企业事务，给合伙企业或其他合伙人造成损失的，应依法承担赔偿责任。

（7）入伙的民事责任。《合伙企业法》第44条规定："新合伙人入伙时，应当经全体合伙人同意，并依法订立书面入伙协议。"如果新入伙人未经全体合伙人同意，并且没有依法订立书面协议，其入伙无效。按该法第45条的规定，入伙的新合伙人与原合伙人享有同等权利，承担同等责任。但入伙协议另有约定的除外。入伙的新合伙人对入伙前合伙债务承担连带责任。

（8）擅自退伙的赔偿责任。《合伙企业法》第46条规定："合伙协议约定合伙企业的经营期限的，有下列情形之一时，合伙人可以退伙：（一）合伙协议约定的退伙事由出现；（二）经全体合伙人同意退伙；（三）发生合伙人难于继续参加合伙企业的事由；（四）其他合伙人严重违反合伙协议约定的义务。"该法第47条规定："合伙协议未约定合伙企业的经营期限的，合伙人在不给合伙企业事务造成不利影响的情况下，可以退伙，但应当提前三十日通知其他合伙人。"如果合伙人违反规定，擅自退伙的，应当赔偿由此给其他合伙人造成的损失。

（9）拒绝承担合伙人内部求偿权的民事责任。《合伙企业法》第39条规定："合伙企业财产不足清偿到期债务的，各合伙人应当承担无限连带责任。"该法第40条规定："合伙人由于承担连带责任，所清偿数额超过其应当承担的数额时，有权向其他合伙人追偿。"如果合伙人代替其他合伙人清偿了超过自己应承担数额的债务的，其他合伙人有义务向该合伙人清偿，其他合伙人拒绝清偿的，应依法承担违约责任，若给该合伙人造成损失的，应依法承担赔偿责任。

（10）被聘任的合伙企业的经营管理人员的赔偿责任。《合伙企业法》第35条规定："被聘任的合伙企业的经营管理人员应当在合伙企业授权范围内履行职务。"如果被聘任的合伙企业的经营管理人员超过合伙企业授权范围从事经营活动，或因故意或重大过失给合伙企业造成损失的，应当依法承担赔偿责任。这是基于委托代理关系所产生的民事责任。

（11）合伙企业招用的职工的民事责任。如果合伙企业招用的职工利用职务上的便利将合伙企业的财物非法占为己有或者挪用合伙企业资金归个人使用，应依法承担返还或赔偿的民事责任。

（12）清算人应依法承担的民事责任。合伙人担任清算人在执行清算事务时，谋取非法收入或侵占合伙企业财产的，应将该收入或侵占的财产返还给合伙企业，并应依法承担赔偿责任。清算人违反合伙企业解散后清偿顺序的规定，隐匿、转移合伙企业财产，对资产负债表或财产清单作虚假记载，或者在未清偿前分配财产而损害债权人利益的，应依法承担赔偿责任。

2. 个人合伙的对外民事责任

个人合伙的对外民事责任指全体合伙人就合伙债务所承担的无限连带责任，也就是合伙企业对第三人应承担的民事责任。

《合伙企业法》第 39 条规定：“合伙企业对其债务负责，应先以其全部财产进行清偿。合伙企业财产不足清偿到期债务的，各合伙人应当承担无限连带责任。”这一规定表明合伙人的责任是补充性无限连带责任。

（1）合伙人责任的性质是补充性责任。合伙人承担合伙债务的顺序，决定了合伙人首先是以合伙的共有财产向债权人承担共同债务，然后再以个人财产承担连带责任。如果合伙的共有财产足以清偿合伙债务，则不发生合伙人的连带责任。

（2）合伙人对合伙债务承担无限责任。即合伙人应以自己的全部财产承担合伙债务的清偿责任。

（3）合伙人对合伙债务承担连带责任。合伙人的连带责任是法定责任，其责任规则为：①每个合伙人均对全部合伙债务负清偿责任，合伙债权人一旦要求全部、部分或个别的合伙人清偿，被要求者即有义务予以清偿；②其清偿行为，对其他合伙人也有清偿的效力；③若其清偿的债务超过应担份额，则其就超出部分对其他应担合伙人享有追偿权。

本案中，李某虽然没有参加合伙经营活动，但是他按照协议向合伙组织提供了砖窑，符合实物出资的条件，同时还约定按利润的 1/5 参与合伙盈余分配，并在第一批砖烧完后，按比例分得了 2000 元；方某虽然是烧砖工，但并不是拿固定工资的雇工，而是同样在合伙中占有 1/5 的股份，并按约定比例获得了 2000 元的分成，因此其烧砖的行为实际上属于技术出资。根据《最高人民法院关于贯彻执行〈中华人民共和国民法通则〉若干问题的意见（试行）》第 46 条关于“公民按照协议提供资金或者实物，并约定参与合伙盈余分配，但不参与合伙经营、劳动的，或者提供技术性劳务而不提供资金、实物，但约定参与盈余分配的，视为合伙人”的规定，李某和方某都是合伙人。作为合伙人，李某和方某有义务对合伙债务承担无限连带责任。因此，两人以自己是非合伙人为由，拒绝对合伙债务承担责任是不对的。当然，李某和方某赔偿后可以就田某和魏某应承担的部分向二人追偿。

案例十八 一把大火烧散合伙，债务谁清偿

——合伙期间债务，退伙人仍应承担

［案情］

2008 年 6 月，张某、李某和孙某合伙成立了一家贸易商店，每人集资 5 万元，按照出资比例分享盈利和分担亏损。同年 12 月，年终结算略有盈余，三人按照合伙协议进行分红。2009 年 7 月，商店仓库发生火灾，大火烧掉了一批货物，因为仓库保管员是张某的妻弟，且由于该人疏于值守，酿成火灾。在对张某妻弟的处罚上，三人意见发生争议，张某一气之下要求退伙，并取走自己的 5 万元出资。但对 2009 年 1 ~7 月商店的盈亏未予结算。同年 12 月，年终结算时，发现商店开始亏损。此时，李某要求退伙，合伙难以维持，于 2009 年年底散伙。李某和孙某商定按照进货价格计算，分别分得价值 9000 元的商品。但对合伙债务未作处理。

2010年1月，与该商店有业务往来的A公司获悉商店散伙的消息后，即要求李某清偿2009年所欠货款2万元，李某认为按照合伙协议的约定，其只承担债务的三分之一，并且要求以商品折价清偿。A公司找到孙某，孙某避而不见。找到张某，张某以自己早就退伙为由，拒绝赔偿。

[案件争议或法律问题]

本案中，欠A公司的2万元货款应当由谁负责清偿，已退伙的张某是否应当承担清偿责任。

[参考结论及法理分析]

合伙人退伙，根据退伙原因的不同会产生不同的后果，一般情况下退伙会导致合伙组织体的变化和合伙人资格的丧失以及财产份额的分割，但是在合伙人死亡或者合伙人法人资格或非法人团体组织终止时，就会发生资格继承与财产份额继承。具体而言，合伙人退伙时需要掌握下列问题。

1. 退伙时，退伙人丧失合伙人的资格

退伙的时间，自退伙事由实际发生之日为退伙生效日，若是除名退伙，被除名人接到除名通知之日，除名生效，被除名人退伙。自退伙之日起，合伙人丧失合伙人的资格，对退伙后发生的债务不再承担清偿责任。

2. 退伙人对基于其退伙前的原因发生的合伙企业债务承担

普通合伙人，对其退伙前的原因发生的合伙企业债务承担无限连带责任。（《个人合伙法》第53条）

3. 退伙时的结算规则

（1）结算时间：按照退伙时的合伙企业财产状况进行结算，退还退伙人的财产份额。

（2）退伙人对给合伙企业造成的损失负有赔偿责任的，相应扣减其应当赔偿的数额。

（3）退伙时有未了结的合伙企业事务的，待该事务了结后进行结算。（《个人合伙法》第51条）

（4）退还的具体办法，由合伙协议约定或者由全体合伙人决定，可以退还货币，也可以退还实物。（《个人合伙法》第52条）

4. 死亡退伙的法律后果

合伙人死亡时，继承人不当然成为合伙人，就资格继承而言，需要满足双方同意的条件，即“按照合伙协议的约定或者经全体合伙人一致同意”和“继承人愿意成为合伙人”。就债务继承而言，遵循限定继承的原则。

《个人合伙法》第50条规定：合伙人死亡或者被依法宣告死亡的，对该合伙人在合伙企业中的财产份额享有合法继承权的继承人，按照合伙协议的约定或者经全体合伙人一致同意，从继承开始之日起，取得该合伙企业的合伙人资格。

有下列情形之一的，合伙企业应当向合伙人的继承人退还被继承合伙人的财产份额：

（1）继承人不愿意成为合伙人；

（2）法律规定或者合伙协议约定合伙人必须具有相关资格，而该继承人未取得该资格；

（3）合伙协议约定不能成为合伙人的其他情形。

合伙人的继承人为无民事行为能力人或者限制民事行为能力人的，经全体合伙人一致同意，可以依法成为有限合伙人，普通合伙企业依法转为有限合伙企业。全体合伙人未能一致同意的，合伙企业应当将被继承合伙人的财产份额退还该继承人。

除法律另有规定外，全体合伙人对合伙经营的亏损额，对外承担连带责任。个人合伙的债权人有权请求合伙人中的一人或者数人或者全体合伙人全部清偿债务，同时，合伙的债权债务关系因任何一个合伙人偿还债务而消灭。承担这种连带责任之债，也包括只提供技术性劳务不提供资金、实物的合伙人，还包括已退伙、已分担了合伙债务、对其参见合伙期间的全部债务仍承担连带责任的合伙人。合伙人偿还合伙债务超过自己应当承担数额的，其超过部分有权向其他合伙人追偿。

本案主要涉及合伙人退伙及合伙解散后合伙债务的清偿问题。本案中，张某、李某和孙某为贸易商店的合伙人，贸易公司欠A公司的2万元货款发生于2009年，亦即合伙存续期间，属于合伙债务。该欠款在2009年7月张某退伙时贸易公司尚未清偿。我国《民法通则》第35条规定："合伙的债务，由合伙人按照出资比例或者协议的约定，以各自的财产承担清偿责任。合伙人对合伙的债务承担连带责任，法律另有规定的除外。偿还合伙债务超过自己应当承担数额的合伙人，有权向其他合伙人追偿。"《最高人民法院关于贯彻执行〈中华人民共和国民法通则〉若干问题的意见（试行）》第53条规定："合伙经营期间发生亏损，合伙人退出合伙时未按约定分担或者未合理分担合伙债务的，退伙人对原合伙的债务，应当承担清偿责任；退伙人已分担合伙债务的，对其参加合伙期间的全部债务仍负连带责任。"因此，本案中，张某、李某和孙某对2万元合伙债务仍应当承担无限连带责任，A公司有权向三人中的任何一人要求全部清偿；张某以自己退伙为由，拒绝承担责任，缺乏法律根据。

案例十九　货车被烧毁，消防认定"火灾原因不明"，保险公司拒赔

——保险公司可否以"火灾原因不明"为由主张免责

［案情］

2001年2月，原告李某以25万元的价格购买一辆货车，用于经营。2002年3月12日，原告李某与被告某保险公司签订一份机动车辆保险合同，根据合同约定，保险车辆在使用过程中，因"碰撞、倾覆、火灾、爆炸"等原因造成车辆损失的，保险公司负责赔偿；保险车辆因"自燃以及不明原因产生火灾"造成车辆损失的，保险公司不负责赔偿。合同签订后，原告李某按约缴纳了保险费，合同有效期为一年，即自2002年3月13日至2003年3月12日止。

2003年1月3日，原告李某的保险车辆在某市场内发生火灾，车辆被毁。火灾发生后，当地公安消防部门在火灾原因认定书中认为"火灾原因不明"，原告李某不服，上级公安消防部门对火灾原因重新进行认定，最终决定认为："维持当地公安消防部门的《火灾原因认定书》认定结论，即该火灾起火点位于北数第一辆车（原告被毁车辆）与第二辆车中间立柱东侧地面上，起火原因不明。"原告李某持该认定书向保险公司索赔，被告某保险公司认为该火灾属不明原因产生的火灾，根据中国保监委关于《机动车辆保险条

款解释》中规定，“不明原因产生火灾”是指公安消防部门的《火灾原因认定书》中认定的起火原因不明的火灾。根据原、被告双方签订的保险合同的约定，保险车辆因“自燃以及不明原因产生火灾”造成的损失，属保险公司责任免除范围。双方发生纠纷，诉至法院。

［案件争议或法律问题］

1. “火灾原因不明”的界定。

2. 保险公司可否以“火灾原因不明”为由主张免责。

［参考结论及法理分析］

本案是一起典型的车辆保险赔偿案件，在现实生活中经常发生。对此类案件的处理，实践中存在较大争议。

笔者认为，本案中，原告李某的保险车辆在市场内发生火灾后，当地公安消防部门出具的火灾原因认定书对火灾原因认定为“火灾原因不明”，而上一级公安消防部门在火灾原因重新认定决定书中重新认定为：“维持当地公安消防部门作出的《火灾原因认定书》认定结论，即该火灾起火点位于北数第一辆车（原告被毁车辆）与第二辆车中间立柱东侧地面上，起火原因不明。”从最终的火灾原因认定书中可以看出，“火灾原因不明”是该火灾的起火点起火原因不明。

中国保监委关于《机动车辆保险条款解释》中规定：“火灾”是指在时间或空间上失去控制的燃烧所造成的灾害，这里指车辆本身以外的火源以及基本险第一条所列的保险事故造成的燃烧导致保险车辆的损失；“自燃以及不明原因产生火灾”是指保险车辆发生自燃和保险车辆因不明原因产生火灾而造成的损失，保险人不负责赔偿。从以上的规定中，我们不难看出，保险车辆由于本身以外的火源造成保险车辆损失的，保险公司应承担赔偿责任；反之，如果保险车辆发生自燃和保险车辆本身因不明原因产生火灾而造成的损失，保险公司是不承担赔偿责任的。结合本案实际情况综合分析，原告车辆受损的原因是由于在两辆车之间有一个不明原因起火点起火，导致保险车辆受损，而非保险车辆本身因不明原因起火造成损失的。所以，根据原、被告双方签订的车辆保险合同的约定，本次事故是由于车辆本身以外的火源造成保险车辆受损的，因此，不属于保险合同中约定的免责事由，保险公司应承担赔偿责任。

案例二十　国光农化有限公司诉中国人民保险公司简阳市支公司未明确说明免责条款的含义，应按财产保险合同理赔投保财产火灾损失案

——保险公司未尽合理提示义务，免责条款应当认定无效

［案情］

原告：四川国光农化有限公司（下称“国光公司”）

被告：中国人民保险公司简阳市支公司（下称“保险公司”）

1999 年 5 月 28 日，原告国光公司向被告保险公司申请财产投保，保险公司向其提供了四份由中保财产保险有限公司印制的合同资料：财产保险标的地址明细表、财产保险风

险情况询问表、财产保险综合险投保单、财产保险综合险保险单。原告在财产保险风险情况询问表中写明："投保财产有代锰磷类化学品是易燃易爆材料"；在财产保险标的地址明细表中写明："投保财产位于简阳市平泉镇，投保财产价值为403万元"。财产保险综合险投保单中载明，注意：请认真阅读所附条款，如实详细填写投保单；综合险：固定资产（详见清单），估价：203万元，流动资产（原料、产成品、半成品等）估价200万元；特约保险标的无；总保险金额16120元，保险责任期限自1999年5月29日零时起至2000年5月28日止。特别约定：（1）相对免赔额1万元；（2）固定资产流动资金按估价投保；（3）该公司的产品、原料及生产过程涉及3～5工业范围，经协商按4级工业承保。投保人兹声明上述所填内容（包括投保标的明细表及风险情况问询表属实），同意以本投保单作为订立合同的依据；对贵公司就财产保险综合险条款及附加险条款（包括责任免除部分）的内容及说明已经了解；同意从保险单签发之日起保险合同成立，发生保险事故时，投保人未按约定缴付保险费，保险公司不负赔偿责任。该部分内容用黑体字印制与其他合同内容加以区别。原告在问询表、明细表及投保单上加盖了公章。当天，双方签订了财产保险综合险保险单，内容为：鉴于国光公司已向本公司投保财产保险综合险，并按本保险条款约定缴纳保险费，本公司特签发本保险单并同意依照财产保险综合险条款和附加险条款及其特别约定条件，承担被保险人下列财产的保险责任，综合险、保险期等内容与投保单内容相同（略）；被保险人收到本保险单后请即核对，如有错误立即通知本公司。保险单背面附财产保险综合险条款，其中第4条规定：由下列原因造成保险标的损失，保险人依照本条款约定负责赔偿：（1）火灾爆炸。责任免除第8条规定保险人对下列损失不负责赔偿。（2）保险标的物的自燃。原告遂交保费16120元。

2000年1月15日2时40分左右，天降大雨，原告的简阳市平泉镇一号仓库发生火灾，经扑救，于4时30分将火扑灭。后保险公司即赴火灾现场摄像、查勘、定损，确定库房及库内原材料部分被烧毁，直接损失2467826.41元。2000年1月28日，简阳市公安局消防大队出具火灾原因认定书，认定火灾系仓库内堆放的代森锌、代森锰锌遇水分解，集热引起火灾。双方均未对此要求重新认定。后原告申请理赔，保险公司以火灾系投保财产自燃引起，根据保险单第8条第2项属免责范围，予以拒赔。原告诉至资阳市中级人民法院，请求判令被告赔偿其火灾损失。

被告保险公司以上述拒赔理由予以答辩。

资阳市中级人民法院认为：根据《中华人民共和国保险法》第16条、第17条规定，保险合同中规定的保险人责任免除条款，保险人在订立保险合同时应当向投保人明确说明，未明确说明的，该条款不产生效力。对免责条款明确说明是保险人必须履行的义务，这就要求保险人不仅要将免责条款印制在保险单上，而且还应将其含义明白、确定地向投保人解释清楚。保险人对免责条款的解释是该条款生效的法定要件。明确说明的方式可以是口头的，也可以是书面的，是否履行了明确说明义务的举证责任在保险人。本案保险合同载明：原告对被告"财产保险综合险条款及附加条款（包括责任免除部分）的内容及说明已了解"。尽管原告在合同上加盖了公章，但由于该内容是被告打印的，加之被告对免责条款中自燃和火灾的含义未确定，也未明确告知原告，故不能认定被告对原告履行了免责条款明确说明义务，该免责条款应无效。合同其他内容合法、有效。合同订立后，原告依约向被告缴纳了保费，现投保财产在保险责任期内发生事故受到损失，被告应承担赔偿责任。原告的诉讼请求成立，予以支持。被告所举证据不能证明其对免责条款尽了明确说明义务，故其主张免责条款有效，不应承担赔偿的理由不能成立，不予支持。依照《中华人民共和国民法通则》第134条第1款第7项，《中华人民共和国保险法》第16条、第17条之规定，该院于2001年12月20日判决：

保险公司在判决生效后15日内赔偿国光公司损失199万元。

保险公司不服一审判决，向四川省高级人民法院提起上诉称：（1）火灾认定书明确了火灾系代森锌、代森锰锌遇水分解，集热引发，此火灾属于自燃引发。（2）根据一审查明的事实，上诉人对责任免除部分业已用黑体字作出了不同于一般条款的特别说明，且被上诉人在对包括责任免除条款在内的说明了解清楚的情况下，以加盖印章的方式予以确认。该种对免责条款进行说明的方式，为国内保险业的通行做法，且为保监会批准认可并推荐。原审以上诉人未对免责条款进行明确说明而判决上诉人承担赔付责任属错判。（3）被上诉人投保时名为四川国光实业公司，而索赔时则名为四川国光农化有限公司，两者的企业性质、注册资金等都不同，在法律上是两个完全不同的主体。保险合同上明确规定被保险人名称变更应事前通知保险人，并办理批改手续，未通知的，保险人有权拒绝赔偿。被上诉人更名后，至今未通知上诉人，上诉人有权拒赔。（4）赔付数额适用法律错误。被上诉人为其流动资产投保的保险金额为200万元，但保险事故发生时的流动资产的保险价值已超过1800万元。故即使保险人应当对保险事故造成的损失承担赔偿责任，也须依据保险法的规定按照保险金额与保险价值的比例承担赔偿责任。原审判决上诉人承担一切损失是适用法律错误。请求撤销一审判决；判决上诉人不承担保险赔付义务。

被上诉人国光公司答辩称：一审判决认定事实清楚，证据充分，适用法律正确。请求驳回上诉，维持原判。

四川省高级人民法院经审理查明与一审查明的事实不同的有：（1）双方认可的保险单上载明的相对免赔额为1000元，而非一审认定的1万元。（2）国光公司原名为“四川国光实业公司”，与“四川省简阳市国光饲料添加剂厂”是一套班子两块牌子，同一法定代表人。1999年12月30日，简阳市乡镇企业局作出《关于四川国光实业公司兼并四川省国光饲料添加剂厂与平泉镇挂靠脱钩改制为有限公司组织形式的批复》，同意公司兼并厂，并与平泉镇政府挂靠脱钩，合并后改制为“四川国光农化有限公司”，承担原“国光实业公司”和“四川省简阳市国光饲料添加剂厂”在经营过程中和“有限公司”在今后经营过程中所发生的一切债权债务。并要求企业接文后，到各有关部门办理改制的有关手续和各种证件的更名。据此，经申请，四川省工商行政管理局于2000年1月11日作出《企业名称变更核准通知书》，核准其企业名称变更为“四川国光农化有限公司”，同时明确“以上名称在企业登记主管机关核准变更登记，换发营业执照后生效”。同年1月28日，简阳市乡镇企业管理局在该公司同日填写的《公司设立登记申请书》上签章同意。而火灾在此之前的1月15日已发生。（3）出险时国光公司的原材料、产成品、半成品、包装物等的账面余额共计为18475991.26元。

四川省高级人民法院对以下争执焦点问题调查、认证如下：

（1）保险公司在订立保险合同时，是否履行了法定的免责条款说明义务。保险公司为证明自己已尽到法定的说明义务，提供的证据除上诉状中提到的在投保单中对责任免除部分已经了解的声明是用黑体字印刷外，还另提供了两份证据：一是中国农业银行简阳市支行（下称简阳农行）职工陆文全的书面证言，说明其于1999年5月27日左右，会同本行职工刘毅、周兵、吴家礼和保险公司员工李开明、刘红英、黄文涛到国光公司平泉厂去谈财产保险事宜，在平泉镇保鲜剂厂门卫室对国光公司肖总和两位厂长讲了财产保险应如何确定保险金额才能得到足额赔偿、什么是保险责任、什么是责任免除等保险条款的内容，并还进行了举例说明。但陆文全未出庭作证，其书面证言上也无手印。二是保险公司委托代理人邓国林于2002年6月20日上午在简阳农行办公室对该行职工刘毅的调查笔录，说明其与陆文全、周斌、吴家礼四人和保险公司员工李开明、刘红英、黄文涛一行于1999年5月底到国光公司在平泉镇的厂里去谈保险事宜，在查看厂房、设备后回到国光公司总部，在总部楼顶平台上，保险公司的李开明、刘红英对国光的肖总等详细讲解了保险合同条款的内容。刘毅称："我能清楚地记得讲解的内容是财产保险应如何确定保险金额才能得到足额赔偿，什么是保险责任，什么是责任免除，责任免除有哪些条款内容等，当时还给国光公司的两位（经办的肖总、陈润培）同志举了很多例子来进行说明。国光公司是在听取了详细的解释后才确定的投保。"

对此，国光公司当庭举出了刘毅签字并捺手印的书面证言，说明："关于中保公司简阳支公司找我取证，是由代理人写好后，叫我过目签的字，该证据只能说明是我参与了这次保险事项，保险公司当时对保险的好处及赔付足额与不足额的条款进行了解释，其他就要后来参与办理的同志才清楚了。如果中保公司提供的证词与本证词有不一致的地方，应以本证据为准。"刘毅也未出庭作证。保险公司对该书面证言出自刘毅亲笔不持异议，但认为是国光公司对刘毅做工作的结果。

四川省高级人民法院认为：保险公司提供的证人证言及调查笔录，从内容上看应是同一次事件，但两人所讲当时解释的地点不同，且刘毅对双方当事人做出了不同内容的证言；陆文全未出庭作证，也未在书面证言上捺手印，其内容所涉及地点又与刘毅对保险公司代理人所讲不同，不予采信。保险公司在投保单上的黑体印字，本身并不能说明保险公司确实已按法律要求向国光公司就免责条款作了充分的、确定不移的解释。根据法律的要求，对影响投保人、被保险人或受益人利益的重要条款，保险人除应采用合理的形式特别提请对方注意外，还应说明该条款的内容、目的、保险术语和其他专门词句（如自燃）的含义、适用等事项。由于该投保单是由保险公司提供的格式投保单，投保人要投保必然要加盖印章，因此仅凭投保人盖章，不能认定保险公司已尽到法定说明的义务。至于保险公司上诉所称"该种方式对免责条款的说明为中国国内保险行业的通行作法，且为保监会所批准认可及推荐"，但其未能在二审中提供依据，不予采信。保险公司所提供证据不能证明其已履行了依法对免责条款的说明义务。《保险法》第17条规定："保险合同中规定有关于保险人责任免除条款的，保险人在订立保险合同时应当向投保人明确说明，未明确说明的，该条款不产生效力。"故该合同中的免责条款依法不产生效力。保险公司已尽到法定的明确说明义务的上诉理由不能成立。基于此，火灾是否属自燃对保险公司是否应承担赔偿责任已没有意义。

（2）国光公司的名称变更后未履行告知义务，是否导致保险公司免责。国光公司名称变更后，未提供证据证明确已告知保险公司。保险公司据此认为，保险合同第23条规定："保险合同有效期内，如有被保险人名称变更……等情况，被保险人应当事前书面通知保险人，并根据保险人的有关规定办理批改手续"；第25条规定："被保险人如果不履行第20条至第24条约定的各项义务，保险人有权拒绝赔偿。”因此保险公司有权依合同约定拒绝赔偿。

国光公司认为保险合同第25条免责条款同样由于保险公司未尽说明义务而无效，且自理赔至二审开庭，该公司都以变更后的新名称与保险公司协商与诉讼，保险公司在长达两年时间内均未对此提出异议，表明其知道并认可该公司名称变更的事实，不应以此拒赔。

四川省高级人民法院认为，火灾发生于×年×月×日，简阳市工商局于2000年1月28日才根据国光实业公司的申请书同意其名称变更，而这时保险事故早已发生，原国光实业公司已依法取得了索赔权利；简阳市乡镇企业管理局的批复中明确，“四川国光农化有限公司应承担原国光实业公司和四川省简阳市国光添加剂厂在经营过程中……所发生的一切债权债务”，因此，现国光公司作为原国光实业公司的权利义务承受人，要求保险公司履行赔偿义务是合格的。保险公司以国光公司未告知名称变更而拒绝赔偿的上诉理由不能成立。

（3）应如何计算损失赔偿额的问题。保险公司认为该保险合同是不定值保险，因为按保险单背面所附《财产保险综合险条款》第11条第2款的规定，“流动资产的保险价值是出险时账面余额”，而出险时国光公司流动资产账面余额为1800多万元，因此赔偿处理应按保险合同第13条第2项中“保险金额低于保险价值时，其赔偿金额按保险金额与保险价值比例计算”的规定计算赔偿数额。

国光公司认为，保险标的的保险价值已由双方约定并在合同中载明，根本不存在发生保险事故时再来确定的问题。双方在合同中对“以何种价值投保”写为“估价”，但在《财产保险标的地址明细表》中将原料等流动资产的“投保金额”定为200万元，而该地址明细表是保险合同组成部分，因此，保险价值就是200万元，且发生火灾时投保的流动资产已全部烧毁。保险合同第13条第1款规定：“保险金额等于或高于保险价值时，其赔偿金额不超过保险价值为限；保险金额低于保险价值时，按保险金额赔偿”，本公司投保的流动资产损失2467826.41元，该部分的保险金额200万元，上诉人应当按约定的保险金额200万元赔偿。

四川省高级人民法院查明，双方在一审中各自提交的保险合同复印件，内容完全相同，在其中“以何价值投保”栏固定资产、流动资产栏都写为“估价”。在国光公司提交的《财产保险标的地址明细表》中，固定资产分项列明，其中原料库投保金额为4万元，标的地址为简阳平泉镇；“原料、半成品、产成品”统为一项，列出的“投保金额”为200万元，标的地址列明为“简阳平泉镇、简阳仓库”。该明细表上写明“本保险标的地址明细表为投保单的组成部分”，并由国光公司盖章，但未表明是保险合同的组成部分。而由保险公司提交并与原件核对无异的国光公司盖章的投保单“特别约定”栏中有“固定资产、流动资产按估价投保”的内容。保险单中流动资产含原料、产成品、半成品和包装物共计四项，而财产保险标的地址明细表中则只有原料、半成品和产成品三项，无包装物。保险单上载明的财产坐落地址有两个：简阳中心村和平泉镇，火灾只发生在平泉镇1号仓库。国光公司在一审时提交并经质证的盖有其公章的《保险赔偿申请》中表明，“该仓库房屋和库内的原材料部分被烧毁”，加上其认可的出险时流动资产账面余额为1800万元的“说明”，表明出险时流动资产（原料、产成品、半成品、包装物）并未全部烧毁，应为部分损失。

另查明，该保险单所附《财产保险综合险条款》是1996年5月30日由当时的保险监管机构中国人民银行发布的，该行同时还发布了《财产保险综合险条款解释》。对流动资产，该保险条款第11条第2款规定："流动资产的保险价值是出险时的账面余额"，并在《财产保险综合险条款解释》第13条中进一步明确流动资产（存货）部分损失的，受损保险标的的保险金额等于或高于账面余额，按实际损失计算赔偿金额；受损财产的保险金额低于账面余额，应根据实际损失或恢复原状所需修复费用乘保险金额与出险时账面余额的比例计算赔偿金额。

四川省高级人民法院认为：根据保险单的约定和《财产保险综合险条款》及其解释的规定，该保险为不定值保险，流动资产的保险价值应以出险时的账面余额计算。国光公司提供的财产保险标的地址明细表对原料、半成品、产成品的地址标明为"简阳平泉镇、简阳仓库"，保险单上载明的财产坐落地址有两个：简阳中心村、平泉镇，因此国光公司所投保的流动资产为其全部流动资产（原料、产成品、半成品、包装物），并非仅是平泉镇1号仓库内的流动资产。国光公司仅平泉镇1号仓库发生保险事故，其流动资产的损失只能是部分损失，保险公司应以保险金额与出险时流动资产的账面余额的比例承担赔偿责任。根据《保险法》第12条的规定，在当事人无特殊约定时，保险单或其他保险凭证才是保险合同的载体。国光公司以投保单上的"投保金额"已确定进而认为该保险为定值保险，双方已在保险合同中约定了保险价值，且投保的流动资产全部被烧毁的说法与事实不符。保险公司认为应按不定值保险比例赔偿的上诉理由成立。

关于固定资产，简阳市公安局的《火灾原因认定书》确认平泉镇1号仓库被烧毁。承保时在投保单上该仓库估价为4万元，出险时双方对此损失确定"另计"，却均未提供另计的依据。国光公司一审时要求赔偿4万元。一审判决未明确赔偿额199万元是否含此固定资产。

四川省高级人民法院认为：保险单背面所附《财产保险综合险条款》第10条第2款规定："固定资产的保险价值是出险时的重置价值"，《财产保险综合险条款解释》第13条规定，固定资产全部损失的，"受损财产的保险金额等于或高于出险时的重置价值时，其赔偿金额以不超过出险时重置价值为限；受损财产的保险金额低于出险时重置价值时，其赔款不得超过该项财产的保险金额"。固定资产赔偿额应以此确定。对该仓库出险时的重置价值双方均未提供证据，保险公司在二审中提出应以4万元为依据，对仓库主体部分分解保额计算赔偿额，却未提供分解计算的依据，本院对分解计算的说法不予采信，故保险公司应按国光公司的要求赔偿固定资产损失4万元。

对实际发生的施救费用，双方确认为11700元。保险合同条款第14条规定："发生保险事故时，被保险人所支付的必要、合理的施救费用的赔偿金额在保险标的的损失以外另行计算，最高不超过保险金额的数额。若受损保险标的按比例赔付时，则该项费用也按与财产赔款相同的比例赔偿。"由于该施救费用为施救流动资产和固定资产所共同产生，应按各自比例分别确定施救费用，保险公司对流动资产的施救费用应按与流动资产损失赔偿相同的比例赔偿，对固定资产的施救费用则全额赔偿。

综上，四川省高级人民法院认为：该保险合同除保险人免责部分因其未尽法定明确说明义务而依法不生效外，其他条款有效。一审判决认定保险公司未对免责条款尽法定说明义务而不能因此免责，是正确的。保险公司称其已尽法定说明义务的上诉理由不能成立，其要求因此免除赔偿责任的上诉请求，不予支持。国光公司名称变更在发生火灾之后，不应成为保险公司依合同免责的事由，保险公司上诉以此免责的理由不能成立，不予支持。保险公司认为应按保险金额与出险时账面余额的比例计算流动资产及施救费用赔偿额的上诉理由成立，予以支持。一审判决在计算赔偿数额时未考虑本财产保险合同未约定保险价值，属不定值保险；将流动资产部分损失认定为全部损失，且对固定资产、流动资产及施救费用不加区分，即判决保险公司赔偿 199 万元，属认定事实不清，适用法律错误，应予撤销。保险公司应按保险金额与出险时流动资产的账面余额的比例承担流动资产及相应施救费用的赔偿责任，按国光公司请求数额承担固定资产及相应施救费用的赔偿责任。依照《中华人民共和国保险法》第 12 条、第 16 条第 1 款、第 17 条、第 23 条第 2 款、第 39 条和《中华人民共和国民事诉讼法》第 153 条第 1 款第 2、3 项之规定，该院于 2002 年 8 月 20 日判决如下：

一、撤销一审民事判决；

二、中国人民保险公司简阳市支公司在本判决生效之日起十五日内赔偿四川国光农化有限公司损失共计 308574. 32 元。

[案件争议或法律问题]

保险公司是否尽到合理说明的义务，保险公司未尽合理提示说明义务，免责条款是否有效。

[参考结论及法理分析]

通过对该案的分析，该案主要涉及的法律问题是：被告是否履行了有关法律规定的义务，其行为是否合法？《保险合同》第 8 条第 2 项免责条款是否有效？

一、保险条款具有重复使用的特性，属于格式条款，应遵循相应的法律规则

1. 提请对方注意的义务。根据双方合同约定，保险单第 8 条第 2 项为保险合同的组成部分，即属于格式条款。所谓格式条款，根据《合同法》第 39 条第 2 款的规定，是指“当事人为了重复使用而预先拟定，并在订立合同时未与对方协商的条款”。可见，格式条款主要具备两个特征：一是由一方当事人预先拟定，不是在签订合同时由双方协商拟定；二是在订立合同时未与对方协商而载入合同中的条款，即是由单方决定的。因此，格式条款具有单方预先拟定的性质。所以，作为拟定条款的一方有义务提请对方注意这些条款，特别是免除或者限制其责任的条款。因为对拟定条款一方当事人责任的免除或者限制，意味着对方当事人相应的权利受到限制。所以，对于这些条款，拟定格式条款的一方必须提请对方注意。但被告并未尽到以合理的方式提请原告注意的义务。

2. 应将条款向对方予以说明的义务。由于被告并未就《保险合同》第 8 条第 2 项的免责条款向原告明确说明。根据有关法律规定，提供格式条款的一方就格式条款的有关问题应作出说明，特别是有关保险人责任免除的条款，保险人在订立保险合同时应当向投保人明确说明，以便对方当事人了解该条款的真实含义及订立该条款的目的等。《合同法》第 39 条第 1 款规定：“采用格式条款订立合同的，提供格式条款的一方应当遵循公平原则确定当事人之间的权利和义务，并采取合理的方式提请对方注意免除或者限制其责任的条款，按照对方的要求，对该条款予以说明。”《中华人民共和国保险法》第 18 条亦规定：“保险合同中规定有关保险人责任免除条款的，保险人在订立保险合同时应当向投保人明确说明，未明确说明的，该条款不产生效力。”

3. 确定当事人之间的权利和义务应当遵循公平原则。当事人应当遵循公平原则确定各方的权利和义务。所谓公平，主要是指双方通过合同所确立的权利义务关系应当做到对等。不能一方只享有权利，而对方只承担义务，或在权利享有和义务承担方面出现不对等的状况。一方在享有权利的同时，必须同时承担相应的义务。提供格式条款的一方，利用其业务方面的优势，加大自己的权利，减轻自己所承担的义务和责任，对对方当事人应当享有的权利排除在合同条款之外，已经严重违反了合同法所规定的公平原则。我国《合同法》第 3 条规定：“合同当事人的法律地位平等，一方不得将自己的意志强加给另一方。”第 5 条规定：“当事人应当遵循公平原则确定各方的权利和义务。”这是《合同法》的基本原则之一。

二、被告是否履行了有关法律规定的义务，其行为是否合法

本案中，保险公司对涉案免责条款负有以合理方式提示说明的义务，而保险公司对该义务的履行却明显欠缺。一是投保单，投保单系合同双方就合同内容达成合意的重要证据，是保险公司进行提示说明的重要途径，保险公司虽向法庭举证，但仍无法证明合同订立时投保人对该免责条款的知情和认可。二是保险单，保险单虽有免责提示，但字体、字型、颜色与其他内容相同，不具有特别性。由于很多情况下投保人基于自身知识水平和对相关法律的认知，很少对各项条款及时逐条阅读并准确理解，因此保险公司对于该险种更应注意提示说明义务的履行。对于此种义务的履行，除了《合同法》《合同法解释（二）》的规定，保监会关于《机动车辆保险条款》的性质等有关问题的批复第 2 条也规定，仅将保险条款送交投保人阅读不构成对说明义务的履行。《最高人民法院法研〔2000〕5 号对“明确说明”如何理解的答复》中确定，保险人对于免责条款，除了在保险单上提示投保人注意外，还应当对有关免责条款的概念、内容及其法律后果等，以书面或口头形式向投保人作出解释。因此，不能认定被告对争议免责条款进行了合理提示和说明，涉案免责条款应认定为无效条款。

被告保险公司未能证明自己对免责条款尽到了明确说明义务，依据《中华人民共和国合同法》第 40 条：“提供格式条款一方免除其责任、加重对方责任、排除对方主要权利的，该条款无效”，故本案保险合同免责条款对原告无约束力。被告以该免责条款拒绝理赔，理由不成立，其反驳主张不予支持。

三、法律提示

1. 保险公司：首先，对业务操作应进一步规范，对保险专业术语以及专业知识应当向投保人说明，特别是关系到投保人或利益的条款要进行详细的说明，并让投保人签字认可；其次，应建立健全单证管理制度，对于交付给投保人的保险单、现金价值表、保险条款等有关保险合同的材料进行登记，投保人领取的，应当让投保人在登记栏签字，防止日后诉讼发生无法举证的风险；最后，针对保险公司业务员或代理人投保本公司险种，保险公司仍应尽一定的说明义务，规定业务员不能自己办理自己的投保业务，应由其他业务人员予以办理，并按照对免责条款进行明确说明，否则，在法律没有特殊规定的情况下，一旦投保人主张保险公司没有尽到说明义务，保险人将面临诉讼风险。

2. 投保人或被保险人：首先，投保前应仔细询问保险保障的范围、保险费的缴纳、退保时的权利以及其他自己关心的事项，遇到任何疑问要及时向保险公司咨询；其次，要谨慎对待保险业务人员的承诺，一切不符合保险条款规定的口头承诺，不要轻易相信，特别是针对一些营销让利活动，投保人更应提高警惕，不要贪图小便宜而带来麻烦。针对销售中的活动的承诺一定要保留相关书面资料，为日后维权保存证据。

案例二十一 投保汽车遭火烧，保险公司拒赔

——如何认定火灾事故责任认定书的证明力

[案情]

2006 年 1 月 24 日，张某就其所有的京 A 牌大货车向 B 公司投保车辆损失险、第三者责任险等险种，其中车辆损失险的保险金额为 35 万元；保险期限为 2006 年 1 月 24 日零时至 2007 年 1 月 23 日二十四时止，其中合同约定，车辆自燃造成的火灾损失为保险公司的免责范围。

2006 年 2 月 14 日 10 时 50 分，张某驾驶该京 A 牌大货车由南向东行驶至沪宁高速公路昆山收费站进口匝道处，车辆起火，造成车辆损毁。火灾发生后，保险公司和交巡部门赶到现场。2006 年 2 月 23 日，某市公安交巡总队高速公路支队某大队出具委托书，请求某市公安局消防支队对京 A 牌大客车的起火原因进行鉴定。2006 年 2 月 25 日，某市公安局消防支队作出火灾原因认定书，认定起火原因为车厢左后侧碰擦后，导致电源破损搭铁短路引起火灾。为查明火灾原因，B 保险公司复制了事发时高速公路昆山收费站电子监控录像资料。录像资料显示投保车辆 2006 年 2 月 14 日 10 时 50 分进入昆山收费站，其后不长时间，有一辆天蓝色的大客车驶入昆山收费站，其间未发现有大货车进入收费站。10 时 51 分，录像镜头切换到进入高速的匝道处，此时投保车辆停在匝道口处冒烟发生燃烧，跟在后面的天蓝色大客车为避免火灾缓缓向后移动。后 B 保险公司持电子监控录像资料和某市公安局消防支队交涉，要求消防支队依据事实，重新作出认定。某市公安局消防支队未予答复。

事后张某以消防部门的火灾事故责任认定书为依据，主张该火灾为碰擦引起，要求保险公司给付保险金，保险公司认为是自燃引起的火灾而拒绝赔付。张某于 2007 年 3 月 3 日起诉，要求人保公司赔付保险金 35 万元。

在法院审理过程中，法院向作出火灾认定书的调查人员核实其认定的依据，调查人员提供了驾驶人员的调查笔录及事后拍摄左后侧有擦痕的车辆照片。根据火灾事故调查规定，对火灾事故，调查人员应当及时开展调查询问工作，对火灾现场进行录像、照相，并及时勘查现场。而消防部门未能提供勘查现场时拍摄的照片，且被调查人员的证词和其他证据相矛盾，故该火灾原因认定书，法院不作为定案的依据。依法驳回原告张某的诉讼请求。

[案件争议及法律问题]

本案在证据的分析认证上存在的争点是：公安局消防支队出具的火灾原因认定书是否可以直接作为本案的证据采纳。

第一种观点认为，火灾原因认定书是消防部门作出的具体行政行为，本质上属于技术鉴定结论。相关法规规定，当事人对火灾原因认定不服的，应在收到《火灾原因认定书》之日起十五日内，向火灾事故发生地主管公安机关或者上一级公安消防机构申请重新认定。作为具体行政行为在被撤销前该认定书都是具有确定的法律效力。该案中，保险公司未在规定的时间内对该火灾原因认定书申请重新认定，故该认定书已发生确定的法律效力，可以作为认定本案事实的重要证据，应支持原告的诉讼请求。

第二种观点认为，火灾原因认定书在被撤销之前的确定效力是行政法意义上的，相关的行政机构应受其约束。法院在司法活动中，应依据查明的事实，对双方争议进行裁判，当法院现有证据中可以认定的事实与行政机关的认定不一致时，在没有明确法律规定该认定书被撤销前必须作为定案依据的情况下，司法机关应依据可以查明的事实进行裁判，而无须受制于行政机关的行政行为。

［**参考结论及法理分析**］

要正确认定火灾事故认定书的证明效力，首先必须明确火灾事故认定书的属性。

要确定火灾原因认定行为的属性，可以从作出该行为的主体和行为的法律后果两个层面来分析。

首先，火灾原因认定行为是行政主体的职权行为。根据《消防法》第 4 条的规定，县级以上地方各级人民政府公安机关对本行政区域内的消防工作实施监督管理，并由本级人民政府公安机关消防机构负责实施。该法第 39 条进一步规定：“火灾扑灭后，公安消防机构有权根据需要封闭火灾现场，负责调查、认定火灾原因，核定火灾损失，查明火灾事故责任。”1999 年 3 月公安部发布的《火灾事故调查规定》（以下简称《调查规定》）更加明确了这一授权，“火灾事故的调查由公安消防机构负责实施”，除《消防法》第 39 条第 2 款规定的情形（对于特大火灾事故，国务院或者省级人民政府认为必要时，可以组织调查）外，“任何单位、个人不得非法干预火灾事故的调查”。可见，县级以上公安机关是唯一有权对所辖区域的消防工作进行监督管理的职能部门，而公安机关消防机构才有权具体实施火灾事故的调查。县级以上公安机关本身就是典型的行政主体；公安机关消防机构则是根据法律的授权（并通过规章进一步明确化），取得了对火灾原因、事故责任进行调查、认定的排他性认定职责，从而取得了行政主体资格。

其次，火灾原因认定行为是具体影响行政管理当事人的权利和义务的行为。《调查规定》第 31 条规定：“当事人对火灾原因、火灾事故责任认定不服的，自收到《火灾原因认定书》《火灾事故责任书》之日起十五日内，可以向火灾事故发生地主管公安机关或者上一级公安消防机构申请重新认定；对省级公安消防机构作出的火灾原因、火灾事故责任认定不服的，向省级公安机关申请重新认定。”“火灾事故发生地主管公安机关或者上一级公安消防机构在收到重新认定申请书后，应当在两个月内作出维持、变更或者撤销的决定。”有人根据第 2 款规定断定“火灾原因认定不是技术鉴定，而是在技术鉴定基础上作出的具体行政行为”，其结论是正确的，但理由不够充分。第 2 款规定只能说明有关火灾原因认定方面的行政监督机制已经在相当程度上得以完善，而不能说“只有具体行政行为才能被维持、变更或者撤销”。火灾原因认定的本质属性，就是技术鉴定结论。由于鉴定过程中对有关数据和证据的考量出现偏差，或者现场询问和现场勘查出现纰漏，都会造成火灾原因认定的失误，导致鉴定结论被撤销或者变更。鉴定结论可以被维持、变更或者撤销，是一个非常浅显的道理。火灾原因认定之所以区别于一般技术鉴定，是因为它是由行政主体作出的，并间接地影响当事人的权利和义务。

承认火灾原因认定行为本质上是技术鉴定行为，并不能因此而否认其具体行政行为的属性。同样，承认火灾原因认定行为的具体行政行为属性，并不能因此而否认其技术鉴定的本质属性。依照行政法原理，火灾原因认定属于行政确认行为，是一种具有独特性质（技术鉴定性）的行政行为，或称准行政行为。行政主体依法对行政管理当事人的法律地位、法律关系或有关法律事实进行甄别，给予确定、认定并予以宣告的行为，学术上都划归行政确认行为。很显然，火灾原因认定行为只是对有关法律事实进行甄别并给予认定、宣告的具体行政行为，而不是对当事人的法律地位和法律关系（权利和义务）直接给予确定和认定。值得强调的是，许多情况下，首先有行政确认行为，然后才能据以作出有关处理决定，而《火灾原因认定书》和《火灾事故责任书》互为一体，是决定当事人权利义务的先决条件，间接地确定了当事人的权利义务。根据《调查规定》第29条规定，对引发火灾事故的单位和个人，火灾事故责任主要有四类：直接责任、间接责任、直接领导责任和领导责任。其第30条紧接着规定，公安消防机构查明火灾事故责任后，对引发火灾事故的单位和个人，区分不同情况作出三种不同的处理。也正是基于火灾原因认定行为与当事人的权利和义务之间存在这样的密切关系，加之前述主体资格要素，才能将其作为具体行政行为来定位。

与一般的行政行为不同，消防的紧急性和状况的特殊性以及火灾原因认定行为的高度专业性，都决定了法院对该类行为的审查存在一定的限度。实际上，公安机关消防部门的技术力量是比较雄厚的，法院在这方面的力量则相对薄弱。更何况，水火不等人，最先进入火灾现场进行扑救的是公安机关消防机构的消防队员，他们对有关现场的调查、勘验及分析，往往更具有说服力。法官则没有亲临现场，只是靠事后的“证据”等来作出判断，其准确性自然要打折扣。一般说来，只要公安机关消防部门履行了有关法定程序，基于严格的现场询问、现场勘查、技术鉴定作出了有关原因认定的结论，法院就应该予以充分的尊重。这是现代国家各部门充分履行其法定职责，发挥其最大效能的最基本保证。如果违反这一原则，轻易越过必要的限度，势必导致各部门互不信任，可能会离公平、公正和正义更远。那当然不是行政诉讼制度所追求的目标。①

火灾原因认定书的本质属性就是技术鉴定结论。由于鉴定过程中对有关数据和证据的考量出现偏差，或者现场询问和现场勘查出现纰漏，都会造成火灾原因认定的失误，导致鉴定结论被撤销或者变更。鉴定结论可以被维持、变更或者撤销，是一个非常浅显的道理。承认火灾原因认定行为本质上是技术鉴定行为，并不能因此而否认其具体行政行为的属性。同样，承认火灾原因认定行为的具体行政行为属性，并不能因此而否认其技术鉴定的本质属性。因此，从技术鉴定的角度，法院也并非必须受制于火灾原因认定书。

本案中的火灾原因认定在认定程序和认定依据上出现了问题，导致其认定的火灾原因的真实性受到了怀疑，首先，本案中的消防部门是在火灾发生数天后进行的勘验，而不是在火灾发生后以最短的时间赶到现场进行勘验，而且是在事故车辆被拖离火灾现场后，才

---

① 《对火灾原因认定行为的司法审查及其界限》，引自110法律咨询网，发布日期：2004－08－19。

对车辆进行的勘验，因此首先是认定的程序出现了问题。其次，作为勘验依据的当事人陈述被证明是不准确的，出险车辆的驾驶员出现了前后不一致的称述，并且经被告提供的视听资料证明，其陈述也是不准确的。火灾原因认定书在证明火灾原因的问题上是具有较高证明力的，但并不是不可推翻的，最高人民法院《关于民事诉讼证据的若干规定》认为人民法院发生法律效力的裁判所确认的事实，当事人也是可以通过相反证据予以推翻的，依据“比重以明轻”的法律解释的方法，行政机关发生法律效力的文件的证明力是要低于法院的生效判决的，其所确认的事实也当然可以被推翻。本案采纳了第二种观点，该火灾原因认定书，法院不作为定案的依据。依法驳回原告张某的诉讼请求。

附　录

中华人民共和国侵权责任法

（2009 年 12 月 26 日第十一届全国人民代表大会常务委员会第十二次会议通过，自 2010 年 7 月 1 日起施行）

第一章　一般规定

第一条　为保护民事主体的合法权益，明确侵权责任，预防并制裁侵权行为，促进社会和谐稳定，制定本法。

第二条　侵害民事权益，应当依照本法承担侵权责任。

本法所称民事权益，包括生命权、健康权、姓名权、名誉权、荣誉权、肖像权、隐私权、婚姻自主权、监护权、所有权、用益物权、担保物权、著作权、专利权、商标专用权、发现权、股权、继承权等人身、财产权益。

第三条　被侵权人有权请求侵权人承担侵权责任。

第四条　侵权人因同一行为应当承担行政责任或者刑事责任的，不影响依法承担侵权责任。

因同一行为应当承担侵权责任和行政责任、刑事责任，侵权人的财产不足以支付的，先承担侵权责任。

第五条　其他法律对侵权责任另有特别规定的，依照其规定。

第二章　责任构成和责任方式

第六条　行为人因过错侵害他人民事权益，应当承担侵权责任。

根据法律规定推定行为人有过错，行为人不能证明自己没有过错的，应当承担侵权责任。

第七条　行为人损害他人民事权益，不论行为人有无过错，法律规定应当承担侵权责任的，依照其规定。

第八条　二人以上共同实施侵权行为，造成他人损害的，应当承担连带责任。

第九条　教唆、帮助他人实施侵权行为的，应当与行为人承担连带责任。

教唆、帮助无民事行为能力人、限制民事行为能力人实施侵权行为的，应当承担侵权责任；该无民事行为能力人、限制民事行为能力人的监护人未尽到监护责任的，应当承担相应的责任。

第十条　二人以上实施危及他人人身、财产安全的行为，其中一人或者数人的行为造成他人损害，能够确定具体侵权人的，由侵权人承担责任；不能确定具体侵权人的，行为人承担连带责任。

第十一条　二人以上分别实施侵权行为造成同一损害，每个人的侵权行为都足以造成全部损害的，行为人承担连带责任。

第十二条　二人以上分别实施侵权行为造成同一损害，能够确定责任大小的，各自承担相应的责任；难以确定责任大小的，平均承担赔偿责任。

第十三条　法律规定承担连带责任的，被侵权人有权请求部分或者全部连带责任人承担责任。

第十四条　连带责任人根据各自责任大小确定相应的赔偿数额；难以确定责任大小的，平均承担赔偿责任。

支付超出自己赔偿数额的连带责任人，有权向其他连带责任人追偿。

第十五条　承担侵权责任的方式主要有：

（一）停止侵害；

（二）排除妨碍；

（三）消除危险；

（四）返还财产；

（五）恢复原状；

（六）赔偿损失；

（七）赔礼道歉；

（八）消除影响、恢复名誉。

以上承担侵权责任的方式，可以单独适用，也可以合并适用。

第十六条　侵害他人造成人身损害的，应当赔偿医疗费、护理费、交通费等为治疗和康复支出的合理费用，以及因误工减少的收入。造成残疾的，还应当赔偿残疾生活辅助具费和残疾赔偿金。造成死亡的，还应当赔偿丧葬费和死亡赔偿金。

第十七条　因同一侵权行为造成多人死亡的，可以以相同数额确定死亡赔偿金。

第十八条　被侵权人死亡的，其近亲属有权请求侵权人承担侵权责任。被侵权人为单位，该单位分立、合并的，承继权利的单位有权请求侵权人承担侵权责任。

被侵权人死亡的，支付被侵权人医疗费、丧葬费等合理费用的人有权请求侵权人赔偿费用，但侵权人已支付该费用的除外。

第十九条　侵害他人财产的，财产损失按照损失发生时的市场价格或者其他方式计算。

第二十条　侵害他人人身权益造成财产损失的，按照被侵权人因此受到的损失赔偿；被侵权人的损失难以确定，侵权人因此获得利益的，按照其获得的利益赔偿；侵权人因此获得的利益难以确定，被侵权人和侵权人就赔偿数额协商不一致，向人民法院提起诉讼的，由人民法院根据实际情况确定赔偿数额。

第二十一条 侵权行为危及他人人身、财产安全的，被侵权人可以请求侵权人承担停止侵害、排除妨碍、消除危险等侵权责任。

第二十二条 侵害他人人身权益，造成他人严重精神损害的，被侵权人可以请求精神损害赔偿。

第二十三条 因防止、制止他人民事权益被侵害而使自己受到损害的，由侵权人承担责任。侵权人逃逸或者无力承担责任，被侵权人请求补偿的，受益人应当给予适当补偿。

第二十四条 受害人和行为人对损害的发生都没有过错的，可以根据实际情况，由双方分担损失。

第二十五条 损害发生后，当事人可以协商赔偿费用的支付方式。协商不一致的，赔偿费用应当一次性支付；一次性支付确有困难的，可以分期支付，但应当提供相应的担保。

第三章 不承担责任和减轻责任的情形

第二十六条 被侵权人对损害的发生也有过错的，可以减轻侵权人的责任。

第二十七条 损害是因受害人故意造成的，行为人不承担责任。

第二十八条 损害是因第三人造成的，第三人应当承担侵权责任。

第二十九条 因不可抗力造成他人损害的，不承担责任。法律另有规定的，依照其规定。

第三十条 因正当防卫造成损害的，不承担责任。正当防卫超过必要的限度，造成不应有的损害的，正当防卫人应当承担适当的责任。

第三十一条 因紧急避险造成损害的，由引起险情发生的人承担责任。如果危险是由自然原因引起的，紧急避险人不承担责任或者给予适当补偿。紧急避险采取措施不当或者超过必要的限度，造成不应有的损害的，紧急避险人应当承担适当的责任。

第四章 关于责任主体的特殊规定

第三十二条 无民事行为能力人、限制民事行为能力人造成他人损害的，由监护人承担侵权责任。监护人尽到监护责任的，可以减轻其侵权责任。

有财产的无民事行为能力人、限制民事行为能力人造成他人损害的，从本人财产中支付赔偿费用。不足部分，由监护人赔偿。

第三十三条 完全民事行为能力人对自己的行为暂时没有意识或者失去控制造成他人损害有过错的，应当承担侵权责任；没有过错的，根据行为人的经济状况对受害人适当补偿。

完全民事行为能力人因醉酒、滥用麻醉药品或者精神药品对自己的行为暂时没有意识或者失去控制造成他人损害的，应当承担侵权责任。

第三十四条 用人单位的工作人员因执行工作任务造成他人损害的，由用人单位承担侵权责任。

劳务派遣期间，被派遣的工作人员因执行工作任务造成他人损害的，由接受劳务派遣的用工单位承担侵权责任；劳务派遣单位有过错的，承担相应的补充责任。

第三十五条　个人之间形成劳务关系，提供劳务一方因劳务造成他人损害的，由接受劳务一方承担侵权责任。提供劳务一方因劳务自己受到损害的，根据双方各自的过错承担相应的责任。

第三十六条　网络用户、网络服务提供者利用网络侵害他人民事权益的，应当承担侵权责任。

网络用户利用网络服务实施侵权行为的，被侵权人有权通知网络服务提供者采取删除、屏蔽、断开链接等必要措施。网络服务提供者接到通知后未及时采取必要措施的，对损害的扩大部分与该网络用户承担连带责任。

网络服务提供者知道网络用户利用其网络服务侵害他人民事权益，未采取必要措施的，与该网络用户承担连带责任。

第三十七条　宾馆、商场、银行、车站、娱乐场所等公共场所的管理人或者群众性活动的组织者，未尽到安全保障义务，造成他人损害的，应当承担侵权责任。

因第三人的行为造成他人损害的，由第三人承担侵权责任；管理人或者组织者未尽到安全保障义务的，承担相应的补充责任。

第三十八条　无民事行为能力人在幼儿园、学校或者其他教育机构学习、生活期间受到人身损害的，幼儿园、学校或者其他教育机构应当承担责任，但能够证明尽到教育、管理职责的，不承担责任。

第三十九条　限制民事行为能力人在学校或者其他教育机构学习、生活期间受到人身损害，学校或者其他教育机构未尽到教育、管理职责的，应当承担责任。

第四十条　无民事行为能力人或者限制民事行为能力人在幼儿园、学校或者其他教育机构学习、生活期间，受到幼儿园、学校或者其他教育机构以外的人员人身损害的，由侵权人承担侵权责任；幼儿园、学校或者其他教育机构未尽到管理职责的，承担相应的补充责任。

第五章　产品责任

第四十一条　因产品存在缺陷造成他人损害的，生产者应当承担侵权责任。

第四十二条　因销售者的过错使产品存在缺陷，造成他人损害的，销售者应当承担侵权责任。

销售者不能指明缺陷产品的生产者也不能指明缺陷产品的供货者的，销售者应当承担侵权责任。

第四十三条　因产品存在缺陷造成损害的，被侵权人可以向产品的生产者请求赔偿，也可以向产品的销售者请求赔偿。

产品缺陷由生产者造成的，销售者赔偿后，有权向生产者追偿。

因销售者的过错使产品存在缺陷的，生产者赔偿后，有权向销售者追偿。

第四十四条　因运输者、仓储者等第三人的过错使产品存在缺陷，造成他人损害的，产品的生产者、销售者赔偿后，有权向第三人追偿。

第四十五条 因产品缺陷危及他人人身、财产安全的，被侵权人有权请求生产者、销售者承担排除妨碍、消除危险等侵权责任。

第四十六条 产品投入流通后发现存在缺陷的，生产者、销售者应当及时采取警示、召回等补救措施。未及时采取补救措施或者补救措施不力造成损害的，应当承担侵权责任。

第四十七条 明知产品存在缺陷仍然生产、销售，造成他人死亡或者健康严重损害的，被侵权人有权请求相应的惩罚性赔偿。

第六章 机动车交通事故责任

第四十八条 机动车发生交通事故造成损害的，依照道路交通安全法的有关规定承担赔偿责任。

第四十九条 因租赁、借用等情形机动车所有人与使用人不是同一人时，发生交通事故后属于该机动车一方责任的，由保险公司在机动车强制保险责任限额范围内予以赔偿。不足部分，由机动车使用人承担赔偿责任；机动车所有人对损害的发生有过错的，承担相应的赔偿责任。

第五十条 当事人之间已经以买卖等方式转让并交付机动车但未办理所有权转移登记，发生交通事故后属于该机动车一方责任的，由保险公司在机动车强制保险责任限额范围内予以赔偿。不足部分，由受让人承担赔偿责任。

第五十一条 以买卖等方式转让拼装或者已达到报废标准的机动车，发生交通事故造成损害的，由转让人和受让人承担连带责任。

第五十二条 盗窃、抢劫或者抢夺的机动车发生交通事故造成损害的，由盗窃人、抢劫人或者抢夺人承担赔偿责任。保险公司在机动车强制保险责任限额范围内垫付抢救费用的，有权向交通事故责任人追偿。

第五十三条 机动车驾驶人发生交通事故后逃逸，该机动车参加强制保险的，由保险公司在机动车强制保险责任限额范围内予以赔偿；机动车不明或者该机动车未参加强制保险，需要支付被侵权人人身伤亡的抢救、丧葬等费用的，由道路交通事故社会救助基金垫付。道路交通事故社会救助基金垫付后，其管理机构有权向交通事故责任人追偿。

第七章 医疗损害责任

第五十四条 患者在诊疗活动中受到损害，医疗机构及其医务人员有过错的，由医疗机构承担赔偿责任。

第五十五条 医务人员在诊疗活动中应当向患者说明病情和医疗措施。需要实施手术、特殊检查、特殊治疗的，医务人员应当及时向患者说明医疗风险、替代医疗方案等情况，并取得其书面同意；不宜向患者说明的，应当向患者的近亲属说明，并取得其书面同意。

医务人员未尽到前款义务，造成患者损害的，医疗机构应当承担赔偿责任。

第五十六条 因抢救生命垂危的患者等紧急情况，不能取得患者或者其近亲属意见的，经医疗机构负责人或者授权的负责人批准，可以立即实施相应的医疗措施。

第五十七条 医务人员在诊疗活动中未尽到与当时的医疗水平相应的诊疗义务，造成患者损害的，医疗机构应当承担赔偿责任。

第五十八条 患者有损害，因下列情形之一的，推定医疗机构有过错：

（一）违反法律、行政法规、规章以及其他有关诊疗规范的规定；

（二）隐匿或者拒绝提供与纠纷有关的病历资料；

（三）伪造、篡改或者销毁病历资料。

第五十九条 因药品、消毒药剂、医疗器械的缺陷，或者输入不合格的血液造成患者损害的，患者可以向生产者或者血液提供机构请求赔偿，也可以向医疗机构请求赔偿。患者向医疗机构请求赔偿的，医疗机构赔偿后，有权向负有责任的生产者或者血液提供机构追偿。

第六十条 患者有损害，因下列情形之一的，医疗机构不承担赔偿责任：

（一）患者或者其近亲属不配合医疗机构进行符合诊疗规范的诊疗；

（二）医务人员在抢救生命垂危的患者等紧急情况下已经尽到合理诊疗义务；

（三）限于当时的医疗水平难以诊疗。

前款第一项情形中，医疗机构及其医务人员也有过错的，应当承担相应的赔偿责任。

第六十一条 医疗机构及其医务人员应当按照规定填写并妥善保管住院志、医嘱单、检验报告、手术及麻醉记录、病理资料、护理记录、医疗费用等病历资料。

患者要求查阅、复制前款规定的病历资料的，医疗机构应当提供。

第六十二条 医疗机构及其医务人员应当对患者的隐私保密。泄露患者隐私或者未经患者同意公开其病历资料，造成患者损害的，应当承担侵权责任。

第六十三条 医疗机构及其医务人员不得违反诊疗规范实施不必要的检查。

第六十四条 医疗机构及其医务人员的合法权益受法律保护。干扰医疗秩序，妨害医务人员工作、生活的，应当依法承担法律责任。

第八章 环境污染责任

第六十五条 因污染环境造成损害的，污染者应当承担侵权责任。

第六十六条 因污染环境发生纠纷，污染者应当就法律规定的不承担责任或者减轻责任的情形及其行为与损害之间不存在因果关系承担举证责任。

第六十七条 两个以上污染者污染环境，污染者承担责任的大小，根据污染物的种类、排放量等因素确定。

第六十八条 因第三人的过错污染环境造成损害的，被侵权人可以向污染者请求赔偿，也可以向第三人请求赔偿。污染者赔偿后，有权向第三人追偿。

第九章 高度危险责任

第六十九条 从事高度危险作业造成他人损害的，应当承担侵权责任。

第七十条 民用核设施发生核事故造成他人损害的，民用核设施的经营者应当承担侵权责任，但能够证明损害是因战争等情形或者受害人故意造成的，不承担责任。

第七十一条 民用航空器造成他人损害的，民用航空器的经营者应当承担侵权责任，但能够证明损害是因受害人故意造成的，不承担责任。

第七十二条 占有或者使用易燃、易爆、剧毒、放射性等高度危险物造成他人损害的，占有人或者使用人应当承担侵权责任，但能够证明损害是因受害人故意或者不可抗力造成的，不承担责任。被侵权人对损害的发生有重大过失的，可以减轻占有人或者使用人的责任。

第七十三条 从事高空、高压、地下挖掘活动或者使用高速轨道运输工具造成他人损害的，经营者应当承担侵权责任，但能够证明损害是因受害人故意或者不可抗力造成的，不承担责任。被侵权人对损害的发生有过失的，可以减轻经营者的责任。

第七十四条 遗失、抛弃高度危险物造成他人损害的，由所有人承担侵权责任。所有人将高度危险物交由他人管理的，由管理人承担侵权责任；所有人有过错的，与管理人承担连带责任。

第七十五条 非法占有高度危险物造成他人损害的，由非法占有人承担侵权责任。所有人、管理人不能证明对防止他人非法占有尽到高度注意义务的，与非法占有人承担连带责任。

第七十六条 未经许可进入高度危险活动区域或者高度危险物存放区域受到损害，管理人已经采取安全措施并尽到警示义务的，可以减轻或者不承担责任。

第七十七条 承担高度危险责任，法律规定赔偿限额的，依照其规定。

第十章 饲养动物损害责任

第七十八条 饲养的动物造成他人损害的，动物饲养人或者管理人应当承担侵权责任，但能够证明损害是因被侵权人故意或者重大过失造成的，可以不承担或者减轻责任。

第七十九条 违反管理规定，未对动物采取安全措施造成他人损害的，动物饲养人或者管理人应当承担侵权责任。

第八十条 禁止饲养的烈性犬等危险动物造成他人损害的，动物饲养人或者管理人应当承担侵权责任。

第八十一条 动物园的动物造成他人损害的，动物园应当承担侵权责任，但能够证明尽到管理职责的，不承担责任。

第八十二条 遗弃、逃逸的动物在遗弃、逃逸期间造成他人损害的，由原动物饲养人或者管理人承担侵权责任。

第八十三条 因第三人的过错致使动物造成他人损害的，被侵权人可以向动物饲养人或者管理人请求赔偿，也可以向第三人请求赔偿。动物饲养人或者管理人赔偿后，有权向第三人追偿。

第八十四条 饲养动物应当遵守法律，尊重社会公德，不得妨害他人生活。

第十一章　物件损害责任

第八十五条　建筑物、构筑物或者其他设施及其搁置物、悬挂物发生脱落、坠落造成他人损害，所有人、管理人或者使用人不能证明自己没有过错的，应当承担侵权责任。所有人、管理人或者使用人赔偿后，有其他责任人的，有权向其他责任人追偿。

第八十六条　建筑物、构筑物或者其他设施倒塌造成他人损害的，由建设单位与施工单位承担连带责任。建设单位、施工单位赔偿后，有其他责任人的，有权向其他责任人追偿。

因其他责任人的原因，建筑物、构筑物或者其他设施倒塌造成他人损害的，由其他责任人承担侵权责任。

第八十七条　从建筑物中抛掷物品或者从建筑物上坠落的物品造成他人损害，难以确定具体侵权人的，除能够证明自己不是侵权人的外，由可能加害的建筑物使用人给予补偿。

第八十八条　堆放物倒塌造成他人损害，堆放人不能证明自己没有过错的，应当承担侵权责任。

第八十九条　在公共道路上堆放、倾倒、遗撒妨碍通行的物品造成他人损害的，有关单位或者个人应当承担侵权责任。

第九十条　因林木折断造成他人损害，林木的所有人或者管理人不能证明自己没有过错的，应当承担侵权责任。

第九十一条　在公共场所或者道路上挖坑、修缮安装地下设施等，没有设置明显标志和采取安全措施造成他人损害的，施工人应当承担侵权责任。

窨井等地下设施造成他人损害，管理人不能证明尽到管理职责的，应当承担侵权责任。

第十二章　附　　则

第九十二条　本法自2010年7月1日起施行。

中华人民共和国产品质量法（节选）

（1993年2月22日第七届全国人民代表大会常务委员会第三十次会议通过，根据2000年7月8日第九届全国人民代表大会常务委员会第十六次会议《关于修改〈中华人民共和国产品质量法〉的决定》修正）

第三章　生产者、销售者的产品质量责任和义务

第一节　生产者的产品质量责任和义务

第二十六条　生产者应当对其生产的产品质量负责。

产品质量应当符合下列要求：

（一）不存在危及人身、财产安全的不合理的危险，有保障人体健康和人身、财产安全的国家标准、行业标准的，应当符合该标准；

（二）具备产品应当具备的使用性能，但是，对产品存在使用性能的瑕疵作出说明的除外；

（三）符合在产品或者其包装上注明采用的产品标准，符合以产品说明、实物样品等方式表明的质量状况。

第二十七条　产品或者其包装上的标识必须真实，并符合下列要求：

（一）有产品质量检验合格证明；

（二）有中文标明的产品名称、生产厂厂名和厂址；

（三）根据产品的特点和使用要求，需要标明产品规格、等级、所含主要成份的名称和含量的，用中文相应予以标明；需要事先让消费者知晓的，应当在外包装上标明，或者预先向消费者提供有关资料；

（四）限期使用的产品，应当在显著位置清晰地标明生产日期和安全使用期或者失效日期；

（五）使用不当，容易造成产品本身损坏或者可能危及人身、财产安全的产品，应当有警示标志或者中文警示说明。

裸装的食品和其他根据产品的特点难以附加标识的裸装产品，可以不附加产品标识。

第二十八条　易碎、易燃、易爆、有毒、有腐蚀性、有放射性等危险物品以及储运中不能倒置和其他有特殊要求的产品，其包装质量必须符合相应要求，依照国家有关规定作出警示标志或者中文警示说明，标明储运注意事项。

第二十九条　生产者不得生产国家明令淘汰的产品。

第三十条　生产者不得伪造产地，不得伪造或者冒用他人的厂名、厂址。

第三十一条　生产者不得伪造或者冒用认证标志等质量标志。

第三十二条　生产者生产产品，不得掺杂、掺假，不得以假充真、以次充好，不得以

不合格产品冒充合格产品。

第二节　销售者的产品质量责任和义务

第三十三条　销售者应当建立并执行进货检查验收制度，验明产品合格证明和其他标识。

第三十四条　销售者应当采取措施，保持销售产品的质量。

第三十五条　销售者不得销售国家明令淘汰并停止销售的产品和失效、变质的产品。

第三十六条　销售者销售的产品的标识应当符合本法第二十七条的规定。

第三十七条　销售者不得伪造产地，不得伪造或者冒用他人的厂名、厂址。

第三十八条　销售者不得伪造或者冒用认证标志等质量标志。

第三十九条　销售者销售产品，不得掺杂、掺假，不得以假充真、以次充好，不得以不合格产品冒充合格产品。

第四章　损害赔偿

第四十条　售出的产品有下列情形之一的，销售者应当负责修理、更换、退货；给购买产品的消费者造成损失的，销售者应当赔偿损失：

（一）不具备产品应当具备的使用性能而事先未作说明的；

（二）不符合在产品或者其包装上注明采用的产品标准的；

（三）不符合以产品说明、实物样品等方式表明的质量状况的。

销售者依照前款规定负责修理、更换、退货、赔偿损失后，属于生产者的责任或者属于向销售者提供产品的其他销售者（以下简称供货者）的责任的，销售者有权向生产者、供货者追偿。

销售者未按照第一款规定给予修理、更换、退货或者赔偿损失的，由产品质量监督部门或者工商行政管理部门责令改正。

生产者之间，销售者之间，生产者与销售者之间订立的买卖合同、承揽合同有不同约定的，合同当事人按照合同约定执行。

第四十一条　因产品存在缺陷造成人身、缺陷产品以外的其他财产（以下简称他人财产）损害的，生产者应当承担赔偿责任。

生产者能够证明有下列情形之一的，不承担赔偿责任：

（一）未将产品投入流通的；

（二）产品投入流通时，引起损害的缺陷尚不存在的；

（三）将产品投入流通时的科学技术水平尚不能发现缺陷的存在的。

第四十二条　由于销售者的过错使产品存在缺陷，造成人身、他人财产损害的，销售者应当承担赔偿责任。

销售者不能指明缺陷产品的生产者也不能指明缺陷产品的供货者的，销售者应当承担赔偿责任。

第四十三条　因产品存在缺陷造成人身、他人财产损害的，受害人可以向产品的生产者要求赔偿，也可以向产品的销售者要求赔偿。属于产品的生产者的责任，产品的销售者赔偿的，产品的销售者有权向产品的生产者追偿。属于产品的销售者的责任，产品的生产者赔偿的，产品的生产者有权向产品的销售者追偿。

第四十四条 因产品存在缺陷造成受害人人身伤害的，侵害人应当赔偿医疗费、治疗期间的护理费、因误工减少的收入等费用；造成残疾的，还应当支付残疾者生活自助具费、生活补助费、残疾赔偿金以及由其扶养的人所必需的生活费等费用；造成受害人死亡的，并应当支付丧葬费、死亡赔偿金以及由死者生前扶养的人所必需的生活费等费用。

因产品存在缺陷造成受害人财产损失的，侵害人应当恢复原状或者折价赔偿。受害人因此遭受其他重大损失的，侵害人应当赔偿损失。

第四十五条 因产品存在缺陷造成损害要求赔偿的诉讼时效期间为二年，自当事人知道或者应当知道其权益受到损害时起计算。

因产品存在缺陷造成损害要求赔偿的请求权，在造成损害的缺陷产品交付最初消费者满十年丧失；但是，尚未超过明示的安全使用期的除外。

第四十六条 本法所称缺陷，是指产品存在危及人身、他人财产安全的不合理的危险；产品有保障人体健康和人身、财产安全的国家标准、行业标准的，是指不符合该标准。

第四十七条 因产品质量发生民事纠纷时，当事人可以通过协商或者调解解决。当事人不愿通过协商、调解解决或者协商、调解不成的，可以根据当事人各方的协议向仲裁机构申请仲裁；当事人各方没有达成仲裁协议或者仲裁协议无效的，可以直接向人民法院起诉。

第四十八条 仲裁机构或者人民法院可以委托本法第十九条规定的产品质量检验机构，对有关产品质量进行检验。

中华人民共和国劳动合同法（节选）

（2007年6月29日第十届全国人民代表大会常务委员会第二十八次会议通过）

第二章 劳动合同的订立

第十条 建立劳动关系，应当订立书面劳动合同。

已建立劳动关系，未同时订立书面劳动合同的，应当自用工之日起一个月内订立书面劳动合同。

用人单位与劳动者在用工前订立劳动合同的，劳动关系自用工之日起建立。

第十一条 用人单位未在用工的同时订立书面劳动合同，与劳动者约定的劳动报酬不明确的，新招用的劳动者的劳动报酬按照集体合同规定的标准执行；没有集体合同或者集体合同未规定的，实行同工同酬。

第十二条 劳动合同分为固定期限劳动合同、无固定期限劳动合同和以完成一定工作任务为期限的劳动合同。

第十五条 以完成一定工作任务为期限的劳动合同，是指用人单位与劳动者约定以某项工作的完成为合同期限的劳动合同。

用人单位与劳动者协商一致，可以订立以完成一定工作任务为期限的劳动合同。

第十六条 劳动合同由用人单位与劳动者协商一致，并经用人单位与劳动者在劳动合同文本上签字或者盖章生效。

劳动合同文本由用人单位和劳动者各执一份。

第十七条 劳动合同应当具备以下条款：

（一）用人单位的名称、住所和法定代表人或者主要负责人；

（二）劳动者的姓名、住址和居民身份证或者其他有效身份证件号码；

（三）劳动合同期限；

（四）工作内容和工作地点；

（五）工作时间和休息休假；

（六）劳动报酬；

（七）社会保险；

（八）劳动保护、劳动条件和职业危害防护；

（九）法律、法规规定应当纳入劳动合同的其他事项。

劳动合同除前款规定的必备条款外，用人单位与劳动者可以约定试用期、培训、保守秘密、补充保险和福利待遇等其他事项。

第十八条 劳动合同对劳动报酬和劳动条件等标准约定不明确，引发争议的，用人单位与劳动者可以重新协商；协商不成的，适用集体合同规定；没有集体合同或者集体合同未规定劳动报酬的，实行同工同酬；没有集体合同或者集体合同未规定劳动条件等标准的，适用国家有关规定。

第十九条 劳动合同期限三个月以上不满一年的，试用期不得超过一个月；劳动合同期限一年以上不满三年的，试用期不得超过二个月；三年以上固定期限和无固定期限的劳动合同，试用期不得超过六个月。

同一用人单位与同一劳动者只能约定一次试用期。

以完成一定工作任务为期限的劳动合同或者劳动合同期限不满三个月的，不得约定试用期。

试用期包含在劳动合同期限内。劳动合同仅约定试用期的，试用期不成立，该期限为劳动合同期限。

第二十条 劳动者在试用期的工资不得低于本单位相同岗位最低档工资或者劳动合同约定工资的百分之八十，并不得低于用人单位所在地的最低工资标准。

第二十一条 在试用期中，除劳动者有本法第三十九条和第四十条第一项、第二项规定的情形外，用人单位不得解除劳动合同。用人单位在试用期解除劳动合同的，应当向劳动者说明理由。

第二十二条 用人单位为劳动者提供专项培训费用，对其进行专业技术培训的，可以与该劳动者订立协议，约定服务期。

劳动者违反服务期约定的，应当按照约定向用人单位支付违约金。违约金的数额不得超过用人单位提供的培训费用。用人单位要求劳动者支付的违约金不得超过服务期尚未履行部分所应分摊的培训费用。

用人单位与劳动者约定服务期的，不影响按照正常的工资调整机制提高劳动者在服务期期间的劳动报酬。

第二十三条 用人单位与劳动者可以在劳动合同中约定保守用人单位的商业秘密和与知识产权相关的保密事项。

对负有保密义务的劳动者，用人单位可以在劳动合同或者保密协议中与劳动者约定竞业限制条款，并约定在解除或者终止劳动合同后，在竞业限制期限内按月给予劳动者经济补偿。劳动者违反竞业限制约定的，应当按照约定向用人单位支付违约金。

第二十五条 除本法第二十二条和第二十三条规定的情形外，用人单位不得与劳动者约定由劳动者承担违约金。

第二十六条 下列劳动合同无效或者部分无效：

（一）以欺诈、胁迫的手段或者乘人之危，使对方在违背真实意思的情况下订立或者变更劳动合同的；

（二）用人单位免除自己的法定责任、排除劳动者权利的；

（三）违反法律、行政法规强制性规定的。

对劳动合同的无效或者部分无效有争议的，由劳动争议仲裁机构或者人民法院确认。

第二十七条 劳动合同部分无效，不影响其他部分效力的，其他部分仍然有效。

第二十八条 劳动合同被确认无效，劳动者已付出劳动的，用人单位应当向劳动者支付劳动报酬。劳动报酬的数额，参照本单位相同或者相近岗位劳动者的劳动报酬确定。

第四章　劳动合同的解除和终止

第三十六条 用人单位与劳动者协商一致，可以解除劳动合同。

第三十七条 劳动者提前三十日以书面形式通知用人单位，可以解除劳动合同。劳动者在试用期内提前三日通知用人单位，可以解除劳动合同。

第三十八条 用人单位有下列情形之一的，劳动者可以解除劳动合同：

（一）未按照劳动合同约定提供劳动保护或者劳动条件的；

（二）未及时足额支付劳动报酬的；

（三）未依法为劳动者缴纳社会保险费的；

（四）用人单位的规章制度违反法律、法规的规定，损害劳动者权益的；

（五）因本法第二十六条第一款规定的情形致使劳动合同无效的；

（六）法律、行政法规规定劳动者可以解除劳动合同的其他情形。

用人单位以暴力、威胁或者非法限制人身自由的手段强迫劳动者劳动的，或者用人单位违章指挥、强令冒险作业危及劳动者人身安全的，劳动者可以立即解除劳动合同，不需事先告知用人单位。

第三十九条 劳动者有下列情形之一的，用人单位可以解除劳动合同：

（一）在试用期间被证明不符合录用条件的；

（二）严重违反用人单位的规章制度的；

（三）严重失职，营私舞弊，给用人单位造成重大损害的；

（四）劳动者同时与其他用人单位建立劳动关系，对完成本单位的工作任务造成严重影响，或者经用人单位提出，拒不改正的；

（五）因本法第二十六条第一款第一项规定的情形致使劳动合同无效的；

（六）被依法追究刑事责任的。

第四十条　有下列情形之一的，用人单位提前三十日以书面形式通知劳动者本人或者额外支付劳动者一个月工资后，可以解除劳动合同：

（一）劳动者患病或者非因工负伤，在规定的医疗期满后不能从事原工作，也不能从事由用人单位另行安排的工作的；

（二）劳动者不能胜任工作，经过培训或者调整工作岗位，仍不能胜任工作的；

（三）劳动合同订立时所依据的客观情况发生重大变化，致使劳动合同无法履行，经用人单位与劳动者协商，未能就变更劳动合同内容达成协议的。

第四十一条　有下列情形之一，需要裁减人员二十人以上或者裁减不足二十人但占企业职工总数百分之十以上的，用人单位提前三十日向工会或者全体职工说明情况，听取工会或者职工的意见后，裁减人员方案经向劳动行政部门报告，可以裁减人员：

（一）依照企业破产法规定进行重整的；

（二）生产经营发生严重困难的；

（三）企业转产、重大技术革新或者经营方式调整，经变更劳动合同后，仍需裁减人员的；

（四）其他因劳动合同订立时所依据的客观经济情况发生重大变化，致使劳动合同无法履行的。

裁减人员时，应当优先留用下列人员：

（一）与本单位订立较长期限的固定期限劳动合同的；

（二）与本单位订立无固定期限劳动合同的；

（三）家庭无其他就业人员，有需要扶养的老人或者未成年人的。

用人单位依照本条第一款规定裁减人员，在六个月内重新招用人员的，应当通知被裁减的人员，并在同等条件下优先招用被裁减的人员。

第四十二条　劳动者有下列情形之一的，用人单位不得依照本法第四十条、第四十一条的规定解除劳动合同：

（一）从事接触职业病危害作业的劳动者未进行离岗前职业健康检查，或者疑似职业病病人在诊断或者医学观察期间的；

（二）在本单位患职业病或者因工负伤并被确认丧失或者部分丧失劳动能力的；

（三）患病或者非因工负伤，在规定的医疗期内的；

（四）女职工在孕期、产期、哺乳期的；

（五）在本单位连续工作满十五年，且距法定退休年龄不足五年的；

（六）法律、行政法规规定的其他情形。

第四十三条　用人单位单方解除劳动合同，应当事先将理由通知工会。用人单位违反法律、行政法规规定或者劳动合同约定的，工会有权要求用人单位纠正。用人单位应当研究工会的意见，并将处理结果书面通知工会。

第四十四条　有下列情形之一的，劳动合同终止：

（一）劳动合同期满的；

（二）劳动者开始依法享受基本养老保险待遇的；

（三）劳动者死亡，或者被人民法院宣告死亡或者宣告失踪的；

（四）用人单位被依法宣告破产的；

（五）用人单位被吊销营业执照、责令关闭、撤销或者用人单位决定提前解散的；

（六）法律、行政法规规定的其他情形。

第四十五条 劳动合同期满，有本法第四十二条规定情形之一的，劳动合同应当续延至相应的情形消失时终止。但是，本法第四十二条第二项规定丧失或者部分丧失劳动能力劳动者的劳动合同的终止，按照国家有关工伤保险的规定执行。

第四十六条 有下列情形之一的，用人单位应当向劳动者支付经济补偿：

（一）劳动者依照本法第三十八条规定解除劳动合同的；

（二）用人单位依照本法第三十六条规定向劳动者提出解除劳动合同并与劳动者协商一致解除劳动合同的；

（三）用人单位依照本法第四十条规定解除劳动合同的；

（四）用人单位依照本法第四十一条第一款规定解除劳动合同的；

（五）除用人单位维持或者提高劳动合同约定条件续订劳动合同，劳动者不同意续订的情形外，依照本法第四十四条第一项规定终止固定期限劳动合同的；

（六）依照本法第四十四条第四项、第五项规定终止劳动合同的；

（七）法律、行政法规规定的其他情形。

第四十七条 经济补偿按劳动者在本单位工作的年限，每满一年支付一个月工资的标准向劳动者支付。六个月以上不满一年的，按一年计算；不满六个月的，向劳动者支付半个月工资的经济补偿。

劳动者月工资高于用人单位所在直辖市、设区的市级人民政府公布的本地区上年度职工月平均工资三倍的，向其支付经济补偿的标准按职工月平均工资三倍的数额支付，向其支付经济补偿的年限最高不超过十二年。

本条所称月工资是指劳动者在劳动合同解除或者终止前十二个月的平均工资。

第四十八条 用人单位违反本法规定解除或者终止劳动合同，劳动者要求继续履行劳动合同的，用人单位应当继续履行；劳动者不要求继续履行劳动合同或者劳动合同已经不能继续履行的，用人单位应当依照本法第八十七条规定支付赔偿金。

第四十九条 国家采取措施，建立健全劳动者社会保险关系跨地区转移接续制度。

第五十条 用人单位应当在解除或者终止劳动合同时出具解除或者终止劳动合同的证明，并在十五日内为劳动者办理档案和社会保险关系转移手续。

劳动者应当按照双方约定，办理工作交接。用人单位依照本法有关规定应当向劳动者支付经济补偿的，在办结工作交接时支付。

用人单位对已经解除或者终止的劳动合同的文本，至少保存二年备查。

第五章　特别规定

第二节　劳务派遣

第五十七条 劳务派遣单位应当依照公司法的有关规定设立，注册资本不得少于五十

已经设置的生产、储存、装卸易燃易爆危险品的工厂、仓库和专用车站、码头，易燃易爆气体和液体的充装站、供应站、调压站，不再符合前款规定的，地方人民政府应当组织、协调有关部门、单位限期解决，消除安全隐患。

第二十三条　生产、储存、运输、销售、使用、销毁易燃易爆危险品，必须执行消防技术标准和管理规定。

进入生产、储存易燃易爆危险品的场所，必须执行消防安全规定。禁止非法携带易燃易爆危险品进入公共场所或者乘坐公共交通工具。

储存可燃物资仓库的管理，必须执行消防技术标准和管理规定。

第二十四条　消防产品必须符合国家标准；没有国家标准的，必须符合行业标准。禁止生产、销售或者使用不合格的消防产品以及国家明令淘汰的消防产品。

依法实行强制性产品认证的消防产品，由具有法定资质的认证机构按照国家标准、行业标准的强制性要求认证合格后，方可生产、销售、使用。实行强制性产品认证的消防产品目录，由国务院产品质量监督部门会同国务院公安部门制定并公布。

新研制的尚未制定国家标准、行业标准的消防产品，应当按照国务院产品质量监督部门会同国务院公安部门规定的办法，经技术鉴定符合消防安全要求的，方可生产、销售、使用。

依照本条规定经强制性产品认证合格或者技术鉴定合格的消防产品，国务院公安部门消防机构应当予以公布。

第二十五条　产品质量监督部门、工商行政管理部门、公安机关消防机构应当按照各自职责加强对消防产品质量的监督检查。

第二十六条　建筑构件、建筑材料和室内装修、装饰材料的防火性能必须符合国家标准；没有国家标准的，必须符合行业标准。

人员密集场所室内装修、装饰，应当按照消防技术标准的要求，使用不燃、难燃材料。

第二十七条　电器产品、燃气用具的产品标准，应当符合消防安全的要求。

电器产品、燃气用具的安装、使用及其线路、管路的设计、敷设、维护保养、检测，必须符合消防技术标准和管理规定。

第二十八条　任何单位、个人不得损坏、挪用或者擅自拆除、停用消防设施、器材，不得埋压、圈占、遮挡消火栓或者占用防火间距，不得占用、堵塞、封闭疏散通道、安全出口、消防车通道。人员密集场所的门窗不得设置影响逃生和灭火救援的障碍物。

第二十九条　负责公共消防设施维护管理的单位，应当保持消防供水、消防通信、消防车通道等公共消防设施的完好有效。在修建道路以及停电、停水、截断通信线路时有可能影响消防队灭火救援的，有关单位必须事先通知当地公安机关消防机构。

第三十条　地方各级人民政府应当加强对农村消防工作的领导，采取措施加强公共消防设施建设，组织建立和督促落实消防安全责任制。

第三十一条　在农业收获季节、森林和草原防火期间、重大节假日期间以及火灾多发季节，地方各级人民政府应当组织开展有针对性的消防宣传教育，采取防火措施，进行消防安全检查。

第三十二条　乡镇人民政府、城市街道办事处应当指导、支持和帮助村民委员会、居民委员会开展群众性的消防工作。村民委员会、居民委员会应当确定消防安全管理人，组织制定防火安全公约，进行防火安全检查。

第三十三条 国家鼓励、引导公众聚集场所和生产、储存、运输、销售易燃易爆危险品的企业投保火灾公众责任保险；鼓励保险公司承保火灾公众责任保险。

第三十四条 消防产品质量认证、消防设施检测、消防安全监测等消防技术服务机构和执业人员，应当依法获得相应的资质、资格；依照法律、行政法规、国家标准、行业标准和执业准则，接受委托提供消防技术服务，并对服务质量负责。

第三章 消防组织

第三十五条 各级人民政府应当加强消防组织建设，根据经济社会发展的需要，建立多种形式的消防组织，加强消防技术人才培养，增强火灾预防、扑救和应急救援的能力。

第三十六条 县级以上地方人民政府应当按照国家规定建立公安消防队、专职消防队，并按照国家标准配备消防装备，承担火灾扑救工作。

乡镇人民政府应当根据当地经济发展和消防工作的需要，建立专职消防队、志愿消防队，承担火灾扑救工作。

第三十七条 公安消防队、专职消防队按照国家规定承担重大灾害事故和其他以抢救人员生命为主的应急救援工作。

第三十八条 公安消防队、专职消防队应当充分发挥火灾扑救和应急救援专业力量的骨干作用；按照国家规定，组织实施专业技能训练，配备并维护保养装备器材，提高火灾扑救和应急救援的能力。

第三十九条 下列单位应当建立单位专职消防队，承担本单位的火灾扑救工作：

（一）大型核设施单位、大型发电厂、民用机场、主要港口；

（二）生产、储存易燃易爆危险品的大型企业；

（三）储备可燃的重要物资的大型仓库、基地；

（四）第一项、第二项、第三项规定以外的火灾危险性较大、距离公安消防队较远的其他大型企业；

（五）距离公安消防队较远、被列为全国重点文物保护单位的古建筑群的管理单位。

第四十条 专职消防队的建立，应当符合国家有关规定，并报当地公安机关消防机构验收。

专职消防队的队员依法享受社会保险和福利待遇。

第四十一条 机关、团体、企业、事业等单位以及村民委员会、居民委员会根据需要，建立志愿消防队等多种形式的消防组织，开展群众性自防自救工作。

第四十二条 公安机关消防机构应当对专职消防队、志愿消防队等消防组织进行业务指导；根据扑救火灾的需要，可以调动指挥专职消防队参加火灾扑救工作。

第四章 灭火救援

第四十三条 县级以上地方人民政府应当组织有关部门针对本行政区域内的火灾特点

制定应急预案，建立应急反应和处置机制，为火灾扑救和应急救援工作提供人员、装备等保障。

第四十四条 任何人发现火灾都应当立即报警。任何单位、个人都应当无偿为报警提供便利，不得阻拦报警。严禁谎报火警。

人员密集场所发生火灾，该场所的现场工作人员应当立即组织、引导在场人员疏散。

任何单位发生火灾，必须立即组织力量扑救。邻近单位应当给予支援。

消防队接到火警，必须立即赶赴火灾现场，救助遇险人员，排除险情，扑灭火灾。

第四十五条 公安机关消防机构统一组织和指挥火灾现场扑救，应当优先保障遇险人员的生命安全。

火灾现场总指挥根据扑救火灾的需要，有权决定下列事项：

（一）使用各种水源；

（二）截断电力、可燃气体和可燃液体的输送，限制用火用电；

（三）划定警戒区，实行局部交通管制；

（四）利用临近建筑物和有关设施；

（五）为了抢救人员和重要物资，防止火势蔓延，拆除或者破损毗邻火灾现场的建筑物、构筑物或者设施等；

（六）调动供水、供电、供气、通信、医疗救护、交通运输、环境保护等有关单位协助灭火救援。

根据扑救火灾的紧急需要，有关地方人民政府应当组织人员、调集所需物资支援灭火。

第四十六条 公安消防队、专职消防队参加火灾以外的其他重大灾害事故的应急救援工作，由县级以上人民政府统一领导。

第四十七条 消防车、消防艇前往执行火灾扑救或者应急救援任务，在确保安全的前提下，不受行驶速度、行驶路线、行驶方向和指挥信号的限制，其他车辆、船舶以及行人应当让行，不得穿插超越；收费公路、桥梁免收车辆通行费。交通管理指挥人员应当保证消防车、消防艇迅速通行。

赶赴火灾现场或者应急救援现场的消防人员和调集的消防装备、物资，需要铁路、水路或者航空运输的，有关单位应当优先运输。

第四十八条 消防车、消防艇以及消防器材、装备和设施，不得用于与消防和应急救援工作无关的事项。

第四十九条 公安消防队、专职消防队扑救火灾、应急救援，不得收取任何费用。

单位专职消防队、志愿消防队参加扑救外单位火灾所损耗的燃料、灭火剂和器材、装备等，由火灾发生地的人民政府给予补偿。

第五十条 对因参加扑救火灾或者应急救援受伤、致残或者死亡的人员，按照国家有关规定给予医疗、抚恤。

第五十一条 公安机关消防机构有权根据需要封闭火灾现场，负责调查火灾原因，统计火灾损失。

火灾扑灭后，发生火灾的单位和相关人员应当按照公安机关消防机构的要求保护现场，接受事故调查，如实提供与火灾有关的情况。

公安机关消防机构根据火灾现场勘验、调查情况和有关的检验、鉴定意见，及时制作火灾事故认定书，作为处理火灾事故的证据。

第五章 监督检查

第五十二条 地方各级人民政府应当落实消防工作责任制，对本级人民政府有关部门履行消防安全职责的情况进行监督检查。

县级以上地方人民政府有关部门应当根据本系统的特点，有针对性地开展消防安全检查，及时督促整改火灾隐患。

第五十三条 公安机关消防机构应当对机关、团体、企业、事业等单位遵守消防法律、法规的情况依法进行监督检查。公安派出所可以负责日常消防监督检查、开展消防宣传教育，具体办法由国务院公安部门规定。

公安机关消防机构、公安派出所的工作人员进行消防监督检查，应当出示证件。

第五十四条 公安机关消防机构在消防监督检查中发现火灾隐患的，应当通知有关单位或者个人立即采取措施消除隐患；不及时消除隐患可能严重威胁公共安全的，公安机关消防机构应当依照规定对危险部位或者场所采取临时查封措施。

第五十五条 公安机关消防机构在消防监督检查中发现城乡消防安全布局、公共消防设施不符合消防安全要求，或者发现本地区存在影响公共安全的重大火灾隐患的，应当由公安机关书面报告本级人民政府。

接到报告的人民政府应当及时核实情况，组织或者责成有关部门、单位采取措施，予以整改。

第五十六条 公安机关消防机构及其工作人员应当按照法定的职权和程序进行消防设计审核、消防验收和消防安全检查，做到公正、严格、文明、高效。

公安机关消防机构及其工作人员进行消防设计审核、消防验收和消防安全检查等，不得收取费用，不得利用消防设计审核、消防验收和消防安全检查谋取利益。公安机关消防机构及其工作人员不得利用职务为用户、建设单位指定或者变相指定消防产品的品牌、销售单位或者消防技术服务机构、消防设施施工单位。

第五十七条 公安机关消防机构及其工作人员执行职务，应当自觉接受社会和公民的监督。

任何单位和个人都有权对公安机关消防机构及其工作人员在执法中的违法行为进行检举、控告。收到检举、控告的机关，应当按照职责及时查处。

第六章 法律责任

第五十八条 违反本法规定，有下列行为之一的，责令停止施工、停止使用或者停产停业，并处三万元以上三十万元以下罚款：

（一）依法应当经公安机关消防机构进行消防设计审核的建设工程，未经依法审核或者审核不合格，擅自施工的；

（二）消防设计经公安机关消防机构依法抽查不合格，不停止施工的；

（三）依法应当进行消防验收的建设工程，未经消防验收或者消防验收不合格，擅自投入使用的；

（四）建设工程投入使用后经公安机关消防机构依法抽查不合格，不停止使用的；

（五）公众聚集场所未经消防安全检查或者经检查不符合消防安全要求，擅自投入使用、营业的。

建设单位未依照本法规定将消防设计文件报公安机关消防机构备案，或者在竣工后未依照本法规定报公安机关消防机构备案的，责令限期改正，处五千元以下罚款。

第五十九条 违反本法规定，有下列行为之一的，责令改正或者停止施工，并处一万元以上十万元以下罚款：

（一）建设单位要求建筑设计单位或者建筑施工企业降低消防技术标准设计、施工的；

（二）建筑设计单位不按照消防技术标准强制性要求进行消防设计的；

（三）建筑施工企业不按照消防设计文件和消防技术标准施工，降低消防施工质量的；

（四）工程监理单位与建设单位或者建筑施工企业串通，弄虚作假，降低消防施工质量的。

第六十条 单位违反本法规定，有下列行为之一的，责令改正，处五千元以上五万元以下罚款：

（一）消防设施、器材或者消防安全标志的配置、设置不符合国家标准、行业标准，或者未保持完好有效的；

（二）损坏、挪用或者擅自拆除、停用消防设施、器材的；

（三）占用、堵塞、封闭疏散通道、安全出口或者有其他妨碍安全疏散行为的；

（四）埋压、圈占、遮挡消火栓或者占用防火间距的；

（五）占用、堵塞、封闭消防车通道，妨碍消防车通行的；

（六）人员密集场所在门窗上设置影响逃生和灭火救援的障碍物的；

（七）对火灾隐患经公安机关消防机构通知后不及时采取措施消除的。

个人有前款第二项、第三项、第四项、第五项行为之一的，处警告或者五百元以下罚款。

有本条第一款第三项、第四项、第五项、第六项行为，经责令改正拒不改正的，强制执行，所需费用由违法行为人承担。

第六十一条 生产、储存、经营易燃易爆危险品的场所与居住场所设置在同一建筑物内，或者未与居住场所保持安全距离的，责令停产停业，并处五千元以上五万元以下罚款。

生产、储存、经营其他物品的场所与居住场所设置在同一建筑物内，不符合消防技术标准的，依照前款规定处罚。

第六十二条 有下列行为之一的，依照《中华人民共和国治安管理处罚法》的规定处罚：

（一）违反有关消防技术标准和管理规定生产、储存、运输、销售、使用、销毁易燃易爆危险品的；

（二）非法携带易燃易爆危险品进入公共场所或者乘坐公共交通工具的；

（三）谎报火警的；

（四）阻碍消防车、消防艇执行任务的；

（五）阻碍公安机关消防机构的工作人员依法执行职务的。

第六十三条 违反本法规定，有下列行为之一的，处警告或者五百元以下罚款；情节严重的，处五日以下拘留：

（一）违反消防安全规定进入生产、储存易燃易爆危险品场所的；

（二）违反规定使用明火作业或者在具有火灾、爆炸危险的场所吸烟、使用明火的。

第六十四条 违反本法规定，有下列行为之一，尚不构成犯罪的，处十日以上十五日以下拘留，可以并处五百元以下罚款；情节较轻的，处警告或者五百元以下罚款：

（一）指使或者强令他人违反消防安全规定，冒险作业的；

（二）过失引起火灾的；

（三）在火灾发生后阻拦报警，或者负有报告职责的人员不及时报警的；

（四）扰乱火灾现场秩序，或者拒不执行火灾现场指挥员指挥，影响灭火救援的；

（五）故意破坏或者伪造火灾现场的；

（六）擅自拆封或者使用被公安机关消防机构查封的场所、部位的。

第六十五条 违反本法规定，生产、销售不合格的消防产品或者国家明令淘汰的消防产品的，由产品质量监督部门或者工商行政管理部门依照《中华人民共和国产品质量法》的规定从重处罚。

人员密集场所使用不合格的消防产品或者国家明令淘汰的消防产品的，责令限期改正；逾期不改正的，处五千元以上五万元以下罚款，并对其直接负责的主管人员和其他直接责任人员处五百元以上二千元以下罚款；情节严重的，责令停产停业。

公安机关消防机构对于本条第二款规定的情形，除依法对使用者予以处罚外，应当将发现不合格的消防产品和国家明令淘汰的消防产品的情况通报产品质量监督部门、工商行政管理部门。产品质量监督部门、工商行政管理部门应当对生产者、销售者依法及时查处。

第六十六条 电器产品、燃气用具的安装、使用及其线路、管路的设计、敷设、维护保养、检测不符合消防技术标准和管理规定的，责令限期改正；逾期不改正的，责令停止使用，可以并处一千元以上五千元以下罚款。

第六十七条 机关、团体、企业、事业等单位违反本法第十六条、第十七条、第十八条、第二十一条第二款规定的，责令限期改正；逾期不改正的，对其直接负责的主管人员和其他直接责任人员依法给予处分或者给予警告处罚。

第六十八条 人员密集场所发生火灾，该场所的现场工作人员不履行组织、引导在场人员疏散的义务，情节严重，尚不构成犯罪的，处五日以上十日以下拘留。

第六十九条 消防产品质量认证、消防设施检测等消防技术服务机构出具虚假文件的，责令改正，处五万元以上十万元以下罚款，并对直接负责的主管人员和其他直接责任人员处一万元以上五万元以下罚款；有违法所得的，并处没收违法所得；给他人造成损失的，依法承担赔偿责任；情节严重的，由原许可机关依法责令停止执业或者吊销相应资质、资格。

前款规定的机构出具失实文件，给他人造成损失的，依法承担赔偿责任；造成重大损失的，由原许可机关依法责令停止执业或者吊销相应资质、资格。

第七十条　本法规定的行政处罚，除本法另有规定的外，由公安机关消防机构决定；其中拘留处罚由县级以上公安机关依照《中华人民共和国治安管理处罚法》的有关规定决定。

公安机关消防机构需要传唤消防安全违法行为人的，依照《中华人民共和国治安管理处罚法》的有关规定执行。

被责令停止施工、停止使用、停产停业的，应当在整改后向公安机关消防机构报告，经公安机关消防机构检查合格，方可恢复施工、使用、生产、经营。

当事人逾期不执行停产停业、停止使用、停止施工决定的，由作出决定的公安机关消防机构强制执行。

责令停产停业，对经济和社会生活影响较大的，由公安机关消防机构提出意见，并由公安机关报请本级人民政府依法决定。本级人民政府组织公安机关等部门实施。

第七十一条　公安机关消防机构的工作人员滥用职权、玩忽职守、徇私舞弊，有下列行为之一，尚不构成犯罪的，依法给予处分：

（一）对不符合消防安全要求的消防设计文件、建设工程、场所准予审核合格、消防验收合格、消防安全检查合格的；

（二）无故拖延消防设计审核、消防验收、消防安全检查，不在法定期限内履行职责的；

（三）发现火灾隐患不及时通知有关单位或者个人整改的；

（四）利用职务为用户、建设单位指定或者变相指定消防产品的品牌、销售单位或者消防技术服务机构、消防设施施工单位的；

（五）将消防车、消防艇以及消防器材、装备和设施用于与消防和应急救援无关的事项的；

（六）其他滥用职权、玩忽职守、徇私舞弊的行为。

建设、产品质量监督、工商行政管理等其他有关行政主管部门的工作人员在消防工作中滥用职权、玩忽职守、徇私舞弊，尚不构成犯罪的，依法给予处分。

第七十二条　违反本法规定，构成犯罪的，依法追究刑事责任。

第七章　附　则

第七十三条　本法下列用语的含义：

（一）消防设施，是指火灾自动报警系统、自动灭火系统、消火栓系统、防烟排烟系统以及应急广播和应急照明、安全疏散设施等。

（二）消防产品，是指专门用于火灾预防、灭火救援和火灾防护、避难、逃生的产品。

（三）公众聚集场所，是指宾馆、饭店、商场、集贸市场、客运车站候车室、客运码头候船厅、民用机场航站楼、体育场馆、会堂以及公共娱乐场所等。

（四）人员密集场所，是指公众聚集场所，医院的门诊楼、病房楼，学校的教学楼、图书馆、食堂和集体宿舍，养老院，福利院，托儿所，幼儿园，公共图书馆的阅览室，公共展览馆、博物馆的展示厅，劳动密集型企业的生产加工车间和员工集体宿舍，旅游、宗教活动场所等。

第七十四条 本法自2009年5月1日起施行。

中华人民共和国合同法（节选）

（本法由中华人民共和国第九届全国人民代表大会第二次会议于1999年3月15日通过，自1999年10月1日起施行）

总 则

第一章 一般规定

第一条 为了保护合同当事人的合法权益，维护社会经济秩序，促进社会主义现代化建设，制定本法。

第二条 本法所称合同是平等主体的自然人、法人、其他组织之间设立、变更、终止民事权利义务关系的协议。婚姻、收养、监护等有关身份关系的协议，适用其他法律的规定。

第三条 合同当事人的法律地位平等，一方不得将自己的意志强加给另一方。

第四条 当事人依法享有自愿订立合同的权利，任何单位和个人不得非法干预。

第五条 当事人应当遵循公平原则确定各方的权利和义务。

第六条 当事人行使权利、履行义务应当遵循诚实信用原则。

第七条 当事人订立、履行合同，应当遵守法律、行政法规，尊重社会公德，不得扰乱社会经济秩序，损害社会公共利益。

第八条 依法成立的合同，对当事人具有法律约束力。当事人应当按照约定履行自己的义务，不得擅自变更或者解除合同。依法成立的合同，受法律保护。

第二章 合同的订立

第九条 当事人订立合同，应当具有相应的民事权利能力和民事行为能力。当事人依法可以委托代理人订立合同。

第十条 当事人订立合同，有书面形式、口头形式和其他形式。法律、行政法规规定采用书面形式的，应当采用书面形式。当事人约定采用书面形式的，应当采用书面形式。

第十一条 书面形式是指合同书、信件和数据电文（包括电报、电传、传真、电子数据交换和电子邮件）等可以有形地表现所载内容的形式。

第十二条　合同的内容由当事人约定，一般包括以下条款：

（一）当事人的名称或者姓名和住所；

（二）标的；

（三）数量；

（四）质量；

（五）价款或者报酬；

（六）履行期限、地点和方式；

（七）违约责任；

（八）解决争议的方法。

当事人可以参照各类合同的示范文本订立合同。

第十三条　当事人订立合同，采取要约、承诺方式。

第十四条　要约是希望和他人订立合同的意思表示，该意思表示应当符合下列规定：

（一）内容具体确定；

（二）表明经受要约人承诺，要约人即受该意思表示约束。

第十五条　要约邀请是希望他人向自己发出要约的意思表示。寄送的价目表、拍卖公告、招标公告、招股说明书、商业广告等为要约邀请。商业广告的内容符合要约规定的，视为要约。

第十六条　要约到达受要约人时生效。

采用数据电文形式订立合同，收件人指定特定系统接收数据电文的，该数据电文进入该特定系统的时间，视为到达时间；未指定特定系统的，该数据电文进入收件人的任何系统的首次时间，视为到达时间。

第十七条　要约可以撤回。撤回要约的通知应当在要约到达受要约人之前或者与要约同时到达受要约人。

第十八条　要约可以撤销。撤销要约的通知应当在受要约人发出承诺通知之前到达受要约人。

第十九条　有下列情形之一的，要约不得撤销：

（一）要约人确定了承诺期限或者以其他形式明示要约不可撤销；

（二）受要约人有理由认为要约是不可撤销的，并已经为履行合同作了准备工作。

第二十条　有下列情形之一的，要约失效：

（一）拒绝要约的通知到达要约人；

（二）要约人依法撤销要约；

（三）承诺期限届满，受要约人未作出承诺；

（四）受要约人对要约的内容作出实质性变更。

第二十一条　承诺是受要约人同意要约的意思表示。

第二十二条　承诺应当以通知的方式作出，但根据交易习惯或者要约表明可以通过行为作出承诺的除外。

第二十三条　承诺应当在要约确定的期限内到达要约人。要约没有确定承诺期限的，承诺应当依照下列规定到达：

（一）要约以对话方式作出的，应当即时作出承诺，但当事人另有约定的除外；

（二）要约以非对话方式作出的，承诺应当在合理期限内到达。

第二十四条 要约以信件或者电报作出的，承诺期限自信件载明的日期或者电报交发之日开始计算。信件未载明日期的，自投寄该信件的邮戳日期开始计算。要约以电话、传真等快速通讯方式作出的，承诺期限自要约到达受要约人时开始计算。

第二十五条 承诺生效时合同成立。

第二十六条 承诺通知到达要约人时生效。承诺不需要通知的，根据交易习惯或者要约的要求作出承诺的行为时生效。

采用数据电文形式订立合同的，承诺到达的时间适用本法第十六条第二款的规定。

第二十七条 承诺可以撤回。撤回承诺的通知应当在承诺通知到达要约人之前或者与承诺通知同时到达要约人。

第二十八条 受要约人超过承诺期限发出承诺的，除要约人及时通知受要约人该承诺有效的以外，为新要约。

第二十九条 受要约人在承诺期限内发出承诺，按照通常情形能够及时到达要约人，但因其他原因承诺到达要约人时超过承诺期限的，除要约人及时通知受要约人因承诺超过期限不接受该承诺的以外，该承诺有效。

第三十条 承诺的内容应当与要约的内容一致。受要约人对要约的内容作出实质性变更的，为新要约。有关合同标的、数量、质量、价款或者报酬、履行期限、履行地点和方式、违约责任和解决争议方法等的变更，是对要约内容的实质性变更。

第三十一条 承诺对要约的内容作出非实质性变更的，除要约人及时表示反对或者要约表明承诺不得对要约的内容作出任何变更的以外，该承诺有效，合同的内容以承诺的内容为准。

第三十二条 当事人采用合同书形式订立合同的，自双方当事人签字或者盖章时合同成立。

第三十三条 当事人采用信件、数据电文等形式订立合同的，可以在合同成立之前要求签订确认书。签订确认书时合同成立。

第三十四条 承诺生效的地点为合同成立的地点。

采用数据电文形式订立合同的，收件人的主营业地为合同成立的地点；没有主营业地的，其经常居住地为合同成立的地点。当事人另有约定的，按照其约定。

第三十五条 当事人采用合同书形式订立合同的，双方当事人签字或者盖章的地点为合同成立的地点。

第三十六条 法律、行政法规规定或者当事人约定采用书面形式订立合同，当事人未采用书面形式但一方已经履行主要义务，对方接受的，该合同成立。

第三十七条 采用合同书形式订立合同，在签字或者盖章之前，当事人一方已经履行主要义务，对方接受的，该合同成立。

第三十八条 国家根据需要下达指令性任务或者国家订货任务的，有关法人、其他组织之间应当依照有关法律、行政法规规定的权利和义务订立合同。

第三十九条 采用格式条款订立合同的，提供格式条款的一方应当遵循公平原则确定当事人之间的权利和义务，并采取合理的方式提请对方注意免除或者限制其责任的条款，按照对方的要求，对该条款予以说明。

格式条款是当事人为了重复使用而预先拟定，并在订立合同时未与对方协商的条款。

第四十条　格式条款具有本法第五十二条和第五十三条规定情形的，或者提供格式条款一方免除其责任、加重对方责任、排除对方主要权利的，该条款无效。

第四十一条　对格式条款的理解发生争议的，应当按照通常理解予以解释。对格式条款有两种以上解释的，应当作出不利于提供格式条款一方的解释。格式条款和非格式条款不一致的，应当采用非格式条款。

第四十二条　当事人在订立合同过程中有下列情形之一，给对方造成损失的，应当承担损害赔偿责任：

（一）假借订立合同，恶意进行磋商；

（二）故意隐瞒与订立合同有关的重要事实或者提供虚假情况；

（三）有其他违背诚实信用原则的行为。

第四十三条　当事人在订立合同过程中知悉的商业秘密，无论合同是否成立，不得泄露或者不正当地使用。泄露或者不正当地使用该商业秘密给对方造成损失的，应当承担损害赔偿责任。

第三章　合同的效力

第四十四条　依法成立的合同，自成立时生效。

法律、行政法规规定应当办理批准、登记等手续生效的，依照其规定。

第四十五条　当事人对合同的效力可以约定附条件。附生效条件的合同，自条件成就时生效。附解除条件的合同，自条件成就时失效。

当事人为自己的利益不正当地阻止条件成就的，视为条件已成就；不正当地促成条件成就的，视为条件不成就。

第四十六条　当事人对合同的效力可以约定附期限。附生效期限的合同，自期限届至时生效。附终止期限的合同，自期限届满时失效。

第四十七条　限制民事行为能力人订立的合同，经法定代理人追认后，该合同有效，但纯获利益的合同或者与其年龄、智力、精神健康状况相适应而订立的合同，不必经法定代理人追认。

相对人可以催告法定代理人在一个月内予以追认。法定代理人未作表示的，视为拒绝追认。合同被追认之前，善意相对人有撤销的权利。撤销应当以通知的方式作出。

第四十八条　行为人没有代理权、超越代理权或者代理权终止后以被代理人名义订立的合同，未经被代理人追认，对被代理人不发生效力，由行为人承担责任。

相对人可以催告被代理人在一个月内予以追认。被代理人未作表示的，视为拒绝追认。合同被追认之前，善意相对人有撤销的权利。撤销应当以通知的方式作出。

第四十九条　行为人没有代理权、超越代理权或者代理权终止后以被代理人名义订立合同，相对人有理由相信行为人有代理权的，该代理行为有效。

第五十条　法人或者其他组织的法定代表人、负责人超越权限订立的合同，除相对人知道或者应当知道其超越权限的以外，该代表行为有效。

第五十一条　无处分权的人处分他人财产，经权利人追认或者无处分权的人订立合同后取得处分权的，该合同有效。

第五十二条 有下列情形之一的，合同无效：

（一）一方以欺诈、胁迫的手段订立合同，损害国家利益；

（二）恶意串通，损害国家、集体或者第三人利益；

（三）以合法形式掩盖非法目的；

（四）损害社会公共利益；

（五）违反法律、行政法规的强制性规定。

第五十三条 合同中的下列免责条款无效：

（一）造成对方人身伤害的；

（二）因故意或者重大过失造成对方财产损失的。

第五十四条 下列合同，当事人一方有权请求人民法院或者仲裁机构变更或者撤销：

（一）因重大误解订立的；

（二）在订立合同时显失公平的。

一方以欺诈、胁迫的手段或者乘人之危，使对方在违背真实意思的情况下订立的合同，受损害方有权请求人民法院或者仲裁机构变更或者撤销。

当事人请求变更的，人民法院或者仲裁机构不得撤销。

第五十五条 有下列情形之一的，撤销权消灭：

（一）具有撤销权的当事人自知道或者应当知道撤销事由之日起一年内没有行使撤销权；

（二）具有撤销权的当事人知道撤销事由后明确表示或者以自己的行为放弃撤销权。

第五十六条 无效的合同或者被撤销的合同自始没有法律约束力。合同部分无效，不影响其他部分效力的，其他部分仍然有效。

第五十七条 合同无效、被撤销或者终止的，不影响合同中独立存在的有关解决争议方法的条款的效力。

第五十八条 合同无效或者被撤销后，因该合同取得的财产，应当予以返还；不能返还或者没有必要返还的，应当折价补偿。有过错的一方应当赔偿对方因此所受到的损失，双方都有过错的，应当各自承担相应的责任。

第五十九条 当事人恶意串通，损害国家、集体或者第三人利益的，因此取得的财产收归国家所有或者返还集体、第三人。

第四章 合同的履行

第六十条 当事人应当按照约定全面履行自己的义务。

当事人应当遵循诚实信用原则，根据合同的性质、目的和交易习惯履行通知、协助、保密等义务。

第六十一条 合同生效后，当事人就质量、价款或者报酬、履行地点等内容没有约定或者约定不明确的，可以协议补充；不能达成补充协议的，按照合同有关条款或者交易习惯确定。

第六十二条 当事人就有关合同内容约定不明确，依照本法第六十一条的规定仍不能确定的，适用下列规定：

（一）质量要求不明确的，按照国家标准、行业标准履行；没有国家标准、行业标准的，按照通常标准或者符合合同目的的特定标准履行。

（二）价款或者报酬不明确的，按照订立合同时履行地的市场价格履行；依法应当执行政府定价或者政府指导价的，按照规定履行。

（三）履行地点不明确，给付货币的，在接受货币一方所在地履行；交付不动产的，在不动产所在地履行；其他标的，在履行义务一方所在地履行。

（四）履行期限不明确的，债务人可以随时履行，债权人也可以随时要求履行，但应当给对方必要的准备时间。

（五）履行方式不明确的，按照有利于实现合同目的的方式履行。

（六）履行费用的负担不明确的，由履行义务一方负担。

第六十三条 执行政府定价或者政府指导价的，在合同约定的交付期限内政府价格调整时，按照交付时的价格计价。逾期交付标的物的，遇价格上涨时，按照原价格执行；价格下降时，按照新价格执行。逾期提取标的物或者逾期付款的，遇价格上涨时，按照新价格执行；价格下降时，按照原价格执行。

第六十四条 当事人约定由债务人向第三人履行债务的，债务人未向第三人履行债务或者履行债务不符合约定，应当向债权人承担违约责任。

第六十五条 当事人约定由第三人向债权人履行债务的，第三人不履行债务或者履行债务不符合约定，债务人应当向债权人承担违约责任。

第六十六条 当事人互负债务，没有先后履行顺序的，应当同时履行。一方在对方履行之前有权拒绝其履行要求。一方在对方履行债务不符合约定时，有权拒绝其相应的履行要求。

第六十七条 当事人互负债务，有先后履行顺序，先履行一方未履行的，后履行一方有权拒绝其履行要求。先履行一方履行债务不符合约定的，后履行一方有权拒绝其相应的履行要求。

第六十八条 应当先履行债务的当事人，有确切证据证明对方有下列情形之一的，可以中止履行：

（一）经营状况严重恶化；

（二）转移财产、抽逃资金，以逃避债务；

（三）丧失商业信誉；

（四）有丧失或者可能丧失履行债务能力的其他情形。

当事人没有确切证据中止履行的，应当承担违约责任。

第六十九条 当事人依照本法第六十八条的规定中止履行的，应当及时通知对方。对方提供适当担保时，应当恢复履行。中止履行后，对方在合理期限内未恢复履行能力并且未提供适当担保的，中止履行的一方可以解除合同。

第七十条 债权人分立、合并或者变更住所没有通知债务人，致使履行债务发生困难的，债务人可以中止履行或者将标的物提存。

第七十一条 债权人可以拒绝债务人提前履行债务，但提前履行不损害债权人利益的除外。债务人提前履行债务给债权人增加的费用，由债务人负担。

第七十二条　债权人可以拒绝债务人部分履行债务，但部分履行不损害债权人利益的除外。债务人部分履行债务给债权人增加的费用，由债务人负担。

第七十三条　因债务人怠于行使其到期债权，对债权人造成损害的，债权人可以向人民法院请求以自己的名义代位行使债务人的债权，但该债权专属于债务人自身的除外。

代位权的行使范围以债权人的债权为限。债权人行使代位权的必要费用，由债务人负担。

第七十四条　因债务人放弃其到期债权或者无偿转让财产，对债权人造成损害的，债权人可以请求人民法院撤销债务人的行为。债务人以明显不合理的低价转让财产，对债权人造成损害，并且受让人知道该情形的，债权人也可以请求人民法院撤销债务人的行为。

撤销权的行使范围以债权人的债权为限。债权人行使撤销权的必要费用，由债务人负担。

第七十五条　撤销权自债权人知道或者应当知道撤销事由之日起一年内行使。自债务人的行为发生之日起五年内没有行使撤销权的，该撤销权消灭。

第七十六条　合同生效后，当事人不得因姓名、名称的变更或者法定代表人、负责人、承办人的变动而不履行合同义务。

第七章　违约责任

第一百零七条　当事人一方不履行合同义务或者履行合同义务不符合约定的，应当承担继续履行、采取补救措施或者赔偿损失等违约责任。

第一百零八条　当事人一方明确表示或者以自己的行为表明不履行合同义务的，对方可以在履行期限届满之前要求其承担违约责任。

第一百零九条　当事人一方未支付价款或者报酬的，对方可以要求其支付价款或者报酬。

第一百一十条　当事人一方不履行非金钱债务或者履行非金钱债务不符合约定的，对方可以要求履行，但有下列情形之一的除外：

（一）法律上或者事实上不能履行；

（二）债务的标的不适于强制履行或者履行费用过高；

（三）债权人在合理期限内未要求履行。

第一百一十一条　质量不符合约定的，应当按照当事人的约定承担违约责任。对违约责任没有约定或者约定不明确，依照本法第六十一条的规定仍不能确定的，受损害方根据标的的性质以及损失的大小，可以合理选择要求对方承担修理、更换、重作、退货、减少价款或者报酬等违约责任。

第一百一十二条　当事人一方不履行合同义务或者履行合同义务不符合约定的，在履行义务或者采取补救措施后，对方还有其他损失的，应当赔偿损失。

第一百一十三条　当事人一方不履行合同义务或者履行合同义务不符合约定，给对方造成损失的，损失赔偿额应当相当于因违约所造成的损失，包括合同履行后可以获得的利益，但不得超过违反合同一方订立合同时预见到或者应当预见到的因违反合同可能造成的损失。

经营者对消费者提供商品或者服务有欺诈行为的，依照《中华人民共和国消费者权益保护法》的规定承担损害赔偿责任。

第一百一十四条　当事人可以约定一方违约时应当根据违约情况向对方支付一定数额的违约金，也可以约定因违约产生的损失赔偿额的计算方法。

约定的违约金低于造成的损失的，当事人可以请求人民法院或者仲裁机构予以增加；约定的违约金过分高于造成的损失的，当事人可以请求人民法院或者仲裁机构予以适当减少。

当事人就迟延履行约定违约金的，违约方支付违约金后，还应当履行债务。

第一百一十五条　当事人可以依照《中华人民共和国担保法》约定一方向对方给付定金作为债权的担保。债务人履行债务后，定金应当抵作价款或者收回。给付定金的一方不履行约定的债务的，无权要求返还定金；收受定金的一方不履行约定的债务的，应当双倍返还定金。

第一百一十六条　当事人既约定违约金，又约定定金的，一方违约时，对方可以选择适用违约金或者定金条款。

第一百一十七条　因不可抗力不能履行合同的，根据不可抗力的影响，部分或者全部免除责任，但法律另有规定的除外。当事人迟延履行后发生不可抗力的，不能免除责任。

本法所称不可抗力，是指不能预见、不能避免并不能克服的客观情况。

第一百一十八条　当事人一方因不可抗力不能履行合同的，应当及时通知对方，以减轻可能给对方造成的损失，并应当在合理期限内提供证明。

第一百一十九条　当事人一方违约后，对方应当采取适当措施防止损失的扩大；没有采取适当措施致使损失扩大的，不得就扩大的损失要求赔偿。

当事人因防止损失扩大而支出的合理费用，由违约方承担。

第一百二十条　当事人双方都违反合同的，应当各自承担相应的责任。

第一百二十一条　当事人一方因第三人的原因造成违约的，应当向对方承担违约责任。当事人一方和第三人之间的纠纷，依照法律规定或者按照约定解决。

第一百二十二条　因当事人一方的违约行为，侵害对方人身、财产权益的，受损害方有权选择依照本法要求其承担违约责任或者依照其他法律要求其承担侵权责任。

分　则

第九章　买卖合同

第一百三十条　买卖合同是出卖人转移标的物的所有权于买受人，买受人支付价款的合同。

第一百三十一条　买卖合同的内容除依照本法第十二条的规定以外，还可以包括包装方式、检验标准和方法、结算方式、合同使用的文字及其效力等条款。

第一百三十二条　出卖的标的物，应当属于出卖人所有或者出卖人有权处分。

法律、行政法规禁止或者限制转让的标的物，依照其规定。

第一百三十三条 标的物的所有权自标的物交付时起转移，但法律另有规定或者当事人另有约定的除外。

第一百三十四条 当事人可以在买卖合同中约定买受人未履行支付价款或者其他义务的，标的物的所有权属于出卖人。

第一百三十五条 出卖人应当履行向买受人交付标的物或者交付提取标的物的单证，并转移标的物所有权的义务。

第一百三十六条 出卖人应当按照约定或者交易习惯向买受人交付提取标的物单证以外的有关单证和资料。

第一百三十七条 出卖具有知识产权的计算机软件等标的物的，除法律另有规定或者当事人另有约定的以外，该标的物的知识产权不属于买受人。

第一百三十八条 出卖人应当按照约定的期限交付标的物。约定交付期间的，出卖人可以在该交付期间内的任何时间交付。

第一百三十九条 当事人没有约定标的物的交付期限或者约定不明确的，适用本法第六十一条、第六十二条第四项的规定。

第一百四十条 标的物在订立合同之前已为买受人占有的，合同生效的时间为交付时间。

第一百四十一条 出卖人应当按照约定的地点交付标的物。

当事人没有约定交付地点或者约定不明确，依照本法第六十一条的规定仍不能确定的，适用下列规定：

（一）标的物需要运输的，出卖人应当将标的物交付给第一承运人以运交给买受人；

（二）标的物不需要运输，出卖人和买受人订立合同时知道标的物在某一地点的，出卖人应当在该地点交付标的物；不知道标的物在某一地点的，应当在出卖人订立合同时的营业地交付标的物。

第一百四十二条 标的物毁损、灭失的风险，在标的物交付之前由出卖人承担，交付之后由买受人承担，但法律另有规定或者当事人另有约定的除外。

第一百四十三条 因买受人的原因致使标的物不能按照约定的期限交付的，买受人应当自违反约定之日起承担标的物毁损、灭失的风险。

第一百四十四条 出卖人出卖交由承运人运输的在途标的物，除当事人另有约定的以外，毁损、灭失的风险自合同成立时起由买受人承担。

第一百四十五条 当事人没有约定交付地点或者约定不明确，依照本法第一百四十一条第二款第一项的规定标的物需要运输的，出卖人将标的物交付给第一承运人后，标的物毁损、灭失的风险由买受人承担。

第一百四十六条 出卖人按照约定或者依照本法第一百四十一条第二款第二项的规定将标的物置于交付地点，买受人违反约定没有收取的，标的物毁损、灭失的风险自违反约定之日起由买受人承担。

第一百四十七条 出卖人按照约定未交付有关标的物的单证和资料的，不影响标的物毁损、灭失风险的转移。

第一百四十八条 因标的物质量不符合质量要求，致使不能实现合同目的的，买受人可以拒绝接受标的物或者解除合同。买受人拒绝接受标的物或者解除合同的，标的物毁损、灭失的风险由出卖人承担。

第一百四十九条　标的物毁损、灭失的风险由买受人承担的，不影响因出卖人履行债务不符合约定，买受人要求其承担违约责任的权利。

第一百五十条　出卖人就交付的标的物，负有保证第三人不得向买受人主张任何权利的义务，但法律另有规定的除外。

第一百五十一条　买受人订立合同时知道或者应当知道第三人对买卖的标的物享有权利的，出卖人不承担本法第一百五十条规定的义务。

第一百五十二条　买受人有确切证据证明第三人可能就标的物主张权利的，可以中止支付相应的价款，但出卖人提供适当担保的除外。

第一百五十三条　出卖人应当按照约定的质量要求交付标的物。出卖人提供有关标的物质量说明的，交付的标的物应当符合该说明的质量要求。

第一百五十四条　当事人对标的物的质量要求没有约定或者约定不明确，依照本法第六十一条的规定仍不能确定的，适用本法第六十二条第一项的规定。

第一百五十五条　出卖人交付的标的物不符合质量要求的，买受人可以依照本法第一百一十一条的规定要求承担违约责任。

第一百五十六条　出卖人应当按照约定的包装方式交付标的物。对包装方式没有约定或者约定不明确，依照本法第六十一条的规定仍不能确定的，应当按照通用的方式包装，没有通用方式的，应当采取足以保护标的物的包装方式。

第一百五十七条　买受人收到标的物时应当在约定的检验期间内检验。没有约定检验期间的，应当及时检验。

第一百五十八条　当事人约定检验期间的，买受人应当在检验期间内将标的物的数量或者质量不符合约定的情形通知出卖人。买受人怠于通知的，视为标的物的数量或者质量符合约定。

当事人没有约定检验期间的，买受人应当在发现或者应当发现标的物的数量或者质量不符合约定的合理期间内通知出卖人。买受人在合理期间内未通知或者自标的物收到之日起两年内未通知出卖人的，视为标的物的数量或者质量符合约定，但对标的物有质量保证期的，适用质量保证期，不适用该两年的规定。

出卖人知道或者应当知道提供的标的物不符合约定的，买受人不受前两款规定的通知时间的限制。

第一百五十九条　买受人应当按照约定的数额支付价款。对价款没有约定或者约定不明确的，适用本法第六十一条、第六十二条第二项的规定。

第一百六十条　买受人应当按照约定的地点支付价款。对支付地点没有约定或者约定不明确，依照本法第六十一条的规定仍不能确定的，买受人应当在出卖人的营业地支付，但约定支付价款以交付标的物或者交付提取标的物单证为条件的，在交付标的物或者交付提取标的物单证的所在地支付。

第一百六十一条　买受人应当按照约定的时间支付价款。对支付时间没有约定或者约定不明确，依照本法第六十一条的规定仍不能确定的，买受人应当在收到标的物或者提取标的物单证的同时支付。

第一百六十二条　出卖人多交标的物的，买受人可以接收或者拒绝接收多交的部分。

买受人接收多交部分的，按照合同的价格支付价款；买受人拒绝接收多交部分的，应当及时通知出卖人。

第一百六十三条 标的物在交付之前产生的孳息，归出卖人所有，交付之后产生的孳息，归买受人所有

第一百六十四条 因标的物的主物不符合约定而解除合同的，解除合同的效力及于从物。因标的物的从物不符合约定被解除的，解除的效力不及于主物。

第一百六十五条 标的物为数物，其中一物不符合约定的，买受人可以就该物解除，但该物与他物分离使标的物的价值显受损害的，当事人可以就数物解除合同。

第一百六十六条 出卖人分批交付标的物的，出卖人对其中一批标的物不交付或者交付不符合约定，致使该批标的物不能实现合同目的的，买受人可以就该批标的物解除。

出卖人不交付其中一批标的物或者交付不符合约定，致使今后其他各批标的物的交付不能实现合同目的的，买受人可以就该批以及今后其他各批标的物解除。

买受人如果就其中一批标的物解除，该批标的物与其他各批标的物相互依存的，可以就已经交付和未交付的各批标的物解除。

第一百六十七条 分期付款的买受人未支付到期价款的金额达到全部价款的五分之一的，出卖人可以要求买受人支付全部价款或者解除合同。

出卖人解除合同的，可以向买受人要求支付该标的物的使用费。

第一百六十八条 凭样品买卖的当事人应当封存样品，并可以对样品质量予以说明。出卖人交付的标的物应当与样品及其说明的质量相同。

第一百六十九条 凭样品买卖的买受人不知道样品有隐蔽瑕疵的，即使交付的标的物与样品相同，出卖人交付的标的物的质量仍然应当符合同种物的通常标准。

第一百七十条 试用买卖的当事人可以约定标的物的试用期间。对试用期间没有约定或者约定不明确，依照本法第六十一条的规定仍不能确定的，由出卖人确定。

第一百七十一条 试用买卖的买受人在试用期内可以购买标的物，也可以拒绝购买。试用期间届满，买受人对是否购买标的物未作表示的，视为购买。

第一百七十二条 招标投标买卖的当事人的权利和义务以及招标投标程序等，依照有关法律、行政法规的规定。

第一百七十三条 拍卖的当事人的权利和义务以及拍卖程序等，依照有关法律、行政法规的规定。

第一百七十四条 法律对其他有偿合同有规定的，依照其规定；没有规定的，参照买卖合同的有关规定。

第一百七十五条 当事人约定易货交易，转移标的物的所有权的，参照买卖合同的有关规定。

第十章 供用电、水、气、热力合同

第一百七十六条 供用电合同是供电人向用电人供电，用电人支付电费的合同。

第一百七十七条 供用电合同的内容包括供电的方式、质量、时间，用电容量、地址、性质，计量方式，电价、电费的结算方式，供用电设施的维护责任等条款。

第一百七十八条　供用电合同的履行地点，按照当事人约定；当事人没有约定或者约定不明确的，供电设施的产权分界处为履行地点。

第一百七十九条　供电人应当按照国家规定的供电质量标准和约定安全供电。供电人未按照国家规定的供电质量标准和约定安全供电，造成用电人损失的，应当承担损害赔偿责任。

第一百八十条　供电人因供电设施计划检修、临时检修、依法限电或者用电人违法用电等原因，需要中断供电时，应当按照国家有关规定事先通知用电人。未事先通知用电人中断供电，造成用电人损失的，应当承担损害赔偿责任。

第一百八十一条　因自然灾害等原因断电，供电人应当按照国家有关规定及时抢修。未及时抢修，造成用电人损失的，应当承担损害赔偿责任。

第一百八十二条　用电人应当按照国家有关规定和当事人的约定及时交付电费。用电人逾期不交付电费的，应当按照约定支付违约金。经催告用电人在合理期限内仍不交付电费和违约金的，供电人可以按照国家规定的程序中止供电。

第一百八十三条　用电人应当按照国家有关规定和当事人的约定安全用电。用电人未按照国家有关规定和当事人的约定安全用电，造成供电人损失的，应当承担损害赔偿责任。

第一百八十四条　供用水、供用气、供用热力合同，参照供用电合同的有关规定。

第十三章　租赁合同

第二百一十二条　租赁合同是出租人将租赁物交付承租人使用、收益，承租人支付租金的合同。

第二百一十三条　租赁合同的内容包括租赁物的名称、数量、用途、租赁期限、租金及其支付期限和方式、租赁物维修等条款。

第二百一十四条　租赁期限不得超过二十年。超过二十年的，超过部分无效。租赁期间届满，当事人可以续订租赁合同，但约定的租赁期限自续订之日起不得超过二十年。

第二百一十五条　租赁期限六个月以上的，应当采用书面形式。当事人未采用书面形式的，视为不定期租赁。

第二百一十六条　出租人应当按照约定将租赁物交付承租人，并在租赁期间保持租赁物符合约定的用途。

第二百一十七条　承租人应当按照约定的方法使用租赁物。对租赁物的使用方法没有约定或者约定不明确，依照本法第六十一条的规定仍不能确定的，应当按照租赁物的性质使用。

第二百一十八条　承租人按照约定的方法或者租赁物的性质使用租赁物，致使租赁物受到损耗的，不承担损害赔偿责任。

第二百一十九条　承租人未按照约定的方法或者租赁物的性质使用租赁物，致使租赁物受到损失的，出租人可以解除合同并要求赔偿损失。

第二百二十条　出租人应当履行租赁物的维修义务，但当事人另有约定的除外。

第二百二十一条　承租人在租赁物需要维修时可以要求出租人在合理期限内维修。出租人未履行维修义务的，承租人可以自行维修，维修费用由出租人负担。因维修租赁物影响承租人使用的，应当相应减少租金或者延长租期。

第二百二十二条 承租人应当妥善保管租赁物，因保管不善造成租赁物毁损、灭失的，应当承担损害赔偿责任。

第二百二十三条 承租人经出租人同意，可以对租赁物进行改善或者增设他物。

承租人未经出租人同意，对租赁物进行改善或者增设他物的，出租人可以要求承租人恢复原状或者赔偿损失。

第二百二十四条 承租人经出租人同意，可以将租赁物转租给第三人。承租人转租的，承租人与出租人之间的租赁合同继续有效，第三人对租赁物造成损失的，承租人应当赔偿损失。承租人未经出租人同意转租的，出租人可以解除合同。

第二百二十五条 在租赁期间因占有、使用租赁物获得的收益，归承租人所有，但当事人另有约定的除外。

第二百二十六条 承租人应当按照约定的期限支付租金。对支付期限没有约定或者约定不明确，依照本法第六十一条的规定仍不能确定，租赁期间不满一年的，应当在租赁期间届满时支付；租赁期间一年以上的，应当在每届满一年时支付，剩余期间不满一年的，应当在租赁期间届满时支付。

第二百二十七条 承租人无正当理由未支付或者迟延支付租金的，出租人可以要求承租人在合理期限内支付。承租人逾期不支付的，出租人可以解除合同。

第二百二十八条 因第三人主张权利，致使承租人不能对租赁物使用、收益的，承租人可以要求减少租金或者不支付租金。

第三人主张权利的，承租人应当及时通知出租人。

第二百二十九条 租赁物在租赁期间发生所有权变动的，不影响租赁合同的效力。

第二百三十条 出租人出卖租赁房屋的，应当在出卖之前的合理期限内通知承租人，承租人享有以同等条件优先购买的权利。

第二百三十一条 因不可归责于承租人的事由，致使租赁物部分或者全部毁损、灭失的，承租人可以要求减少租金或者不支付租金；因租赁物部分或者全部毁损、灭失，致使不能实现合同目的的，承租人可以解除合同。

第二百三十二条 当事人对租赁期限没有约定或者约定不明确，依照本法第六十一条的规定仍不能确定的，视为不定期租赁。当事人可以随时解除合同，但出租人解除合同应当在合理期限之前通知承租人。

第二百三十三条 租赁物危及承租人的安全或者健康的，即使承租人订立合同时明知该租赁物质量不合格，承租人仍然可以随时解除合同。

第二百三十四条 承租人在房屋租赁期间死亡的，与其生前共同居住的人可以按照原租赁合同租赁该房屋。

第二百三十五条 租赁期间届满，承租人应当返还租赁物。返还的租赁物应当符合按照约定或者租赁物的性质使用后的状态。

第二百三十六条 租赁期间届满，承租人继续使用租赁物，出租人没有提出异议的，原租赁合同继续有效，但租赁期限为不定期。

第十五章　承揽合同

第二百五十一条　承揽合同是承揽人按照定作人的要求完成工作，交付工作成果，定作人给付报酬的合同。

承揽包括加工、定作、修理、复制、测试、检验等工作。

第二百五十二条　承揽合同的内容包括承揽的标的、数量、质量、报酬、承揽方式、材料的提供、履行期限、验收标准和方法等条款。

第二百五十三条　承揽人应当以自己的设备、技术和劳力，完成主要工作，但当事人另有约定的除外。

承揽人将其承揽的主要工作交由第三人完成的，应当就该第三人完成的工作成果向定作人负责；未经定作人同意的，定作人也可以解除合同。

第二百五十四条　承揽人可以将其承揽的辅助工作交由第三人完成。承揽人将其承揽的辅助工作交由第三人完成的，应当就该第三人完成的工作成果向定作人负责。

第二百五十五条　承揽人提供材料的，承揽人应当按照约定选用材料，并接受定作人检验。

第二百五十六条　定作人提供材料的，定作人应当按照约定提供材料。承揽人对定作人提供的材料，应当及时检验，发现不符合约定时，应当及时通知定作人更换、补齐或者采取其他补救措施。

承揽人不得擅自更换定作人提供的材料，不得更换不需要修理的零部件。

第二百五十七条　承揽人发现定作人提供的图纸或者技术要求不合理的，应当及时通知定作人。因定作人怠于答复等原因造成承揽人损失的，应当赔偿损失。

第二百五十八条　定作人中途变更承揽工作的要求，造成承揽人损失的，应当赔偿损失。

第二百五十九条　承揽工作需要定作人协助的，定作人有协助的义务。定作人不履行协助义务致使承揽工作不能完成的，承揽人可以催告定作人在合理期限内履行义务，并可以顺延履行期限；定作人逾期不履行的，承揽人可以解除合同。

第二百六十条　承揽人在工作期间，应当接受定作人必要的监督检验。定作人不得因监督检验妨碍承揽人的正常工作。

第二百六十一条　承揽人完成工作的，应当向定作人交付工作成果，并提交必要的技术资料和有关质量证明。定作人应当验收该工作成果。

第二百六十二条　承揽人交付的工作成果不符合质量要求的，定作人可以要求承揽人承担修理、重作、减少报酬、赔偿损失等违约责任。

第二百六十三条　定作人应当按照约定的期限支付报酬。对支付报酬的期限没有约定或者约定不明确，依照本法第六十一条的规定仍不能确定的，定作人应当在承揽人交付工作成果时支付；工作成果部分交付的，定作人应当相应支付。

第二百六十四条　定作人未向承揽人支付报酬或者材料费等价款的，承揽人对完成的工作成果享有留置权，但当事人另有约定的除外。

第二百六十五条　承揽人应当妥善保管定作人提供的材料以及完成的工作成果，因保管不善造成毁损、灭失的，应当承担损害赔偿责任。

第二百六十六条 承揽人应当按照定作人的要求保守秘密，未经定作人许可，不得留存复制品或者技术资料。

第二百六十七条 共同承揽人对定作人承担连带责任，但当事人另有约定的除外。

第二百六十八条 定作人可以随时解除承揽合同，造成承揽人损失的，应当赔偿损失。

第十七章 运输合同

第一节 一般规定

第二百八十八条 运输合同是承运人将旅客或者货物从起运地点运输到约定地点，旅客、托运人或者收货人支付票款或者运输费用的合同。

第二百八十九条 从事公共运输的承运人不得拒绝旅客、托运人通常、合理的运输要求。

第二百九十条 承运人应当在约定期间或者合理期间内将旅客、货物安全运输到约定地点。

第二百九十一条 承运人应当按照约定的或者通常的运输路线将旅客、货物运输到约定地点。

第二百九十二条 旅客、托运人或者收货人应当支付票款或者运输费用。承运人未按照约定路线或者通常路线运输增加票款或者运输费用的，旅客、托运人或者收货人可以拒绝支付增加部分的票款或者运输费用。

第二节 客运合同

第二百九十三条 客运合同自承运人向旅客交付客票时成立，但当事人另有约定或者另有交易习惯的除外。

第二百九十四条 旅客应当持有效客票乘运。旅客无票乘运、超程乘运、越级乘运或者持失效客票乘运的，应当补交票款，承运人可以按照规定加收票款。旅客不交付票款的，承运人可以拒绝运输。

第二百九十五条 旅客因自己的原因不能按照客票记载的时间乘坐的，应当在约定的时间内办理退票或者变更手续。逾期办理的，承运人可以不退票款，并不再承担运输义务。

第二百九十六条 旅客在运输中应当按照约定的限量携带行李。超过限量携带行李的，应当办理托运手续。

第二百九十七条 旅客不得随身携带或者在行李中夹带易燃、易爆、有毒、有腐蚀性、有放射性以及有可能危及运输工具上人身和财产安全的危险物品或者其他违禁物品。

旅客违反前款规定的，承运人可以将违禁物品卸下、销毁或者送交有关部门。旅客坚持携带或者夹带违禁物品的，承运人应当拒绝运输。

第二百九十八条 承运人应当向旅客及时告知有关不能正常运输的重要事由和安全运

输应当注意的事项。

第二百九十九条　承运人应当按照客票载明的时间和班次运输旅客。承运人迟延运输的，应当根据旅客的要求安排改乘其他班次或者退票。

第三百条　承运人擅自变更运输工具而降低服务标准的，应当根据旅客的要求退票或者减收票款；提高服务标准的，不应当加收票款。

第三百零一条　承运人在运输过程中，应当尽力救助患有急病、分娩、遇险的旅客。

第三百零二条　承运人应当对运输过程中旅客的伤亡承担损害赔偿责任，但伤亡是旅客自身健康原因造成的或者承运人证明伤亡是旅客故意、重大过失造成的除外。

前款规定适用于按照规定免票、持优待票或者经承运人许可搭乘的无票旅客。

第三百零三条　在运输过程中旅客自带物品毁损、灭失，承运人有过错的，应当承担损害赔偿责任。

旅客托运的行李毁损、灭失的，适用货物运输的有关规定。

第三节　货运合同

第三百零四条　托运人办理货物运输，应当向承运人准确表明收货人的名称或者姓名或者凭指示的收货人，货物的名称、性质、重量、数量，收货地点等有关货物运输的必要情况。

因托运人申报不实或者遗漏重要情况，造成承运人损失的，托运人应当承担损害赔偿责任。

第三百零五条　货物运输需要办理审批、检验等手续的，托运人应当将办理完有关手续的文件提交承运人。

第三百零六条　托运人应当按照约定的方式包装货物。对包装方式没有约定或者约定不明确的，适用本法第一百五十六条的规定。

托运人违反前款规定的，承运人可以拒绝运输。

第三百零七条　托运人托运易燃、易爆、有毒、有腐蚀性、有放射性等危险物品的，应当按照国家有关危险物品运输的规定对危险物品妥善包装，作出危险物标志和标签，并将有关危险物品的名称、性质和防范措施的书面材料提交承运人。

托运人违反前款规定的，承运人可以拒绝运输，也可以采取相应措施以避免损失的发生，因此产生的费用由托运人承担。

第三百零八条　在承运人将货物交付收货人之前，托运人可以要求承运人中止运输、返还货物、变更到达地或者将货物交给其他收货人，但应当赔偿承运人因此受到的损失。

第三百零九条　货物运输到达后，承运人知道收货人的，应当及时通知收货人，收货人应当及时提货。收货人逾期提货的，应当向承运人支付保管费等费用。

第三百一十条　收货人提货时应当按照约定的期限检验货物。对检验货物的期限没有约定或者约定不明确，依照本法第六十一条的规定仍不能确定的，应当在合理期限内检验货物。收货人在约定的期限或者合理期限内对货物的数量、毁损等未提出异议的，视为承运人已经按照运输单证的记载交付的初步证据。

第三百一十一条　承运人对运输过程中货物的毁损、灭失承担损害赔偿责任，但承运人证明货物的毁损、灭失是因不可抗力、货物本身的自然性质或者合理损耗以及托运人、收货人的过错造成的，不承担损害赔偿责任。

第三百一十二条 货物的毁损、灭失的赔偿额，当事人有约定的，按照其约定；没有约定或者约定不明确，依照本法第六十一条的规定仍不能确定的，按照交付或者应当交付时货物到达地的市场价格计算。法律、行政法规对赔偿额的计算方法和赔偿限额另有规定的，依照其规定。

第三百一十三条 两个以上承运人以同一运输方式联运的，与托运人订立合同的承运人应当对全程运输承担责任。损失发生在某一运输区段的，与托运人订立合同的承运人和该区段的承运人承担连带责任。

第三百一十四条 货物在运输过程中因不可抗力灭失，未收取运费的，承运人不得要求支付运费；已收取运费的，托运人可以要求返还。

第三百一十五条 托运人或者收货人不支付运费、保管费以及其他运输费用的，承运人对相应的运输货物享有留置权，但当事人另有约定的除外。

第三百一十六条 收货人不明或者收货人无正当理由拒绝受领货物的，依照本法第一百零一条的规定，承运人可以提存货物。

第十九章 保管合同

第三百六十五条 保管合同是保管人保管寄存人交付的保管物，并返还该物的合同。

第三百六十六条 寄存人应当按照约定向保管人支付保管费。

当事人对保管费没有约定或者约定不明确，依照本法第六十一条的规定仍不能确定的，保管是无偿的。

第三百六十七条 保管合同自保管物交付时成立，但当事人另有约定的除外。

第三百六十八条 寄存人向保管人交付保管物的，保管人应当给付保管凭证，但另有交易习惯的除外。

第三百六十九条 保管人应当妥善保管保管物。

当事人可以约定保管场所或者方法。除紧急情况或者为了维护寄存人利益的以外，不得擅自改变保管场所或者方法。

第三百七十条 寄存人交付的保管物有瑕疵或者按照保管物的性质需要采取特殊保管措施的，寄存人应当将有关情况告知保管人。寄存人未告知，致使保管物受损失的，保管人不承担损害赔偿责任；保管人因此受损失的，除保管人知道或者应当知道并且未采取补救措施的以外，寄存人应当承担损害赔偿责任。

第三百七十一条 保管人不得将保管物转交第三人保管，但当事人另有约定的除外。

保管人违反前款规定，将保管物转交第三人保管，对保管物造成损失的，应当承担损害赔偿责任。

第三百七十二条 保管人不得使用或者许可第三人使用保管物，但当事人另有约定的除外。

第三百七十三条 第三人对保管物主张权利的，除依法对保管物采取保全或者执行的以外，保管人应当履行向寄存人返还保管物的义务。

第三人对保管人提起诉讼或者对保管物申请扣押的，保管人应当及时通知寄存人。

第三百七十四条　保管期间，因保管人保管不善造成保管物毁损、灭失的，保管人应当承担损害赔偿责任，但保管是无偿的，保管人证明自己没有重大过失的，不承担损害赔偿责任。

第三百七十五条　寄存人寄存货币、有价证券或者其他贵重物品的，应当向保管人声明，由保管人验收或者封存。寄存人未声明的，该物品毁损、灭失后，保管人可以按照一般物品予以赔偿。

第三百七十六条　寄存人可以随时领取保管物。

当事人对保管期间没有约定或者约定不明确的，保管人可以随时要求寄存人领取保管物；约定保管期间的，保管人无特别事由，不得要求寄存人提前领取保管物。

第三百七十七条　保管期间届满或者寄存人提前领取保管物的，保管人应当将原物及其孳息归还寄存人。

第三百七十八条　保管人保管货币的，可以返还相同种类、数量的货币。保管其他可替代物的，可以按照约定返还相同种类、品质、数量的物品。

第三百七十九条　有偿的保管合同，寄存人应当按照约定的期限向保管人支付保管费。

当事人对支付期限没有约定或者约定不明确，依照本法第六十一条的规定仍不能确定的，应当在领取保管物的同时支付。

第三百八十条　寄存人未按照约定支付保管费以及其他费用的，保管人对保管物享有留置权，但当事人另有约定的除外。

最高人民法院
关于审理人身损害赔偿案件适用法律若干问题的解释

（2003 年 12 月 4 日最高人民法院审判委员会第 1299 次会议通过）

为正确审理人身损害赔偿案件，依法保护当事人的合法权益，根据《中华人民共和国民法通则》以下简称民法通则、《中华人民共和国民事诉讼法》以下简称民事诉讼法等有关法律规定，结合审判实践，就有关适用法律的问题作如下解释：

第一条　因生命、健康、身体遭受侵害，赔偿权利人起诉请求赔偿义务人赔偿财产损失和精神损害的，人民法院应予受理。

本条所称“赔偿权利人”，是指因侵权行为或者其他致害原因直接遭受人身损害的受害人、依法由受害人承担扶养义务的被扶养人以及死亡受害人的近亲属。本条所称“赔偿义务人”，是指因自己或者他人的侵权行为以及其他致害原因依法应当承担民事责任的自然人、法人或者其他组织。

第二条　受害人对同一损害的发生或者扩大有故意、过失的，依照民法通则第一百三十一条的规定，可以减轻或者免除赔偿义务人的赔偿责任。但侵权人因故意或者重大过失致人损害，受害人只有一般过失的，不减轻赔偿义务人的赔偿责任。

适用民法通则第一百零六条第三款规定确定赔偿义务人的赔偿责任时，受害人有重大过失的，可以减轻赔偿义务人的赔偿责任。

第三条 二人以上共同故意或者共同过失致人损害，或者虽无共同故意、共同过失，但其侵害行为直接结合发生同一损害后果的，构成共同侵权，应当依照民法通则第一百三十条规定承担连带责任。

二人以上没有共同故意或者共同过失，但其分别实施的数个行为间接结合发生同一损害后果的，应当根据过失大小或者原因力比例各自承担相应的赔偿责任。

第四条 二人以上共同实施危及他人人身安全的行为并造成损害后果，不能确定实际侵害行为人的，应当依照民法通则第一百三十条规定承担连带责任。共同危险行为人能够证明损害后果不是由其行为造成的，不承担赔偿责任。

第五条 赔偿权利人起诉部分共同侵权人的，人民法院应当追加其他共同侵权人作为共同被告。赔偿权利人在诉讼中放弃对部分共同侵权人的诉讼请求的，其他共同侵权人对被放弃诉讼请求的被告应当承担的赔偿份额不承担连带责任。责任范围难以确定的，推定各共同侵权人承担同等责任。

人民法院应当将放弃诉讼请求的法律后果告知赔偿权利人，并将放弃诉讼请求的情况在法律文书中叙明。

第六条 从事住宿、餐饮、娱乐等经营活动或者其他社会活动的自然人、法人、其他组织，未尽合理限度范围内的安全保障义务致使他人遭受人身损害，赔偿权利人请求其承担相应赔偿责任的，人民法院应予支持。

因第三人侵权导致损害结果发生的，由实施侵权行为的第三人承担赔偿责任。安全保障义务人有过错的，应当在其能够防止或者制止损害的范围内承担相应的补充赔偿责任。安全保障义务人承担责任后，可以向第三人追偿。赔偿权利人起诉安全保障义务人的，应当将第三人作为共同被告，但第三人不能确定的除外。

第七条 对未成年人依法负有教育、管理、保护义务的学校、幼儿园或者其他教育机构，未尽职责范围内的相关义务致使未成年人遭受人身损害，或者未成年人致他人人身损害的，应当承担与其过错相应的赔偿责任。

第三人侵权致未成年人遭受人身损害的，应当承担赔偿责任。学校、幼儿园等教育机构有过错的，应当承担相应的补充赔偿责任。

第八条 法人或者其他组织的法定代表人、负责人以及工作人员，在执行职务中致人损害的，依照民法通则第一百二十一条的规定，由该法人或者其他组织承担民事责任。上述人员实施与职务无关的行为致人损害的，应当由行为人承担赔偿责任。

属于《国家赔偿法》赔偿事由的，依照《国家赔偿法》的规定处理。

第九条 雇员在从事雇佣活动中致人损害的，雇主应当承担赔偿责任；雇员因故意或者重大过失致人损害的，应当与雇主承担连带赔偿责任。雇主承担连带赔偿责任的，可以向雇员追偿。

前款所称“从事雇佣活动”，是指从事雇主授权或者指示范围内的生产经营活动或者其他劳务活动。雇员的行为超出授权范围，但其表现形式是履行职务或者与履行职务有内在联系的，应当认定为“从事雇佣活动”。

第十条 承揽人在完成工作过程中对第三人造成损害或者造成自身损害的，定作人不承担赔偿责任。但定作人对定作、指示或者选任有过失的，应当承担相应的赔偿责任。

第十一条 雇员在从事雇佣活动中遭受人身损害，雇主应当承担赔偿责任。雇佣关系以外的第三人造成雇员人身损害的，赔偿权利人可以请求第三人承担赔偿责任，也可以请求雇主承担赔偿责任。雇主承担赔偿责任后，可以向第三人追偿。

雇员在从事雇佣活动中因安全生产事故遭受人身损害，发包人、分包人知道或者应当知道接受发包或者分包业务的雇主没有相应资质或者安全生产条件的，应当与雇主承担连带赔偿责任。

属于《工伤保险条例》调整的劳动关系和工伤保险范围的，不适用本条规定。

第十二条 依法应当参加工伤保险统筹的用人单位的劳动者，因工伤事故遭受人身损害，劳动者或者其近亲属向人民法院起诉请求用人单位承担民事赔偿责任的，告知其按《工伤保险条例》的规定处理。

因用人单位以外的第三人侵权造成劳动者人身损害，赔偿权利人请求第三人承担民事赔偿责任的，人民法院应予支持。

第十三条 为他人无偿提供劳务的帮工人，在从事帮工活动中致人损害的，被帮工人应当承担赔偿责任。被帮工人明确拒绝帮工的，不承担赔偿责任。帮工人存在故意或者重大过失，赔偿权利人请求帮工人和被帮工人承担连带责任的，人民法院应予支持。

第十四条 帮工人因帮工活动遭受人身损害的，被帮工人应当承担赔偿责任。被帮工人明确拒绝帮工的，不承担赔偿责任；但可以在受益范围内予以适当补偿。

帮工人因第三人侵权遭受人身损害的，由第三人承担赔偿责任。第三人不能确定或者没有赔偿能力的，可以由被帮工人予以适当补偿。

第十五条 为维护国家、集体或者他人的合法权益而使自己受到人身损害，因没有侵权人、不能确定侵权人或者侵权人没有赔偿能力，赔偿权利人请求受益人在受益范围内予以适当补偿的，人民法院应予支持。

第十六条 下列情形，适用民法通则第一百二十六条的规定，由所有人或者管理人承担赔偿责任，但能够证明自己没有过错的除外：

（一）道路、桥梁、隧道等人工建造的构筑物因维护、管理瑕疵致人损害的；

（二）堆放物品滚落、滑落或者堆放物倒塌致人损害的；

（三）树木倾倒、折断或者果实坠落致人损害的。

前款第（一）项情形，因设计、施工缺陷造成损害的，由所有人、管理人与设计、施工者承担连带责任。

第十七条 受害人遭受人身损害，因就医治疗支出的各项费用以及因误工减少的收入，包括医疗费、误工费、护理费、交通费、住宿费、住院伙食补助费、必要的营养费，赔偿义务人应当予以赔偿。

受害人因伤致残的，其因增加生活上需要所支出的必要费用以及因丧失劳动能力导致的收入损失，包括残疾赔偿金、残疾辅助器具费、被扶养人生活费，以及因康复护理、继续治疗实际发生的必要的康复费、护理费、后续治疗费，赔偿义务人也应当予以赔偿。

受害人死亡的，赔偿义务人除应当根据抢救治疗情况赔偿本条第一款规定的相关费用外，还应当赔偿丧葬费、被扶养人生活费、死亡补偿费以及受害人亲属办理丧葬事宜支出的交通费、住宿费和误工损失等其他合理费用。

第十八条 受害人或者死者近亲属遭受精神损害，赔偿权利人向人民法院请求赔偿精神损害抚慰金的，适用《最高人民法院关于确定民事侵权精神损害赔偿责任若干问题的解释》予以确定。

精神损害抚慰金的请求权，不得让与或者继承。但赔偿义务人已经以书面方式承诺给予金钱赔偿，或者赔偿权利人已经向人民法院起诉的除外。

第十九条 医疗费根据医疗机构出具的医药费、住院费等收款凭证，结合病历和诊断证明等相关证据确定。赔偿义务人对治疗的必要性和合理性有异议的，应当承担相应的举证责任。

医疗费的赔偿数额，按照一审法庭辩论终结前实际发生的数额确定。器官功能恢复训练所必要的康复费、适当的整容费以及其他后续治疗费，赔偿权利人可以待实际发生后另行起诉。但根据医疗证明或者鉴定结论确定必然发生的费用，可以与已经发生的医疗费一并予以赔偿。

第二十条 误工费根据受害人的误工时间和收入状况确定。

误工时间根据受害人接受治疗的医疗机构出具的证明确定。受害人因伤致残持续误工的，误工时间可以计算至定残日前一天。

受害人有固定收入的，误工费按照实际减少的收入计算。受害人无固定收入的，按照其最近三年的平均收入计算；受害人不能举证证明其最近三年的平均收入状况的，可以参照受诉法院所在地相同或者相近行业上一年度职工的平均工资计算。

第二十一条 护理费根据护理人员的收入状况和护理人数、护理期限确定。

护理人员有收入的，参照误工费的规定计算；护理人员没有收入或者雇佣护工的，参照当地护工从事同等级别护理的劳务报酬标准计算。护理人员原则上为一人，但医疗机构或者鉴定机构有明确意见的，可以参照确定护理人员人数。

护理期限应计算至受害人恢复生活自理能力时止。受害人因残疾不能恢复生活自理能力的，可以根据其年龄、健康状况等因素确定合理的护理期限，但最长不超过二十年。受害人定残后的护理，应当根据其护理依赖程度并结合配制残疾辅助器具的情况确定护理级别。

第二十二条 交通费根据受害人及其必要的陪护人员因就医或者转院治疗实际发生的费用计算。交通费应当以正式票据为凭；有关凭据应当与就医地点、时间、人数、次数相符合。

第二十三条 住院伙食补助费可以参照当地国家机关一般工作人员的出差伙食补助标准予以确定。

受害人确有必要到外地治疗，因客观原因不能住院，受害人本人及其陪护人员实际发生的住宿费和伙食费，其合理部分应予赔偿。

第二十四条 营养费根据受害人伤残情况参照医疗机构的意见确定。

第二十五条 残疾赔偿金根据受害人丧失劳动能力程度或者伤残等级，按照受诉法院所在地上一年度城镇居民人均可支配收入或者农村居民人均纯收入标准，自定残之日起按二十年计算。但六十周岁以上的，年龄每增加一岁减少一年；七十五周岁以上的，按五年计算。受害人因伤致残但实际收入没有减少，或者伤残等级较轻但造成职业妨害严重影响其劳动就业的，可以对残疾赔偿金作相应调整。

第二十六条　残疾辅助器具费按照普通适用器具的合理费用标准计算。伤情有特殊需要的，可以参照辅助器具配制机构的意见确定相应的合理费用标准。

辅助器具的更换周期和赔偿期限参照配制机构的意见确定。

第二十七条　丧葬费按照受诉法院所在地上一年度职工月平均工资标准，以六个月总额计算。

第二十八条　被扶养人生活费根据扶养人丧失劳动能力程度，按照受诉法院所在地上一年度城镇居民人均消费性支出和农村居民人均年生活消费支出标准计算。被扶养人为未成年人的，计算至十八周岁；被扶养人无劳动能力又无其他生活来源的，计算二十年。但六十周岁以上的，年龄每增加一岁减少一年；七十五周岁以上的，按五年计算。

被扶养人是指受害人依法应当承担扶养义务的未成年人或者丧失劳动能力又无其他生活来源的成年近亲属。被扶养人还有其他扶养人的，赔偿义务人只赔偿受害人依法应当负担的部分。被扶养人有数人的。年赔偿总额累计不超过上一年度城镇居民人均消费性支出额或者农村居民人均年生活消费支出额。

第二十九条　死亡赔偿金按照受诉法院所在地上一年度城镇居民人均可支配收入或者农村居民人均纯收入标准，按二十年计算。但六十周岁以上的，年龄每增加一岁减少一年；七十五周岁以上的，按五年计算。

第三十条　赔偿权利人举证证明其住所地或者经常居住地城镇居民人均可支配收入或者农村居民人均纯收入高于受诉法院所在地标准的，残疾赔偿金或者死亡赔偿金可以按照其住所地或者经常居住地的相关标准计算。

被扶养人生活费的相关计算标准，依照前款原则确定。

第三十一条　人民法院应当按照民法通则第一百三十一条以及本解释第二条的规定，确定第十九条至第二十九条各项财产损失的实际赔偿金额。

前款确定的物质损害赔偿金与按照第十八条第一款规定确定的精神损害抚慰金，原则上应当一次性给付。

第三十二条　超过确定的护理期限、辅助费给付年限或者残疾赔偿金给付年限，赔偿权利人向人民法院起诉请求继续给付护理费、辅助器具费或者残疾赔偿金的，人民法院应予受理。赔偿权利人确需继续护理、配制辅助器具，或者没有劳动能力和生活来源的，人民法院应当判令赔偿义务人继续给付相关费用五至十年。

第三十三条　赔偿义务人请求以定期金方式给付残疾赔偿金、被扶养人生活费、残疾辅助器具费的，应当提供相应的担保。人民法院可以根据赔偿义务人的给付能力和提供担保的情况，确定以定期金方式给付相关费用。但一审法庭辩论终结前已经发生的费用、死亡赔偿金以及精神损害抚慰金，应当一次性给付。

第三十四条　人民法院应当在法律文书中明确定期金的给付时间、方式以及每期给付标准。执行期间有关统计数据发生变化的，给付金额应当适时进行相应调整。

定期金按照赔偿权利人的实际生存年限给付，不受本解释有关赔偿期限的限制。

第三十五条　本解释所称“城镇居民人均可支配收入”“农村居民人均纯收入”“城镇居民人均消费性支出”“农村居民人均年生活消费支出”“职工平均工资”，按照政府统计部门公布的各省、自治区、直辖市以及经济特区和计划单列市上一年度相关统计数据确定。

"上一年度"，是指一审法庭辩论终结时的上一统计年度。

第三十六条　本解释自2004年5月1日起施行。2004年5月1日后新受理的一审人身损害赔偿案件，适用本解释的规定。已经作出生效裁判的人身损害赔偿案件依法再审的，不适用本解释的规定。

在本解释公布施行之前已经生效施行的司法解释，其内容与本解释不一致的，以本解释为准。

最高人民法院关于贯彻执行《中华人民共和国民法通则》若干问题的意见（试行）（节选）

[《中华人民共和国民法通则》（以下简称民法通则）于1988年1月26日最高人民法院审判委员会讨论通过，于1987年1月1日起施行]

现将民法通则的贯彻执行中遇到的问题提出以下意见。

一、公民

一、关于民事权利能力和民事行为能力问题

1. 公民的民事权利能力自出生时开始。出生的时间以户籍为准；没有户籍证明的，以医院出具的出生证明为准，没有医院证明的，参照其他有关证明认定。

2. 十六周岁以上不满十八周岁的公民，能够以自己的劳动取得收入，并能维持当地群众一般生活水平的，可以认定为以自己的劳动收入为主要生活来源的完全民事行为能力人。

3. 十周岁以上的未成年人进行的民事活动是否与其年龄、智力状况相适应，可以从行为与本人生活相关联的程度、本人的智力能否理解其行为，并预见相应的行为后果，以及行为标的数额等方面认定。

4. 不能完全辨认自己行为的精神病人进行的民事活动，是否与其精神健康状态相适应，可以从行为与本人生活相关联的程度、本人的精神状态能否理解其行为，并预见相应的行为后果，以及行为标的数额等方面认定。

5. 精神病人（包括痴呆症人）如果没有判断能力和自我保护能力，不知其行为后果的，可以认定为不能辨认自己行为的人；对于比较复杂的事物或者比较重大的行为缺乏判断能力和自我保护能力，并且不能预见其行为后果的，可以认定为不能完全辨认自己行为的人。

6. 无民事行为能力人、限制民事行为能力人接受奖励、赠与、报酬，他人不得以行为人无民事行为能力、限制民事行为能力为由，主张以上行为无效。

7. 当事人是否患有精神病，人民法院应当根据司法精神病学鉴定或者参照医院的诊断、鉴定确认。在不具备诊断、鉴定条件的情况下，也可以参照群众公认的当事人的精神

状态认定，但应以利害关系人没有异议为限。

8. 在诉讼中，当事人及利害关系人提出一方当事人患有精神病（包括痴呆症），人民法院认为确有必要认定的，应当按照民事诉讼法（试行）规定的特别程序，先作出当事人有无民事行为能力的判决。

确认精神病人（包括痴呆症人）为限制民事行为能力人的，应当比照民事诉讼法（试行）规定的特别程序进行审理。

9. 公民离开住所地最后连续居住一年以上的地方，为经常居住地。但住医院治疗的除外。

公民由其户籍所在地迁出后至迁入另一地之前，无经常居住地的，仍以其原户籍所在地为住所。

二、关于监护问题

10. 监护人的监护职责包括：保护被监护人的身体健康，照顾被监护人的生活，管理和保护被监护人的财产，代理被监护人进行民事活动，对被监护人进行管理和教育，在被监护人合法权益受到侵害或者与人发生争议时，代理其进行诉讼。

11. 认定监护人的监护能力，应当根据监护人的身体健康状况、经济条件，以及与被监护人在生活上的联系状况等因素确定。

12. 民法通则中规定的近亲属包括配偶、父母、子女、兄弟姐妹、祖父母、外祖父母、孙子女，外孙子女。

13. 为患有精神病的未成年人设定监护人，适用民法通则第十六条的规定。

14. 人民法院指定监护人时，可以将民法通则第十六条第二款中的（一）、（二）、（三）项或第十七条第一款中的（一）、（二）、（三）、（四）、（五）项规定视为指定监护人的顺序。前一顺序有监护资格的人无监护能力或者对被监护人明显不利的，人民法院可以根据对被监护人有利的原则从后一顺序有监护资格的人中择优确定。被监护人有识别能力的，应视情况征求被监护人的意见。

监护人可以是一人，也可以是同一顺序中的数人。

15. 有监护资格的人之间协议确定监护人的，应当由协议确定的监护人对被监护人承担监护责任。

16. 对于担任监护人有争议的，应当按照民法通则第十六条第三款或者第十七条第二款的规定，由有关组织予以指定。未经指定而向人民法院起诉的，人民法院不予受理。

17. 有关组织依照民法通则规定指定监护人，以书面或者口头通知了被指定人的，应当认定指定成立。被指定人不服的，应当在接到通知的次日起三十日内向人民法院起诉。逾期起诉的，按变更监护关系处理。

18. 监护人被指定后，不得自行变更。擅自变更的，由原被指定的监护人和变更后的监护人承担监护责任。

19. 被指定人对指定不服提起诉讼的，人民法院应当根据本意见第十四条的规定，作出维持或者撤销指定监护人的判决。如果判决是撤销原指定的，可以同时另行指定监护人。此类案件，比照民事诉讼法（试行）规定的特别程序进行审理。

在人民法院作出判决前的监护责任，一般应当按照指定监护人的顺序由有监护资格的人承担。

20．监护人不履行监护职责，或者侵害了被监护人的合法权益，民法通则第十六条、第十七条规定的其他有监护资格的人或者单位向人民法院起诉要求监护人承担民事责任的，按照普通程序审理，要求变更监护关系的，按照特别程序审理；既要求承担民事责任，又要求变更监护关系的，分别审理。

21．夫妻离婚后，与子女共同生活的一方无权取消对方对该子女的监护权。但是未与该子女共同生活的一方，对该子女有犯罪行为、虐待行为或者对该子女明显不利的，人民法院认为可以取消的除外。

22．监护人可以将监护职责部分或者全部委托给他人。因被监护人的侵权行为需要承担民事责任的，应当由监护人承担，但另有约定的除外；被委托人确有过错的，负连带责任。

23．夫妻一方死亡后，另一方将子女送给他人收养，如收养对子女的健康成长并无不利，又办了合法收养手续的，认定收养关系成立。其他有监护资格的人不得以收养未经其同意而主张收养关系无效。

四、关于个体工商户、农村承包经营户、个人合伙问题

41．起字号的个体工商户，在民事诉讼中，应以营业执照登记的户主（业主）为诉讼当事人，在诉讼文书中注明系某字号的户主。

42．以公民个人名义申请登记的个体工商户和个人承包的农村承包经营户，用家庭共有财产投资，或者收益的主要部分供家庭成员享用的，其债务应以家庭共有财产清偿。

43．在夫妻关系存续期间，一方从事个体经营或者承包经营的，其收入为夫妻共有财产，债务亦应以夫妻共有财产清偿。

44．个体工商户、农村承包经营户的债务，如以其家庭共有财产承担责任时，应当保留家庭成员的生活必需品和必要的生产工具。

45．起字号的个人合伙，在民事诉讼中，应当以依法核准登记的字号为诉讼当事人，并由合伙负责人为诉讼代表人。合伙负责人的诉讼行为，对全体合伙人发生法律效力。

未起字号的个人合伙，合伙人在民事诉讼中为共同诉讼人。合伙人人数众多的，可以推举诉讼代表人参加诉讼，诉讼代表人的诉讼行为，对全体合伙人发生法律效力。推举诉讼代表人，应当办理书面委托手续。

46．公民按照协议提供资金或者实物，并约定参与合伙盈余分配，但不参与合伙经营、劳动的，或者提供技术性劳务而不提供资金、实物，但约定参与盈余分配的，视为合伙人。

47．全体合伙人对合伙经营的亏损额，对外应当负连带责任；对内则应按照协议约定的债务承担比例或者出资比例分担；协议未规定债务承担比例或者出资比例的，可以按照约定的或者实际的盈余分配比例承担。但是对造成合伙经营亏损有过错的合伙人，应当根据其过错程度相应地多承担责任。

48．只提供技术性劳务不提供资金、实物的合伙人，对于合伙经营的亏损额，对外也应当承担连带责任；对内则应按照协议约定的债务承担比例或者技术性劳务折抵的出资比例承担；协议未规定债务承担比例或者出资比例的，可以按照约定的或者合伙人实际的盈余分配比例承担；没有盈余分配比例的，按照其余合伙人平均投资比例承担。

49．个人合伙或者个体工商户，虽经工商行政管理部门错误地登记为集体所有制的企业，但实际为个人合伙或者个体工商户的，应当按个人合伙或者个体工商户对待。

50. 当事人之间没有书面合伙协议，又未经工商行政管理部门核准登记，但具备合伙的其他条件，又有两个以上无利害关系人证明有口头合伙协议的，人民法院可以认定为合伙关系。

51. 在合伙经营过程中增加合伙人，书面协议有约定的，按照协议处理；书面协议未约定的，须经全体合伙人同意，未经全体合伙人同意的，应当认定入伙无效。

52. 合伙人退伙，书面协议有约定的，按书面协议处理；书面协议未约定的，原则上应予准许。但因其退伙给其他合伙人造成损失的，应当考虑退伙的原因、理由以及双方当事人的过错等情况，确定其应当承担的赔偿责任。

53. 合伙经营期间发生亏损，合伙人退出合伙时未按约定分担或者未合理分担合伙债务的，退伙人对原合伙的债务，应当承担清偿责任；退伙人已分担合伙债务的，对其参加合伙期间的全部债务仍负连带责任。

54. 合伙人退伙时分割的合伙财产，应当包括合伙时投入的财产和合伙期间积累的财产，以及合伙期间的债权和债务。入伙的原物退伙时原则上应予退还，一次清退有困难的，可以分批分期清退；退还原物确有困难的，可以折价处理。

55. 合伙终止时，对合伙财产的处理，有书面协议的，按协议处理；没有书面协议，又协商不成的，如果合伙人出资额相等，应当考虑多数人意见酌情处理；合伙人出资额不等的，可以按出资额占全部合伙额多的合伙人意见处理，但要保护其他合伙人的利益。

56. 合伙人互相串通逃避合伙债务的，除应令其承担清偿责任外，还可以按照民法通则第一百三十四条第三款的规定处理。

57. 民法通则第三十五条第一款中关于“以各自的财产承担清偿责任”，是指合伙人以个人财产出资的，以合伙人的个人财产承担；合伙人以其家庭共有财产出资的，以其家庭共有财产承担；合伙人以个人财产出资，合伙的盈余分配所得用于其家庭成员生活的，应先以合伙人的个人财产承担，不足部分以合伙人的家庭共有财产承担。

五、民事责任

142. 为维护国家、集体或他人合法权益而使自已受到损害，在侵害人无力赔偿或者没有侵害人的情况下，如果受害人提出请求的，人民法院可以根据受益人受益的多少及其经济状况，责令受益人给予适当补偿。

143. 受害人的误工日期，应当按其实际损害程度、恢复状况并参照治疗医院出具的证明或者法医鉴定等认定。赔偿费用的标准，可以按照受害人的工资标准或者实际收入的数额计算。

受害人是承包经营户或者个体工商户的，其误工费的计算标准，可以参照受害人一定期限内的平均收入酌定。如果受害人承包经营的种植、养殖业季节性很强，不及时经营会造成更大损失的，除受害人应当采取措施防止损失扩大外，还可以裁定侵害人采取措施防止扩大损失。

144. 医药治疗费的赔偿，一般应以所在地治疗医院的诊断证明和医药费、住院费的单据为凭。应经医务部门批准而未获批准擅自另找医院治疗的费用，一般不予赔偿；擅自购买与损害无关的药品或者治疗其他疾病的，其费用则不予赔偿。

145．经医院批准专事护理人，其误工补助费可以按收入的实际损失计算。应得奖金一般可以计算在应赔偿的数额内。本人没有工资收入的，其补偿标准应以当地的一般临时工的工资标准为限。

146．侵害他人身体致使其丧失全部或部分劳动能力的，赔偿的生活补助费，一般应补足到不低于当地居民基本生活费的标准。

147．侵害他人身体致人死亡或者丧失劳动能力的，依靠受害人实际扶养而又没有其他生活来源的人要求侵害人支付必要生活费的，应当予以支持，其数额根据实际情况确定。

148．教唆、帮助他人实施侵权行为的人，为共同侵权人，应当承担连带民事责任。教唆、帮助无民事行为能力人实施侵权行为的人，为侵权人，应当承担民事责任。

教唆、帮助限制民事行为能力人实施侵权行为的人，为共同侵权人，应当承担主要民事责任。

149．盗用、假冒他人名义，以函、电等方式进行欺骗或者愚弄他人，并使其财产、名誉受到损害的，侵权人应当承担民事责任。

150．公民的姓名权、肖像权、名誉权、荣誉权和法人的名称权、名誉权、荣誉权受到侵害，公民或者法人要求赔偿损失的，人民法院可以根据侵权人的过错程度、侵权行为的具体情节、后果和影响确定其赔偿责任。

151．侵害他人的姓名权、名称权、肖像权、名誉权、荣誉权而获利的，侵权人除应适当赔偿受害人的损失外，其非法所得应当予以收缴。

152．国家机关工作人员在执行职务中，给公民、法人的合法权益造成损害的，国家机关应当承担民事责任。

153．消费者、用户因为使用质量不合格的产品造成本人或者第三人人身伤害、财产损失的，受害人可以向产品制造者或者销售者要求赔偿。因此提起的诉讼，由被告所在地或侵权行为地人民法院管辖。

运输者和仓储者对产品质量负有责任，制造者或者销售者请求赔偿损失的，可以另案处理，也可以将运输者和仓储者列为第三人，一并处理。

154．从事高度危险作业，没有按有关规定采取必要的安全防护措施，严重威胁他人人身、财产安全的，人民法院应当根据他人的要求，责令作业人消除危险。

155．因堆放物品倒塌造成他人损害的，如果当事人均无过错，应当根据公平原则酌情处理。

156．因紧急避险造成他人损失的，如果险情是由自然原因引起，行为人采取的措施又无不当，则行为人不承担民事责任。受害人要求补偿的，可以责令受益人适当补偿。

157．当事人对造成损害均无过错，但一方是在为对方的利益或者共同的利益进行活动的过程中受到损害的，可以责令对方或者受益人给予一定的经济补偿。

158．夫妻离婚后，未成年子女侵害他人权益的，同该子女共同生活的一方应当承担民事责任；如果独立承担民事责任确有困难的，可以责令未与该子女共同生活的一方共同承担民事责任。

159．被监护人造成他人损害的，有明确的监护人时，由监护人承担民事责任；监护人不明确的，由顺序在前的有监护能力的人承担民事责任。

160．在幼儿园、学校生活、学习的无民事行为能力人或者在精神病院治疗的精神病人，受到伤害或者给他人造成损害，单位有过错的，可以责令这些单位适当给予赔偿。

161．侵权行为发生时行为人不满十八周岁，在诉讼时已满十八周岁，并有经济能力的，应当承担民事责任；行为人没有经济能力的，应当由原监护人承担民事责任。

行为人致人损害时年满十八周岁的，应当由本人承担民事责任；没有经济收入的，由抚养人垫付，垫付有困难的，也可以判决或者调解延期给付。

162．在诉讼中遇有需要停止侵害、排除妨碍、消除危险的情况时，人民法院可以根据当事人的申请或者依职权先行作出裁定。

当事人在诉讼中用赔礼道歉方式承担了民事责任的，应当在判决中叙明。

163．在诉讼中发现与本案有关的违法行为需要给予制裁的，可适用民法通则第一百三十四条第三款规定，予以训诫、责令具结悔过、收缴进行非法活动的财物和非法所得，或者依照法律规定处以罚款、拘留。

采用收缴、罚款、拘留制裁措施，必须经院长批准，另行制作民事制裁决定书。被制裁人对决定不服的，在收到决定书的次日起十日内可以向上一级人民法院申请复议一次。复议期间，决定暂不执行。

164．适用民法通则第一百三十四条第三款对公民处以罚款的数额为五百元以下，拘留为十五日以下。

依法对法定代表人处以拘留制裁措施，为十五日以下。

以上两款，法律另有规定的除外。

六、诉讼时效

165．在民法通则实施前，权利人知道或者应当知道其民事权利被侵害，民法通则实施后，向人民法院请求保护的诉讼时效期间，应当适用民法通则第一百三十五条和第一百三十六条的规定，从1987年1月1日起算。

166．民法通则实施前，民事权利被侵害超过二十年的，民法通则实施后，权利人向人民法院请求保护的诉讼时效期间，分别为民法通则第一百三十五条规定的二年或者第一百三十六条规定的一年，从1987年1月1日起算。

167．民法通则实施后，属于民法通则第一百三十五条规定的二年诉讼时效期间，权利人自权利被侵害时起的第十八年后至第二十年期间才知道自己的权利被侵害的，或者属于民法通则第一百三十六条规定的一年诉讼时效期间，权利人自权利被侵害时起的第十九年后至第二十年期间才知道自己的权利被侵害的，提起诉讼请求的权利，应当在权利被侵害之日起的二十年内行使，超过二十年的，不予保护。

168．人身损害赔偿的诉讼时效期间，伤害明显的，从受伤害之日起算；伤害当时未曾发现，后经检查确诊并能证明是由侵害引起的，从伤势确诊之日起算。

169．权利人由于客观的障碍在法定诉讼时效期间不能行使请求权的，属于民法通则第一百三十七条规定的“特殊情况”。

170．未授权给公民、法人经营、管理的国家财产受到侵害的，不受诉讼时效期间的限制。

171. 过了诉讼时效期间，义务人履行义务后，又以超过诉讼时效为由翻悔的，不予支持。

172. 在诉讼时效期间的最后六个月内，权利被侵害的无民事行为能力人、限制民事行为能力人没有法定代理人，或者法定代理人死亡、丧失代理权，或者法定代理人本人丧失行为能力的，可以认定为因其他障碍不能行使请求权，适用诉讼时效中止。

173. 诉讼时效因权利人主张权利或者义务人同意履行义务而中断后，权利人在新的诉讼时效期间内，再次主张权利或者义务人再次同意履行义务的，可以认定为诉讼时效再次中断。

权利人向债务保证人、债务人的代理人或者财产代管人主张权利的，可以认定诉讼时效中断。

174. 权利人向人民调解委员会或者有关单位提出保护民事权利的请求，从提出请求时起，诉讼时效中断。经调处达不成协议的，诉讼时效期间即重新起算；如调处达成协议，义务人未按协议所定期限履行义务的，诉讼时效期间应从期限届满时重新起算。

175. 民法通则第一百三十五条、第一百三十六条规定的诉讼时效期间，可以适用民法通则有关中止、中断和延长的规定。

民法通则第一百三十七条规定的“二十年”诉讼时效期间，可以适用民法通则有关延长的规定，不适用中止、中断的规定。

176. 法律、法规对索赔时间和对产品质量等提出异议的时间有特殊规定的，按特殊规定办理。

177. 继承的诉讼时效按继承法的规定执行。但继承开始后，继承人未明确表示放弃继承的，视为接受继承，遗产未分割的，即为共同共有。诉讼时效的中止、中断、延长，均适用民法通则的有关规定。

《最高人民法院关于确定民事侵权精神损害赔偿责任若干问题的解释》的理解与适用（节选）

（于2001年2月26日由最高人民法院审判委员会第1161次会议通过。现予公布，自2001年3月10日起施行）

二、关于赔偿范围

精神损害的赔偿范围，是指哪些民事权益受到侵害可以请求赔偿精神损害。这一问题在审判实践中长期存在争论。按照侵权法的基本理论，因侵权致人损害，损害后果包括两种形态：“财产损害”与“非财产上损害”。前者指实际财产的减少和可得利益的丧失，后者指不具有财产上价值的精神痛苦和肉体痛苦，也就是通常所说的“精神损害”。精神和肉体，是自然人人格的基本要素，也是自然人享有人格权益的生理和心理基础，由此决定了精神损害与自然人人格权益遭受侵害的不利状态具有较为直接和密切的联系。采取限定主义立法模式的有关国家和地区的民事法律，一般都将精神损害的赔偿范围限定在以自然人的具体人格权利为核心的相关民事权益中，其立法本意，一方面在防止过分加重加害人一方的负担，另一方面则充分体现了现代社会以人为本的基本价值观念。《最高人民法院关于确定民事侵权精神损害赔偿责任若干问题的解释》根据《民法通则》的原则规定，从维护人身权利和人格尊严的基本价值目标出发，从以下几个方面对精神损害的赔偿范围作出界定：

（一）明确确认自然人的人格权利遭受侵害，可以请求赔偿精神损害。人格是指人之所以为人的尊严和价值。人格具有自然属性和社会属性，其自然属性表现为人的生命、身体和健康，其社会属性表现为名誉、荣誉、姓名、肖像、人格尊严和人身自由等等，是与特定民事主体的人身不能分离的固有的人格利益，当其被法律确认为民事权利时，就是人格权。在过去的审判实践中，对精神损害的赔偿范围限于《民法通则》第一百二十条规定的姓名权、肖像权、名誉权、荣誉权等几项具体人格权。《最高人民法院关于确定民事侵权精神损害赔偿责任若干问题的解释》根据《民法通则》第五条、第一百零一条、第一百一十九条、第一百二十条规定的原则精神，以及《消费者权益保护法》第十四条、第二十五条的规定，完善了对自然人人格权利的司法保护体系。《解释》第一条规定："自然人因下列人格权利受到侵害，向人民法院起诉请求赔偿精神损害的，人民法院应当依法予以受理：（一）生命权、健康权、身体权；（二）姓名权、肖像权、名誉权、荣誉权；（三）人格尊严权、人身自由权。"其中，生命权、健康权、身体权，理论上称为"物质性人格权"，是姓名权、肖像权、名誉权、荣誉权等"精神性人格权"赖以存在的前提和物质基础，其受到侵害往往伴随巨大的甚至是终身不可逆转的精神损害。在《消费者权益保护法》和《道路交通事故处理办法》等有关法律和行政法规中，对因身体遭受侵害造成死亡和残疾的，规定有"残疾赔偿金"、"死亡赔偿金"或"死亡补偿费"，此种金钱赔偿具有精神损害抚慰金的性质，但其适用范围限于法律、行政法规有特别规定的情形，不具有普遍意义，其保护也不够充分和完善。《解释》的规定实现了精神损害赔偿范围从"精神性人格权"向"物质性人格权"的发展，是人格权司法保护的一个重要进步。需要说明的是，《民法通则》第一百一十九条规定："侵害公民身体造成伤害的……"过去被解释为侵害生命健康权，实际上应当包括身体权。生命、健康、身体在有关国家和地区立法中是同时并列受到保护的独立人格权利。实践中，如强制文身、强制抽血、偷剪发辫、致人肢体残疾等，均属侵害他人身体权，即使对健康权作扩张解释也难以概括侵害身体权的各种类型。据此，《解释》在第一条第一款第（一）项中，增列"身体权"。其次，关于人身自由权和人格尊严权，作为民事权利首先规定在消费者权益保护法中。《中华人民共和国消费者权益保护法》第二十五条规定："经营者……不得侵犯消费者的人身自由"；第十四条规定："消费者在购买、使用商品和接受服务时，享有其人格尊严……得到尊重的权利"。鉴于其对自然人人格权利的保护具有普遍意义，《解释》将其扩展到普遍适用范围。值得特别指出的是，"人格尊严权"在理论上被称为"一般人格权"，是人格权利一般价值的集中体现，因此，它具有补充法律规定的具体人格权利立法不足的重要作用。《最高人民法院关于确定民事侵权精神损害赔偿责任若干问题的解释》的规定实现了精神损害赔偿范围从"具体人格权"到"一般人格权"的发展，是人格权司法保护的又一重大进步。但在处理具体案件时，应当优先适用具体人格权的规定，而将一般人格权作为补充适用条款。

（二）《最高人民法院关于确定民事侵权精神损害赔偿责任若干问题的解释》确认违反社会公共利益、社会公德侵害他人人格利益构成侵权，受害人可以请求赔偿精神损害。《民法通则》第五条规定：“公民、法人合法的民事权益受法律保护，任何组织和个人不得侵犯。”“民事权益”包括权利和利益。在审判实践中，人民法院对侵害他人合法民事权利的行为均直接确认其构成侵权，但对于受到法律保护的合法利益遭受侵害，则往往是通过间接的方式给予司法保护。对隐私的司法保护就具有代表性。隐私在现行民事法律中尚未被直接规定为一项民事权利，而是由相关司法解释将隐私作为公民（自然人）名誉权的一个内容予以保护。但隐私权和名誉权内涵并不相同，名誉权在外延上也不能涵盖隐私权的全部内容。我国宪法规定通信秘密受法律保护，民事诉讼法规定涉及个人隐私的案件不公开审理，均表明我国法律保护隐私。但公法的保护不能取代私法的保护，只有将隐私权纳人民法保护之中，其法律保护才是完整的。鉴于隐私作为民事权利尚未有立法上的依据，故《解释》参考有关国家和地区立法将侵权行为类型化的方法，将侵害隐私纳人违反公序良俗致人损害的侵权类型中予以规定，同时涵盖了不能归入第一款“权利侵害”类型中的侵害其他人格利益的案件类型。

所谓侵权行为的类型化，是指按照不同的要件构成将侵权行为区分为三种类型。第一，权利侵害类型；第二，义务违反类型；第三，利益侵害类型。三种类型分别具有三种不同的法律构成要件，为损害赔偿诉讼提供了完备的法律基础。其中第三种类型，在法律构成上称之为“公序良俗违反”，是指对利益的侵害违反公序良俗，其行为就具有违法性。即在“权利侵害”之外，为加害行为是否具有违法性，提供了另一个判断标准，即是否违反公序良俗。这样，不仅直接侵害法律规定的民事权利的行为具有违法性，可以构成侵权；对由于历史或者其他原因，尚未被法律确认为民事权利的正当利益，如果故意以违反公序良俗的方式加以侵害，则此种侵害行为也会被确认为具有违法性，可能构成民事侵权行为。这就为某些特定利益的司法保护提供了法律基础，也为权利的生成提供了法律机制——在此意义上，权利表现为一种积极的利益，利益则成为消极的权利。由于侵权法结构体系所具有的特殊功能，“民法得以应付剧烈变动的社会现实，民法在司法实践中得以成长”，学者因此而称道，“侵权行为法是民法的生长点”。

人民法院在审判实践中，已有实际运用公序良俗原则确认侵权行为违法性的案例。如在他人卧室墙上安装摄像机侵害隐私案，在他人新房设置灵堂侵权案等。现实生活中类似这样没有具体的权利侵害类型，但确属违反公序良俗的案例还会层出不穷，司法解释予以规定，对这类案件的处理提供了依据。鉴于我国法律没有“公序良俗”的提法，《最高人民法院关于确定民事侵权精神损害赔偿责任若干问题的解释》根据《民法通则》第七条的规定，采取“社会公共利益”或者“社会公德”的提法，其规范功能与“公序良俗”原则是完全一致的。《解释》明确规定违反社会公共利益、社会公德侵害他人人格利益构成侵权，将包括隐私在内的合法人格利益纳入直接的司法保护中，完善了对人格权益提供司法保护的法律基础，同时对完善侵权法的结构体系和侵权案件的类型化也会产生积极的促进作用。

（三）《最高人民法院关于确定民事侵权精神损害赔偿责任若干问题的解释》确认特定的身份权利受到侵害，可以请求赔偿精神损害。在我国现行民事法律体系中，身份权利通常基于婚姻家庭关系产生，内涵特定的人格和精神利益。这种特定的人格和精神利益遭受侵害，同样属于“非财产上损害”。审判实践中，因身份权遭受侵害造成受害人精神痛苦之“非财产上损害”后果的，以监护权遭受侵害的情形较为典型和普通。一种观点认为，监护系为被监护人的利益而设，因此监护只是一项职责而非权利。但在近亲属范围内，监护实际上兼有身份权利的性质。非法使被监护人脱离监护，导致亲子关系或近亲属间的亲属关系遭受严重损害的，可以认定为侵害他人监护权，监护人请求赔偿精神损害的，人民法院应当依法予以受理。《解释》将精神损害赔偿范围从单纯的人格权利延伸到内涵特定人格和精神利益的特定身份权利，是对人格权司法保护的又一发展。与此相关的是，近期已颁布的修改后的《婚姻法》第四十六条规定：“有下列情形之一，导致离婚的，无过错方有权请求损害赔偿：（一）重婚的；（二）有配偶者与他人同居的；（三）实施家庭暴力的；（四）虐待、遗弃家庭成员的。”笔者理解，此处的“损害赔偿”也是针对“非财产上损害”即精神损害的赔偿。这表明立法直接确认了因婚姻关系纠纷造成的精神损害赔偿，但其性质是否涉及对身份权利的侵害，以及涉及对何种身份权利的侵害，需要进一步研究。

（四）对人格利益的延伸保护。按照传统的民法理论，自然人的权利能力始于出生，终于死亡，自然人死亡以后就不再具民事主体资格，不享有民事权利，当然也就谈不上死者具有人格权。但由于近亲属间特定的身份关系，自然人死亡以后，其人格要素对其仍然生存着的配偶、父母、子女和其他近亲属会发生影响，并构成生者精神利益的重要内容。这种精神利益所体现出的人性的光辉，有助于社会的团结和睦，有利于维护社会稳定。因此，对死者人格的侵害，实际上是对其活着的配偶、父母、子女和其他近亲属精神利益和人格尊严的直接侵害，在侵权类型上，同样属于以违反公序良俗的方式致人损害，损害后果表现为使死者配偶、父母、子女或者其他近亲属蒙受感情创伤、精神痛苦或者人格贬损。已往的司法解释仅就名誉权的延伸保护有过规定，本次《最高人民法院关于确定民事侵权精神损害赔偿责任若干问题的解释》则将其扩大到自然人的其他人格要素，包括姓名、肖像、荣誉、隐私以及死者的遗体、遗骨。其真正的目的，应是保护生者的人格尊严和精神利益。

（五）对与精神利益有关的特定财产权利的保护。精神损害赔偿原则上限于人格权和身份权受到侵害的情形，但并不排除在特殊情形下，财产权受到侵害时也可以请求赔偿精神损害。例如：一位在地震中失去双亲的孤儿，将父母生前惟一的一张遗照送到照相馆翻拍时被照相馆丢失，因业主只同意退赔洗印费，受害人向法院起诉要求赔偿精神损害，法院判决予以支持。此类情形，多有发生。但审判实践中对其构成要件应从严掌握。首先，侵害的客体应当是以精神利益为内容的纪念物品，其本身负载重大感情价值具有人格象征意义；其次，该纪念物品因侵权行为而永久性灭失或毁损，其损失具有不可逆转的性质。不具备以上构成要件的，仍应当按照损害赔偿法的一般原理，赔偿受害人的实际财产损失。因为精神损害赔偿的固有含义是对人身非财产损害的赔偿，在侵权的客体或侵害的对象是财产而不是人身的情况下，精神损害具有间接损害的性质，且客观上往往难以预料。按照损害赔偿的法理，对客观上难以预料同时也难以确定其范围和大小的间接损失不在赔偿之列。此外，《最高人民法院关于确定民事侵权精神损害赔偿责任若干问题的解释》第四条涉及违约与侵权的竞合，鉴于违约责任不包括精神损害赔偿，因此本条强调，必须是物品所有人“以侵权为由”起诉，才能请求赔偿精神损害。为防止滥用诉权，如以宠物被伤害要求赔偿精神损害，本条加上“具有人格象征意义”作为限制。

需要说明的是，关于违约损害赔偿，国外有因违反合同而被法院判决赔偿精神损害的若干判例，但一般限于以提供安宁的享受或解除痛苦和烦恼等期待精神利益为目的的合同，如旅游度假服务合同，摄影录像服务合同等。国内对美容整形服务合同未能达到预期目的并造成不良后果的，也有判决违约方赔偿精神损害的若干判例。包括洗印照片被丢失的案例。有意见认为应从违约损害赔偿的角度来观察和理解，理由是期待精神利益损失可以类推适用合同法第一百一十三条规定中的可得利益损失，因为期待精神利益损失符合该条规定中的“可预见性”特征，即违反合同一方订立合同时预见到或者应当预见到的因违反合同可能造成的损失，因而具有直接损失的性质。如因债务人一方违约而使合同目的落空，债权人可以向人民法院起诉要求赔偿精神损失，但以合同不能继续履行为限。《最高人民法院关于确定民事侵权精神损害赔偿责任若干问题的解释》未采纳违反合同也应承担精神损害赔偿责任的观点，而将精神损害赔偿的范围限制在上述侵权案件类型中。

三、关于诉讼主体

关于主体方面的规定，主要涉及以下两个问题：（一）自然人因侵权行为致死或自然人死亡后其人格或者遗体遭受侵害的，由死者配偶、父母和子女享有请求权；没有配偶、父母和子女的，其他近亲属享有请求权。（二）法人或者其他组织以人格权利等民事权益遭受侵害为由要求赔偿精神损害的，人民法院不予支持。

按照大陆法系传统的民法理论，侵权损害赔偿只赔偿直接受害人，对间接受害人一般不予赔偿。因为间接受害人的范围往往难以预料，也难以确定。如果一律给予赔偿，无疑会加重侵权人一方的负担，在利益衡量上显失公平。但有若干例外情形，对间接受害人给予赔偿符合社会正义观念。受害人死亡，即属于公认的例外情形之一。在此情形下，各国一般都确认受害人的配偶、父母和子女有权请求赔偿精神损害。鉴于中国的国情，我们认为应当将享有请求权的范围适当扩大。一种意见是扩大到与受害人形成赡养、抚养和扶养关系的近亲属，但以受害人没有配偶、父母和子女的情形为限。另一种意见则主张取消形成赡养、扶养和抚养关系这一限制性条件。《最高人民法院关于确定民事侵权精神损害赔偿责任若干问题的解释》最终采取了后一种意见。其基本理由，是对于自然人死亡后，其人格或者遗体遭受侵害的，不仅配偶、父母和子女有权请求赔偿精神损害，而且在没有配偶、父母和子女的情况下，其他近亲属也可以请求赔偿精神损害，对比自然人因侵权行为致死的情形，两者孰重孰轻，应不难判断。

关于法人和其他组织是否享有精神损害赔偿请求权，与对精神损害赔偿的功能和性质的确认有关。通常认为，精神损害赔偿是对“非财产上损害”的赔偿。“非财产上损害”在传统民法理论中一般被定义为精神痛苦和肉体痛苦。法人和其他组织作为民事主体仅在社会功能上与自然人相同，但其不具有精神感受力，无精神痛苦可言，因此，其人格权利遭受侵害时，不具备精神损害后果这一侵权民事责任的构成要件。另一方面，对自然人的精神损害给予司法救济，与对人权的法律保护密切相关；把包含有“人权”内涵的自然人的人格权利与作为社会组织体的法人或者其他组织的人格权利等量齐观、混为一谈，是不适当的，后者实质上是一种无形财产权。法人人格遭受损害，赔礼道歉即足以恢复其名誉，无须给予金钱赔偿。相反的观点认为，“非财产上损害”与财产损害相对应，不能简单地将“非财产上损害”定义为精神痛苦和肉体痛苦，法人尤其是非营利法人名誉受损，导致其社会信誉降低，客观上也属于“非财产上损害”，金钱赔偿有利于防止这类侵权行为的发生，充分发挥损害赔偿制度的教育防范功能。此外，营利性法人名誉受损，其财产损失往往难以有效举证，从“非财产上损害”的角度判令侵权人赔偿损失能充分体现精神损害赔偿制度的调整功能，有利于制止商业不正当竞争等违法侵权行为的发生。鉴于精神损害赔偿制度着重在对基本人权的保护和对人格尊严的维护，对精神损害赔偿的泛化有违其制度设计的初衷，《最高人民法院关于确定民事侵权精神损害赔偿责任若干问题的解释》没有采纳第二种意见。最高人民法院《关于审理名誉权案件若干问题的解答》第十条第二款对民法通则第一百二十条规定的“赔偿损失”明确区分为“经济损失”和“精神损害”，并确认只有公民享有精神损害赔偿请求权，《解释》仍采取这一立场。

四、关于赔偿责任的构成要件与赔偿数额的确定

关于精神损害赔偿责任的构成要件，与财产损害赔偿责任的构成要件，原则上并无不同，两者同属侵权损害赔偿，故精神损害赔偿责任的成立也应具备以下要件：1. 有损害后果，即因人格权益等有关民事权益遭受侵害，造成受害人“非财产上损害”——包括精神痛苦和肉体痛苦；2. 有违法侵害自然人人格和身份权益的侵权事实。违法性的判断标准，一是直接侵害法定权利，二是以违反社会公共利益或者社会公德（公序良俗）的方式侵害合法的人格利益；3. 侵权事实和损害后果之间具有因果关系；4. 侵权人主观上有故意或者过失，但法律另有规定的除外。需要说明的是，具备以上构成要件，侵权人应当承当相应的民事责任，包括停止侵害、恢复名誉、消除影响、赔礼道歉；但对未造成严重后果，受害人请求赔偿精神损害的，一般不予支持。造成严重后果的，人民法院根据受害人的请求，可以判令侵权人赔偿相应的精神损害抚慰金。其指导思想在于：精神损害赔偿只是当事人承担民事责任的一种方式，而责任承担方式与责任的大小存在一定的均衡性。金钱赔偿属于较严重的责任承担方式，自然只有造成较为严重的损害后果，主张金钱赔偿才属损害与责任相当。这符合平均的正义的司法理念，有利于防止滥诉，节约诉讼成本。对于何种情形属于“未造成严重后果”，何种情形才构成“后果严重”，属于具体个案中的事实判断问题，应由审判合议庭或者审理案件的法官结合案件具体情节认定。

精神损害是一种无形损害，本质上不可计量。金钱赔偿并不是给精神损害“明码标价”，两者之间不存在商品货币领域里等价交换的对应关系。但从国家的经济文化发展水平和社会的一般价值观念出发，可以从司法裁判的角度对精神损害的程度、后果和加害行为的可归责性及其道德上的可谴责性作出主观评价，即由审判合议庭行使自由裁量权确定具体案件的赔偿数额。但为了尽量减少或降低自由裁量的主观性和任意性，《最高人民法院关于确定民事侵权精神损害赔偿责任若干问题的解释》第八条和第十条规定了若干原则。第八条规定的意义已如上述，是明确精神损害赔偿只是承担精神损害民事责任的一种方式，只有当侵权人承担其他形式的民事责任不足以弥补受害人精神损害的情况下，方可考虑采取金钱赔偿的方式。《解释》第十条对确定抚慰金时应当考虑的相关因素作了原则规定。其中，比较容易引起争议的是第（五）项“侵权人承担责任的经济能力”。一种观点认为，侵权责任的承担是为了填补损害，只能由损害的大小来决定责任的大小。考虑侵权人的经济能力，有违法律面前人人平等的原则；有钱多赔，也会导致受害人获得不当利益。此种观点，未综合考虑精神损害赔偿的抚慰功能、惩罚功能和调整功能，而单纯就填补损害功能立论，所以不能区分精神损害赔偿与财产损害赔偿的不同作用，《解释》未予采取。从平均的正义向分配的正义的发展，是现代社会立法和司法实践中一个带有趋势性的重要现象。精神损害赔偿基于其特殊的调整功能和惩罚功能，在填补损害的前提下考虑加害人承担责任的经济能力，体现了司法实践中从平均的正义向分配的正义的发展，具有积极意义。基于同样的理由，对赔偿数额的确定还应考虑受诉法院所在地的平均生活水平，不应盲目攀比。鉴于我国经济、社会和文化发展所固有的地区不平衡性，《解释》对赔偿的具体标准未作规定。实践中，已经有一些地方立法机关和高级人民法院对精神损害赔偿数额作出了比较具体的规定。制定这些规定，与《最高人民法院关于确定民事侵权精神损害赔偿责任若干问题的解释》的指导思想没有原则冲突。各地法律的不同规定，与当地的经济文化发展水平有关，也是积累审判实践经验。今后可以通过判例的积累进一步总结经验，归纳类型，逐步实现全国范围内的相对平衡。

五、关于法律、法规与司法解释的相互协调

《最高人民法院关于确定民事侵权精神损害赔偿责任若干问题的解释》第九条规定："精神损害抚慰金包括以下方式：（一）致人残疾的，为残疾赔偿金；（二）致人死亡的，为死亡赔偿金；（三）其他损害情形的精神抚慰金。"该条规定是为了与现行的有关民事特别法和行政法规等相协调。《消费者权益保护法》第四十一条、四十二条规定，经营者提供商品或者服务，造成消费者或者其他受害人人身伤害，致人残疾的，应当支付"残疾赔偿金"，致人死亡的，应当支付"死亡赔偿金"，其性质均属《解释》规定的精神损害抚慰金。此外，《产品质量法》第三十二条规定的"抚恤费"、《道路交通事故处理办法》第三十七条第（八）项规定的"死亡补偿费"，与"死亡赔偿金"名称不同，但具有同一性质，属于精神损害抚慰金。需要指出的是，《道路交通事故处理办法》第三十七条第（五）项规定的"残疾者生活补助费"以及《产品质量法》第三十二条规定的"残废者生活补助费"属于对受害人财产损失的赔偿，不属于精神损害抚慰金，与《消费者权益保护法》第四十一条规定的"残疾者生活补助费"相同，而与该法中的"残疾赔偿金"不能作同一解释。一种意见认为，"死亡赔偿金"是对逸失利益的赔偿，因而性质上仍属对财产损失的赔偿，而不是精神损害赔偿。但对逸失利益的赔偿有两种立法模式，即对继承丧失的赔偿与对扶养丧失的赔偿。前者指因受害人死亡，造成其在正常生存情况下余命年限内的收入损失，该收入损失扣除其个人生活费用，其余部分属于其继承人应得的财产利益，"死亡赔偿金"就是对这部分利益的赔偿。"扶养丧失"则是指因受害人死亡，死者亲属丧失了原有扶养费供给来源，并支出丧葬费，对其财产损失（丧葬费、生活补助费）和精神损害（死亡赔偿金）应予赔偿。我国有关立法属于"扶养丧失"的损失赔偿类型，故"死亡赔偿金"应理解为精神损害抚慰金。

刑事附带民事诉讼中的精神损害赔偿，是一个存在较大争议的问题。2000 年 12 月 19 日法释〔2000〕47 号《最高人民法院关于刑事附带民事诉讼范围问题的规定》第一条第二款规定："对于被害人因犯罪行为遭受精神损失而提起附带民事诉讼的，人民法院不予受理。"而依据《最高人民法院关于确定民事侵权精神损害赔偿责任若干问题的解释》的规定，侵害他人人身权益造成严重后果的，应当承担精神损害赔偿责任。同时，《解释》第六条规定："当事人在侵权诉讼中没有提出赔偿精神损害的诉讼请求，诉讼终结后又基于同一侵权事实另行起诉请求赔偿精神损害的，人民法院不予受理。"这样，受害人既不能在刑事附带民事诉讼中提出精神损害赔偿的诉讼请求，在刑事附带民事诉讼终结以后，也不能另行提起民事诉讼请求赔偿精神损害，这对受害当事人明显不公平。有鉴于此，《解释》第十二条规定：“在本解释公布施行之前已经生效施行的司法解释，其内容有与本解释不一致的，以本解释为准。”其理由在于：第一，法释〔2000〕47 号的规定是依据刑法第三十六条和刑诉法第七十七条。《中华人民共和国刑事诉讼法》第七十七条规定：“被害人由于被告人的犯罪行为而遭受物质损失的，在刑事诉讼过程中，有权提起附带民事诉讼。”该条规定属于授权性规范，其着重点在于刑事附带民事诉讼的程序设置，而非将精神损害赔偿的诉讼请求排除在该程序设置之外。第二，在因道路交通事故致人死亡提起的刑事附带民事诉讼中，人民法院依据《道路交通事故处理办法》第三十七条第（八）项的规定判决赔偿受害人亲属的死亡补偿费，其性质属于精神损害抚慰金，法释〔2000〕47 号的规定与审判实践不符，也与《道路交通事故处理办法》的规定相悖。第三，刑事附带民事诉讼的程序设置，是为了简化诉讼程序，提高诉讼效率。但其附带民事诉讼所审理的案件，本质上仍是民事案件，与独立的民事诉讼程序审理的同类民事案件应遵循共同的实体法律规范，否则，因为追求效率的程序设计牺牲实体公正，与人民法院努力实现公正、效率的司法价值目标不符，也违反基本的社会正义观念，将难以取得良好的法律效果和社会效果。

最高人民法院关于民事诉讼证据的若干规定

（2001 年 12 月 6 日由最高人民法院审判委员会第 1201 次会议通过，自 2002 年 4 月 1 日起施行）

为保证人民法院正确认定案件事实，公正、及时审理民事案件，保障和便利当事人依法行使诉讼权利，根据《中华人民共和国民事诉讼法》（以下简称《民事诉讼法》）等有关法律的规定，结合民事审判经验和实际情况，制定本规定。

一、当事人举证

第一条　原告向人民法院起诉或者被告提出反诉，应当附有符合起诉条件的相应的证据材料。

第二条　当事人对自己提出的诉讼请求所依据的事实或者反驳对方诉讼请求所依据的事实有责任提供证据加以证明。

没有证据或者证据不足以证明当事人的事实主张的，由负有举证责任的当事人承担不利后果。

第三条　人民法院应当向当事人说明举证的要求及法律后果，促使当事人在合理期限内积极、全面、正确、诚实地完成举证。

当事人因客观原因不能自行收集的证据，可申请人民法院调查收集。

第四条　下列侵权诉讼，按照以下规定承担举证责任：

（一）因新产品制造方法发明专利引起的专利侵权诉讼，由制造同样产品的单位或者个人对其产品制造方法不同于专利方法承担举证责任；

（二）高度危险作业致人损害的侵权诉讼，由加害人就受害人故意造成损害的事实承担举证责任；

（三）因环境污染引起的损害赔偿诉讼，由加害人就法律规定的免责事由及其行为与损害结果之间不存在因果关系承担举证责任；

（四）建筑物或者其他设施以及建筑物上的搁置物、悬挂物发生倒塌、脱落、坠落致人损害的侵权诉讼，由所有人或者管理人对其无过错承担举证责任；

（五）饲养动物致人损害的侵权诉讼，由动物饲养人或者管理人就受害人有过错或者第三人有过错承担举证责任；

（六）因缺陷产品致人损害的侵权诉讼，由产品的生产者就法律规定的免责事由承担举证责任；

（七）因共同危险行为致人损害的侵权诉讼，由实施危险行为的人就其行为与损害结果之间不存在因果关系承担举证责任；

（八）因医疗行为引起的侵权诉讼，由医疗机构就医疗行为与损害结果之间不存在因果关系及不存在医疗过错承担举证责任。

有关法律对侵权诉讼的举证责任有特殊规定的，从其规定。

第五条 在合同纠纷案件中，主张合同关系成立并生效的一方当事人对合同订立和生效的事实承担举证责任；主张合同关系变更、解除、终止、撤销的一方当事人对引起合同关系变动的事实承担举证责任。

对合同是否履行发生争议的，由负有履行义务的当事人承担举证责任。

对代理权发生争议的，由主张有代理权一方当事人承担举证责任。

第六条 在劳动争议纠纷案件中，因用人单位作出开除、除名、辞退、解除劳动合同、减少劳动报酬、计算劳动者工作年限等决定而发生劳动争议的，由用人单位负举证责任。

第七条 在法律没有具体规定，依本规定及其他司法解释无法确定举证责任承担时，人民法院可以根据公平原则和诚实信用原则，综合当事人举证能力等因素确定举证责任的承担。

第八条 诉讼过程中，一方当事人对另一方当事人陈述的案件事实明确表示承认的，另一方当事人无需举证。但涉及身分关系的案件除外。

对一方当事人陈述的事实，另一方当事人既未表示承认也未否认，经审判人员充分说明并询问后，其仍不明确表示肯定或者否定的，视为对该项事实的承认。

当事人委托代理人参加诉讼的，代理人的承认视为当事人的承认。但未经特别授权的代理人对事实的承认直接导致承认对方诉讼请求的除外；当事人在场但对其代理人的承认不作否认表示的，视为当事人的承认。

当事人在法庭辩论终结前撤回承认并经对方当事人同意，或者有充分证据证明其承认行为是在受胁迫或者重大误解情况下作出且与事实不符的，不能免除对方当事人的举证责任。

第九条 下列事实，当事人无需举证证明：

（一）众所周知的事实；

（二）自然规律及定理；

（三）根据法律规定或者已知事实和日常生活经验法则，能推定出的另一事实；

（四）已为人民法院发生法律效力的裁判所确认的事实；

（五）已为仲裁机构的生效裁决所确认的事实；

（六）已为有效公证文书所证明的事实。

前款（一）、（三）、（四）、（五）、（六）项，当事人有相反证据足以推翻的除外。

第十条　当事人向人民法院提供证据，应当提供原件或者原物。如需自己保存证据原件、原物或者提供原件、原物确有困难的，可以提供经人民法院核对无异的复制件或者复制品。

第十一条　当事人向人民法院提供的证据系在中华人民共和国领域外形成的，该证据应当经所在国公证机关予以证明，并经中华人民共和国驻该国使领馆予以认证，或者履行中华人民共和国与该所在国订立的有关条约中规定的证明手续。

当事人向人民法院提供的证据是在香港、澳门、台湾地区形成的，应当履行相关的证明手续。

第十二条　当事人向人民法院提供外文书证或者外文说明资料，应当附有中文译本。

第十三条　对双方当事人无争议但涉及国家利益、社会公共利益或者他人合法权益的事实，人民法院可以责令当事人提供有关证据。

第十四条　当事人应当对其提交的证据材料逐一分类编号，对证据材料的来源、证明对象和内容作简要说明，签名盖章，注明提交日期，并依照对方当事人人数提出副本。

人民法院收到当事人提交的证据材料，应当出具收据，注明证据的名称、份数和页数以及收到的时间，由经办人员签名或者盖章。

二、人民法院调查收集证据

第十五条　《民事诉讼法》第六十四条规定的“人民法院认为审理案件需要的证据”，是指以下情形：

（一）涉及可能有损国家利益、社会公共利益或者他人合法权益的事实；

（二）涉及依职权追加当事人、中止诉讼、终结诉讼、回避等与实体争议无关的程序事项。

第十六条　除本规定第十五条规定的情形外，人民法院调查收集证据，应当依当事人的申请进行。

第十七条　符合下列条件之一的，当事人及其诉讼代理人可以申请人民法院调查收集证据：

（一）申请调查收集的证据属于国家有关部门保存并须人民法院依职权调取的档案材料；

（二）涉及国家秘密、商业秘密、个人隐私的材料；

（三）当事人及其诉讼代理人确因客观原因不能自行收集的其他材料。

第十八条　当事人及其诉讼代理人申请人民法院调查收集证据，应当提交书面申请。申请书应当载明被调查人的姓名或者单位名称及住所地等基本情况、所要调查收集的证据的内容、需要由人民法院调查收集证据的原因及其要证明的事实。

第十九条　当事人及其诉讼代理人申请人民法院调查收集证据，不得迟于举证期限届满前七日。

人民法院对当事人及其诉讼代理人的申请不予准许的，应当向当事人或其诉讼代理人送达通知书。当事人及其诉讼代理人可以在收到通知书的次日起三日内向受理申请的人民法院书面申请复议一次。人民法院应当在收到复议申请之日起五日内作出答复。

第二十条 调查人员调查收集的书证，可以是原件，也可以是经核对无误的副本或者复制件。是副本或者复制件的，应当在调查笔录中说明来源和取证情况。

第二十一条 调查人员调查收集的物证应当是原物。被调查人提供原物确有困难的，可以提供复制品或者照片。提供复制品或者照片的，应当在调查笔录中说明取证情况。

第二十二条 调查人员调查收集计算机数据或者录音、录像等视听资料的，应当要求被调查人提供有关资料的原始载体。提供原始载体确有困难的，可以提供复制件。提供复制件的，调查人员应当在调查笔录中说明其来源和制作经过。

第二十三条 当事人依据《民事诉讼法》第七十四条的规定向人民法院申请保全证据，不得迟于举证期限届满前七日。

当事人申请保全证据的，人民法院可以要求其提供相应的担保。

法律、司法解释规定诉前保全证据的，依照其规定办理。

第二十四条 人民法院进行证据保全，可以根据具体情况，采取查封、扣押、拍照、录音、录像、复制、鉴定、勘验、制作笔录等方法。

人民法院进行证据保全，可以要求当事人或者诉讼代理人到场。

第二十五条 当事人申请鉴定，应当在举证期限内提出。符合本规定第二十七条规定的情形，当事人申请重新鉴定的除外。

对需要鉴定的事项负有举证责任的当事人，在人民法院指定的期限内无正当理由不提出鉴定申请或者不预交鉴定费用或者拒不提供相关材料，致使对案件争议的事实无法通过鉴定结论予以认定的，应当对该事实承担举证不能的法律后果。

第二十六条 当事人申请鉴定经人民法院同意后，由双方当事人协商确定有鉴定资格的鉴定机构、鉴定人员，协商不成的，由人民法院指定。

第二十七条 当事人对人民法院委托的鉴定部门作出的鉴定结论有异议申请重新鉴定，提出证据证明存在下列情形之一的，人民法院应予准许：

（一）鉴定机构或者鉴定人员不具备相关的鉴定资格的；

（二）鉴定程序严重违法的；

（三）鉴定结论明显依据不足的；

（四）经过质证认定不能作为证据使用的其他情形。

对有缺陷的鉴定结论，可以通过补充鉴定、重新质证或者补充质证等方法解决的，不予重新鉴定。

第二十八条 一方当事人自行委托有关部门作出的鉴定结论，另一方当事人有证据足以反驳并申请重新鉴定的，人民法院应予准许。

第二十九条 审判人员对鉴定人出具的鉴定书，应当审查是否具有下列内容：

（一）委托人姓名或者名称、委托鉴定的内容；

（二）委托鉴定的材料；

（三）鉴定的依据及使用的科学技术手段；

（四）对鉴定过程的说明；

（五）明确的鉴定结论；

（六）对鉴定人鉴定资格的说明；

（七）鉴定人员及鉴定机构签名盖章。

第三十条 人民法院勘验物证或者现场，应当制作笔录，记录勘验的时间、地点、勘验人、在场人、勘验的经过、结果，由勘验人、在场人签名或者盖章。对于绘制的现场图应当注明绘制的时间、方位、测绘人姓名、身份等内容。

第三十一条 摘录有关单位制作的与案件事实相关的文件、材料，应当注明出处，并加盖制作单位或者保管单位的印章，摘录人和其他调查人员应当在摘录件上签名或者盖章。

摘录文件、材料应当保持内容相应的完整性，不得断章取义。

三、举证时限与证据交换

第三十二条 被告应当在答辩期届满前提出书面答辩，阐明其对原告诉讼请求及所依据的事实和理由的意见。

第三十三条 人民法院应当在送达案件受理通知书和应诉通知书的同时向当事人送达举证通知书。举证通知书应当载明举证责任的分配原则与要求、可以向人民法院申请调查取证的情形、人民法院根据案件情况指定的举证期限以及逾期提供证据的法律后果。

举证期限可以由当事人协商一致，并经人民法院认可。

由人民法院指定举证期限的，指定的期限不得少于三十日，自当事人收到案件受理通知书和应诉通知书的次日起计算。

第三十四条 当事人应当在举证期限内向人民法院提交证据材料，当事人在举证期限内不提交的，视为放弃举证权利。

对于当事人逾期提交的证据材料，人民法院审理时不组织质证。但对方当事人同意质证的除外。

当事人增加、变更诉讼请求或者提起反诉的，应当在举证期限届满前提出。

第三十五条 诉讼过程中，当事人主张的法律关系的性质或者民事行为的效力与人民法院根据案件事实作出的认定不一致的，不受本规定第三十四条规定的限制，人民法院应当告知当事人可以变更诉讼请求。

当事人变更诉讼请求的，人民法院应当重新指定举证期限。

第三十六条 当事人在举证期限内提交证据材料确有困难的，应当在举证期限内向人民法院申请延期举证，经人民法院准许，可以适当延长举证期限。当事人在延长的举证期限内提交证据材料仍有困难的，可以再次提出延期申请，是否准许由人民法院决定。

第三十七条 经当事人申请，人民法院可以组织当事人在开庭审理前交换证据。

人民法院对于证据较多或者复杂疑难的案件，应当组织当事人在答辩期届满后、开庭审理前交换证据。

第三十八条 交换证据的时间可以由当事人协商一致并经人民法院认可，也可以由人民法院指定。

人民法院组织当事人交换证据的，交换证据之日举证期限届满。当事人申请延期举证经人民法院准许的，证据交换日相应顺延。

第三十九条 证据交换应当在审判人员的主持下进行。

在证据交换的过程中，审判人员对当事人无异议的事实、证据应当记录在卷；对有异议的证据，按照需要证明的事实分类记录在卷，并记载异议的理由。通过证据交换，确定双方当事人争议的主要问题。

第四十条 当事人收到对方交换的证据后提出反驳并提出新证据的，人民法院应当通知当事人在指定的时间进行交换。

证据交换一般不超过两次。但重大、疑难和案情特别复杂的案件，人民法院认为确有必要再次进行证据交换的除外。

第四十一条 《民事诉讼法》第一百二十五条第一款规定的“新的证据”，是指以下情形：

（一）一审程序中的新的证据包括：当事人在一审举证期限届满后新发现的证据；当事人确因客观原因无法在举证期限内提供，经人民法院准许，在延长的期限内仍无法提供的证据。

（二）二审程序中的新的证据包括：一审庭审结束后新发现的证据；当事人在一审举证期限届满前申请人民法院调查取证未获准许，二审法院经审查认为应当准许并依当事人申请调取的证据。

第四十二条 当事人在一审程序中提供新的证据的，应当在一审开庭前或者开庭审理时提出。

当事人在二审程序中提供新的证据的，应当在二审开庭前或者开庭审理时提出；二审不需要开庭审理的，应当在人民法院指定的期限内提出。

第四十三条 当事人举证期限届满后提供的证据不是新的证据的，人民法院不予采纳。

当事人经人民法院准许延期举证，但因客观原因未能在准许的期限内提供，且不审理该证据可能导致裁判明显不公的，其提供的证据可视为新的证据。

第四十四条 《民事诉讼法》第一百七十九条第一款第（一）项规定的“新的证据”，是指原审庭审结束后新发现的证据。

当事人在再审程序中提供新的证据的，应当在申请再审时提出。

第四十五条 一方当事人提出新的证据的，人民法院应当通知对方当事人在合理期限内提出意见或者举证。

第四十六条 由于当事人的原因未能在指定期限内举证，致使案件在二审或者再审期间因提出新的证据被人民法院发回重审或者改判的，原审裁判不属于错误裁判案件。一方当事人请求提出新的证据的另一方当事人负担由此增加的差旅、误工、证人出庭作证、诉讼等合理费用以及由此扩大的直接损失，人民法院应予支持。

四、质证

第四十七条 证据应当在法庭上出示，由当事人质证。未经质证的证据，不能作为认定案件事实的依据。

当事人在证据交换过程中认可并记录在卷的证据，经审判人员在庭审中说明后，可以作为认定案件事实的依据。

第四十八条 涉及国家秘密、商业秘密和个人隐私或者法律规定的其他应当保密的证据，不得在开庭时公开质证。

第四十九条　对书证、物证、视听资料进行质证时，当事人有权要求出示证据的原件或者原物。但有下列情况之一的除外：

（一）出示原件或者原物确有困难并经人民法院准许出示复制件或者复制品的；

（二）原件或者原物已不存在，但有证据证明复制件、复制品与原件或原物一致的。

第五十条　质证时，当事人应当围绕证据的真实性、关联性、合法性，针对证据证明力有无以及证明力大小，进行质疑、说明与辩驳。

第五十一条　质证按下列顺序进行：

（一）原告出示证据，被告、第三人与原告进行质证；

（二）被告出示证据，原告、第三人与被告进行质证；

（三）第三人出示证据，原告、被告与第三人进行质证。

人民法院依照当事人申请调查收集的证据，作为提出申请的一方当事人提供的证据。

人民法院依照职权调查收集的证据应当在庭审时出示，听取当事人意见，并可就调查收集该证据的情况予以说明。

第五十二条　案件有两个以上独立的诉讼请求的，当事人可以逐个出示证据进行质证。

第五十三条　不能正确表达意志的人，不能作为证人。

待证事实与其年龄、智力状况或者精神健康状况相适应的无民事行为能力人和限制民事行为能力人，可以作为证人。

第五十四条　当事人申请证人出庭作证，应当在举证期限届满十日前提出，并经人民法院许可。

人民法院对当事人的申请予以准许的，应当在开庭审理前通知证人出庭作证，并告知其应当如实作证及作伪证的法律后果。

证人因出庭作证而支出的合理费用，由提供证人的一方当事人先行支付，由败诉一方当事人承担。

第五十五条　证人应当出庭作证，接受当事人的质询。

证人在人民法院组织双方当事人交换证据时出席陈述证言的，可视为出庭作证。

第五十六条　《民事诉讼法》第七十条规定的"证人确有困难不能出庭"，是指有下列情形：

（一）年迈体弱或者行动不便无法出庭的；

（二）特殊岗位确实无法离开的；

（三）路途特别遥远，交通不便难以出庭的；

（四）因自然灾害等不可抗力的原因无法出庭的；

（五）其他无法出庭的特殊情况。

前款情形，经人民法院许可，证人可以提交书面证言或者视听资料或者通过双向视听传输技术手段作证。

第五十七条　出庭作证的证人应当客观陈述其亲身感知的事实。证人为聋哑人的，可以其他表达方式作证。

证人作证时，不得使用猜测、推断或者评论性的语言。

第五十八条　审判人员和当事人可以对证人进行询问。证人不得旁听法庭审理；询问证人时，其他证人不得在场。人民法院认为有必要的，可以让证人进行对质。

第五十九条 鉴定人应当出庭接受当事人质询。

鉴定人确因特殊原因无法出庭的，经人民法院准许，可以书面答复当事人的质询。

第六十条 经法庭许可，当事人可以向证人、鉴定人、勘验人发问。

询问证人、鉴定人、勘验人不得使用威胁、侮辱及不适当引导证人的言语和方式。

第六十一条 当事人可以向人民法院申请由一至二名具有专门知识的人员出庭就案件的专门性问题进行说明。人民法院准许其申请的，有关费用由提出申请的当事人负担。

审判人员和当事人可以对出庭的具有专门知识的人员进行询问。

经人民法院准许，可以由当事人各自申请的具有专门知识的人员就有案件中的问题进行对质。

具有专门知识的人员可以对鉴定人进行询问。

第六十二条 法庭应当将当事人的质证情况记入笔录，并由当事人核对后签名或者盖章。

五、证据的审核认定

第六十三条 人民法院应当以证据能够证明的案件事实为依据依法作出裁判。

第六十四条 审判人员应当依照法定程序，全面、客观地审核证据，依据法律的规定，遵循法官职业道德，运用逻辑推理和日常生活经验，对证据有无证明力和证明力大小独立进行判断，并公开判断的理由和结果。

第六十五条 审判人员对单一证据可以从下列方面进行审核认定：

（一）证据是否原件、原物，复印件、复制品与原件、原物是否相符；

（二）证据与本案事实是否相关；

（三）证据的形式、来源是否符合法律规定；

（四）证据的内容是否真实；

（五）证人或者提供证据的人，与当事人有无利害关系。

第六十六条 审判人员对案件的全部证据，应当从各证据与案件事实的关联程度、各证据之间的联系等方面进行综合审查判断。

第六十七条 在诉讼中，当事人为达成调解协议或者和解的目的作出妥协所涉及的对案件事实的认可，不得在其后的诉讼中作为对其不利的证据。

第六十八条 以侵害他人合法权益或者违反法律禁止性规定的方法取得的证据，不能作为认定案件事实的依据。

第六十九条 下列证据不能单独作为认定案件事实的依据：

（一）未成年人所作的与其年龄和智力状况不相当的证言；

（二）与一方当事人或者其代理人有利害关系的证人出具的证言；

（三）存有疑点的视听资料；

（四）无法与原件、原物核对的复印件、复制品；

（五）无正当理由未出庭作证的证人证言。

第七十条 一方当事人提出的下列证据，对方当事人提出异议但没有足以反驳的相反证据的，人民法院应当确认其证明力：

（一）书证原件或者与书证原件核对无误的复印件、照片、副本、节录本；

（二）物证原物或者与物证原物核对无误的复制件、照片、录像资料等；

（三）有其他证据佐证并以合法手段取得的、无疑点的视听资料或者与视听资料核对无误的复制件；

（四）一方当事人申请人民法院依照法定程序制作的对物证或者现场的勘验笔录。

第七十一条 人民法院委托鉴定部门作出的鉴定结论，当事人没有足以反驳的相反证据和理由的，可以认定其证明力。

第七十二条 一方当事人提出的证据，另一方当事人认可或者提出的相反证据不足以反驳的，人民法院可以确认其证明力。

一方当事人提出的证据，另一方当事人有异议并提出反驳证据，对方当事人对反驳证据认可的，可以确认反驳证据的证明力。

第七十三条 双方当事人对同一事实分别举出相反的证据，但都没有足够的依据否定对方证据的，人民法院应当结合案件情况，判断一方提供证据的证明力是否明显大于另一方提供证据的证明力，并对证明力较大的证据予以确认。

因证据的证明力无法判断导致争议事实难以认定的，人民法院应当依据举证责任分配的规则作出裁判。

第七十四条 诉讼过程中，当事人在起诉状、答辩状、陈述及其委托代理人的代理词中承认的对己方不利的事实和认可的证据，人民法院应当予以确认，但当事人反悔并有相反证据足以推翻的除外。

第七十五条 有证据证明一方当事人持有证据无正当理由拒不提供，如果对方当事人主张该证据的内容不利于证据持有人，可以推定该主张成立。

第七十六条 当事人对自己的主张，只有本人陈述而不能提出其他相关证据的，其主张不予支持。但对方当事人认可的除外。

第七十七条 人民法院就数个证据对同一事实的证明力，可以依照下列原则认定：

（一）国家机关、社会团体依职权制作的公文书证的证明力一般大于其他书证；

（二）物证、档案、鉴定结论、勘验笔录或者经过公证、登记的书证，其证明力一般大于其他书证、视听资料和证人证言；

（三）原始证据的证明力一般大于传来证据；

（四）直接证据的证明力一般大于间接证据；

（五）证人提供的对与其有亲属或者其他密切关系的当事人有利的证言，其证明力一般小于其他证人证言。

第七十八条 人民法院认定证人证言，可以通过对证人的智力状况、品德、知识、经验、法律意识和专业技能等的综合分析作出判断。

第七十九条 人民法院应当在裁判文书中阐明证据是否采纳的理由。

对当事人无争议的证据，是否采纳的理由可以不在裁判文书中表述。

六、其他

第八十条 对证人、鉴定人、勘验人的合法权益依法予以保护。

当事人或者其他诉讼参与人伪造、毁灭证据，提供假证据，阻止证人作证，指使、贿买、胁迫他人作伪证，或者对证人、鉴定人、勘验人打击报复的，依照《民事诉讼法》第一百零二条的规定处理。

第八十一条 人民法院适用简易程序审理案件，不受本解释中第三十二条、第三十三条第三款和第七十九条规定的限制。

第八十二条 本院过去的司法解释，与本规定不一致的，以本规定为准。

第八十三条 本规定自2002年4月1日起施行。2002年4月1日尚未审结的一审、二审和再审民事案件不适用本规定。

本规定施行前已经审理终结的民事案件，当事人以违反本规定为由申请再审的，人民法院不予支持。

本规定施行后受理的再审民事案件，人民法院依据《民事诉讼法》第一百八十六条的规定进行审理的，适用本规定。

学生伤害事故处理办法

（2002年3月26日经部务会议讨论通过，自2002年9月1日起施行）

第一章 总 则

第一条 为积极预防、妥善处理在校学生伤害事故，保护学生、学校的合法权益，根据《中华人民共和国教育法》、《中华人民共和国未成年人保护法》和其他相关法律、行政法规及有关规定，制定本办法。

第二条 在学校实施的教育教学活动或者学校组织的校外活动中，以及在学校负有管理责任的校舍、场地、其他教育教学设施、生活设施内发生的，造成在校学生人身损害后果的事故的处理，适用本办法。

第三条 学生伤害事故应当遵循依法、客观公正、合理适当的原则，及时、妥善地处理。

第四条 学校的举办者应当提供符合安全标准的校舍、场地、其他教育教学设施和生活设施。

教育行政部门应当加强学校安全工作，指导学校落实预防学生伤害事故的措施，指导、协助学校妥善处理学生伤害事故，维护学校正常的教育教学秩序。

第五条 学校应当对在校学生进行必要的安全教育和自护自救教育；应当按照规定，建立健全安全制度，采取相应的管理措施，预防和消除教育教学环境中存在的安全隐患；当发生伤害事故时，应当及时采取措施救助受伤害学生。

学校对学生进行安全教育、管理和保护，应当针对学生年龄、认知能力和法律行为能力的不同，采用相应的内容和预防措施。

第六条 学生应当遵守学校的规章制度和纪律；在不同的受教育阶段，应当根据自身的年龄、认知能力和法律行为能力，避免和消除相应的危险。

第七条 未成年学生的父母或者其他监护人（以下称为监护人）应当依法履行监护职责，配合学校对学生进行安全教育、管理和保护工作。

学校对未成年学生不承担监护职责，但法律有规定的或者学校依法接受委托承担相应监护职责的情形除外。

第二章　事故与责任

第八条　学生伤害事故的责任，应当根据相关当事人的行为与损害后果之间的因果关系依法确定。

因学校、学生或者其他相关当事人的过错造成的学生伤害事故，相关当事人应当根据其行为过错程度的比例及其与损害后果之间的因果关系承担相应的责任。当事人的行为是损害后果发生的主要原因，应当承担主要责任；当事人的行为是损害后果发生的非主要原因，承担相应的责任。

第九条　因下列情形之一造成的学生伤害事故，学校应当依法承担相应的责任：

（一）学校的校舍、场地、其他公共设施，以及学校提供给学生使用的学具、教育教学和生活设施、设备不符合国家规定的标准，或者有明显不安全因素的；

（二）学校的安全保卫、消防、设施设备管理等安全管理制度有明显疏漏，或者管理混乱，存在重大安全隐患，而未及时采取措施的；

（三）学校向学生提供的药品、食品、饮用水等不符合国家或者行业的有关标准、要求的；

（四）学校组织学生参加教育教学活动或者校外活动，未对学生进行相应的安全教育，并未在可预见的范围内采取必要的安全措施的；

（五）学校知道教师或者其他工作人员患有不适宜担任教育教学工作的疾病，但未采取必要措施的；

（六）学校违反有关规定，组织或者安排未成年学生从事不宜未成年人参加的劳动、体育运动或者其他活动的；

（七）学生有特异体质或者特定疾病，不宜参加某种教育教学活动，学校知道或者应当知道，但未予以必要的注意的；

（八）学生在校期间突发疾病或者受到伤害，学校发现，但未根据实际情况及时采取相应措施，导致不良后果加重的；

（九）学校教师或者其他工作人员体罚或者变相体罚学生，或者在履行职责过程中违反工作要求、操作规程、职业道德或者其他有关规定的；

（十）学校教师或者其他工作人员在负有组织、管理未成年学生的职责期间，发现学生行为具有危险性，但未进行必要的管理、告诫或者制止的；

（十一）对未成年学生擅自离校等与学生人身安全直接相关的信息，学校发现或者知道，但未及时告知未成年学生的监护人，导致未成年学生因脱离监护人的保护而发生伤害的；

（十二）学校有未依法履行职责的其他情形的。

第十条　学生或者未成年学生监护人由于过错，有下列情形之一，造成学生伤害事故，应当依法承担相应的责任：

（一）学生违反法律法规的规定，违反社会公共行为准则、学校的规章制度或者纪律，实施按其年龄和认知能力应当知道具有危险或者可能危及他人的行为的；

（二）学生行为具有危险性，学校、教师已经告诫、纠正，但学生不听劝阻、拒不改正的；

（三）学生或者其监护人知道学生有特异体质，或者患有特定疾病，但未告知学校的；

（四）未成年学生的身体状况、行为、情绪等有异常情况，监护人知道或者已被学校告知，但未履行相应监护职责的；

（五）学生或者未成年学生监护人有其他过错的。

第十一条 学校安排学生参加活动，因提供场地、设备、交通工具、食品及其他消费与服务的经营者，或者学校以外的活动组织者的过错造成的学生伤害事故，有过错的当事人应当依法承担相应的责任。

第十二条 因下列情形之一造成的学生伤害事故，学校已履行了相应职责，行为并无不当的，无法律责任：

（一）地震、雷击、台风、洪水等不可抗的自然因素造成的；

（二）来自学校外部的突发性、偶发性侵害造成的；

（三）学生有特异体质、特定疾病或者异常心理状态，学校不知道或者难于知道的；

（四）学生自杀、自伤的；

（五）在对抗性或者具有风险性的体育竞赛活动中发生意外伤害的；

（六）其他意外因素造成的。

第十三条 下列情形下发生的造成学生人身损害后果的事故，学校行为并无不当的，不承担事故责任；事故责任应当按有关法律法规或者其他有关规定认定：

（一）在学生自行上学、放学、返校、离校途中发生的；

（二）在学生自行外出或者擅自离校期间发生的；

（三）在放学后、节假日或者假期等学校工作时间以外，学生自行滞留学校或者自行到校发生的；

（四）其他在学校管理职责范围外发生的。

第十四条 因学校教师或者其他工作人员与其职务无关的个人行为，或者因学生、教师及其他个人故意实施的违法犯罪行为，造成学生人身损害的，由致害人依法承担相应的责任。

第三章 事故处理程序

第十五条 发生学生伤害事故，学校应当及时救助受伤害学生，并应当及时告知未成年学生的监护人；有条件的，应当采取紧急救援等方式救助。

第十六条 发生学生伤害事故，情形严重的，学校应当及时向主管教育行政部门及有关部门报告；属于重大伤亡事故的，教育行政部门应当按照有关规定及时向同级人民政府和上一级教育行政部门报告。

第十七条 学校的主管教育行政部门应学校要求或者认为必要，可以指导、协助学校进行事故的处理工作，尽快恢复学校正常的教育教学秩序。

第十八条　发生学生伤害事故，学校与受伤害学生或者学生家长可以通过协商方式解决；双方自愿，可以书面请求主管教育行政部门进行调解。

成年学生或者未成年学生的监护人也可以依法直接提起诉讼。

第十九条　教育行政部门收到调解申请，认为必要的，可以指定专门人员进行调解，并应当在受理申请之日起60日内完成调解。

第二十条　经教育行政部门调解，双方就事故处理达成一致意见的，应当在调解人员的见证下签订调解协议，结束调解；在调解期限内，双方不能达成一致意见，或者调解过程中一方提起诉讼，人民法院已经受理的，应当终止调解。

调解结束或者终止，教育行政部门应当书面通知当事人。

第二十一条　对经调解达成的协议，一方当事人不履行或者反悔的，双方可以依法提起诉讼。

第二十二条　事故处理结束，学校应当将事故处理结果书面报告主管的教育行政部门；重大伤亡事故的处理结果，学校主管的教育行政部门应当向同级人民政府和上一级教育行政部门报告。

第四章　事故损害的赔偿

第二十三条　对发生学生伤害事故负有责任的组织或者个人，应当按照法律法规的有关规定，承担相应的损害赔偿责任。

第二十四条　学生伤害事故赔偿的范围与标准，按照有关行政法规、地方性法规或者最高人民法院司法解释中的有关规定确定。

教育行政部门进行调解时，认为学校有责任的，可以依照有关法律法规及国家有关规定，提出相应的调解方案。

第二十五条　对受伤害学生的伤残程度存在争议的，可以委托当地具有相应鉴定资格的医院或者有关机构，依据国家规定的人体伤残标准进行鉴定。

第二十六条　学校对学生伤害事故负有责任的，根据责任大小，适当予以经济赔偿，但不承担解决户口、住房、就业等与救助受伤害学生、赔偿相应经济损失无直接关系的其他事项。

学校无责任的，如果有条件，可以根据实际情况，本着自愿和可能的原则，对受伤害学生给予适当的帮助。

第二十七条　因学校教师或者其他工作人员在履行职务中的故意或者重大过失造成的学生伤害事故，学校予以赔偿后，可以向有关责任人员追偿。

第二十八条　未成年学生对学生伤害事故负有责任的，由其监护人依法承担相应的赔偿责任。

学生的行为侵害学校教师及其他工作人员以及其他组织、个人的合法权益，造成损失的，成年学生或者未成年学生的监护人应当依法予以赔偿。

第二十九条　根据双方达成的协议、经调解形成的协议或者人民法院的生效判决，应当由学校负担的赔偿金，学校应当负责筹措；学校无力完全筹措的，由学校的主管部门或者举办者协助筹措。

第三十条 县级以上人民政府教育行政部门或者学校举办者有条件的，可以通过设立学生伤害赔偿准备金等多种形式，依法筹措伤害赔偿金。

第三十一条 学校有条件的，应当依据保险法的有关规定，参加学校责任保险。

教育行政部门可以根据实际情况，鼓励中小学参加学校责任保险。

提倡学生自愿参加意外伤害保险。在尊重学生意愿的前提下，学校可以为学生参加意外伤害保险创造便利条件，但不得从中收取任何费用。

第五章 事故责任者的处理

第三十二条 发生学生伤害事故，学校负有责任且情节严重的，教育行政部门应当根据有关规定，对学校的直接负责的主管人员和其他直接责任人员，分别给予相应的行政处分；有关责任人的行为触犯刑律的，应当移送司法机关依法追究刑事责任。

第三十三条 学校管理混乱，存在重大安全隐患的，主管的教育行政部门或者其他有关部门应当责令其限期整顿；对情节严重或者拒不改正的，应当依据法律法规的有关规定，给予相应的行政处罚。

第三十四条 教育行政部门未履行相应职责，对学生伤害事故的发生负有责任的，由有关部门对直接负责的主管人员和其他直接责任人员分别给予相应的行政处分；有关责任人的行为触犯刑律的，应当移送司法机关依法追究刑事责任。

第三十五条 违反学校纪律，对造成学生伤害事故负有责任的学生，学校可以给予相应的处分；触犯刑律的，由司法机关依法追究刑事责任。

第三十六条 受伤害学生的监护人、亲属或者其他有关人员，在事故处理过程中无理取闹，扰乱学校正常教育教学秩序，或者侵犯学校、学校教师或者其他工作人员的合法权益的，学校应当报告公安机关依法处理；造成损失的，可以依法要求赔偿。

第六章 附 则

第三十七条 本办法所称学校，是指国家或者社会力量举办的全日制的中小学（含特殊教育学校）、各类中等职业学校、高等学校。本办法所称学生是指在上述学校中全日制就读的受教育者。

第三十八条 幼儿园发生的幼儿伤害事故，应当根据幼儿为完全无行为能力人的特点，参照本办法处理。

第三十九条 其他教育机构发生的学生伤害事故，参照本办法处理。

在学校注册的其他受教育者在学校管理范围内发生的伤害事故，参照本办法处理。

第四十条 本办法自2002年9月1日起实施，原国家教委、教育部颁布的与学生人身安全事故处理有关的规定，与本办法不符的，以本办法为准。

在本办法实施之前已处理完毕的学生伤害事故不再重新处理。

参考文献

1. 奚晓明、罗东川主编：《侵权案件指导案例评注》，中国法制出版社，2010 年版。

2. 万文志主编：《侵权责任法理解与办案全书》，法律出版社，2010 年版。

3. 鄂文东、赵桂民主编：《消防刑事犯罪案例研究》，中国人民公安大学出版社，2010 年版。

4. 崔素琴等编著：《损害赔偿法实施中的疑难问题》，中国人民公安大学出版社，2009 年版。

5. 王利明、杨立新编著：《侵权行为法》，法律出版社，2005 年版。

6. 王泽鉴著：《侵权行为法：基本理论一般侵权行为》，中国政法大学出版，2001 年版。

7. 郑玉波著：《民法债编总论》（修订二版），中国政法大学出版社，2004 年版。

8. 孙森焱著：《民法债编总论》，法律出版社，2006 年版。

9. 张新宝著：《侵权责任法原理》，中国人民大学出版社，2005 年版。

10. 杨立新著：《侵权法论》，法律出版社，人民法院出版社，2005 年版。

11. 邱聪智著：《新订民法债编通则》（上），中国人民大学出版社，2003 年版。

12. 林诚二著：《民法债编总论——体系化解说》，中国人民大学出版社，2003 年版。

13. 杨立新主编：《雇主责任与工伤保险法律应用指南》，法律出版社，2010 年版。

14. 《工伤认定与赔偿指导案例与审判依据》，法律出版社，2009 年版。

15. 邓江源著：《人身损害赔偿全程操作》，法律出版社，2007 年版。

16. 张新宝著：《侵权责任构成要件研究》，法律出版社，2007 年版。

17. 王利明著：《侵权行为法研究》（上卷），中国人民大学出版社，2004 年版。

18. 曾世雄著：《损害赔偿法原理》，中国政法大学出版社，2001 年版。

19. 邱聪智著：《从侵权行为归责原理之变动论危险责任之构成》，中国人民大学出版社，2006 年版。

20. 陈聪富著：《因果关系与损害赔偿》，北京大学出版社，2005 年版。

21. 陈聪富著：《侵权归责原则与损害赔偿》，北京大学出版社，2005 年版。

22. 姚志明著：《侵权行为法研究》（一），元照出版公司，2003 年版。

23. 于敏著：《日本侵权行为法》（第二版），法律出版社，2006 年版。

24. 张民安著：《现代法国侵权责任制度研究》，法律出版社，2007 年版。

25. 张铁薇著：《共同侵权制度研究》，法律出版社，2007 年版。

26. 王军著：《侵权法上严格责任的原理和实践》，法律出版社，2006 年版。

27. 王军编著：《侵权行为法比较研究》，法律出版社，2006 年版。

28. 刘士国著:《侵权责任法若干问题研究》，山东人民出版社，2004 年版。

29. 胡雪梅著:《“过错”的死亡——中英侵权法宏观比较研究及思考》，中国政法大学出版社，2004 年版。

30. 麻昌华著:《侵权行为法地位研究》，中国政法大学出版社，2004 年版。

31. 王成著:《侵权损害赔偿的经济分析》，中国人民大学出版社，2002 年版。

32. 徐爱国著:《英美侵权法》，法律出版社，1999 年版。

33. 李昊著:《纯经济上损失赔偿制度研究》，北京大学出版社，2004 年版。

34. 熊进光著:《侵权行为法上的安全注意义务》，法律出版社，2006 年版。

35. 教育部政策研究与法制建设司编:《学生伤害事故处理办法释义及实用指南》，中国青年出版社，2002 年版。

36. [美] 肯尼斯·S. 亚伯拉罕，阿尔伯特·C. 泰特选编:《侵权行为法重述——纲要》，许传玺、石宏等译，法律出版社，2006 年版。

37. 王泽鉴著:《民法学说与判例研究》（第四册），中国政法大学出版社，1997 年版。

38. 徐建明著:《物业管理法规》，东南大学出版社，2000 年版。

39. 梁慧星著:《民法总论》，法律出版社，2004 年 9 月版。

40. 杨立新:《论违反安全保障义务侵权行为及其责任》，载《河南省政法管理干部学院学报》2006 年第 1 期。

41. 杨连富:《如何判断义务人是否履行安全保障义务》，http://blog. sina. com. cn/s/blog_ 50150le70100hlti. html。

42. 鲁晓明:《论惩罚性赔偿在我国侵权责任法上的适用》，载《法学研究》2009 年第 9 期。

43. 李红伟、李冬云:《合同无效的法律后果研究》，载《海南大学学报》2001 年 3 月人文社会科学版，2001 第 19 卷第 1 期。

44.《对火灾原因认定行为的司法审查及其界限》，引自 110 法律咨询网。

45. 中国法院网。

46. 法律快车。

47. 110 法律咨询网。

48. 中顾法律网。

49. 中国消防在线。